Matthias Ritzi
Erich Schmidt-Eenboom

Im Schatten des Dritten Reiches

Der BND und sein Agent
Richard Christmann

Ch. Links Verlag, Berlin

Die Deutsche Nationalbibliothek verzeichnet diese Publikation
in der Deutschen Nationalbibliografie; detaillierte bibliografische
Daten sind im Internet über www.dnb.de abrufbar.

1. Auflage, September 2011
© Christoph Links Verlag GmbH
Schönhauser Allee 36, 10435 Berlin, Tel.: (030) 44 02 32-0
Internet: www.christoph-links-verlag.de; mail@christoph-links-verlag.de
Umschlaggestaltung: Burkhard Neie, www.blackpen.xix-berlin.de,
unter Verwendung eines Fotos von gunnar 3000 / Fotolia
Satz: typegerecht berlin
Druck und Bindung: Druckerei F. Pustet, Regensburg

ISBN 978-3-86153-643-7

Richard Christmann, Paris 1940 (Copyright: Archives Roger Faligot)

Inhalt

Einleitung: Der BND –
weiße Weste oder weiße Flecken?

Im Januar 2011 hat der Bundesnachrichtendienst (BND) eine Historiker-kommission ernannt, zu deren Hauptaufgaben es gehören wird, die brau-nen Wurzeln des BND auszugraben und öffentlich zu machen, in welchem Umfang sich der westdeutsche Auslandsnachrichtendienst auf Angehörige der Eliten des NS-Regimes – insbesondere Kriegsverbrecher aus den Rei-hen der SS – stützte. Eine siebenköpfige hausinterne Arbeitsgruppe und vier externe Experten – Klaus-Dietmar Henke von der Universität Dres-den, Rolf-Dieter Müller vom Militärgeschichtlichen Forschungsamt in Potsdam, Jost Dülffer von der Universität Köln und der Marburger His-toriker Wolfgang Krieger – dürfen alle Dokumente aus der Amtszeit des ersten BND-Präsidenten, Reinhard Gehlen, sowie des BND-Vorläufers, der Organisation Gehlen, einsehen.[1]

Die Geschichtswissenschaftler haben vier Jahre Zeit, die etwa 15 000 noch weitgehend ungeordneten Akteneinheiten zu analysieren und ihre Erkenntnisse zu Papier zu bringen. Der BND behält sich allerdings die Endredaktion vor und befindet darüber, welche Informationen selbst über eine 60-jährige Sperrfrist hinaus geheim bleiben werden. Skepsis ist gebo-ten. So hat der Geheimdienstexperte der *Frankfurter Allgemeinen Zeitung*, Peter Carstens, »schutzwürdige Quellen, geheime Staatsinteressen, nach-richtendienstliche Verbindungen«[2] als Hindernisse für die Offenlegung der ganzen Wahrheit ausgemacht. So sind ernsthafte Zweifel angebracht, dass der Abschlussbericht der Historiker ein unzensiertes Bild der wichtigen Geheimdienstoperationen im Ausland von 1946 bis 1968 geben kann.

Außerdem darf man gespannt sein, ob – abweichend von der bisheri-gen Praxis – Roß und Reiter genannt werden, statt nur statistisches Mate-rial oder anonymisierte Personenangaben vorzulegen. Noch im März 2010 etwa musste Peter Carstens in der *FAZ* als Schlüsselfigur bei der Verfolgung von NS-Verbrechern durch die BND-Gruppe Org. 85 eine Oberregierungsrätin »auf Wunsch des BND« als »Susanne E.« anonymisieren.[3] Dabei hatten Jürgen Saupe und Frank Heigl bereits 1981 in ihrem Buch *Operation Eva* festgehalten, dass Gehlen nach der Enttarnung Heinz Felfes 1961 »im Dienst eine gründliche, ja fast gnadenlose Jagd auf alles, was aus der Gestapo kam« eingeleitet hatte. »Die Jagd auf die Nazi-Mannschaft in Pullach übertrug Gehlen seiner Vorzimmerdame Fräulein Annelore Kunze, alias Krüger, alias Alo. […] Alo Kunze wurde nach der Felfe-Affäre Chefin der gefürchteten Sicherheitsgruppe II in Pullach.«[4] Die Historikerkommission, die der Vergangenheit der Angehörigen des Auswärtigen Amts nachspürte, hat in diesem Zusammenhang 2010 ganz andere Maßstäbe gesetzt. Sie machte mit Herbert von Dirksen, Otto Bräutigam und Gustav Hilger drei besonders belastete NS-Diplomaten namhaft, die bereits kurz nach dem Ende des Zweiten Weltkriegs in der politischen Auswertung der Organisation Gehlen arbeiteten.[5]

Als mindestens so heikel wie die Frage nach der NS-Vergangenheit von BND-Mitarbeitern ist die Frage, ob und wenn ja, wie der Bundesnachrichtendienst und seine Vorläuferorganisation über die reine Nachrichtenbeschaffung hinaus in die Politik anderer Staaten eingegriffen haben. Bei der Organisation Gehlen und beim BND handelt es sich um Auslandsnachrichtendienste. Der Dienst und die von ihm betreuten Historiker werden also bei einer ernsthaften Aufarbeitung der Geschichte nicht umhinkommen, ihre verdeckten Auslandsoperationen zu enthüllen. Dazu gehört nach wissenschaftlichen Standards zwangsläufig, den Meldeverkehr zwischen der Pullacher Zentrale und den BND-Residenturen vollständig und nachprüfbar offenzulegen.

Unwidersprochen von den zahlreich anwesenden ehemaligen BND-Mitarbeitern konnte Jens Peter Singer auf einer gemeinsamen Konferenz des vom ehemaligen Ersten Direktor im BND Wolbert Smidt geleiteten Gesprächskreises Nachrichtendienste und der Friedrich-Ebert-Stiftung im April 2008 die Auffassung »über die hoheitlich tätigen Organe, deren Aufgabe in der heimlichen Informationsbeschaffung liegt«, vertreten, sie seien »Geheimdienste, wenn sie darüber hinaus politische Gegner im In- und Ausland beeinflussen oder stören, mithin aktiv auf politische Entwicklungen Einfluss nehmen. Den deutschen Sicherheitsbehörden ist dies aus guten Gründen verfassungsrechtlich verwehrt.«[6]

Das, was dem BND untersagt ist, heißt in seinen eigenen nachrichtendienstlichen Begriffsbestimmungen »Aktion« – eine »Operation eines Geheimdienstes mit dem Ziel, die Willensbildung fremder Mächte oder ihre aktuellen politischen, militärischen und wirtschaftlichen Verhältnisse durch unterstützende oder störende Maßnahmen zu beeinflussen. Durch die Aktion wird ein Auftrag ausgeführt, dessen Erfüllung der eigenen Regierung mit anderen Mitteln nicht möglich oder opportun erscheint. Aktion in Form von störenden Maßnahmen sind namentlich die Desinformation, die Sabotage und die Zersetzung.«[7]

Einen Anhaltspunkt dafür, dass der BND keineswegs nur eine harmlose Nachrichtensammelstelle ist – oder wie es auf seiner aktuellen Homepage heißt: ein »Informationsdienstleister« –, sondern wie die NATO-Partnerdienste oder der russische Geheimdienst auch hinter den Kulissen aktiv in die politischen Verhältnisse in anderen Staaten eingreift – oder nach der eigenen Definition: in »Aktion« tritt –, liefert die »Notiz über Lage Bundesnachrichtendienst bei Übernahme am 1. Mai 1968«, die Gehlens Nachfolger Gerhard Wessel nach seiner dreiwöchigen Einweisungszeit im April verfasst hat. Als zweites Standbein neben der Informationsbeschaffung sah er dabei: »Der BND kann im Auftrag der Regierung diffizile Sonderaufgaben wahrnehmen, um die Gefahr einer Kompromittierung der Regierung auszuschließen (Vermittlungen und Übermittlungsaufträge, Beeinflussung, Irreführung. Geheime Ausbildung des Personals befreundeter Dienste usw.).«[8]

Als Wessel nach seinem Amtsantritt als BND-Präsident eine Neugliederung des Dienstes auf den Weg brachte, legte ihm der Leiter der dazu eingerichteten Arbeitsgruppe, sein späterer Nachfolger Eberhard Blum, im Juli 1968 eine Übersicht über die Diensteinheiten der Beschaffung vor, die beweist, dass es im BND eine spezielle Abteilung für aktive politische Maßnahmen gab, das »Referat Aktionen«: »Das Referat *Aktionen* steuert Operationen, durch welche mit konspirativen Mitteln bestimmte politische oder andere Wirkungen erzielt werden sollen; sie dienen mittelbar der Nachrichtenbeschaffung. Beispiele: GW [Geldwäsche; d. Verf.], Waffenhandel, Projekte in Entwicklungsländern u. a.«[9] Eine noch ausstehende Organisationsgeschichte des BND würde immer wieder auf solch eine streng abgeschottete Spezialtruppe in der Beschaffungsabteilung stoßen, die unter BND-Präsident Klaus Kinkel (1979–1982) »Referat Sonderaufgaben« hieß und 1988 als »Referat 11 F (Sonderaufgaben)« firmierte.[10]

Der Bundesnachrichtendienst hat in seiner nunmehr 55-jährigen Geschichte immer wieder in Bürger- und Sezessionskriege eingegriffen und sich aktiv an Regimewechseln beteiligt, auch schon in der Frühphase, als Reinhard Gehlen den Grundstein für einen Auslandsnachrichtendienst gelegt hatte, der im Ost-West-Konflikt analog zu den Mittelmächten Frankreich und Großbritannien zu nachrichtendienstlichen Kampfmaßnahmen griff. Für eine der krassesten »Aktionen«, die Beteiligung des BND beim blutigen Regimewechsel zugunsten des Westens 1965 in Indonesien, gab es bisher nur die übliche Mischung aus Vorwürfen aus dem Osten und Rechercheergebnissen westdeutscher Journalisten.»Im Jahre 1965 leistete der BND dem indonesischen Nachrichtendienst und den reaktionären Kräften beim Sturz des Präsidenten Ahmed Sukarno umfangreiche Hilfe, indem er die Attentäter mit Maschinenpistolen und Funkgerät in einem Gesamtwert von 300 000 DM ausrüstete«,[11] behauptete eine polnische Zeitschrift 1980. »Ein Kommando von BND-Mitarbeitern bildete in Indonesien militärische Geheimdienstler aus und löste die von der antiamerikanischen Propaganda hart bedrängten Kollegen von der CIA ab. 1965 sollten die BND-Ausbilder sogar in einen Bürgerkrieg eingreifen: durch Lieferung sowjetischer Gewehre und finnischer Munition an Indonesiens Armee«,[12] beschrieben die *Spiegel*-Journalisten Heinz Höhne und Hermann Zolling die Rolle des deutschen Nachrichtendienstes bei dieser Operation.

Nun vorliegende geheime Originaldokumente sprechen eine deutlichere Sprache. Vor dem Vertrauensmännergremium des Bundestags berichtete BND-Präsident Gerhard Wessel in geheimer Sitzung im Juni 1968 über die Aktion und die Details der BND-Aktivitäten zugunsten des Partnerdienstes »Kakadu« stichpunktartig und wertete sie unverblümt als Erfolg seiner Behörde:»Im Oktober 1965 bereits bestehende enge Verbindungen zum indonesischen strategischen ND [Nachrichtendienst] ermöglichten Unterstützung (Berater, Geräte, Geld) des indonesischen ND und militärischer Sonderorgane bei Zerschlagung der KPI (und Entmachtung SUKARNOs – Steuerung und Unterstützung von Demonstrationen). Nach Ansicht indonesischer Politiker und Militärs (SUHARTO, NASUTION, Sultan) großer Anteil BND am Erfolg.«[13]

Die erste Frage nach der operativen Nutzung von Kriegsverbrechern durch die Organisation Gehlen bzw. den BND und die zweite nach machtpolitisch motivierten Aktionen gehen oft genug ineinander über. Der Leiter der Pullacher Abteilung für politische Operationen, Kurt Weiß, hatte der CIA im April 1961 mitgeteilt, dass seine Behörde über einen exzellenten Residenten in Djakarta verfüge. Der US-Partnerdienst nahm an, dass es sich dabei um Rudolf Öbsger-Röder, Jahrgang 1912, handelte. Der ehemalige SS-Standartenführer im Reichssicherheitshauptamt – 1939 in einem Einsatzkommando in Polen, 1944 in Ungarn – war im September 1948 in die Organisation Gehlen eingetreten und dem BND 1959/60 vor seiner Abreise nach Indonesien zu Diensten, wo er zugleich als Korrespondent für die *Süddeutsche Zeitung* und die *Neue Zürcher Zeitung* tätig wurde.[14]

Über die Entwicklung in Indonesien hatten sich BND und CIA abgestimmt. Mitte Januar 1964 besuchte ein hoher CIA-Vertreter Gehlen in seinem Büro und fragte ihn, ob er den Lagebericht 10/64 zu Indonesien gesehen habe und wie Bonn damit umgehen werde. Der BND-Präsident antwortete, er wisse nicht, was die Bundesregierung beabsichtige. Er habe den Bericht jedoch an Kanzleramtschef Ludger Westrick und Staatssekretär Karl Carstens weitergeleitet, jedenfalls zum Teil, nur die nützlichen Fakten, nicht aber die Hintergrundinformationen.[15]

Die Zusammenarbeit von BND und CIA beim Sturz der indonesischen Regierung mit den anschließenden blutigen Säuberungen war beileibe kein Einzelfall. Ein gutes Jahr später, so ist einem früher geheimen CIA-Bericht vom 3. Juni 1965 zu entnehmen, traf sich der BND-Resident in Washington, Heinz Danko Herre (Deckname »Dessau«), am Abend des 29. Mai in New York auf einen Drink mit CIA-Chef William Raborn. Dabei versicherte er dem Leiter des größten Partnerdienstes, dass Gehlen die amerikanischen Aktionen in der Dominikanischen Republik und in Südvietnam nach Kräften unterstütze und fragen lasse, wie die Regierung von Bundeskanzler Ludwig Erhard in den beiden Staaten helfen könne.[16] Die genannten Länder standen auf der Liste derjenigen Staaten, in denen die USA verdeckte Operationen durchführten. Einzelheiten des Pullacher Engagements in der Karibik sind bislang nicht bekannt geworden, und auch über die Operationen im Vietnamkrieg, die von einer schwimmenden BND-Zentrale auf dem Lazarettschiff »Helgoland« gesteuert und vom reisenden Residenten Max Otto Altmann flankiert wurden,[17] liegen nur spärliche Informationen vor.

Ähnliches gilt für die frühen Operationen des zum 1. April 1956 aus der Taufe gehobenen Bundesnachrichtendienstes in Nordafrika. Mangels freigegebener Originalakten sind sie ebenfalls nur in Ansätzen bekannt. Was die in den 1950er Jahren entsandten Statthalter Gehlens operativ unternommen haben, liegt weitestgehend noch im Dunkeln. Aufgrund einer bislang einzigartigen Quellenlage ist es nun möglich, mit dem vorliegenden Buch ein wenig Licht in dieses Dunkel zu bringen: Aus dem Besitz des ersten Pullacher Vertreters in Tunesien sind nahezu alle Geheimdokumente überliefert worden, die seine dortigen Aktivitäten dokumentieren – Meldungen und Berichte, die sowohl den Krisen- und Kriegsherd im Maghreb betreffen, als auch die deutsche Frontstellung gegenüber Frankreich deutlich machen.

Dieser BND-Resident in Tunis war Richard Christmann, ein Hauptakteur im geheimen Grabenkrieg zwischen Bonn und Paris. Seine Biografie ist ein Beispiel für die personelle Kontinuität in den Nachrichtendiensten des Dritten Reiches und der Bundesrepublik unter Konrad Adenauer und war von Anfang an geprägt durch die Machtkämpfe zwischen der französischen Marianne und dem deutschen Michel.

Christmann, 1905 in der Nähe von Metz geboren, musste als Folge des Ersten Weltkriegs mit seiner Familie Lothringen Richtung Nordwestdeutschland verlassen. 1926 wurde der frischgebackene Abiturient im Saarland gezwungen, in die Fremdenlegion einzutreten, in der er bis zum Oktober 1932 diente, wobei er mehrfach zu desertieren versuchte. Fünf Jahre später wurde er aufgrund einer Intrige seiner Exfrau wegen Spionage aus Frankreich ausgewiesen, zog zu seiner Mutter nach Osnabrück und stand dort unter dauernder Überwachung durch die Geheime Staatspolizei. Ab Mai 1939 war Christmann im Dienst der Abwehrstelle Münster als Doppelagent gegen die französischen Nachrichtendienste in den Niederlanden eingesetzt, ab Juni 1940 in Paris tätig, wo er Gruppen nordafrikanischer Nationalisten infiltrierte. Von Februar bis Juli 1944 war er in den Niederlanden an der Zerschlagung des Netzes von Fallschirmjägeragenten beteiligt, dem sogenannten Englandspiel. Dabei war er so erfolgreich, dass er via Funk als wohl einziger deutscher Geheimdienstler einen hohen britischen Orden erhielt. Der italienische Kinofilm »London ruft Nordpol« mit Curd Jürgens in der Hauptrolle (Regie: Duilio Coletti) hat das Unternehmen 1955 unsterblich gemacht.

Nach der alliierten Landung in der Normandie war Christmann in mobilen Frontaufklärungstrupps tätig und hatte Anteil daran, dass das größte Luftlandeunternehmen des Zweiten Weltkriegs, die alliierte Operation »Market Garden« gegen die Rheinbrücken, zum Teil scheiterte. Auch dieses Ereignis schrieb mit dem britisch-amerikanischen Kriegsfilm »Die Brücke von Arnheim« (Regie: Richard Attenborough) 1977 mit dem großen Aufgebot an Weltstars von Dirk Bogade über Sean Connery, Gene Hackman, Robert Redford und Laurence Olivier bis zu Hardy Krüger Kinogeschichte.

Nachdem er dem zerbombten Hamburg den Rücken gekehrt hatte, lebte Christmann ab Juni 1945 versteckt an der Côte d'Azur, wurde jedoch im Mai 1946 durch den französischen Nachrichtendienst verhaftet. Die Anklage beantragte die Todesstrafe. Die Strafverfolgung wurde letztlich eingestellt, weil er den Franzosen bis 1949 auch bei der Verfolgung ehemaliger SS-Angehöriger behilflich war.

Ausgewiesen aus Frankreich, fand er in Frankfurt am Main eine Anstellung bei der U.S. Army. Angeworben von ehemaligen Abwehrkameraden, trat Christmann in die Organisation Gehlen ein, für die er 1954/55 vor der

Volksabstimmung über die Zugehörigkeit zu Frankreich oder zur Bundesrepublik die Propaganda und Untergrundarbeit im Saarland organisierte.

Im Juli 1956 wurde er Resident des BND in Tunesien, wo er nicht zuletzt die algerische Befreiungsbewegung FLN (Front de Libération Nationale) gegen Frankreich unterstützte. Auch die ganze Brutalität der spätkolonialen Repression, mit der sich Paris an seine Kolonie klammerte, kam 1966 auf die Leinwand, mit dem italienischen Spielfim »Schlacht um Algier« (Regie: Gillo Pontecorvo).

Offiziell schied Christmann im August 1961 aus dem BND aus, blieb jedoch als Vertreter verschiedener deutscher Firmen in Nordafrika und wurde im November 1965 durch die Sicherheitspolizei in Algier wegen Spionage zugunsten der NATO verhaftet. Nach seiner Freilassung zog sich Christmann in Frankfurt am Main ins Privatleben zurück.

So weit in aller Kürze das abenteuerliche Leben des Richard Christmann. Aber selbst diese knappe biografische Skizze wäre allein anhand öffentlich zugänglicher Quellen kaum zu schreiben gewesen. Denn dort findet sich kaum etwas zu ihm. So enthält etwa die Personenkartei des Sicherheitsdienstes der SS (SD) im Berliner Bundesarchiv, die eigentlich alle nachrichtendienstlich relevanten Menschen im ganzen Reich registriert hatte, keinen Eintrag zu Richard Christmann,[18] und selbst in der territorialen SD-Kartei für Georgsmarienhütte und Osnabrück, wo Richard Christmann ab 1938 arbeitete bzw. gemeldet war, fehlt jeder Hinweis auf ihn.[19]

Und auch in der deutschen Geheimdienstliteratur wird Richard Christmann nur an einigen wenigen Stellen erwähnt, so in dem 1971 erschienenen Standardwerk über den BND, *Pullach intern*,[20] sowie bei Edward Spiro in seinem Buch über angelsächsische Geheimdienstoperationen in Westeuropa im Zweiten Weltkrieg, das er unter dem Pseudonym H. E. Cookridge veröffentlicht hat;[21] die Darstellung des ehemaligen britischen Geheimagenten über »Christmann – der Meisterspion« wimmelt jedoch von falschen Behauptungen, angefangen von der angeblichen Doppelagententätigkeit in Metz bis hin zu der Aussage: »1960 reiste er nach Nordafrika, wo er später für Ägypten gearbeitet haben soll.«[22]

Ähnlich verhält es sich im englischen Sprachraum, wo Christmann nur in einer mehrbändigen Geschichte des britischen Geheimdienstes im Zweiten Weltkrieg am Rande erwähnt wird.[23] Anders in Frankreich: Dort hat der französische Geheimdienstexperte Roger Faligot die Geschichte Christmanns teilweise aufgeschrieben und 1984 in französischer Sprache herausgebracht.[24] Dabei konnte er auf Material zurückgreifen, das ihm von Christmann selbst übergeben worden war. Eine kuriose Geschichte.

Das vorliegende Werk geht deutlich über die Pionierleistung von Faligot hinaus. Es wertet mehrere Hundert BND-Dokumente systematisch aus, vertieft die Dimension des Nebenkriegsschauplatzes Bundesrepublik und kann 25 Jahre später vor allem auf zahlreiche in den USA und der Bundesrepublik inzwischen zugänglich gewordene Akten und Publikationen von hohem Neuigkeitswert zurückgreifen.

Bereits im Dezember 1953 hatte Christmann seine Laufbahn in Fremdenlegion und Geheimdienst für publikationswürdig erachtet und sie unter einem Pseudonym einem Hamburger Verleger angeboten. Der ließ ihn jedoch am 30. Januar 1954 wissen:»Das Publikum ist mit längeren Kriegs- und Nachkriegs-Erlebnisberichten von Einzelpersonen derart übersättigt, dass nur Berichte, die aus möglichst jetzt noch aktuellen Gründen breiteres Interesse finden, Aussichten auf Veröffentlichung haben.« Er empfahl,»den Inhalt zu einer Reihe von Kurzgeschichten zu verarbeiten, die genügend ›Schmalz‹ und ›Erotik‹ mixen, um den Geschmack von ›Minchen Meier‹ zu treffen«.[25] Als Christmann in den 1960er Jahren für den Stalling-Verlag seine nun bis 1965 reichenden Memoiren schrieb, wurde er festgenommen, sein Material bei einer Hausdurchsuchung beschlagnahmt und dem BND überantwortet. Doch der erfahrene Geheimdienstmann hatte nicht nur von den Manuskripten, sondern von allen Dokumenten Sicherheitskopien angefertigt und versteckt. 1980 übergab er sie dem französischen Geheimdienstexperten Roger Faligot, der sie wiederum für die vorliegende Arbeit zur Verfügung stellte.

Diese Dokumente umfassen neben ca. 30 Fotos vor allem Originalberichte von Christmann an seine Vorgesetzten in der Organisation Gehlen und an das Ministerium für Gesamtdeutsche Fragen über die Operationen im Saarland 1954/55, die Instruktionen des BND für Christmann bezogen auf seine Tätigkeit in Tunis von 1956 bis 1961 und einige Hundert seiner Berichte an den BND. Zum von Christmann überlieferten Konvolut gehören zudem ein etwa 200-seitiges autobiografisches Typoskript über seine Zeit in der Legion sowie zur Geheimdienstarbeit von 1938 bis 1961, ein Privatvideo von ca. 15 Minuten, gedreht von Roger Faligot vor dem Gefängnis in Paris 1982 zu seiner Geheimdiensttätigkeit sowie eine Abschrift von einigen Stunden Tonbandinterviews, die Roger Faligot mit Christmann in französischer Sprache über alle Stationen seiner nachrichtendienstlichen Karriere geführt hat.

An weiteren, nicht öffentlich zugänglichen Quellen sind zu nennen die Geheimakten und Vernehmungsprotokolle des amerikanischen Nachrichtendienstes von 1946 bis 1955 zu Christmann und seinem Verbindungsnetz aus dem Privatarchiv von Roger Faligot sowie die streng geheime Ausarbeitung des Deuxième Bureau de Gaulles aus dem Jahr 1944 über die deutschen Nachrichtendienste in Frankreich.[26]

Faszinierendes und einzigartiges Material, mit dem man besonnen umgehen muss, denn »wenn ehemalige Agenten, Mitglieder der Geheimdienste reden oder schreiben dürfen, dann kann man sicher sein, dass sie bestimmte Zwecke damit verfolgen«,[27] warnte der Geheimdienstautor und ehemalige Geheimdienstmitarbeiter Wilhelm von Schramm bereits 1969. Auch der Marburger Historiker Wolfgang Krieger wies 2001 zu Recht darauf hin, dass Publikationen von Exspionen gleichermaßen enthüllend wie irreführend sein können.[28] Dies galt es auch im Fall von Christmann zu berücksichtigen. Tatsächlich ist bei Menschen, zu deren Berufsbild das Täuschen von Freund und Feind gehört, insbesondere Vorsicht angebracht, was ihre Memoiren betrifft. In seinen Lebenserinnerungen äußert Christmann beispielsweise seine Genugtuung darüber, dass er wegen seiner Legionärsvergangenheit nicht zum Eintritt in die NSDAP gezwungen werden konnte. Tatsächlich hatte er 1938 einen Antrag auf Aufnahme in die Hitlerpartei gestellt, der jedoch abgelehnt wurde.[29] Trotz der gebotenen Skepsis: Die meisten Aussagen Christmanns, die anhand anderer Quellen überprüft werden konnten, haben sich als zutreffend herausgestellt.

Die in der subjektiven Darstellung Christmanns wurzelnden Vorbehalte gelten für etwa ein Drittel seines Nachlasses. Zwei Drittel hingegen sind amtliche Überlieferungen, überwiegend Residentenberichte an die BND-Zentrale und die an ihn gerichteten Steuerungs- und Kontrollanweisungen. Im Gegensatz zu den Auszügen aus seinen Memoiren, deren Wahrheitsgehalt zumindest in Teilen angezweifelt werden kann, weil sie teilweise für Veröffentlichungszwecke umgeschrieben sowie Jahre nach den eigentlichen Ereignissen verfasst wurden, kommt den BND-Protokollen sowie den Protokollen für die Organisation Gehlen eine andere Bedeutung und eine andere Qualität zu. Dies insbesondere deshalb, weil es sich nicht um einseitige Meldungen Christmanns an den BND handelt, sondern auch um Rückfragen des Nachrichtendienstes zu einzelnen Protokollen sowie um Fragen des BND, die Christmann in seinen Meldungen wiederum beantwortet. Zwar sind auch die Gebrauchsakten von Nachrichtendiensten nicht frei von Fehlern und Fehleinschätzungen, aber sie dokumentieren den eigenen Wissensstand und mehr noch das eigene Handeln.

Dieses Buch basiert auf der Doktorarbeit von Matthias Ritzi.[30] Sie wurde jedoch um zahlreiche historische, wissenschaftstheoretische und politikwissenschaftliche Abschnitte gekürzt und zugleich um viele nachrichtendienstliche Aspekte ergänzt.

Um die nachrichtendienstliche Rolle Richard Christmanns sowohl im Dritten Reich als auch in den Jahren nach dem Zweiten Weltkrieg bis Anfang der 1960er Jahre verstehen zu können, ist es notwendig, die wesentlichen Stationen seines Lebens herauszuarbeiten. Ohne seine frühe Prägung durch die deutsch-französische Erbfeindschaft zu thematisieren, ohne seine politische Wandlung zu beschreiben, ohne die Entwicklung seiner militärischen und sprachlichen Qualifikationen nachzuverfolgen und ohne einen Blick auf die teilweise abenteuerlichen Wendungen in nahezu allen wichtigen Lebensabschnitten zu werfen, ist weder sein Einstieg in den deutschen Geheimdienst, noch sein Aufstieg in dieser Organisation erklärbar.[31]

Die Darstellung folgt daher den biografischen Stationen Christmanns, wobei seine Aktivitäten und Erfahrungen in den jeweiligen historischen und insbesondere den nachrichtendienstlichen Kontext eingebunden werden. Dadurch ergibt sich in der Rekonstruktion der Biografie nicht nur das Profil eines Agenten, der in seinem Aufgabenbereich für den BND nahezu nahtlos an sein Tätigkeitsfeld im Dritten Reich anknüpfen konnte, sondern dieser Aufgabenbereich beinhaltete trotz aller Dementis auch das aktive Eingreifen in die Belange anderer Staaten.

Die antifranzösische Prägung (1905–1936)

Christmanns gesamtes Leben war vom Spannungsfeld zwischen Frankreich und Deutschland geprägt. Das begann schon in der Jugend. Richard Ludwig Wilhelm Christmann kam am 13. November 1905 im Dorf Montigny bei Metz als zweites Kind des deutschen Ingenieurs Richard-Henry Christmann und seiner Frau Anne-Marie, geborene Tobien, zur Welt.[1] Zwei Jahre zuvor hatte Richards Schwester Hilde in Brüssel das Licht der Welt erblickt. 1907 kam als drittes Kind Alwine in Metz hinzu. Als Ergebnis des Deutsch-Französischen Krieges von 1870/71 gehörte die Festungsstadt in Lothringen damals zum Deutschen Kaiserreich.

Aus Richard Christmanns Kindheit und Jugend ist nur wenig überliefert. Sein Vater war im Juli 1914, einen Monat vor Kriegsausbruch und angesichts der Mobilmachung und antideutschen Vorkriegsstimmung, Hals über Kopf mit seinen beiden Töchtern aus Südfrankreich geflohen, wo er im Auftrag des Düsseldorfer Unternehmens Deutsche Maschinenbau Aktiengesellschaft als Montageleiter Gaswerke errichtet hatte. Sein Sohn Richard war bei den Großeltern in Metz geblieben, da er dort 1912 in die zweite Klasse des Gymnasiums eingeschult worden war und seine Schulausbildung nicht leiden sollte. Als der Vater Ende Juli 1914 in Metz ankam, wurde er sofort von der deutschen Kommandantur vernommen und musste seine Wahrnehmungen von unterwegs zu Protokoll geben, zum Beispiel über Truppenbewegungen.

Im Ersten Weltkrieg diente Vater Christmann als Offizier an der Ostfront, bis er Anfang 1917 in Rumänien verwundet und anschließend als Kommandant des Kriegsgefangenenlagers für Offiziere in Uchte nahe Minden eingesetzt wurde. Erst etwa einen Monat nach der deutschen Kapitulation konnte er Ende 1918 zu seiner Familie nach Metz zurückkehren, das nun wieder zu Frankreich gehörte. Dort erhielt er von den französischen Behörden die Kennkarte »D«, die ihn als Deutschen auswies, während seine Frau die Kennkarte »A« erhielt, für alle Einwohner, die in Lothringen geboren waren, sofern deren Eltern vor 1880 eingewandert waren oder dort bereits lebten. Die drei Kinder bekamen die Kennkarte »B«, die sie als Abkömmlinge ihrer französischen Mutter auswiesen. Diese unterschiedliche Einstufung sollte für den Sohn noch weitreichende Folgen haben.

Im Januar 1919 wurde Christmanns Vater unter dem Verdacht der Spionage für Deutschland verhaftet und vier Monate lang im elsässischen Zuchthaus Zabern eingesperrt, bevor man ihn ohne seine Familie abschob. Daraufhin stellte Richards Mutter den Antrag, ebenfalls als Reichsdeutsche eingestuft zu werden, um in Deutschland nicht als Ausländerin zu gelten. Die Folge: Ende Juli 1919 wurde diesem Antrag stattgegeben, Anne-Marie und die Kinder mussten das Land innerhalb von 24 Stunden mit nur 30 Kilo Handgepäck und 50 Mark pro Kopf verlassen. Die Mutter und ihre drei Kinder wurden in einem Sammeltransport abgeschoben und landeten in einem Auffanglager im badischen Offenburg. Aufgrund der Lebensmittelknappheit im Spätsommer 1919 darbte die Familie dort acht Tage bei Kohl und Steckrüben, bis sie von der Hilfsorganisation »Reichsbund der Flüchtlinge aus Elsass und Lothringen« mit neuen Papieren versehen in einem kleinen Hotel in Heidelberg untergebracht wurde.

Erst im Spätherbst 1919 gelang es der Mutter, ihren Mann in den Nachkriegswirren wiederzufinden. Das niedersächsische Osnabrück, gut 100 Kilometer von der letzten Wirkungsstätte des Vaters in Uchte entfernt, wurde ihr neuer Wohnsitz. Dort ging Richard ins Gymnasium und engagierte sich zugleich bei den Pfadfindern. Als Heranwachsender trat er in seiner neuen Heimatstadt der rechtsgerichteten Organisation Fridericus Rex bei. Weshalb es ihn dort nicht lange hielt, beschrieb er in seiner Autobiografie: »Als der Zahnarzt Dr. Marxer die Führung übernahm, kritisierte ich anlässlich einer Schießübung auf dem Stand der Reichswehr in Eversburg die privaten Verhältnisse von Marxer.« Christmann war empört, dass Marxer sich eine Geliebte hielt, weil seine Frau, eine Metzgerstochter, ihm nicht mehr standesgemäß erschien, nachdem sein Schwiegervater das Studium bezahlt hatte. »Die Differenzen wurden so stark, dass Marxer meinen Rausschmiss aus dem Fridericus Rex durchsetzte.«

Christmann wechselte die politischen Fronten. Als Neunzehnjähriger engagierte sich der junge Mann etwa im Mai 1925, als die NSDAP zum ersten Mal an einer Wahl in Norddeutschland teilnahm, im Reichsbanner, klebte nachts Plakate und betrieb Wahlpropaganda. Zum Reichsbanner, der Wehrorganisation der »Weimarer Koalition« – SPD, Zentrum und DDP (Deutsche Demokratische Partei) – und der Gewerkschaften sei er gekommen aus Protest gegenüber dem als außerordentlich autoritär empfundenen Vater. Allerdings habe er auch im Reichsbanner keine politische Heimat gefunden:»Dort gab es entweder nur Palaver und Feigheit, oder man musste sich strikt der Parteidisziplin unterwerfen. Also wieder Autorität ohne eigene Meinungsentfaltung.«

Bald darauf war mit dem politischen Engagement aus anderen Gründen Schluss. Nachdem er 1925 das Abitur bestanden hatte, begab er sich Anfang Januar 1926 auf eine Reise an die obere Mosel, um seine Tante Frieda Müller, eine Schmiedemeisterfrau, zu besuchen. Auf dem Bahnhof von Saarbrücken, das wie das ganze Saarland als Abstimmungsgebiet von 1920 bis 1935 unter Verwaltung des Völkerbundes stand, aber de facto von Frankreich kontrolliert wurde, geriet er in eine französische Polizeikontrolle. Die Beamten stellten in seinem Pass fest, dass als Geburtsort Montigny bei Metz eingetragen war, und brachten ihn in eine Saarbrücker Kaserne, in der sich ein Sammellager für aufgegriffene Franzosen befand. Bedingt durch die französischen Kriege in Syrien, im Libanon und in Marokko, war die Militärdienstzeit in Frankreich von 16 auf 20 Monate heraufgesetzt worden, was viele junge Männer zum Desertieren nach Deutschland veranlasste.

Am 10. Januar wurde der junge Christmann nach Metz in das Gefängnis in der Dreibäckerstraße verlegt, acht Tage später in das nahegelegene ehemalige Fort Zastrow gebracht. Der deutschsprachige Offizier, der ihn dort vernahm, warf ihm vor, er habe sich in Frankreich der Musterung entzogen. Schließlich sei er als Sohn einer Lothringerin mit der Kennkarte »A« in die Kategorie »B« eingestuft worden und sei daher zum Militärdienst für Paris verpflichtet. Seine wiederholten Beteuerungen, er sei doch Reichsdeutscher, wurden kurzerhand vom Tisch gewischt.

Die französische Polizei stellte ihn vor die Alternative, entweder wegen Fahnenflucht ins Gefängnis zu wandern oder sich zum Dienst in der Fremdenlegion zu verpflichten, die seinerzeit zu etwa 50 Prozent aus Deutschen bestand. Christmann entschied sich für die Légion Etrangère, zumal man ihm zugesichert hatte, er könne in der Folge einen Antrag auf Versetzung in ein normales französisches Regiment stellen. Bei seiner Vernehmung durch den US-Geheimdienst im französischen Gefängnis gab er im Oktober 1946 an, wegen persönlicher Querelen mit seiner Familie in die Legion gegangen zu sein.[2] Bei dieser Aussage dürfte es sich jedoch um eine Vorsichtsmaßnahme gegenüber seiner französischen Gewahrsamsmacht gehandelt haben.

Sein weiterer Weg führte ihn im Februar 1926 im bewachten Bahnwaggon ins Fort Saint Jean im Mittelmeerhafen Marseille. Dort wurde er im benachbarten Fort Nicolas ärztlich untersucht, musste seine Zivilkleidung an einen Trödler verkaufen, erhielt eine französische Ausrüstung, eine Uniform ohne Koppel und Hinweis auf die Waffengattung, wodurch er als »bleus«, das heißt frisch rekrutiert und straffällig, gekennzeichnet war. Am 26. Februar 1926 musste er nach eigenen Angaben den Verpflichtungsvertrag zum fünfjährigen Dienst in der Legion unterschreiben. Sein Handgeld von fünf Francs und den Erlös aus dem Verkauf seines Siegelrings benutzte er, um sich im alten Hafenviertel sinnlos zu betrinken.

Dann ging es nach Nordafrika, wo die Fremdenlegion 1831 in Algerien von der französischen Besatzungsmacht aufgestellt wurde. Die ersten Freiwilligen – Deutsche, Schweizer, Italiener, Spanier, Polen – hatten sich aus den unterschiedlichsten Gründen zu dem Söldnerverband verpflichtet: Kriegshunger, Abenteuerlust, politische Überzeugung, wirtschaftliche Zwänge, Asylsuche etc. Die ersten Legionäre wurden im August 1831 nach Algerien verlegt, um bei der Eroberung und Kontrolle des Landes eingesetzt zu werden. In Algerien wurde von der Legion 1843 auch die Stadt Sidi-bel-Abbès gegründet, die für 130 Jahre ihr Hauptsitz bleiben sollte.

Da Christmann in seiner Jugend viel geritten war, wurde er dem »I. Régiment Etranger de Cavallerie« zugeteilt. Der Verband war 1921 im tunesischen Sousse aufgestellt worden und kam bis zum Beginn des Zweiten Weltkrieges vor allem bei der Niederschlagung der ständigen Aufstände in Marokko zum Einsatz.[3] Er bestand in seiner Anfangsphase zu mehr als der Hälfte aus Kosaken, die nach ihrer Niederlage gegen die Rote Armee nach Frankreich geflüchtet waren.[4] Christmanns Verlegung nach Nordafrika erfolgte am 1. März auf dem Frachtschiff »Gouverneur Général Grévy«, das reguläre Truppen, aber auch Angehörige von Strafbataillonen und Legionäre innerhalb von zwei Tagen nach Tunesien brachte, das seit 1881 französische Kolonie war und sich in ständigen Konflikten zwischen Nomaden, von den Franzosen enteigneter und entrechteter Landbevölkerung, Großgrundbesitzern und religiösen Würdenträgern befand.[5]

In Tunis verbrachte Christmann einige Tage in einer alten Festung in der Kasbah, bevor ihn eine Schmalspurbahn nach Sousse brachte. Die Legionäre erhielten dort ein Handgeld von 250 Francs sowie zwei Mal im Monat 3,75 Francs Sold – den Gegenwert von zwei Schachteln Zigaretten. Nach der Grundausbildung wurde Christmann im Juni 1926 in das 40 Kilometer entfernte Barackenlager bei Sidi-el-Hani an einem Salzsee verlegt. Mit Ausnahme der Schwadronenchefs waren alle Vorgesetzten Russen, Angehörige der ehemaligen weißrussischen Wrangelarmee, die Frankreich 1921/22 in der Türkei für sich rekrutiert hatte. Die Ausbildung zum Kavalleristen war hart und schikanös. Deshalb entschloss sich Christmann bereits im Juli, zusammen mit drei Kameraden zu desertieren. Ihr Ziel war zunächst die Küstenstraße, die im Süden zur Grenze nach Libyen führte. Nachdem die Flüchtigen vier Tage unterwegs waren, wurden sie bei einer Rast an dieser Straße von Arabern umringt und bis zum Eintreffen der Gendarmerie festgehalten. Bis zum September 1926 war Christmann in Haft, zunächst in Sidi-el-Hani, dann im Militärgefängnis in Tunis. Der Militärstaatsanwalt leitete ein Verfahren nicht nur wegen unerlaubter Entfernung von der Truppe, sondern auch wegen Bandenbildung ein, was neben zweijähriger Zwangsarbeit noch drei weitere Jahre Zuchthaus bedeutet hätte. Aus dem Gefängnis in Sidi-el-Hani konnte Christmann seinem Vater schreiben und ihn um Hilfe bitten. Der schaltete Leopold Fromm ein, den Herausgeber der *Osnabrücker Volkszeitung*, die der Zentrumspartei nahestand. Fromm verfügte über einen gewissen Einfluss und erreichte, dass Christmanns Vater – selbst Mitglied der Deutschen Volkspartei – einen Termin bei Außenminister Gustav Stresemann in Berlin bekam, dem er die Umstände der Zwangsrekrutierung seines Sohnes schildern konnte. Der Locarno-Vertrag vom Oktober 1925, der die Grenzen Deutschlands, Belgiens und Frankreichs sowie einen gegenseitigen Gewaltverzicht und die Entmilitarisierung des Rheinlands festschrieb, dazu die Aufnahme Deutschlands in den Völkerbund im darauffolgenden Jahr sowie das gute Verhältnis Stresemanns zu seinem Pariser Amtskollegen Aristide Briand, der mit ihm gemeinsam den Friedensnobelpreis 1926 bekommen hatte – all dies bot in einer Phase deutsch-französischer Entspannung[6] gute Rahmenbedingungen für Stresemanns Intervention. Der Außenminister ließ die Deutsche Botschaft in Paris in dieser Angelegenheit bei der französischen Regierung vorsprechen. So übernahm ein Anwalt in Oran die Vertretung von Richard Christmann und erreichte ein mildes Urteil von drei Monaten Haft auf Bewährung.

Nach der Haftentlassung kam Christmann an seinem alten Standort in eine Strafabteilung, versah tagsüber normalen Dienst und musste abends Strafexerzieren oder Steine schleppen. Denn ab 1920 wurden die Legionäre in großem Umfang zu Bauarbeiten eingesetzt und waren maßgeblich am Aufbau einer funktionierenden Infrastruktur in Nordafrika beteiligt. Die persönlichen Erfahrungen Christmanns deckten sich mit der Gräuelpropaganda, die zwischen 1920 und 1933 in Deutschland gegen die Legion gerichtet war. So hieß es in einem Werbehandzettel für das 1931 in Berlin erschienene Buch *Marschier oder krepier – Leiden und Laster der Legion!* von Fritz Klose: »Dieses Buch eines ehemaligen Legionärs zerreißt den Nebelschleier bewusster Verhüllung von furchtbaren Zuständen, führt hin zu allen Leiden der Legion, aber auch zu allen Lastern, die dort systematisch gezüchtet werden, führt hin zu jenen 40000 Deutschen, die dort Jahr für Jahr mit keuchenden Lungen, auf zerschundenen Schultern, in ärmliche Lumpen gekleidet, schwere Steinlasten zum Straßen- und Postenbau die Berge hinaufschleppen, in sengender Tropensonne Spitzhacke und Brechstange schwingen, Bahnen bauen, Wälder roden, Kraftwerke errichten und Ziegel schlagen, kurz all die tausendfältige Arbeit bei schlechter Verpflegung, kargem Sold und brutaler Behandlung verrichten, die Frankreichs Kolonien erfordern.«[7]

Obwohl neuere Studien zu weit differenzierteren und bei weitem nicht so dramatischen Ergebnissen kommen,[8] mag Klose Christmann aus der Seele gesprochen haben. Denn schon einige Wochen später schloss sich Christmann einem Massenausbruch der Strafabteilung an, wurde jedoch bereits am nächsten Tag im Bremserhäuschen der Bahnlinie nach Tunis gefasst und verbüßte sechs Wochen verschärften Arrest. Seine dritte Flucht erfolgte aus der 2,2 mal 1,5 Meter kleinen Arrestzelle und schien zunächst erfolgreich zu verlaufen. Es gelang ihm, den Hafen zu erreichen und sich auf ein Schiff zu schleichen, das gleich darauf auslief. Bei Tagesanbruch musste er jedoch entsetzt feststellen, dass er sich auf einem Versorgungsschiff der französischen Kriegsmarine befand. Nachdem das Schiff in den Kriegshafen Sidi Abdallah eingelaufen war, trat er die Flucht nach vorn an, steuerte auf einen Offizier zu und verlangte, zum Hafenkommandanten gebracht zu werden. Dem tischte er die Geschichte auf, er sei absichtlich auf ein Kriegsschiff gegangen, um die reguläre Armee über die schlimmen Zustände in der Legion aufzuklären. Das Husarenstück gelang: Christmann gab während der zehn Tage, die er in Haft gehalten wurde, bei bester Verpflegung seine Beschwerden zu Protokoll. Man versprach ihm, einen entsprechenden Bericht an das Kriegsministerium in Paris zu schicken. Ihn selbst überstellte der Sicherheitsoffizier des Hafens jedoch wieder der Legion, so dass Christmann, zurück in Sousse, 45 Tage Arrest erhielt, davon 30 in Dunkelhaft.

Nach diesen Erfahrungen beschloss er, sich zunächst anzupassen, und entwickelte sich zum Mustersoldaten. 1927 gewann er sogar die Militärmeisterschaften im Pistolenschießen in Tunesien, erhielt dafür viele Vergünstigungen und letztlich einen Posten als Schreiber im Regimentsstab. Aber – aus welchen Gründen auch immer – richtig anfreunden konnte er sich mit der Legion nicht. Auf jeden Fall wagte er nach knapp zweijähriger Legionärszeit im Januar 1928 einen weiteren Versuch zu desertieren und

schlich sich, eingedeckt mit reichlich Konserven, nachts an Bord des est-
nischen Frachters »Ellind«, der Halfa-Gras nach Großbritannien bringen
sollte. Nachdem er bei zwei Durchsuchungen von Militärpatrouillen un-
entdeckt geblieben war, gelangte Christmann zwei Tage später auf hohe
See. Als die Ladung des Frachters verrutschte und ihn in seinem Versteck
zu erdrücken drohte, musste er aufgeben und sich beim Kapitän melden,
der ihn sofort im Ankerkettenschott einsperren ließ. Um sich die von den
Franzosen ausgesetzte Prämie von 50 Francs zu sichern, informierte der
estnische Seefahrer über Funk die französischen Behörden in Oran, die
eigens ein Patrouillenboot zur Übernahme des Deserteurs schickten.

Noch während des folgenden Häftlingstransports von Oran nach Sousse
unternahm Christmann zwei weitere Fluchtversuche, die jedoch beide
kläglich scheiterten. So verbüßte er eine 60-tägige Untersuchungshaft voller Schikanen und Misshandlungen durch seine russischen Bewacher. Vor
dem Militärgericht in Tunis wurde es anschließend sehr ernst, denn der
Staatsanwalt forderte zehn Jahre schwere Zwangsarbeit auf der französischen Häftlingsinsel Ré. Gestützt auf seinen bereits erprobten Anwalt, kam
Christmann jedoch mit der Mindeststrafe von zwei Jahren Zwangsarbeit
davon. Das milde Urteil verdankte er dabei vor allem der Tatsache, dass
sich die Liga für Menschenrechte in Paris mit seinem Fall beschäftigt und
in großem Stil die französische Presse mobilisiert hatte.

Seine Strafe verbüßte er im Zuchthaus Teboursouk, scharf bewacht von
senegalesischen Soldaten, die schon manchem Fluchtversuch mit gezielten
Schüssen ein Ende gesetzt hatten. 90 Prozent der dort inhaftierten Deserteure waren Deutsche, viele von ihnen arbeiteten mit Christmann in der
Schneiderwerkstatt an der Herstellung von Hemden, Unterhosen usw. für
die französische Armee.

Nach der Haftentlassung diente er seine letzten zweieinhalb Jahre in
einem motorisierten Infanterieverband als Kanonier auf einem Schützen-
panzer und in der Instandsetzung. In dieser Zeit erhielt er sogar einige
Auszeichnungen für besondere Tapferkeit. Insgesamt war er sechs Jahre
und zehn Monate unfreiwillig in der Legion und erreichte den Dienstrang
»2e classe«, was etwa dem deutschen Hauptgefreiten entspricht.[9]

Als der Lektor des Stalling-Verlages in den 1960er Jahren Christmann in
dem Bemühen, dem Manuskript mehr »erotische Würze« zu verleihen, um
die ergänzende Auskunft bat, wie es in jenen Jahren um sein Sexualleben
bestellt gewesen sei, verwies der Exlegionär lakonisch darauf, dass alle zwei
bis drei Monate ein mobiles Feldbordell an den Standort gekommen sei.
Ansonsten habe ihm aber seine besondere Position im Stützpunkt als Ver-

teiler der Post andere Möglichkeiten eröffnet,»wenn die Einheit im Einsatz war und die Reparaturkolonne, zu der ich gehörte, wegen dringender Reparaturen im Lager blieb. Die Offiziere und viele Unteroffiziere hatten Dienstwohnungen im Ort Colomb-Béchar, etwa 1 km vom Lager entfernt. Viele waren verheiratet. Dort ergab sich oft die Gelegenheit zu einem kurzen intimen Beisammensein mit einer der Frauen.«

Nach der Entlassung aus der Fremdenlegion am 13. Dezember 1932 ging Christmann nach Villeurbanne in der Nähe von Lyon und nahm dort in einer Fabrik eine Beschäftigung als technischer Vertreter an, die ihm ein französischer Pioniersoldat in Tunesien vermittelt hatte. Kaum in Frankreich angekommen, erhielt er einen Anruf seiner Mutter, die ihm mitteilte, dass sein Vater sehr schwer erkrankt sei. Als er unter Mühen einen Reisepass von der deutschen diplomatischen Vertretung in Lyon erhielt, warnte ihn der deutsche Konsul, dass ehemalige Fremdenlegionäre in Deutschland Unannehmlichkeiten zu erwarten hätten, und riet von einer Fahrt nach Osnabrück ab. Christmann reiste dennoch zu seiner Familie. Er meldet sich polizeilich nicht und blieb unbehelligt. So konnte er seinen Vater, der im Mai 1933 starb, noch einmal sehen.

Nachdem der Betrieb in Villeurbanne, für den er tätig war, Konkurs hatte anmelden müssen, ging Christmann nach Paris und fand umgehend einen neuen Arbeitsplatz in einer Bildergalerie und Verlagsgesellschaft als Dolmetscher. In Abendkursen ließ er sich zum Versicherungsmathematiker ausbilden und wechselte nach einem Jahr als Angestellter in die Versicherungswirtschaft.

Nach Villeurbanne und anschließend nach Paris trieben ihn nicht nur berufliche Gründe. Noch in der Legion hatte Christmann in der Zeitschrift *Cinémonde* im April 1932 eine Annonce aufgegeben, in der ein deutscher Fremdenlegionär eine französische Briefpartnerin suchte. Er erhielt nach eigenen Angaben mehr als 100 Zuschriften. Den Großteil versteigerte er meistbietend an Kameraden, nur wenige Briefe beantwortete er selbst, darunter den von Andrée Gillet, einer Mathematiklehrerin in einem Pariser Vorort, und den von Madeleine Pognant, mit der er kurzfristig in Lyon zusammenlebte, bis er feststellte, dass sie von ihrem Chef schwanger war. Als Madeleine zwei Selbstmordversuche unternommen hatte, weil er nicht bei ihr bleiben wollte, entschied sich Christmann endgültig für Andrée und besuchte die ledige Mutter im Sommer 1933 zunächst in einem Ferienlager im Französischen Jura, nachdem der Briefverkehr, wohl auch aufgrund des Verhältnisses mit Madeleine Pognant, fast eingeschlafen war.

Schon am 23. Dezember 1933 heirateten beide in Paris. Am 25. Juni 1935 gebar Andrée ihren zweiten Sohn Arno, obwohl sie lieber abgetrieben hätte. Ihren Erstgeborenen hatte sie am 29. September 1932 zur Welt gebracht, das heißt zu einem Zeitpunkt, als sie bereits mit Christmann korrespondierte. Christmann musste erleben, dass sie seinen Sohn kurz nach der Geburt in eine Pflegefamilie gab. Zwei Monate später verließ Andrée ihren Mann und ging mit ihrem Erstgeborenen als Lehrerin nach Casablanca. Christmann nahm das Kind aus der Pflegefamilie und besuchte sie dort zusammen mit dem gemeinsamen Sohn, der dabei schwer erkrankte und in einem marokkanischen Krankenhaus zurückbleiben musste, während der Vater nach vier Wochen allein nach Paris zurückkehrte. Seine Frau hatte ihm zwar versprochen, im Oktober 1937 mit beiden Kindern zu ihm zurückzukehren, aber sie blieb in Marokko und ging dort mit dem Leiter des französischen Militärnachrichtendienstes Marty eine Liaison ein.

Christmann selbst stürzte sich in Paris in die Arbeit, besuchte parallel von Mitte 1934 bis Mitte 1937 mit Erfolg die Ingenieurschule und engagierte sich auch politisch im Umfeld eines radikalsozialistischen Abgeordneten aus dem 5. Pariser Bezirk. Die Wahlkampfhilfe, die er für ihn leistete, zahlte sich aus. Nachdem der zugleich in der Liga für Menschenrechte engagierte Anwalt ins Parlament eingezogen war, betrieb er mit Erfolg die Untersuchung der Vergehen Christmanns in der Legion vor einem Pariser Appellationsgericht, so dass der Exlegionär am 23. Juli 1937 vollständig rehabilitiert wurde.

Während er beruflich und sozial erfolgreich war, bereitete ihm seine ehemalige Lyoner Liebschaft ständig Probleme. Im Herbst 1935 hatte Madeleine Pognant ihn bei der Pariser Jugendbehörde auf die Zahlung von Alimenten verklagt. Als Christmann beweisen konnte, dass er zum Zeitpunkt der Zeugung des Kindes noch in Nordafrika gewesen war, beschuldigte sie ihn Anfang 1936, mit Hilfe des deutschen Konsuls in Lyon eine Ortsgruppe der NSDAP gebildet zu haben und zugleich als Spion für das Dritte Reich tätig zu sein. Beweise seien Einschreiben aus Berlin mit den diesbezüglichen Anweisungen. Bei seiner Vernehmung durch die französische Geheimpolizei glaubte Christmann, diese Verdächtigungen entkräften zu können, zumal er nur einmal 1933 wegen seiner Reise nach Osnabrück einen eingeschriebenen Heimatschein, ein Ersatzpapier für den Personalausweis, bekommen hatte.

Aber einmal ins Visier der Geheimpolizei geraten, entwickelte die Denunziation seiner Exgeliebten ihre Eigendynamik. Als Christmann im Sommer 1937 bei Studentenprotesten im Quartier Latin am Kopf verletzt und zur örtlichen Polizeistation gebracht wurde, erhielt er anschließend eine neue Vorladung der Geheimpolizei. In diesem Verhör wollten die Beamten von ihm wissen, wie es um seine Beziehungen zu rechtsextremen Kreisen stand, mit denen er über seine Frau Andrée kurzfristig in Berührung gekommen war. Christmann selbst machte in seinen Memoiren und im Interview mit Roger Faligot widersprüchliche Angaben zu dem Vorfall. Zunächst gab er an, als Unbeteiligter in die gewaltsamen Auseinandersetzungen geraten zu sein, im Gespräch räumte er jedoch ein, als Mitglied der rechtsgerichteten Organisation »Les Francist« aktiv in die Schlägerei im Quartier Latin eingegriffen zu haben.

Ende Juli 1937 lud ihn die Geheimpolizei erneut vor. Diesmal lautete der Vorwurf, er habe einen 16-jährigen Franzosen, dem er Nachhilfe in Mathematik und Deutsch gab, in ein Lager der Hitlerjugend (HJ) in Deutschland vermittelt. Tatsächlich hatte Christmann dem jungen Mann einen Ferienplatz in einer deutschen Familie besorgt. Die Söhne dieser Familie nahmen den Gast mit in ein HJ-Lager bei Cannstatt, von wo aus er begeisterte Briefe an seine Mutter in Paris schrieb, die der französischen Briefzensur in die Hände gefallen waren. Auch wenn Christmann in allen Vernehmungen glaubte, seine Unschuld beweisen zu können, erschien er der Geheimpolizei suspekt. Es gab zu viele Ungereimtheiten: Kontakte in die rechte Pariser Szene und zugleich Wahlhelfer eines Radikalsozialisten, angeblich Hitler-Gegner, aber zugleich Beziehungen zu einer NS-orientierten deutschen Familie. Daneben stand in einer Phase starker deutsch-französischer Spannungen permanent der Spionageverdacht im Raum.

Schließlich wurde Christmann im Spätsommer 1937, einen Monat nach seiner letzten Vernehmung, aus Frankreich ausgewiesen. Er musste die französische Hauptstadt mit dem Schnellzug Paris–Warschau in Richtung Deutschland verlassen, der im Volksmund »Wanzenexpress« hieß. Begründet hatten die französischen Behörden ihren Beschluss nicht, und so war sich der Exlegionär nie sicher, ob nicht auch seine inzwischen von ihm geschiedene Frau Andrée mit ihren Geheimdienstverbindungen in Casablanca hinter der Ausweisung stand.

Erste nachrichtendienstliche Bewährung (1937–1940)

Unerwünschter Rückkehrer

Als Richard Christmann aufgrund eines Ausweisungsbefehls Frankreich endgültig verlassen musste, machte er sich auf den Weg zur elterlichen Wohnung in Osnabrück in der Wörthstraße 59, wo die Mutter noch wohnte. In der niedersächsischen Stadt geriet er schnell in das Blickfeld der Geheimen Staatspolizei, da alle ehemaligen Fremdenlegionäre unter dem Generalverdacht der Spionage für Frankreich standen. Bereits am dritten Tag seines Aufenthalts wurde er morgens um sieben Uhr von zwei Gestapo-Beamten abgeholt und trotz seines Protestes in ihre Dienststelle gebracht.

Die Staatspolizeistelle Osnabrück residierte damals im Schloss am Neuen Graben[1] und stand unter Leitung des Regierungsrats und SS-Untersturmführers Walter Schlette.[2] Am 15. Oktober 1937, einem Freitag, erfolgte in den dortigen Büroräumen Christmanns erste Vernehmung, an die er sich 1969 noch genau erinnerte: »Nach umständlicher Aufnahme meiner Personalien Warten im Vorraum – neue Aufnahme meiner Personalien – Warten im Nebenraum – neue Aufnahme meiner Personalien – Warten im Nebenraum, wo ich endlich gegen Mittag zur Vernehmung geholt wurde. Mir gegenüber saß ein stiernackiger Bulle, den man Jonny nannte. [...] Die Vernehmung schien mir anfangs eine reine Routine-Angelegenheit zu sein, denn man befragte mich über meine Tätigkeit in Paris, meine Freunde, ob ich in den Emigrantenkreisen verkehre, welche Verbindungen ich dorthin hätte usw. usw. Plötzlich stieß Jonny seinen dicken Finger gegen mich und brüllte mich an: ›Warum gehören Sie nicht zur Auslandsorganisation. Wir haben hier einen Bericht der Deutschen Botschaft, Paris, vorliegen, dass Sie sich im Deutschen Haus in Paris Rue Roquépine [dem Treffpunkt der NSDAP-Auslandsorganisation; d. Verf.] stets unliebsam bemerkbar machen. Außerdem wird im Bericht erwähnt, dass Sie Stammgast im Café Dupont-Latin sind, wo vor allem deutsche Emigranten verkehren.‹ Trotz meiner Beteuerungen, dass ich bei deutschsprechenden Menschen, die ich im Ausland treffe, nicht ahnen kann, dass es sich evtl. um Emigranten handelt, wollte man von mir über die Tätigkeit aller in Paris lebenden Emigranten-Gruppen Auskunft haben. Ich konnte sie beim besten Willen nicht geben. […] Die Vernehmung zog sich auf Stunden hin, und als ich gegen Abend verlangte, zum Essen nach Hause gehen zu können, lachte man mich aus und sagte: ›Sie sind selbstverständlich unser Gast, wir werden bestens für Ihr leibliches Wohl sorgen.‹ Die Nacht verbrachte ich auf einer Pritsche in einer Zelle, von denen es ein halbes Dutzend eine halbe Etage höher gab. Am nächsten Morgen musste ich wieder stundenlang dieselben Fragen, auf welche ich keine Antwort geben konnte, über mich ergehen lassen.«

Während des ersten Verhörs hatten zwei weitere Beamte des SS-Sicherheitsdienstes die Wohnung seiner Mutter durchsucht und seine gesamte persönliche Habe, auch früher geschriebene Briefe, mitgenommen. Denen entnahmen sie, dass er im Deutschen Haus in Paris in der Rue Roquépine mit Vertretern der Deutschen Botschaft heftige Diskussionen gehabt hatte, weil Nicht-Botschaftsangehörigen die Benutzung verschiedener Freizeiteinrichtungen untersagt war. Christmann war daraufhin vom Hausmeister, einem früheren Fremdenlegionär, des Hauses verwiesen worden. Über diesen Vorfall hatte die Deutsche Botschaft einen Bericht verfasst, der der Gestapo ebenfalls vorlag. Über die gesamte Periode vor 1925 verfügte der SD zudem über einen ausführlichen, aber tendenziösen Bericht des Zahnarztes Marxer, der ihn seinerzeit aus der Organisation Fridericus Rex gedrängt hatte. Die Vernehmungsgrundlagen – vom Bericht der Deutschen Botschaft über die Darstellung Marxers bis hin zu Aktennotizen über sein Leben, deren Herkunft Christmann sich nicht erklären konnte – spiegeln auch die Überwachungsdichte und geheimdienstliche Sammelwut wider, die bei der Gestapo viereinhalb Jahre nach der Machtergreifung Hitlers zu verzeichnen war.

Die Vernehmung von Christmann entsprang nicht örtlicher Willkür, sondern folgte Vorgaben aus Berlin. Der politische Polizeikommandeur der Länder, Werner Best, hatte im Zusammenwirken mit der Preußischen Geheimen Staatspolizei am 24. März 1936 in einem fünfseitigen Erlass die Überwachung zurückgekehrter Fremdenlegionäre dahingehend geregelt, dass ein in Deutschland eintreffender Legionär am Ankunftsort vernommen, erkennungsdienstlich behandelt und, falls er auf freiem Fuß bliebe, in der Regel drei Jahre lang überwacht werden solle. Bis in die Details waren die Meldewege an die Gestapo und die zuständigen Abwehrstellen der Wehrmacht sowie die Verfahrensweisen bei einem Wohnsitzwechsel oder beim Ausbleiben am Meldeort festgelegt worden. Besondere Aufmerksamkeit und nachhaltige Ermittlungen wurden für den Fall angeordnet, dass ein Legionär ehemalige Kameraden namhaft machte oder sie sogar der Spionage verdächtigte. Angehängt war der Weisung ein knappes einseitiges Muster der erforderlichen Meldung.[3]

Bereits wenige Wochen später, am 10. Juni 1936, erging von Best ein Folgeerlass, der im Kern das Formblatt 52 einführte, ein nunmehr gedruckter elfseitiger Fragenkatalog, der »für die Zentrale für einen einheitlichen Kampf gegen die Fremdenlegion von großer Bedeutung« sein sollte. Über die Verdichtung der Personenangaben hinaus wurden dort Fragen zur Rekrutierungspraxis, zu den Stationen und Umständen des Dienstes, zu Krankheiten und Vorgesetzten aufgelistet. Zugleich wurde neben den abwehrpolizeilichen Aspekten ein offensives Spionageelement eingeführt. Die Vernommenen sollten Angaben über den Nachrichtendienst der Legion und seine Beamten machen, über mögliche Ausforschungen ihres Wissens über deutsche Belange durch den französischen Nachrichtendienst berichten und geheimdienstliche Werbeversuche vor ihrer Rückkehr nach Deutschland offenbaren.[4]

Knapp zwei Monate später, am 5. August 1936, erfolgte eine erneute Verschärfung. Nun sollten zurückgekehrte Legionäre nicht nur von der Gestapo festgenommen und verhört, sondern in das Durchgangslager Kislau überstellt werden, wo das Geheime Staatspolizeiamt Karlsruhe nunmehr zeitweise für die zentralisierte Kontrolle zuständig wurde.[5] Dort unterzog man die Exlegionäre einer vierwöchigen Umerziehung, zwischen 1936 und dem Kriegsausbruch am 1. September 1939 waren das insgesamt 1.800 Mann.[6]

Und schon sechs Wochen später, am 15. Oktober 1936, ordnete Best an, dass neben der staatspolizeilichen Überwachung eine parallele Kontrolle durch den Sicherheitsdienst (SD) des Reichsführers SS zu erfolgen habe, die über die zuständigen SD-Oberabschnitte in die Wege geleitet werden solle.[7] Hintergrund waren Befürchtungen, der französische Nachrichtendienst würde entlassene Legionäre zur Spionage einsetzen. Gerade schon nach kurzer Zeit wegen angeblicher Dienstuntauglichkeit entlassene Legionäre seien, so Best am 2. Dezember 1937, gehäuft vom nachrichtendienstlichen Gegner mit Spionageaufträgen nach Deutschland zurückgeschickt worden.[8]

In welchem Umfang all diesen Erlassen Folge geleistet wurde, lässt sich nicht genau sagen. Jedenfalls monierte das Reichssicherheitshauptamt am 6. Dezember 1939, nur zwölf Wochen nach seiner Gründung, am Beispiel der Staatspolizeistelle Potsdam deutlich sei geworden, dass die überwiegende Mehrzahl ehemaliger Legionäre weder in den Karteien der Staatspolizeistellen, noch in den Zentralkarteien der Gestapo erfasst worden war.[9] Christmann hatte man erfasst, aber er war ausnahmsweise nicht in das Zentrallager Kislau gebracht worden, sondern wurde vor Ort interniert. Am Abend des 16. Oktober, dem zweiten Vernehmungstag, wurde er zusammen mit drei anderen Häftlingen von der Gestapo in das Schutzhaftlager Eversburg bei Osnabrück abtransportiert. Durch eine Intervention des Verlobten seiner Schwester Hilde, die selbst seit 1929 Mitglied der NSDAP war, und eines früheren Klassenkameraden kam er nach sechs Tagen wieder auf freien Fuß.[10] Bei seinen beiden Fürsprechern handelte es sich um zwei Männer, die damals in der nationalsozialistischen Bewegung zur mittleren Führungsebene zählten. Das war zum einen sein späterer Schwager, der SA-Obersturmbannführer Willy Wöbker, der im Stab der Münsteraner SA-Standarte 78 diente. Der zweite Unterstützer, der alte Schulfreund und spätere Kreisleiter Leslau im Warthegau Heinz Knost, suchte Christmann sofort nach der Entlassung aus dem Durchgangslager Eversburg auf und verschaffte ihm eine Stelle als Hochofenassistent bei den Klöcknerwerken im Werk Georgsmarienhütte. Nach einer kurzen Probezeit wurde er zum Hochofeningenieur umgeschult und nahm sich in der Kleinstadt eine eigene Wohnung im Rehlberg 9.

Christmanns Antrag auf Mitgliedschaft in der NSDAP, den er im Mai 1937 gestellt hatte, war nun im Oktober abgelehnt worden. Man zwang ihn jedoch, dem SA-Sturm Georgsmarienhütte beizutreten, in dem alle jüngeren Ingenieure und Techniker des Werkes mehr oder minder freiwillig Mitglied waren, und dessen paramilitärische Ausbildung mitzumachen. Der Portier der Hütte, ein alter Unteroffizier, der – laut Christmann – »aus Minderwertigkeitskomplexen im SA-Dienst seine Vorgesetzten schikanierte, wo er nur konnte«, hatte es dabei auf den Protegé eines Obersturmbannführers besonders abgesehen.

Wöbker konnte ihn davor so wenig bewahren wie vor den ständigen Kontrollen und Vernehmungen durch den SD und die Gestapo in Osnabrück, die bis zum März 1939 andauerten. »Als früherer Fremdenlegionär wurde er damals des Öfteren durch Angehörige des Staatssicherheitsdienstes (SD) [sic!] über seine Vergangenheit und seine Tätigkeit in Frankreich verhört«, bescheinigte ihm drei Jahrzehnte später Johann Janssen, der seinerzeit als Kriminalsekretär der Gestapo Osnabrück mit Christmanns Personalakten vertraut war.[11]

Von den übrigen Repressalien des NS-Regimes gegenüber ehemaligen

Legionären blieb Christmann verschont. Diese durften für gewöhnlich nicht »in Rüstungsbetrieben oder sonstigen für die nationale Sicherheit als sensibel angesehenen Bereichen eingesetzt werden, eine Beschränkung, die selbst nach Kriegsausbruch noch beibehalten wurde«.[12] Nach der Einführung der allgemeinen Wehrpflicht im März 1935 galten sie überdies als »wehrunwürdig«. Aber auch diese Bestimmung galt für Christmann nicht.

Christmann ging davon aus, dass der ehemalige Unteroffizier und jetzige Portier der Hütte auch seine Hand im Spiel hatte, als er im März 1939 eine Einberufung zu einem dreimonatigen Lehrgang beim Infanterieregiment 83 im schlesischen Jauer erhielt. Zwei Tage nach der Musterung wurde er in die alte 78er Kaserne am Wall bestellt, wo er von zwei Zivilisten auf seine bei der Musterung angegebenen Sprachkenntnisse (Französisch, Englisch, Niederländisch und etwas Arabisch) geprüft wurde. Außerdem stellte man ihm verschiedene Intelligenzfragen. Die beiden in Zivil auftretenden Herren seien, so Christmann, höchstwahrscheinlich Abwehrbeauftragte gewesen, womit er wohl richtig lag. Denn kurz bevor Christmann sich auf den Weg nach Schlesien machen musste, bestellte ihn Ende März Kriminalrat Herbert Herbst[13] von der Stapoleitstelle Münster ein. Ob er unter bestimmten Bedingungen wieder ein freier Mann sein und ohne Polizeiüberwachung leben wolle, lautete seine Frage. Christmann bejahte, wurde jedoch darüber im Unklaren gelassen, worauf er sich dabei einlassen sollte.[14]

Kurz darauf kam des Rätsels Lösung. Hauptmann Kayser und Oberstleutnant Schneeweiss von der Abwehrstelle Münster des OKW-Amtes Ausland/Abwehr, das seinen Hauptsitz beim Wehrkreis VI am Domplatz hatte, luden ihn vor. Während die Leitung der Abwehrstelle direkt beim Generalkommando untergebracht war, vollzog sich die eigentliche Geheimdienstarbeit in konspirativ untergebrachten Außenstellen, deren Zahl im Zweiten Weltkrieg zunahm. Das Deuxième Bureau des französischen Militärgeheimdienstes hatte bis 1944 gleich elf solche Standorte aufgeklärt.[15]

Der Vorschlag der Offiziere lautete: Christmann solle zum Schein nach Holland desertieren und dort versuchen, mit dem französischen Geheimdienst in Kontakt zu treten, um sich als Agent anwerben zu lassen. Der Exlegionär führte in seinen Erinnerungen drei Motive an, die ihn bewegt hätten, auf den Vorschlag der beiden Geheimdienstler einzugehen: »Ich führte ja in Wahrheit ein Leben eines Menschen 2. Klasse, hinzu kam die dauernde Kontrolle durch den SD. Um diesem allem zu entgehen und mich wieder frei zu fühlen, nahm ich das Angebot der Abwehr an. Wahrscheinlich reizte mich auch das Neue, die Gefahr, für mich eine Art Sport.« Hinzu kam sicherlich, dass der mittlerweile 32-Jährige wenig Neigung hatte, sich der schikanösen Grundausbildung in der Wehrmacht, wie sie Hans Helmut Kirst in seinem literarischen Bestseller *08/15* beschrieben hat, zu unterwerfen. Nachdem er Heinz Knost anvertraut hatte, dass er Vorschläge für die Ableistung seiner Dienstzeit in einer »Spezialeinheit« erhalten habe, bestärkte der ihn in seinem Entschluss, weil die Abwehr noch nicht gleichgeschaltet sei und das doch seinen politischen Einstellungen entgegenkäme.

Doppelagent gegen den französischen Nachrichtendienst

Richard Christmanns neuer Dienstherr, das Amt Ausland/Abwehr, unterstand dem Oberkommando der Wehrmacht (OKW) und war aus dem Nachrichten- und Erkundungsdienst der Reichswehr, 1928 in Abwehr umbenannt, hervorgegangen, nachdem der bis dahin bestehende Marinenachrichtendienst in das Reichswehrministerium eingegliedert worden war.[16] Die Abteilung wurde zunächst von Kapitän zur See Conrad Patzig geleitet. Auf Druck der SS wurde Patzig zum 31. Dezember 1934 vom Reichswehrminister Werner von Blomberg seines Amtes enthoben. An die Spitze des Amtes setzte er den in Geheimoperationen erfahrenen Admiral Wilhelm Canaris, der das OKW-Amt Ausland/Abwehr bis zu seiner Verhaftung im Frühjahr 1944 leiten sollte, bevor es dann im Februar in das Reichssicherheitshauptamt eingegliedert wurde.[17]

Das Amt war für die Nachrichtenbeschaffung der Wehrmacht zuständig. Die Gliederung des Amtes spiegelt im Wesentlichen seine Kernaufgaben wider:
– Auslandsbeziehungen (Abteilung Ausland)
– Nachrichtengewinnung (Abteilung I)
– Sabotage (Abteilung II)
– Spionageabwehr und Gegenspionage (Abteilung III).

Dem Canaris-Apparat oblag die strategische Aufklärung, während die beim Oberkommando der Wehrmacht angesiedelten Generalstabsabteilungen »Fremde Heere West« und »Fremde Heere Ost« für die taktische Aufklärung zuständig waren. In der Praxis verwischten sich diese Grenzziehungen und es kam zu konkurrierender Nachrichtenbeschaffung und -auswertung, weil insbesondere »Fremde Heere Ost« sich bei der Beurteilung der Feindlage auch mit generellen Fragen wie der Struktur der sowjetischen Rüstungsindustrie beschäftigte, während das OKW-Amt Ausland/Abwehr mit seinen Agenten in den Frontaufklärungskommandos auch Informationen aus der unmittelbaren Kampfzone beschaffte.

Im Deutschen Reich verfügte das OKW-Amt Ausland/Abwehr in Friedenszeiten über 13 Abwehrstellen bei den Wehrkreisen,[18] die wiederum eine bis drei Nebenstellen sowie konspirative Ausbildungs-, Agentenleit- und Funkstellen hatten. Mit dem »Anschluss« Österreichs kamen 1938 die Wehrkreise XVII Wien und XVIII Salzburg hinzu, im Kriege die Wehrkreise XIX Prag, XX Danzig und XXI Posen. In den besetzten Gebieten wurden Außenstellen in Warschau, Krakau, Kiew, Bukarest, Belgrad, Riga, Reval, Athen, Oslo, Kopenhagen, Den Haag und Brüssel errichtet, die wiederum ein dichtes Netz von Nebenstellen über Europa ausbreiteten. Die Residenturen des Canaris-Apparats im neutralen oder befreundeten Ausland hießen Kriegsorganisationen (KO) und befanden sich in den folgenden Staaten: KO Spanien Madrid, KO Portugal Lissabon, KO Schweiz Bern, KO Naher Osten Istanbul und KO Ferner Osten Shanghai.[19]

Das Angebot an Christmann, ihn als Doppelagenten gerade in den Niederlanden einzusetzen, erfolgte nicht zufällig. Kriminalsekretär Johann Janssen, der mit dem Fall Christmann in Osnabrück betraut war, fungierte Anfang 1939 auch als Verbindungsmann der Gestapo Osnabrück zur Abwehrstelle Münster.[20] Dort hatte die Anwerbung neuer Agenten für den Einsatz in den Niederlanden Priorität, seit Abwehrchef Admiral Wilhelm Canaris persönlich die Dienststelle im Mai 1935 inspiziert und zahlreiche Schwächen seiner Außenstelle, insbesondere den Mangel an einsetzbaren Agenten erkannt hatte. »Vordringlich ist zurzeit der Aufbau einer Friedens- und Kriegsorganisation in Holland«,[21] hatte es im Inspektionsbericht geheißen.

Wie seine »Fahnenflucht«, nachdem er per Einschreiben zum Infanterieregiment 83 einberufen worden war, im April inszeniert wurde und wie er sein persönliches Umfeld dabei instrumentalisierte, beschrieb Christmann in seinen Memoiren ausführlich: »Ich packte dann meinen Koffer und verließ die Wohnung in Richtung Jauer, dies für meine Mutter, die nicht eingeweiht werden durfte. Meine Schwester Hilde, die mir im ganzen Leben stets die Stange gehalten hatte, wurde von mir eingeweiht, sie sollte nicht an mir verzweifeln. Da ich bereits von Andrée geschieden war, hatte ich eine feste Freundin, Marianne Spitzler aus Bochum. Dieser vertraute ich mich unter dem Siegel der Verschwiegenheit an, dass ich desertieren würde, genau wissend, dass sie es sofort herumtratschen würde. So erfuhr bald die ganze Nachbarschaft, dass Richard Christmann ein ›Verräter‹ sei. Meine Mutter litt sehr darunter, aber es war nicht zu ändern.« Statt nach Jauer zu fahren, stieg Christmann schon in Minden aus dem Zug. Sein weiterer Weg führte ihn dann zu einer Ausbildungsstätte der Abwehr nach

Brandenburg, vermutlich zur Ausbildungsorganisation der Abwehr in Belzig.

Nach dieser Kurzausbildung erhielt Christmann die Order, als Deserteur nach Holland zu fliehen, wo die dortigen Sicherheitsbehörden in der Zwischenkriegszeit eng mit den Geheimdiensten Großbritanniens und Frankreichs zusammenwirkten, nachdem die anglo-französische Kooperation wegen des traditionellen Misstrauens anfänglich nicht besonders eng gewesen war. Die Briten hatten sich zunächst auf die Beobachtung kommunistischer und revolutionärer Bewegungen konzentriert, und ihre Aktivitäten gegen Deutschland beschränkten sich in den 1920er Jahren auf wenige Agenten. Erst 1933, mit der Machtübernahme der Nationalsozialisten, orientierte sich der SIS (Secret Intelligence Service) um und definierte ein Jahr später Deutschland als den ultimativen potenziellen Gegner, während der französische Nachrichtendienst SR (Service de Renseignements) und der Gegenspionagedienst SCR (Section de Centralisation des Renseignements) bereits vorher der Beobachtung der deutschen Wiederbewaffnung größere Aufmerksamkeit geschenkt hatten. Ab Herbst 1937 fand von französischer Seite aus ein engerer Austausch mit dem in den Niederlanden von deutschen Agenten unterwanderten SIS statt, der ab Januar 1939 in gemeinsamen Operationen mündete.[22]

Da SR und SCR aufgrund der nur mäßigen Qualität der französischen Militäraufklärung[23] seit 1937 bemüht waren, ihre Agentennetze auszubauen, standen die Chancen für einen ins Blickfeld der Franzosen gerückten Agenten, von den Gegenseite rekrutiert zu werden, nicht schlecht.

Als Anlaufadresse in Amsterdam hatte die Abwehr Christmann eine Pension in der Rubensstraat angegeben. Die Inhaberin war eine verwitwete deutsche Jüdin, die deutsche Emigranten beherbergte, die beim Eintreffen des Agenten im Mai aber bereits seit Monaten mit angeblich unbekanntem Ziel verzogen waren. Die misstrauische Witwe horchte ihren neuen Gast aus, verschaffte ihm jedoch nicht die gewünschte Verbindung zu ihren ehemaligen Mietern. Weil er kein Jude war, wie Christmann argwöhnte. Im zweiten Versuch wechselte er in eine Pension in der Euterpestraat, die ihm von seinen Verbindungsführern als nützliche Zweitanschrift genannt worden war. Aber auch dort kam er nicht an seine Zielgruppe heran.

So beschloss er, sich direkt in die Höhle des Löwen zu begeben und das französische Generalkonsulat in einem alten Patrizierhaus in der Prinsengracht aufzusuchen. Bei seinem ersten Besuch dort nahm ein Angestellter einen kurzen Lebenslauf auf. Erst beim zweiten Besuch, eine Woche später, wurde er zum Generalkonsul vorgelassen. Der Diplomat unterhielt sich zunächst lange mit Christmann über deutsche und französische Literatur, bevor er versprach, dem angeblichen Deserteur weiterzuhelfen. Die erhoffte Anwerbung fand jedoch nicht im Generalkonsulat statt. Christmann wurde vielmehr von dem Geheimdienstmann Delmas zur Botschaft gefahren und über einen Nebeneingang in ein Büro im zweiten Stock geführt. Dort erwartete ihn der französische Militärattaché in Den Haag, Capitaine Trutat, an den sich Christmann als einen etwa einen Meter achtzig großen, schlanken Mann mit dunklem Haar erinnert, der sich sehr wortkarg gab. Er war mit der Vita seines Gastes vertraut, kannte dessen Werdegang in der Legion und stellte einige Fragen, deren Antworten er in kurzen Notizen festhielt. Anschließend sagte er Christmann auf den Kopf zu, er sei nicht davon überzeugt, dass er die Franzosen lieben gelernt habe. Die Tatsache jedoch, dass er desertiert sei und von den Deutschen deshalb zum Tode verurteilt werden könnte, gebe ihm die Gewissheit, dass Christmann gegen gute Entlohnung ein brauchbarer Agent werden könne. Der französische Geheimdienstoffizier drohte ihm unverhohlen: Sollte er nicht zur Zufriedenheit seiner Auftraggeber arbeiten, könne er eine Ausweisung aus den Niederlanden durch die holländischen Behörden nicht verhindern.

Christmann unterrichtete seine Agentenleitstelle über die geglückte Anwerbung und die weitere Entwicklung durch Briefe an zwei verschiedene Anschriften in Münster und Lingen. Zur Verschlüsselung seiner Nachrichten waren vorab etwa 50 Bezeichnungen, beispielsweise von Organisationen oder Städten, mit einem Codewort versehen worden, die in seinen Text eingebaut wurden. In der nachrichtendienstlichen Fachsprache wird ein solches Verfahren als Codierung (Substitution auf der Ebene von Wörtern oder Sätzen) oder maskierte Geheimschrift bezeichnet.[24]

Das Deuxième Bureau stattete Christmann mit einem dänischen Pass aus, der ihn als am 11. Dezember 1904 in Padberg geborenen Roger Ole Class, einen reisenden Blumenzwiebelvertreter einer holländischen Im- und Exportfirma auswies. Dieses Dokument durfte er jedoch nur bei Kontrollen im Einsatzgebiet vorweisen und nicht bei den Grenzübertritten in die Niederlande, wo er Aufklärungsergebnisse ablieferte und neue Aufträge entgegennahm. Die illegalen Grenzüberquerungen waren nicht ungefährlich, da weder die deutschen noch die niederländischen Grenzposten über Christmanns Übertritte informiert worden waren. Daher hatte er sich mit Hilfe von Generalstabskarten der Wehrmacht genau das Grenzgebiet im Raum Enschede und Oldenzaal eingeprägt, um keine bösen Überraschungen zu erleben. Gleichwohl hätte ihn einmal beinahe eine Überquerung der grünen Grenze Richtung Holland das Leben gekostet, als ihn eine unvorhergesehene deutsche Streife bemerkte.»Zurück konnte ich nicht mehr, also spurtete ich vorwärts auf holländisches Gebiet, immer geduckt im Graben. Die deutsche Streife schoss sowohl aus MP als auch mit Pistolen. Leuchtkugeln stiegen auf. […] Das Gelände war nun taghell erleuchtet, ein Glück, denn ich musste mich nun über die morastischen Wiesen, über Gräben und Stacheldraht langsam vorarbeiten. Ich kam endlich auf die Straße Zwolle–Coevorden, mit Sirenengeheul rasten holländische Fahrzeuge an mir vorbei, also war mir auch auf holländischer Seite Großalarm gegeben worden.«

Christmanns französischer Führungsoffizier Fontes, der Leiter des Deuxième Bureau in den Niederlanden, gab ihm überdies zwei deutsche Pässe auf die Namen Nass und Cordes. Die französischen Dienste waren zufrieden mit den Informationen, die Christmann ihnen brachte. Weit zufriedener aber war die Abwehrstelle Münster, nachdem es ihr gelungen war, einen Doppelagenten einzuschleusen, der ihnen Einblicke in die Strukturen und Aufklärungsinteressen des Gegners verschaffte. Die Freude hielt jedoch nicht lange an, denn die Abwehr- bzw. Außenstelle (Ast) Münster konnte ihren erfolgreichen Agenten in den Reihen des französischen Gegners nur wenige Monate nutzen, dann wurde Christmann im August 1939 der Abwehrstelle Hamburg zugeteilt.

Das lag zum einen daran, dass die Frankreichaufklärung durch die Agenten der Abteilung I des OKW-Amtes Ausland/Abwehr keineswegs zentralisiert war, sondern von mehreren Außen- und Nebenstellen gemäß ihrem geografischen Zuständigkeitsbereich betrieben wurde. Die Ast Stuttgart im Wehrkreis V (Olgastr. 13) und ihre Nebenstellen in Kehl und Karlsruhe bearbeiteten neben der neutralen Schweiz auch Südostfrankreich. Die Ast Wiesbaden im Wehrkreis XII (Hauptbahnhofplatz 3) und ihre vorgeschobenen Posten in Saarbrücken, Ludwigshafen, Neustadt/Weinstraße und Trier konzentrierten sich auf den nördlich daran anschließenden Zentralabschnitt. Die Ast Münster im Wehrkreis VI (Am Domplatz) und ihre Nebenstelle Köln hatten als Hauptaufgabengebiet Nordwestfrankreich. Die Ast Hamburg in Wohltorf im Wehrkreis X mit ihren Nebenstellen in Kiel und Bremen war eigentlich auf Skandinavien, Großbritannien und Übersee ausgerichtet, aber in ihr Arbeitsgebiet fielen ab 1936/37 auch die französische Kriegsmarine, das britische Expeditionskorps in Frankreich und der französische und britische Geheimdienst in den Niederlanden – und damit das Arbeitsfeld von Christmann.[25]

Sein Wechsel nach Hamburg – möglicherweise rettete er Christmann vor einer Enttarnung, denn die Franzosen besaßen ab Anfang 1939 zwei

Doppelagenten in der Nebenstelle Köln der Ast Münster[26] – erfolgte unter dem Gesichtspunkt der Spionageabwehr, denn sein Einsatzgebiet für den französischen Dienst war Norddeutschland. Dieser Unterstellungswechsel hatte also auch, wie Hermann Josef Giskes, Christmanns neuer Vorgesetzter bis zum Kriegsende, angab, etwas damit zu tun, dass durch den Kriegsausbruch »eine Verschiebung der Aufgaben der verschiedenen Abwehrstellen« eintrat.[27]

Giskes, geboren am 28. September 1896, hatte nach der Volksschule sechs Jahre lang das Gymnasium besucht und war anschließend für zwei Jahre auf einer höheren Handelsschule, bevor er 1914 zum Militärdienst eingezogen wurde. Im Ersten Weltkrieg machte er in einem Jägerregiment Karriere, stieg vom einfachen Schützen zum Leutnant auf. Die Zeit von Oktober 1918 bis zum März 1920 verbrachte er in französischer Kriegsgefangenschaft. Von dort ging er nach Krefeld und suchte sein Glück als Tabakhändler, was die Weltwirtschaftskrise 1930 jäh beendete. Schon im Januar 1929 war Giskes parallel als Oberleutnant in die Reichswehr eingetreten. 1938 bot ihm der Canaris-Neffe Hauptmann Adolf von Feldmann an, für die Spionageabwehr der Außenstelle Hamburg des OKW-Amtes Ausland/Abwehr tätig zu werden. Er nahm das Angebot zum 1. Januar 1939 an und leitete schon ab Juli das dortige Referat III C 2.[28]

Die Erkundungsaufträge, die der Exlegionär in Holland von den Franzosen bekam, zielten auf Informationen über militärische Verbände in den größeren Städten Nord- und Nordostdeutschlands, ihre Dislozierung, Stärke und Bewaffnung. Christmann sollte ermitteln, ob alle Truppen noch in ihren Kasernen lagen oder ob und wohin die Verbände verlegt worden waren. Besonderes Augenmerk sollte er auf die Stärke der noch in den verschiedenen Städten und Garnisonen stationierten Panzereinheiten legen. Dazu kamen Einzelfragen nach den Schutzmaßnahmen für die Generalkommandos in Hamburg und Münster oder nach besonderen Ausbildungsstätten für Funker und Spezialpioniereinheiten.

Für die französische Militäraufklärung war es zur Abschätzung der Bedrohungslage wichtig, in Erfahrung zu bringen, ob die Wehrmacht nach dem erfolgreichen Überfall auf Polen, der am 1. September 1939 den Zweiten Weltkrieg ausgelöst hatte, nunmehr starke Kräfte im Westen konzentrierte. Als wichtigstes Anzeichen eines geplanten Angriffs auf Frankreich galt die Verlagerung von gepanzerten Kräften. Tatsächlich setzte die Wehrmacht dann im Mai 1940 beim Westfeldzug 2574 ihrer insgesamt 3380 Tanks an dieser Front ein.[29]

Christmann nahm sich zunächst eine Wohnung in Hamburg in der

Overbeckstraße. Bei der Erledigung seiner Aufträge stützte er sich nicht allein auf die eigenen Beobachtungen, sondern nutzte das Mitteilungsbedürfnis von Soldaten und dem weiblichen Wehrmachtspersonal – den sogenannten Blitzmädchen –, zu denen er abends in Kabaretts, in Cafés oder Kneipen wie dem »Uhlenhorster Fährhaus« oder dem »Bronzekeller« Kontakt suchte. »In allen möglichen Lokalen stellte ich anhand der Uniformen fest, welche Waffengattungen und davon wiederum, welche Regimenter in der betreffenden Stadt anwesend waren«, erinnerte er sich später und schilderte, wie ihm die Sorglosigkeit von Telefonistinnen half, seine Ergebnisse zu überprüfen: »Anhand der Telefonbücher kontrollierte ich meine Feststellungen. Anrufe bei den Truppenteilen, indem ich Verbindung mit einem x-beliebigen Feldwebel verlangte, ergaben, dass dieser Feldwebel nicht aufzufinden war, auf meine Frage, ob er vielleicht verlegt wurde, bekam ich oft die Auskunft: ›Der kann höchstens jetzt in X-Stadt sein, vor X-Tagen wurde ein Teil der Einheit dorthin verlegt.‹«

Ein weiterer Schwerpunktauftrag zielte auf die Lokalisierung von Flakstellungen und deren Flakleitstellen vor allem in Hamburg. Offensichtlich gab es in Paris Luftkriegsplanungen, die die Bombardierung der Hansestadt vorsahen. Auch die Erledigung dieses Auftrages erwies sich für den findigen Exlegionär einfacher als erwartet: »Wenn man den Turm der Michaeliskirche bestieg, konnte man mit einem guten Fernglas viele Flakstellungen auf den hohen Gebäuden ausfindig machen. Die genaue Lokalisierung erfolgte dann später von der Straße aus. Oftmals genügte es, die Mittagszeit abzuwarten, dann wurden in diese Gebäude Essensbehälter herein getragen zur Versorgung der Flakbedienung.«

Überdies umfasste Christmanns Aufgabenkatalog auch logistische Fragestellungen. Er sollte den Schiffsverkehr in den Häfen Hamburg, Stettin, Königsberg, Danzig, Bremen, Lübeck und Kiel beobachten und an Güterbahnhöfen Ausschau halten, ob schwere Waffen oder andere militärische Ausrüstung von Ost nach West transportiert wurden. Dazu kundschaftete er die aus Tarnungsgründen bei Nacht eintreffenden und abgehenden Bahntransporte aus. Deren Ziel war auf den Waggons vermerkt, und die militärischen Einheiten, die die Materialtransporte begleiteten, identifizierte er anhand der Achselstücke auf den Uniformen ihrer Angehörigen.

Alle Spionageergebnisse fasste der Doppelagent in Berichten für die Abwehrstelle Hamburg zusammen, die seine Materialien umgehend zur Prüfung in die Berliner Zentrale weiterleitete. Dort waren die Spionageabwehrspezialisten höchst erstaunt darüber, wie leicht ein mit dänischen Papieren versehener Ausländer sich so viele Militärgeheimnisse verschaffen konnte.

Deshalb musste Christmann mehrmals persönlich in Berlin Bericht erstatten, nicht im Hauptquartier des OKW-Amtes Ausland/Abwehr am Tirpitzufer, sondern in wechselnden Hotelzimmern in der Nähe des Stettiner Bahnhofs. Bei diesen Gelegenheiten entbrannte jedes Mal eine Auseinandersetzung darüber, wie viele seiner Erkenntnisse das Referat für Spielmaterial im OKW-Amt, das Referat III D, den französischen Diensten überlassen wollte. Einerseits musste Christmann als erfolgreicher Agent dastehen, andererseits sollte der nachrichtendienstliche Gegner möglichst wenig über die laufenden Angriffsvorbereitungen erfahren. Diese Gratwanderung war offensichtlich von Erfolg gekrönt, denn trotz radikaler Streichungen durch die Abwehrzentrale zeigte sich Christmanns Führungsoffizier Delmas nach jeder Materialübergabe sehr zufrieden mit seinen Resultaten.

Als Doppelagent erlaubte der Exlegionär der deutschen Abwehr nicht nur tiefe Einblicke in die Aufklärungsprioritäten des kommenden Kriegsgegners, sondern trug auch zur generellen Verbesserung eigener Schutzmaßnahmen bei: Christmann erwähnt in diesem Zusammenhang das Abdecken der Achselklappen der Einheiten, die bessere Tarnung von Flakstellungen und die Ersetzung der Telefonbücher durch andere, die keine Hinweise mehr auf militärische Einheiten enthielten.

Nachdem mit dem Ausbruch des Zweiten Weltkriegs die Grenzkontrollen auch im Westen immer schärfer geworden waren, stattete der französische Geheimdienst Christmann mit einem gefälschten Schweizer Pass auf den Namen Rudolf Chuerer aus, so dass er jetzt per Bahn reisen konnte. Vom Deuxième Bureau erhielt Christmann ab März 1940 zudem ein nachrichtendienstliches Basistraining auf französischem Boden, das neben der Belehrung über allgemeine Verhaltensmaßregeln bei Festnahmen vor allem in einer vierwöchigen Funkausbildung in einer ehemaligen Villa etwas außerhalb von Madeleine bei Lille bestand. In Lille befand sich das »Bureau d'Etude du Nord-Est« der französischen Gegenspionage.[30] Dort wurden ihm Verschlüsselungsmethoden und das sogenannte Blindfunken, das heißt das einseitige Absetzen von Meldungen, beigebracht. Zum Ausbau dieser Fertigkeiten wurde eine Funklinie von seinem Zimmer im Hotel Terminus in Bahnhofsnähe in Lille mit der Zentrale in Madeleine eingerichtet. Seine Ausbilder legten großen Wert auf eine gewisse Regelmäßigkeit im Funken, damit Christmann als Funker eine eigene »Handschrift« entwickelte.

Den Aufenthalt in Lille nutze Christmann zugleich für Spionageaktivitäten. In den Abendstunden besuchte er Lokale, in denen englische Besatzungssoldaten verkehrten. Er machte Beobachtungen über die Moral der

Engländer, der Franzosen und der Zivilbevölkerung und versuchte herauszufinden, welche militärischen Einheiten vor Ort waren. Selbst bei der Hin- und Rückfahrt hielt er nach militärisch Relevantem Ausschau, über das er dann in einer zweitägigen Befragung in der Abwehrstelle Münster Auskunft gab. Anhand von Generalstabskarten wurde nun eingezeichnet, wo sich die identifizierten Bunker befanden, wie diese gebaut waren und wo überall entlang der Straßen Munitionsstapel aufgetürmt waren. Die vernehmenden Offiziere waren mit den Informationen, die sie bekamen, sehr zufrieden.

Im Frühjahr 1940 erhielt Christmann über die Gepäckaufbewahrung in Bochum ein Funkgerät zugespielt. Mitte April bezog er damit Stellung in einem Gehöft nahe Buxtehude, um unter Aufsicht von Giskes seine angeblichen Spionageergebnisse nach Holland durchzugeben. Die Sendungen wurden am 7. Mai 1940 aufgenommen, und bis zum 17. Mai, einen Tag nach dem Sieg der Wehrmacht in den Niederlanden, setzte Christmann zwei oder drei Meldungen ab, bevor der Funkverkehr ruhte. Anfang Juni wurde er endgültig eingestellt.[31]

Nachdem er ein Jahr erfolgreich als GV 584 (Gegnerische Verbindung) für die Abwehr gegen den französischen Dienst gearbeitet hatte, wollte der Canaris-Apparat auf den erprobten Agenten auch nach der Besetzung Frankreichs nicht verzichten. So schickte ihn die Abwehr am 16. Juni 1940 unter dem ihm von den Franzosen verliehenen Decknamen Roger Ole Class zusammen mit Hermann Josef Giskes nach Paris. Seinen Marschbefehl erhielt er von Alexander Reichsgraf Kreutz aus dem Stab der Ast Hamburg.

Topspion der Abwehr (1940–1945)

Operationsgebiet Frankreich

Bei dem angespannten Verhältnis, das zwischen den beiden verfeindeten Nachbarn Deutschland und Frankreich herrschte, nimmt es nicht wunder, dass die gegeneinander gerichteten geheimdienstlichen Aktivitäten auf beiden Seiten ausgeprägt waren.[1]

Dabei verfügte der militärische Geheimdienst des französischen Generalstabs, das Zweite Büro, bestehend aus dem Deuxième Bureau im engeren Sinn und dem geheimen Meldedienst SR (Service de Renseignements), traditionell über ein großes gegen den deutschen Erzfeind ins Feld geschicktes Heer von Spionen, das nach Einschätzung des amerikanischen Historikers Ernest R. May »selbst das Agentennetzwerk des sowjetischen NKWD übertraf«.[2] Ähnlich urteilte auch Oskar Reile, einer von nur einem Dutzend mit der Abwehr westlicher Spionage betrauter Offiziere, der den Umfang relativ vage mit »Hunderte und Aberhunderte von Spionen« bezifferte, die über Frankreich und die Benelux-Staaten nach Deutschland eingeschleust worden waren. Noch 1943 befanden sich 290 wegen Spionage zugunsten Frankreichs Verurteilte in deutscher Haft.[3]

Als Kronzeuge für den Erfolg der französischen Geheimdienstarbeit – sowohl was den eigenen Agenteneinsatz als auch was die Abwehr betraf – gilt Oberst Paul Paillole, von 1935 an in leitender Funktion in der französischen Gegenspionage, ab 1942 im Untergrund zunächst von Marseille aus und dann in Nordafrika gegen Deutschland tätig. In seinen 1975 erschienenen Memoiren reklamiert er für das Deuxième Bureau, zwischen November 1935 und Juni 1940 alle Aktivitäten der deutschen Abwehr, der SS-Nachrichtendienste und der deutschen fünften Kolonne in Frankreich erkannt und außerdem die deutsche Invasion vorhergesagt zu haben.[4] Vollmundige Worte – wie sie sich auch in manch gleichlautenden Memoiren finden[5] –, denen mit einer gewissen Skepsis zu begegnen ist, auch wenn Militärhistoriker wie Douglas Porch den französischen Geheimdienstoffi-

zieren attestieren, nicht für die verheerende Niederlage ihres Landes verantwortlich gewesen zu sein.[6] Allenfalls könne man dem Deuxième Bureau
eine zu starke Fixierung auf die Militäraufklärung und technische Spionage
vorwerfen, die den politischen Rahmen Hitlerdeutschlands zu wenig ana-
lysierte.[7] Ausschlaggebend für das Debakel der vermeintlich stärksten Militärmacht des Kontinents sei, so der Schweizer Industriemanager und Mi-
lizoffizier Jacques Engeli in einer detaillierten Studie, vielmehr das starke
Defensivdenken einer Maginot-Mentalität der französischen Militärführung gewesen, verbunden mit einer unzureichenden Panzerstärke, einer
veralteten Einsatzdoktrin sowie dem Fehlen einer auf Luftnahunterstüt-
zung ausgerichteten Luftwaffe.[8]

Betrachtet man die Gegenseite, so ruhte die deutsche Spionage gegen
Frankreich ab 1939 auf zwei Säulen, nachdem nach sechsmonatigem Vorlauf am 27. September 1939 das Reichssicherheitshauptamt (RSHA) unter
Zusammenfassung aller SS-Geheimdienstkapazitäten und des Reichskrimi-
nalpolizeiamtes gegründet worden war. Mit dem Amt V SD-Ausland trat
damit eine Konkurrenz zum OKW-Amt Ausland/Abwehr auf den Plan,[9]
von der unten noch ausführlicher die Rede sein wird. Rein zeitlich hatte der
Canaris-Apparat vor dem RSHA einen Vorsprung in der Militäraufklärung
gegen den Hauptgegner im Westen von etwa fünf Jahren. Dabei leisteten
seine Agenten nur die Beschaffung, ihre Führungsoffiziere konzentrierten
sich auf die Auftragsvergabe und eine Vorauswertung der ermittelten Informationen. Die eigentliche Auswertung und Analyse fand dann bei Fremde
Heere bzw. bei Fremde Luftwaffen und bei Fremde Marinen statt, die dabei
auch die Ergebnisse der Funk- und Luftbildaufklärung einfließen ließen.

Einen beschränkten und indirekten Einblick in den Umfang der deutschen Spionage gegen Frankreich im Vorfeld des Westfeldzuges erlauben
die Erfolge der französischen Abwehr bis zu Kriegsbeginn, die sich in der
Enttarnung und Verurteilung von Agenten spiegeln. Das Reichssicherheitshauptamt hatte 1940 eine »Liste der z. Zt. des Waffenstillstandes in Frankreich wegen angeblicher Spionage zu Gunsten Deutschlands einsitzenden
Personen«[10] erstellt, die – teils nur rudimentäre Angaben – über 97 Personen umfasste. Ausweislich der Spalte »Bearbeitende Dienststelle« waren 26
davon vom Reichssicherheitshauptamt selbst, namentlich seinem Referat
IV E 3 (Abwehr West) geführt worden, die Übrigen von ganz unterschiedlichen Regionaldienst- und Außenstellen des OKW-Amtes Ausland/Abwehr.
38 von ihnen stammten allerdings aus fünf Entsendestandorten im grenz-
nahen südwestdeutschen Raum, so dass das räumliche Hauptinteresse der
deutschen Spionage recht eindeutig daran abzulesen ist: die Maginot-Linie,

jener Verteidigungswall aus Beton, der sich von der Schweiz bis zu den Ardennen spannte und dessen Bau fast den Ruin der französischen Wirtschaft bedeutet hatte. Aus finanziellen Gründen erfolgte auch kein Weiterbau im Norden, wo ohnehin für den Fall eines deutschen Angriffs ein Vorrücken französischer Verbände ins neutrale Belgien geplant war.

Die Frage, wie groß und ertragreich das Netzwerk der Abwehr zwischen 1935 und Ende 1939 war, ist schwer zu beantworten. Manche Historiker wie Ernest May tendieren dazu, den französischen Geheimdienst zum eindeutigen Sieger zu erklären.[11] Ertragreicher als die Arbeit mit menschlichen Quellen war jedenfalls für die deutsche Seite bereits im Vorfeld des Zweiten Weltkrieges die funkelektronische Aufklärung, die bis 1944 ständig ausgebaut wurde. Zunächst arbeitete eine Station in Wetzlar gegen Frankreich, aber auch die Ast Stuttgart verfügte bei Laiz Nonnenhof nahe Sigmaringen über eine Funkstation mit zuletzt 29 Operateuren und die Ast Wiesbaden hatte neben der eigenen eine weitere Funkstation nahe Hahn aufgebaut.

Wesentlich für den Erfolg war der 1939 erzielte Einbruch in die Verschlüsselungsverfahren der französischen Streitkräfte, den der Geheimdienstmann und Chiffrierexperte Erich Hüttenhain im Januar 1970 in der vertraulichen Studie *Einzeldarstellungen aus dem Gebiet der Kryptologie* dargestellt hat.[12] Der französische Geheimdienst war auf diesem Gebiet nicht weniger erfolgreich. Nachdem Hans-Thilo Schmidt, Jahrgang 1888, infolge der Inflation als Unternehmer Konkurs gemacht hatte, ging er als ziviler Chiffrierspezialist in das Reichswehrministerium und wechselte 1934 in Görings Abhördienst im Forschungsamt. Gleichzeitig arbeitete er unter dem Decknamen »Asche« von 1931 bis 1938 für den Pariser Dienst und lieferte diesem Unterlagen zur deutschen Verschlüsselungsmaschine Enigma.[13]

Ein wesentliches Element der Spionage war auf deutscher Seite schließlich die Luftbildaufklärung von Grenzbefestigungen, Flughäfen und Verkehrsknotenpunkten. Betrachtet man die bereits am 15. März 1940 von der Gruppe II von Fremde Heere West in Umlauf gebrachte Geheimstudie »Die französische Landesbefestigung«, die zu einem Großteil auf nachrichtendienstlichen Quellen beruhte, so war der Erfolg auf diesem Gebiet beträchtlich.[14] Der Studie, die in erweiterter Form auch als Bildband erschien, war als Anlage eine Lagekarte im Maßstab 1:300000 vom 10. März 1940 beigefügt, die alle französischen Grenzbefestigungen in Nordostfrankreich exakt verzeichnete.[15] Die Beschreibung eines kleinen Frontabschnitts mag die Präzision der Aufklärungsarbeit verdeutlichen: »Das befestigte Gebiet um Metz, durchweg in schwerem Ausbau, beginnt bei Tetingen an der deutschen Nied und verläuft vorwärts Bolchen über die Großgruppe Hackenberg, 15 km ostw. Diedenhofen, südostw. der Mosel bis Königsmachern. Die H.K.L. [Hauptkampflinie; d. Verf.] dieses Teilabschnittes umfaßt bei 46 km Länge 16 Werkgruppen (Bambesch, Mutscherberg, Mottenberg, Niederwies, Kuhmen, Dentingen, Bovenberg, Berenbach, Anzelingen, Hoblingen, Michelsberg, Welschenberg, Kuckucksberg, Großgruppe Hackenberg, Billig, Metrich), 13 Doppelwerke, 30 Einzelwerke und zahlreiche kleine Schartenstände in den Zwischenräumen. Der Tiefenausbau erreicht 2–3 km und ist am dichtesten an ständigen Anlagen beiderseits Bolchen. Dieser sehr starke Teilabschnitt sperrt alle aus dem Saartal zwischen Saarbrücken und luxemburgischer Grenze auf den Raum Metz – Diedenhofen laufenden Straßen. Eisenbahnartillerie ist in diesem Abschnitt festgestellt auf einer vierfachen Gleisklaue südl. Volmeringen (4 km südwestl. Bolchen) und auf den Eisenbahnstrecken Bettsdorf – Anzelingen und Bidingen – Anzelingen (12 km südwestl. Busendorf). Ferner befindet sich je eine Panzerbatterie (10,5 cm Kanone) in den beiden alten deutschen Panzerfesten Königsmachern und Illingen.«[16]

In dem sechswöchigen Frankreichfeldzug besaßen die gesammelten Aufklärungsergebnisse dennoch keine große Bedeutung. Die Kenntnis der Stärke der französischen Befestigungen hatte zwar dazu geführt, dass sie beim Vorstoß der Wehrmacht nicht frontal angegriffen, sondern umgangen und von hinten aufgerollt wurden, aber die außerordentlich schnelle Verlagerung der Kriegshandlungen in die Tiefe des französischen Raums machten sie für die eigentliche Gefechtsführung im Bewegungskrieg weitgehend obsolet.

Blickt man resümierend auf den geheimen Krieg zwischen Berlin und Paris im Vorfeld des Zweiten Weltkrieges, so war er weit differenzierter, als es die Pauschalurteile in Memoiren und Literatur bisher vermuten ließen. Beide Nachrichtendienste sind ihren wichtigsten Aufträgen, der Auslotung des gegnerischen Militärpotenzials und der Feststellung der militärpolitischen Absichten, weitgehend gerecht geworden. Dabei haben beide Seiten ihre Erträge mit dem Verlust Hunderter von Agenten bezahlt. In Frankreich wurde der geheimdienstliche Erfolg von der Ignoranz der militärischen und politischen Führung neutralisiert, in Deutschland durch die schlagartige Änderung des Angriffsplanes durch die Ardennen in ihrer Relevanz geschmälert.

Nachrichtendienstliche Konkurrenz

Der Westfeldzug begann am 10. Mai 1940. Nicht eine zahlenmäßige Übermacht an Soldaten und Panzern, sondern eine überlegene Kriegführung ermöglichte es der Wehrmacht, die holländischen, belgischen und französischen Armeen sowie das britische Expeditionskorps überraschend schnell zu schlagen. Schon am 22. Juni 1940 wurde ein Waffenstillstand vereinbart. Das siegreiche Deutschland machte im Artikel 2 des Waffenstillstandsabkommens mit Frankreich Besatzungsrechte über 49 von 87 französischen Départements geltend. Der unbesetzte, südliche Teil des Landes unter der Regierung von Marschall Henri Pétain in Vichy wurde durch die Experten der in Wiesbaden ansässigen Waffenstillstandskommission kontrolliert und schließlich im November 1942 besetzt, ohne dabei die Souveränität des französischen Staats offiziell zu beenden. Eine faktische Annexion betraf die drei Départements in Ostfrankreich Haut-Rhin, Bas-Rhin und Moselle, die den Ländern Baden und Saar-Pfalz einverleibt wurden. Die Départements Nord und Pas-de-Calais wurden der deutschen Militärverwaltung in Belgien mit dem Fernziel angegliedert, sie in einem Flamenstaat aus dem französischen Staatsverband herauszulösen.

Die deutsche Besatzung war von vornherein auf lange Sicht angelegt. Die Festigung der deutschen Dominanz wurde auf drei Postulaten aufgebaut:»1) der Zusammenarbeit zwischen deutscher Militärverwaltung und französischer Verwaltung; 2) der französischen Mitarbeit an der deutschen politischen Arbeit; 3) der Kollaboration als politischem Zukunftsprogramm, welches die Integration Frankreichs in ein Europa unter deutscher Vorherrschaft impliziert.«[17] Zur Umsetzung dieser Ziele standen in der Spitze 40 000 Besatzer unter dem Kommando des Militärbefehlshabers für Frankreich. Als solcher fungierte von Oktober 1940 bis Februar 1942 General Otto von Stülpnagel, anschließend sein Vetter, General Carl-Heinrich von Stülpnagel. Die politischen Fäden jedoch zog der Gesandte des Auswärtigen Amtes, Otto von Abetz, der auf Weisung von NS-Außenminister Joachim von Ribbentrop für alle politischen Fragen im besetzten und unbesetzten Frankreich zuständig war.[18]

Eine zentrale, wenngleich noch nicht umfassend erforschte Rolle bei der Besatzungspolitik spielte das flächendeckende Spionagenetz, das sowohl die Abwehr als auch das Reichssicherheitshauptamt mit seinen Einrichtungen der Sicherheitspolizei (Sipo) und des Sicherheitsdienstes (SD) sowie dem Referat IV E West des SD-Ausland konkurrierend über ganz Frankreich gespannt hatten. Natürlich kann es hier nicht in allen Details dargestellt werden, doch sollen wenigstens die wesentlichen Strukturen und Abläufe erörtert werden, um den historischen und nachrichtendienstlichen Rahmen zu verstehen, in dem sich Christmann von 1940 bis Kriegsende in Frankreich bewegte.

Neben der Sicherstellung von militärischen und geheimdienstlichen Beuteakten lag ein erster Auftrag der vorrückenden Abwehrtrupps in der Befreiung deutscher Agenten, die in Luxemburg und dem besetzten Frankreich einsaßen. Ein Beispiel für ein solches Kommandounternehmen ist der Vorstoß des Abwehroffiziers Oskar Reile, dem für den Westfeldzug das Abwehrkommando IV unterstand. Es bestand aus dem Stab und elf zwölfköpfigen Trupps und umfasste insgesamt 20 Offiziere, 28 Beamte der Geheimen Feldpolizei und 117 Unteroffiziere und Mannschaften.[19] Am 10. Mai 1940 holte Reile mit seinem Kommando gleich sieben V-Leute aus einem Luxemburger Gefängnis, darunter auch Roger Hentges, der ihn auf der nachrichtendienstlichen Erfolgsleiter im besetzten Frankreich und ab 1951 in der Organisation Gehlen bzw. ab 1956 im BND begleiten sollte.[20]

Unter den so Befreiten, die einen personellen Fundus für die nachrichtendienstliche Arbeit im besetzten und im unbesetzten Teil Frankreichs darstellten, gehörten auch deutsche Geschäftsleute in Frankreich, die nebenberuflich für die Abwehr gearbeitet hatten, sowie ausländische Spione[21] und Innenquellen im französischen Sicherheitsapparat. Letztere waren besonders ertragreich, wie etwa der Kommissar der »Sûreté Nationale« Besson, den Oskar Reile 1937/38 in den französischen Polizei- und Zollbehörden geführt hatte. Zu 20 Jahren Haft verurteilt, wurde Besson von deutschen Soldaten zehn Tage nach Beginn des Frankreichfeldzuges aus dem Gefängnis befreit, stellte sich in den Dienst der Gestapo und verriet Dutzende Angehörige der »Résistance« an die Geheime Staatspolizei.[22] Und mit dem Intendanten Frogé, der für die Versorgung der Festungstruppen zuständig war, verfügte die Abwehr bis zu dessen Enttarnung über eine hochrangige Innenquelle zur Maginot-Linie.

Bisher öffentlich unbekannt blieb ein deutscher Erfolg gegen den französischen Nachrichtendienst selbst. Auguste Macon, geboren am 14. Oktober 1894, war für die Dienststelle des Deuxième Bureau in Straßburg als Spezialist für Luftwaffenrüstung zuständig, wurde erfolgreich von der Abwehr geworben und lieferte Informationen über Flugplätze in Frankreich und Algerien. 1939 wurde er als Kopf eines ganzen Agentenrings in Algerien verhaftet und landete in einem Gefängnis in Frankreich. 1940 befreiten ihn die Deutschen und brachten ihn nach Paris, wo er nach Einschätzung des Deuxième Bureau wieder nachrichtendienstlich tätig wurde.[23]

Zurück zur Konkurrenz der beiden deutschen Nachrichtendienste. Aufgrund der Erfahrungen im Polenfeldzug wollte das Oberkommando der Wehrmacht die Ordnung im besetzten Frankreich selbst aufrechterhalten und sich nicht von Parallelstrukturen der SS ins Handwerk pfuschen lassen. Das Instrument dazu war die Geheime Feldpolizei (GFP) als »polizeiliche Abwehrexekutive« in Strafsachen aller Art. Im Spätsommer 1940 wurde die GFP in Frankreich von 2500 auf 5000 Mann aufgestockt. Organisiert war sie in bis zu 50 Gruppen, mit jeweils 70 bis 100 Mann.[24]

Um jedoch gleich einen Fuß in die Tür zu bekommen, schickte das Reichssicherheitshauptamt am 22. Juni 1940 ein 20-köpfiges Kommando von Sicherheitspolizei und SD nach Paris, das offiziell dem Beauftragten des Chefs der Sipo und des SD für Belgien und Frankreich, Max Thomas, unterstand. Geführt wurde dieses Kommando vom SS-Sturmbannführer Dr. Helmut Knochen.[25] Die Rolle, die der SD spielte, war zunächst unbedeutend und beschränkte sich weitgehend auf die Beobachtung der Lage sowie die Erfassung von Juden, Kommunisten, Emigranten, Logen und Kirchen. Der SD besaß keine exekutiven Befugnisse und war auf die Unterstützung der Geheimen Feldpolizei der Abwehr angewiesen. Die Zahl der Verhaftungen aufgrund von Ermittlungen der Sicherheitspolizei betrug in dieser Anfangszeit zwischen 20 und 30 Personen im Monat. Die Arbeit des Sicherheitsdienstes der SS wurde durch die deutsche Militärverwaltung unter General Otto von Stülpnagel nach Kräften behindert.[26]

Obwohl Knochen in Paris saß, fungierte er laut Geschäftsverteilungsplan des RSHA vom 1. März 1941 zugleich als Leiter der Gruppe VI E (Mitteleuropa) im Reichssicherheitshauptamt. In der Berliner Geheimdienstzentrale des Dritten Reichs selbst war im Amt VI (SD-Ausland) die Gruppe VI B (Deutsch-italienisches Einflußgebiet in Europa, Afrika und dem Nahen Osten) und darin das Referat VI B 2 für Frankreich zuständig. Es wurde 1942 geleitet von SS-Obersturmbannführer Heinrich Bernhard, Jahrgang 1897, dem zwei SS-Offiziere, vier SS-Unteroffiziere und Mannschaftsdienstgrade sowie fünf Angestellte unterstanden.[27]

Im März 1942 erreichte Knochen die verwaltungsmäßige Unabhängigkeit der Sicherheitspolizei und war als SS-Standartenführer und Befehlshaber der Sipo und des SD nur dem SS- und Polizeiführer Carl Oberg unterstellt. So leitete er die Gestapo und den SD in Paris mit Hauptquartier in der Avenue Foch 72, bis er am 18. August 1944 von RSHA-Chef Ernst Kaltenbrunner seines Postens enthoben und zu den SS-Panzergrenadieren versetzt wurde. Zum Nachfolger des von Hitler wegen mangelnder Härte degradierten Knochen wurde SS-Obersturmbannführer Friedrich Suhr ernannt, der vom »Judenreferat« des RSHA über die Funktionen eines Leiters einer Einsatzgruppe und ab 1943 Kommandeur der Sicherheitspolizei in Toulouse auf diesen Posten kam.[28]

Bis zu seiner Ablösung hatte Knochen sowohl seine Kompetenzen als auch seinen Personalbestand Schritt für Schritt erweitert. Bis 1942 wurde das SS-Personal von 20 auf mehr als 200 Mann aufgestockt.[29] Als Befehlshaber der Sipo und des SD im Bereich des Militärbefehlshabers in Frankreich verfügte er am 1. Februar 1942 über zahlreiche SD-Dienststellen. Seine Abteilung IV (Gegner und Abwehr) umfasste elf Kommandos der Sicherheitspolizei im besetzten Gebiet mit 39 Außenkommandos bzw. Außenposten und im unbesetzten Teil sechs Einsatzkommandos mit 13 Außenstellen.[30] Der Sonderstatus von Elsass-Lothringen und der beiden nordfranzösischen Départements spiegelte sich auch in den Zuständigkeitsbereichen der Befehlshaber der Sicherheitspolizei wider, die von vornherein deutsches Staatsgebiet von 1939 und eroberte Gebiete verschmolzen.

Im April 1942 wurden 23 der 25 damals bestehenden Gruppen der Geheimen Feldpolizei in die Sicherheitspolizei integriert.[31] Zunächst blieben sie unter dem Kommando ihrer alten Vorgesetzten, mit dem Anwachsen des französischen Widerstands nach der Besetzung Südfrankreichs wurden diese in den Zentren der Widerstandsbewegung jedoch teilweise durch brutale Einsatzgruppenangehörige von der Ostfront ersetzt. Im Dezember 1943 hatte die Sipo in Frankreich etwa 2200 Mitglieder, die angesichts einer Bevölkerung von 40 Millionen Menschen völlig überfordert waren. Zwischen Januar und September 1943 verhaftete sie zwar 22356 Verdächtige, in der Regel musste sie jedoch auf den wenig kooperationswilligen französischen Polizeiapparat zurückgreifen.[32] Stützen konnte sie sich allerdings in großem Umfang auf die französische Gestapo. Für die französische Gestapo mit ihrem Hauptquartier in der Rue Lauriston in Paris wurden überwiegend Angehörige der Parti Populaire Français (PPF) von Jacques Doriot oder Mitglieder der rechtsextremen Parti Franciste von Marcel Bucard rekrutiert, aber auch vielfach Kriminelle. Die Anzahl der Gestapo-Agenten betrug zur Jahreswende 1943/44 etwa 32000.[33]

Doriots Partei stellte sich nicht nur im Mutterland, sondern auch in Nordafrika in den Dienst der Deutschen. Jacques Serdane, Chef der PPF in Tunis und am 20. Oktober 1895 in der tunesischen Hauptstadt geboren, warb für die deutsche Seite Agenten an. Im Sommer 1944 verlor er ein Bein bei einem Attentat, das – wie das Deuxième Bureau es formulierte – »von Patrioten« begangen worden war. Ein weiteres Beispiel für diese Doppelanbindung als Informant der PPF und Vertrauensmann der Gestapo war

Maurice Tapin, geboren am 19. November 1905 in Angoulème, der vom französischen Militärgericht in Algier am 4. Februar 1943 wegen Spionage für das Deutsche Reich zum Tode verurteilt wurde.[34]

Im Prinzip bekämpfte die Gestapo dieselben »Feindgruppen« wie die Gegenspionage der Abwehr: den kommunistischen und den nationalen Widerstand, namentlich die »Armée secrète«, die »Franctiseurs-Partisans« sowie die Organisationen »Combat« und »Libération National«.[35] Gerade bei der Bekämpfung der kommunistischen Widerstandsgruppen erzielte sie sowohl durch die Einschleusung von V-Leuten als auch durch Funkgegenspiele einige Erfolge, zumal die französischen Behörden gegenüber dieser Zielgruppe Unterstützung gewährten.[36] In einem Fall gelang es ihr im März 1944 sogar, mit Robert Rousseau einen Doppelagenten der »Résistance« in der Funkschule der Abwehr in Nantes zu überführen.[37]

Die brutalen Methoden der Sicherheitspolizei – von Folter über Deportation bis zur Hinrichtung – wurden mit Rücksicht auf die französischen Behörden nicht wahllos zur Terrorisierung der Bevölkerung eingesetzt, aber ganz massiv bei der Bekämpfung der Widerstandskämpfer vornehmlich aus der »Résistance«.[38] Und schließlich richteten sich die Aktionen des Reichssicherheitshauptamtes auch gegen die jüdische Bevölkerung

Verantwortlich für die Vernichtung der französischen Juden war der »Judenberater« des RSHA in Paris. SS-Hauptsturmführer Theodor Dannecker trat diesen Posten bereits am 5. September 1940 an.[39] Doch auch der Militärbefehlshaber spielte bei den Judenverfolgungen eine aktive Rolle, als nach dem Überfall Deutschlands auf die Sowjetunion der Widerstand in Frankreich erstarkte. Ende August 1941 ließ er 4323 jüdische Männer in einem Lager in Drancy internieren. »Die Militärverwaltung wollte weiteren Widerstand abschrecken, ohne die französische Bürokratie vor den Kopf zu stoßen und in der breiten Bevölkerung Ressentiments zu wecken«,[40] beschrieb Christopher Browning 2003 das Kalkül von Stülpnagel.

Nachdem die Vichy-Regierung die Entscheidung getroffen hatte, vor 1939 eingewanderte Juden an das NS-Vernichtungssystem auszuliefern, wurden insgesamt 75 000 Juden aus Frankreich ermordet, darunter 24 000 französische, 26 000 polnische und 7000 deutsche Juden sowie 18 000 aus anderen Nationen.[41] Die Durchführung der Judenverfolgung selbst lag weitestgehend in den Händen der französischen Polizei und Verwaltung. Erst im Juli 1943 übernahm die Sicherheitspolizei das Lager Drancy, von dem aus die Transporte nach Auschwitz gingen.[42]

Andere Aufgabengebiete und andere Strukturen hatte das OKW-Amt Ausland/Abwehr. Mit der Teilbesetzung Frankreichs wurden seine verschiedenen Außenstellen nicht etwa einem einheitlichen Kommando unterstellt, sondern gemäß ihrem vorherigen Aufklärungsbereich nach Frankreich verlegt. 1940 in Frankreich neu eingerichtete Außenstellen der Ast Hamburg[43] in Verbindung mit der Ast Brüssel gab es so in Calais, Boulogne-Le Touquet, Etaples, Le Havre, Trouville, Cherbourg, Brest, La Rochelle und Bordeaux. Ihre Hauptzielrichtung war Großbritannien, da Hitler am 16. Juli 1940 die Vorbereitung der Operation »Seelöwe«, das heißt der Invasion Großbritanniens, befohlen hatte. Als das Unternehmen 1941 abgeblasen wurde, schloss man die genannten Außenstellen wieder bis auf die in Etaples, Trouville und Cherbourg.

1940 in Frankreich eingerichtete Außenstellen der Ast Münster existierten unter anderem bei Paris, in Angers und in Biarritz. Eine Außenstelle der Ast Stuttgart wurde in Dijon etabliert. Der Ast im belgischen Brüssel unterstanden zwei Nebenstellen in Boulogne-Wimereux und Calais, ab 1941 zusätzlich die Nebenstelle (Nest) in Lille. In Nantes und Straßburg gab es eigenständige Außenstellen. Für den unbesetzten Teil Frankreichs findet sich als quasi Abwehrleitstelle die Ast Wiesbaden, die einen beträchtlichen Teil der Waffenkontrollkommission ausmachte. Sie unterhielt 1941 Außenposten in Aix, Marseille, Nizza, Toulon, und Limoges und 1942 zusätzlich Dependancen in Lyon, Toulouse, Montpellier und Port-Vendrest.[44]

Fachlich wurden die Dienststellen von der Abwehrleitstelle in Paris gesteuert, die selbst territorial für Groß-Paris zuständig war und die ihr Hauptquartier im Hotel »Lutetia« aufgeschlagen hatte.[45] Ihr Leiter war Oberst Friedrich Rudolph, der bis zum Ausbruch des Zweiten Weltkriegs nur als Leiter der Nebenstelle Köln fungiert hatte, im Juli 1940 nach Brest gewechselt war und ab Herbst 1940 seinen Posten in Paris angetreten hatte, den er bis März 1944 ausübte.[46] 1941 wurde diese Abwehrleitstelle direkt der Amtsleitung in Berlin unterstellt.

Der Verantwortungsbereich der Abwehrleitstelle Paris war nicht auf das französische Kernland beschränkt, sondern erstreckte sich auch auf Nordafrika mit seinen französischen Kolonien. Die Abteilung III F (Gegenspionage) betrieb deshalb auch »die Erkundung und Bekämpfung der feindlichen Geheimdienste in Frankreich und Nordafrika«.[47] Außenstellen der Abwehr waren demzufolge in Casablanca, Marrakesch, Meknès, Oran, Algier und Tunis zu finden.

Das Personal, über das die Abwehr an der französische Front verfügte, war von sehr unterschiedlicher Natur. Die vorher im Reichsgebiet eingesetzten Analytiker und Planer wurden zum Teil mit analogen Aufgaben in die Dienststellen auf französischem Boden versetzt. Als Beispiel dafür mag der Abwehroffizier Walter Robert Schneidewind, Jahrgang 1894, dienen, der – 1937 reaktiviert – 1938 als Kapitänleutnant in der Ast Hamburg arbeitete. Im Juli 1940 ging er als Korvettenkapitän in der Abteilung II zur Nebenstelle Brest und wechselte 1941 in die Abteilung I/M (Marine) der Ast Bordeaux.[48]

Auch im Canaris-Apparat gab es aber kriegsbedingte Verpflichtungen von Personen, die vorher keinem nachrichtendienstlichen Beruf nachgegangen waren, sondern wegen anderer Qualifikationen rekrutiert wurden. So wurde etwa der frankophile Sprachlehrer Ernst Schneider 1943 zum Feldwebel der Wehrmacht gemacht und diente dem Abwehrstab im Hotel »Lutetia« als Sprachausbilder und Dolmetscher, nachdem er zuvor nur eine mehrwöchige Ausbildung bei der Abwehr in Brandenburg erhalten hatte.

In eine ganz andere Kategorie nachrichtendienstlichen Personals fallen die Abenteurer, die gelernt hatten, sich in feindlicher Umgebung nicht nur zurechtzufinden, sondern dort auch zu agieren. Der Prototyp eines solchen Abenteurers war der am 10. Juli 1910 in Dresden geborene Helmut Hasse-Heyn. Als ehemaliger Infanterieoffizier diente er dem Negus im äthiopisch-italienischen Krieg als Militärberater, wechselte von Addis Abeba in den Sudan und von dort nach Großbritannien, bis er als einer der ersten Operateure der Abwehrleitstelle in Paris eintraf. Auch dort verrichtete er nicht etwa Schreibtischarbeit, sondern bereiste die französische Mittelmeerküste, um ein Agentennetz für Nordafrika aufzubauen. 1941 in Marseille verhaftet, wurde er von einem französischen Militärgericht in Oran zum Tode verurteilt, musste jedoch im April 1942 auf deutschen Druck hin freigelassen werden. Unmittelbar danach setzte er seine Geheimdienstarbeit an der Côte d'Azur und auf Korsika fort und baute ein Agentennetz im Raum Limoges auf. Ausgestattet mit einem falschen Pass auf den Namen Hans Heinmann und getarnt als Mitarbeiter der deutschen Wirtschaftsverwaltung in Paris, unternahm er nicht nur zahlreiche Reisen innerhalb Frankreichs, sondern wurde vom Deuxième Bureau auch in Madrid, Barcelona und San Sebastián gesichtet. Letztmalig registrierte ihn der französische Exil-Geheimdienst im Oktober 1944, als er sich die Bar »Cadix« in der calle Montserrat in Barcelona kaufte.[49]

Bereits im Oktober 1940 hatte die Abwehr in Frankreich mehrere hundert Männer und Frauen als V-Leute geworben.[50] Fabrice Laroche – hinter diesem Pseudonym verbirgt sich der Vordenker der französischen neuen Rechten Alain de Benoist – schätzte 1971 die Gesamtzahl der damals für die Abwehr tätigen Spione in ganz Frankreich auf 6000 bis 9000.[51] So verwundert es nicht, dass der Abwehr Anfangs- und Teilerfolge bei der Bekämpfung des französischen Widerstands und ihren angelsächsischen Unterstützern beschieden waren. In zahlreiche Gruppen konnte sie V-Leute einschleusen, und mehrere Funkgegenspiele verliefen erfolgreich.

Der »Bericht der Abteilung III des Amtes Ausland/Abwehr an die Abwehrabteilung der Deutschen Waffenstillstandskommission über das Eindringen in die französische Widerstandsorganisation ›La Libération Nationale‹ vom 19. Dezember 1941« zeigt exemplarisch das Vorgehen der Abwehr. Der Abwehrleitstelle war es zunächst gelungen, V-Leute in die sowohl im besetzten als auch im unbesetzten Teil Frankreichs agierende Organisation bürgerlicher französischer Widerstandskämpfer einzuschleusen. Diese berichteten über das Anlegen geheimer Waffenlager ebenso wie über das Zusammengehen von »La Libération Nationale« mit Gaullisten, die über Kuriere und Funk Verbindung zu Charles de Gaulle hielten. »Eine Anzahl der Führer der Organisation im unbesetzten und besetzten Frankreich konnte bereits geklärt werden. Zerschlagung der Organisation ist zu gegebener Zeit vorgesehen«,[52] heißt es in der Meldung über die weitere Planung für das Vorgehen der Gegenspionageabteilung des OKW-Amtes Ausland/Abwehr.

Im Sommer 1942 begann sich das Blatt jedoch zu wenden, weil alle Widerstandsgruppen einen massiven Zulauf zu verzeichnen hatten. »Es erschien schlechterdings unmöglich, die Résistance-Bewegungen und -Gruppen mit den vorhandenen, viel zu geringen Kräften zu zerschlagen«, resümierte Gegenspionagechef Oskar Reile in seinen Erinnerungen.[53]

In solchen Situationen suchten die deutsche Wehrmacht und die deutschen Geheimdienste in den besetzten bzw. eroberten Ländern Zweckbündnisse mit ethnischen Minderheiten oder unterdrückten Nationen, um deren personelle Ressourcen zu gewinnen. Teils, wie bei der Aufstellung der russischen Wlassow-Armee, taten sie es widerstrebend, teils, wie bei dem Rückgriff auf antikolonial eingestellte Araber und Inder, auch aus ideologischer Überzeugung. In großem Stil geschah Letzteres bei der Aufstellung der Deutsch-Arabischen Legion im OKW-Amt Ausland/Abwehr. Hinzu kamen die indische Legion und die wenig bekannte usbekische Legion, die beide nicht im ursprünglichen Einsatzgebiet zum Zuge kamen, sondern nach der Landung der Alliierten in der Normandie in Frankreich eingesetzt wurden. So wurde die 1941 gegründete und von Subhas Chandra Bose geführte indische Legion mit etwa 3000 Soldaten im März 1943 als Korpsreserve nach Holland und im Frühsommer 1944 an die französische Atlantikküste bei Bordeaux verlegt. Sie lieferte sich von da aus vornehmlich Rückzugsgefechte mit dem französischen Widerstand und wich bis Ende

Oktober 1944 nach Baden-Württemberg aus. Nachdem die Alliierten Anfang April 1945 den Rhein überquert hatten, gerieten alle Kompanien im Allgäu nach und nach in Gefangenschaft.[54] Die usbekische Legion wurde im Juni 1944 in den Raum Toulouse verlegt, nahm jedoch nicht an größeren Kampfhandlungen teil und wurde ebenfalls nach Baden zurückgezogen.[55]

Diese »fremdvölkischen« – so der NS-Jargon – Verbände erhielten nicht nur eine gewöhnliche militärische Ausbildung, sondern wurden auch in zahlreichen nachrichtendienstlichen Methoden von der Sabotage bis zur Spionage geschult. Zugleich gewannen die deutschen Nachrichtendienste – das OKW-Amt Ausland/Abwehr mehr als das RSHA – Ausländer auch als Einzelpersonen für Geheimdienstaufgaben. Ein großer Teil von ihnen wurde gegen die eigene ethnische oder geografische Herkunftsgruppe eingesetzt.

Paris wimmelte nach der deutschen Besatzung immer noch von Emigranten aus aller Herren Länder, die sich vielfach in politischen Exilorganisationen zusammengeschlossen hatten. Die deutschen Nachrichtendienste bemühten sich um die Kontrolle und Infiltration dieser Organisationen und setzten dabei auf indigene Quellen und Kollaborateure. Ende August 1940 zerschlug die Abwehr in Paris den ersten Agentenring, der aus elf Personen bestand, die sich »aus freien Stücken« zusammengefunden hatten, um Widerstand gegen die deutsche Besatzung zu leisten. Sie sammelten Militärnachrichten für die sowjetische und amerikanische Botschaft in Paris. Bereits bei diesem »Fall Benjamin« basierte der Abwehrerfolg darauf, dass deutsche Geheimdienstler nicht nur eine französische Wahrsagerin, sondern auch einen russischen Emigranten angeworben hatten, die aus finanziellen Motiven heraus für die Abwehr tätig wurden.[56]

Auch das Reichssicherheitshauptamt verfolgte diese Strategie. Das SD-Kommando in Paris war im September 1940 durch den SS-Sturmbannführer Erich Hengelhaupt verstärkt worden. Er richtete für den SD-Ausland in Paris den »Kaukasischen Arbeitsstab« ein, der mit Vertretern der Armenier, Aserbaidschaner, Georgier und der kaukasischen Bergvölker zusammenarbeitete. Der »Arbeitsstab« unter der Führung des Georgiers Michael Kedia war für die Erfassung und Überwachung von Juden, Kommmunisten, Emigranten, Logen und Kirchen zuständig.[57] Dabei konnte sich der SS-Nachrichtendienst auch auf solche Männer stützen, die bereits vor dem Krieg nachrichtendienstlich für das Dritte Reich gearbeitet hatten. Audichar beispielsweise, geboren am 10. Oktober 1903 in Koni in Georgien, war vor dem Zweiten Weltkrieg als deutscher Agent in Persien eingesetzt und

1940 nach Paris gekommen. In der französischen Hauptstadt war er zeitweise von deutschen Ordnungskräften in Unkenntnis seiner Funktion in Haft genommen, dann aber vom SD befreit worden, um im Büro 341 zu arbeiten. Dieses an die Abteilung VI des Befehlshabers der Sicherheitspolizei in Paris angebundene Büro hatte zwei Aufgaben: Wirtschaftsanalysen für die Geschäfte der SS und Abdeckung eines Spionagenetzes gegen die Résistance.[58]

Die größte Zielgruppe der NS-Nachrichtendienste unter den Ausländern waren Nordafrikaner, Männer, die aus den französischen Kolonialgebieten von Marokko bis Tunesien stammten und die als Widerstandskämpfer gegen die Kolonialmacht Frankreich oder wenigstens als deren politische Gegner im Dritten Reich einen Verbündeten sahen. Die Abwehrleitstelle in Paris verfügte über einen sogenannten »Werbestab Araber« und neben diesem Werbebüro in Frankreich über eine gleichartige Einrichtung in Tunesien.[59]

In den Agentenlisten des Deuxième Bureau von Ende 1944 sind 15 Araber erfasst, die in unterschiedlichsten Funktionen für die deutschen Nachrichtendienste tätig waren, davon acht tunesischer, fünf algerischer und zwei marokkanischer Herkunft. Dazu kamen mit dem früheren Rechtsanwalt André Haffner, dem Sprecher von Radio Tunis während der deutschen Besetzung Tunesiens, und Marcel-Ernest Joubert, dem ehemaligen Direktor für Öffentlichkeitsarbeit von Radio Algier, der von der kommunistischen Partei zur faschistischen PPF gewechselt war, zwei französische Propagandaspezialisten, die in Nordafrika geboren waren.[60]

Nach der Niederlage des Deutschen Afrikakorps, die am 13. Mai 1943 mit der Kapitulation der Heeresgruppe Afrika mit 130 000 deutschen Soldaten unter Generaloberst Hans-Jürgen von Arnim besiegelt worden war,[61] kehrten einige in Nordafrika eingesetzte Agenten aus dem Kreis der nordafrikanischen Nationalisten nach Frankreich zurück, darunter auch Haffner und Joubert.

Ein ganz spezielles Verhältnis stellte für die deutschen Geheimdienste schließlich der Nachrichtendienst des Vichy-Regimes dar. Der MA (»Menées Antinationales«), der sich im Rahmen des zugestandenen 100 000-Mann-Heeres offiziell die Bekämpfung antinationaler und subversiver Bestrebungen auf die Fahnen geschrieben hatte, war ihnen Gegner und Partner zugleich. Da der MA jedoch auf Betreiben von Oberst Rivet, dem alten SR-Chefs (»Service de Renseignement«) gegründet worden war, schätzte der Leiter der deutschen Gegenspionage, Oskar Reile, ihn sofort als gegnerischen Dienst ein, obwohl Geheimdienstchef Admiral Jean François Darlan seinem Apparat eine aktive Geheimarbeit gegen Deutschland untersagt hatte.[62]

Bei der Arbeit gegen die Kommunisten zog der MA mit den Deutschen an einem Strang, gegen nationale Widerstandsgruppen ging er jedoch kaum vor. Gegner der Deutschen war er naturgemäß da, wo es um die Abwehr deutscher Spionage im Vichy-Staat ging. Doch da stand er auf verlorenem Posten, weil eine ungleiche Machtverteilung die wirkungsvolle Ausschaltung von Spionen der Abwehr und der SS-Nachrichtendienste verhinderte. Enttarnte deutsche Spione wurden zwar regelmäßig von französischen Militärgerichten – sei es im unbesetzten Teil Frankreichs oder in Französisch-Nordafrika – zu drakonischen Strafen verurteilt. Ebenso regelmäßig mussten diese Agenten aber auf deutschen Druck hin wieder aus den Gefängnissen freigelassen werden. Besonders hart ging die französische Justiz mit Kollaborateuren um. Der ehemalige Leutnant der französischen Luftwaffe René Adolphe Ohl beispielsweise, geboren am 6. Januar 1910 in Erstein, wurde im Juli 1941 in Toulon verhaftet und am 9. Februar vom Militärgericht in Marseille wegen Spionage zu 20 Jahren Zwangsarbeit verurteilt. Die Deutschen holten ihn jedoch kurzerhand aus dem Gefängnis. Anschließend arbeitete er für die Gestapo in Chateauroux, Perpignan, Toulouse und zuletzt von September 1943 bis August 1944 in einem Sonderkommando in Limoges. Und Henri Meyer, geboren am 18. April 1899 in Colmar, war am 23. März 1941 in Lyon mit Ausweispapieren der Gestapodienststelle in Chalon-sur-Saône aufgegriffen und am 28. Oktober 1941 in Algier wegen Spionage für Deutschland sogar zum Tode verurteilt worden. Doch auch seine Verbringung nach Algerien konnte nicht verhindern, dass er von deutschen Dienststellen begnadigt und dann befreit wurde. Der französische Exilnachrichtendienst musste dann feststellen, dass er 1943 seine Aktivitäten im Raum Lyon wieder aufgenommen hatte.[63]

Agentenführer in Paris

Obwohl die ehemaligen Angehörigen der Fremdenlegion wegen ihrer soldatischen Ausbildung und aufgrund ihrer Sprachkenntnisse ein militärisches und nachrichtendienstlich relevantes Potential darstellten, wurde es von deutscher Seite kaum ausgeschöpft, vermutlich weil die Vorbehalte gegenüber den vielfach sozial gescheiterten Männern, die sich bei einer feindlichen Militärmacht verdingt hatten, zu groß waren. Das gilt selbst für das in Nordafrika eingesetzte Sonderkommando Wimmer. Als Leutnant des im brandenburgischen Belzig stationierten Deutsch-Arabischen Infanteriebataillons formierte der zum SS-Standartenführer beförderte Franz Wimmer-Lamquet auf Weisung des Chefs des RSHA, Reinhard Heydrich, dieses Kommando, das sich aus Exlegionären und Einheimischen zusammensetzte. Von Anfang 1942 bis zum Mai 1943 verübte es in ganz Nordafrika Sabotageaktionen im Hinterland des Gegners. Es bestand aus drei Schwadronen von Dromedarreitern zu je 200 bis 250 Mann, dazu Logistiktruppen, so dass die Arabischen Sicherungsverbände insgesamt etwa 1000 Personen zählten. Eine Schwadron bestand aus Tuareg-Nomaden, eine weitere war italienisch und die dritte aus französischen Offizieren und Unteroffizieren gemischt.

Zu der äußerst geringen Anzahl der wegen ihrer Kampferfahrung hoch geschätzten Legionäre in seinem Verband machte der ehemalige SS-Standartenführer in seinen Memoiren zwei übereinstimmende Angaben: Ende März 1942 war der erste Lehrgang mit drei Dutzend ehemaligen Fremdenlegionären abgeschlossen, und von den ausgebildeten Legionären hätten 31 den Krieg überlebt, während fünf im Einsatz starben.[64] Der Legionärsanteil in seinem Verband betrug also gerade einmal dreieinhalb Prozent. Auch von den 3800 Angehörigen der deutschen Nachrichtendienste, die der in Algier ansässige französische Geheimdienst 1944 in Frankreich, Nordafrika und Deutschland ermittelt hatte,[65] konnte er nur in zwölf Fällen einen Legionärshintergrund feststellen.

Im Canaris-Apparat wurden die ehemaligen Fremdenlegionäre in der Regel nur in untergeordneten Funktionen eingesetzt. Eine echte Führungsfunktion nahmen innerhalb der Abwehr – so weit die Erkenntnisse des Deuxième Bureau reichten – außer Christmann nur drei Offiziere ein. Der Sonderführer Walter Karl-Otto Stockmann, geboren am 2. Dezember 1901 in Kolberg, war 1939 in Oran zu sechs Monaten Haft verurteilt worden, weil er die Flucht eines anderen Legionärs unterstützt hatte, und wurde 1941 zusätzlich wegen Spionage inhaftiert. Nach seiner Befreiung durch das Afrikakorps arbeitete er als Offizier des Referats I/M der Abwehrleitstelle Paris und bildete dort unter anderem bis zum 18. Juli 1944 Funkagenten aus. Der Exlegionär Emil Hanke, geboren am 24. September 1895 in Neckingen, arbeitete für die Abwehrstelle Biarritz. Im März 1942 wurde er deshalb von den Franzosen in Marseille festgenommen, kam aber auf deutschen Druck hin schnell wieder frei.[66] Dr. Wilhelm Kohlhaas, vor dem Krieg in der Legion, war mindestens ab 1939 als Hauptmann in der Abwehr II in Berlin für den Vorderen Orient zuständig und an der Einsatzplanung für Afghanistan beteiligt. Im Juni 1941 diente er im Sonderstab F für den

Einsatz in Nordafrika als Ic-Offizier und wurde Ende 1944 in das analoge Referat im RSHA VI C überführt.[67] Beim Sicherheitsapparat der SS waren die Vorbehalte gegen ehemalige Fremdenlegionäre am stärksten ausgeprägt. Er rekrutierte laut Deuxième Bureau überhaupt nur drei Männer mit dieser Vorgeschichte für sich: Hermann Valentin, kurz vor Ausbruch des Ersten Weltkrieges geboren, hatte es in der Fremdenlegion zum Unteroffizier gebracht und die französische Staatsbürgerschaft erworben, 1944 jedoch tauchte er als SS-Hauptscharführer in Badenweiler auf. Nach der Landung der Alliierten in der Normandie wechselte er nach Paris in ein rückwärtiges Zentrum zur Ausbildung und Aufstellung französischer Einheiten. Der Exlegionär Karl Wolf wurde vom Deuxième Bureau 1942/43 in der Abteilung VI des SD in Toulouse lokalisiert. Alfred Kessler, geboren am 21. Juli 1900 in Wuppertal-Elberfeld, hatte vom 2. November 1920 bis zum 2. November 1925 und erneut vom 12. September 1932 bis zum 19. September 1942 in der Legion gedient. Als er am 13. Oktober 1942 nach Deutschland zurückkehrte, wurde er von der Staatspolizeileitstelle in Frankfurt am Main unter Kontrolle genommen. Doch bereits Ende 1942 stand er in Frankreich in Diensten des SD in einem Sonderkommando, das zwischen Lyon und Marseille operierte. Ab September 1943 fungierte er als Dolmetscher beim Kommandeur der Sicherheitspolizei in Marseille, wo er bis August 1944 blieb.

Richard Christmann befand sich als Exlegionär insofern in einer Sonderrolle, als er sich bereits vor Kriegsausbruch bei der Abwehr und das sogar in feindlicher Umgebung bewährt hatte. Auch deshalb schickte ihn die Abwehr nach Paris, wo er zunächst von Juni 1940 bis Oktober 1941 bei der Abwehr im Spionageabwehrreferat III C 2 eingesetzt war. »Wie ich später erfuhr, war mein Einsatz in Paris lange in Berlin diskutiert worden. Man entschloss sich aber dazu, gerade weil ich in Paris lange Zeit gelebt hatte und mich dort gut auskannte. Hinzu kam, dass man aus anderen Quellen darüber informiert war, dass der französische Geheimdienst in Den Haag, darunter also auch Trutat und Delmas, nach England geflüchtet war. Die einzige Gefahr bestand also darin, dass mich die Ausbilder in Madeleine irgendwo einmal getroffen hätten«, schilderte Christmann den Entscheidungsprozess im OKW-Amt Ausland/Abwehr. Auch Hermann Josef Giskes war im Juni 1940 als Leiter des Referats III F 2 mit nach Paris gekommen, wo er bis August 1941 blieb, bis er zum Leiter der Spionageabwehr (III F) der Ast Niederlande berufen wurde.[68]

Helga Ahlers, die Mutter des späteren Regierungssprechers von Willy Brandt, Conrad Ahlers, leitete das Stadtbüro der Abwehr in der Rue Faubourg St. Honoré. Ihre Privatwohnung lag in demselben Haus in der Avenue Matignon, in der auch Christmann logierte. So bekam der mit, dass sein Vorgesetzter Giskes eine Affäre mit der Pastorentochter hatte. Weil Helga Ahlers nicht die einzige Frau war, mit der der Abwehroffizier ein Verhältnis hatte, wurde sie eifersüchtig. »Das gab ein Durcheinander«, erinnerte Christmann sich im April 1983. Dieses Problem erledigte sich 1943. Die Abwehr stellte fest, dass ihre Pariser Büroleiterin zugleich von einem Schweden engagiert worden war, ohne ihren Dienstherrn darüber zu unterrichten. Deshalb wurde sie an die Ostfront versetzt.[69]

Weil die Abwehr davon ausging, dass französische und britische Agenten ein waches Auge auf das Hotel »Lutetia« und die darin ein- und ausgehenden Personen hatten, durfte Christmann das Hauptquartier der Abwehr in Paris nicht betreten. »Als oberstes Gebot bestand für mich, im Gegensatz zu den anderen Abwehrangehörigen, das strikte Verbot, offiziell im Hauptquartier der Abwehr zu verkehren«, erinnerte er sich. Von dieser Regelung gab es nur eine Ausnahme, als Abwehrchef Admiral Wilhelm Canaris, den Christmann in Berlin nie getroffen hatte, Anfang 1941 zu einem seiner zahlreichen Dienstbesuche in die französische Hauptstadt kam. »Canaris lobte damals meine Arbeit seit 1939 im Beisein mehrerer Offiziere der Abwehr und teilte mir kurz mit, dass man mich in Zukunft für ganz spezielle Sondermissionen einsetzen würde«, brüstete sich Christmann mit dem Verlauf der Begegnung.

Für das, was Christmann bei seinem ersten Parisaufenthalt für die Abwehr tat, kennt die angelsächsische Geheimdienstliteratur den Begriff »cloak and dagger« (Mantel und Degen).[70] Mit »Mantel-und-Degen-Romantik« der Musketiere hat das nur wenig zu tun, dafür mehr mit Verstellung, weil bei »cloak« stets auch Deckmantel bzw. Schleier sprachlich mitschwingt. »Während des Krieges trug ich in Frankreich Schnurrbart, der Zufall wollte es, dass ich auch Brillenträger werden musste, mein äußeres Erscheinungsbild war verändert«, schilderte Christmann die Maskeraden, mit denen er sich vor Enttarnung und Wiedererkennen schützte. Zugleich trat er unter zahlreichen falschen Identitäten auf. Zu seinen Decknamen zählten unter anderem »Monsieur Richard«, »Capitaine Cholet«, »Comte Antoine de Pierrefeu« oder »Monsieur Felix«.

Zunächst knüpfte er Kontakte zu seinen früheren Bekannten aus der Zeit vor 1937, bevor er ein ganzes Agentennetz vor allem unter Nordafrikanern aufzog. Christmann führte nach eigenen Angaben die unglaubliche Zahl von 50 V-Leuten, die er aus seinen »Nebeneinnahmen« finanzierte. Er verfügte in Paris über ein gutes Dutzend Wohnungen und sogenannte

Hauskapellen, das heißt konspirative Unterkünfte für Agententreffs. Wie hoch seine Nebeneinnahmen waren, die er sowohl für Geheimdienstzwecke als auch für einen aufwendigen Lebensstil nutzte, darüber hat sich Christmann nie geäußert. Woher sie stammten, deutete er zumindest in seinen Memoiren an. »Zur Tarnung hatte ich gute Kontakte zu Schwarzhändlern, denen ich oft mittels ›Gefälligkeiten‹ die Arbeit erleichterte«, erinnerte sich der Sonderführer Z (Leutnant) der Abwehr, ohne konkreter zu werden. Richtig viel Geld verdiente er jedoch als Mitinhaber der Striptease-Lokale »Le Parnasse« und »Bel Ami« in Pigalle. Durch seine engen Beziehungen zu dem Zuhälterchef »Gegène la Terreur«, dessen richtiger Name nach seiner Erinnerung Mancini war, erhielt er auch Informationen, die dessen Prostituierte in Ausübung ihres Gewerbes beschafften. Im Rotlichtmilieu nannte man sie »Bienen«, die Verdächtige aushorchten; Christmann taufte den Komplex daher auf den Namen »Fall Imker«.

Die Gründung von Amüsierbetrieben war kein ungewöhnliches Mittel zur Nachrichtenbeschaffung für die NS-Nachrichtendienste. Das bekannteste Beispiel ist der »Salon Kitty« in Berlin. Dort wurden ab April 1940 auf Betreiben von Walter Schellenberg, dem späteren Chef des SD-Ausland, Diplomaten befreundeter Staaten, Generale und hohe Regierungsbeamte überwacht. Etwa 20 einschlägig geschulte Agentinnen entlockten ihren Freiern dort bis Anfang 1943 Geheimnisse, die sie anschließend zu Protokoll brachten oder in eiligen Fällen mündlich weitergaben. Dabei wussten sie nicht, dass in den Zimmern Mikrofone unter den Tapeten eingebaut worden waren und SD-Mitarbeiter in der Lauschzentrale im Keller ohnehin alles mithörten.[71]

Auch das OKW-Amt Ausland/Abwehr nutzte in Nordafrika in großem Stil Luxusbordelle, um Offiziere der Alliierten durch Prostituierte und per Mikrofon abhören zu lassen. Erst 2006 hat der ehemalige SS-General Franz Wimmer-Lamquet in seinen Memoiren die drei Funktionen dieser Einrichtungen beschrieben: »Die ›Damen‹ waren besonders darauf geschult, im Bett von ihren jeweiligen Liebhabern militärische Nachrichten zu erfahren. Wir bezahlten jede Meldung so gut, dass es keinerlei Verrat gab. [...] Im Kriege hatten gerade diese Häuser oft dazu beigetragen, dass einige Männer von uns, die plötzlich ihren Posten verlassen mussten, weil Gefahr drohte, kurzfristig unterschlüpfen konnten, bis wir etwas anderes für sie gefunden hatten. [...] Gleichzeitig konnten meine Leute, wenn sie schnell Gelder benötigten, nach kurzer Funkanfrage diese sofort von dort bekommen. Man verrechnete es danach mit Oberst von Recke in Tetouan.«[72] Die Bordelle überdauerten den Abzug des Deutschen Afrikakorps, bei dem die technischen Installationen abgebaut wurden, denn ihre Verwalter lieferten weiterhin Informationen an die Abwehr. Sie überdauerten sogar die Kapitulation des Deutschen Reiches im Mai 1945, denn Oberst von Recke, inzwischen Mitarbeiter eines Hamburger Handelshauses, erhielt weiterhin 15 Prozent des Reingewinns, der ins marokkanische Tetouan abgeführt wurde. So ganz, wie Wimmer-Lamquet es glauben machen will, hatte sich der Wehrmachtsoberst a. D. Rudolf von Recke allerdings nicht aus dem Nachrichtengeschäft zurückgezogen. Im April 1962 wurde er in Rabat zu zweieinhalb Jahren Gefängnis wegen Spionage für die Bundesrepublik Deutschland verurteilt.[73]

Der mittlerweile 35-jährige Christmann spielte nicht nur den Lebemann. Eine 25-jährige Blondine namens Yolande, die von einem tschechischen Exminister und Leiter einer Widerstandsgruppe in einem Luxusappartement ausgehalten wurde, lief zu dem Sonderführer der Abwehr über, der ihre nachrichtendienstlichen Fähigkeiten bestaunte: »Nie wieder eine so phantastisch lügende Klassefrau erlebt!« Doch auch Christmann ließ sich von ihr austricksen. Sie beschaffte sich eine halbe Million Francs vom tschechischen Sperrkonto ihres Liebhabers, heiratete augenblicklich den Generalkonsul von Haiti und war damit als Angehörige des diplomatischen Korps für die Abwehr tabu.

Das strategische Ziel, für das Christmann in Paris eingesetzt wurde, bestand darin, Araber und Berber, die sich vom französischen Kolonialjoch befreien wollten, auf die deutsche Seite zu ziehen. Im Kleinen ging es der Abwehr dabei um die Anwerbung verlässlicher französischsprachiger Agenten für den Einsatz in Frankreich und im Maghreb. Im Großen plante der Canaris-Apparat letztlich, in den nordafrikanischen Kolonien Aufstände gegen Frankreich anzuzetteln, die große Kontingente der angloamerikanischen Truppen binden und das Deutsche Afrikakorps so entlasten sollten.

Nach der Landung britischer und amerikanischer Truppen in Nordafrika unternahm Abwehroberst Erwin von Lahousen Edler von Vivremont, seit Januar 1939 Leiter der Abteilung II (Sabotage und Zersetzung), einen Vorstoß beim Auswärtigen Amt, um diesem großen Ziel näherzukommen. »Das Auswärtige Amt wird gebeten, die politischen Voraussetzungen besonders hinsichtlich der Zusage an die Araber zu überprüfen und in Anbetracht der außerordentlichen Bedeutung der Araber die politischen Grundlagen zu schaffen«,[74] lautete sein Antrag vom 3. Dezember 1942. Bei den Zusagen ging es um Freiheit und Selbständigkeit für die französischen Kolonien – was das Auswärtige Amt bereits fünf Tage später zu einer Ablehnung bewog. Solche Zusagen, die auf eine Souveränität der nordafrikanischen Staaten von Marroko bis Tunesien zielten, könnten nicht gegeben werden, weil sie sowohl den Zusicherungen Hitlers an Marschall Pétain wiedersprächen als auch gegenüber Spanien nicht vertretbar seien, da Spanisch-Marroko direkt an die Kolonien grenzte.[75] Christmanns scheint seine Hauptaufgabe einigermaßen erfolgreich erfüllt zu haben. Im nachrichtendienstlichen Alltagsgeschäft warb er einen Agenten nach dem anderen. Zugleich pflegte er Kontakt zu den politischen Köpfen der arabischen Nationalisten, die auf das Dritte Reich als Garanten für ihre staatliche Unabhängigkeit setzten. Seine Legionärsvergangenheit erleichterte ihm dabei die Zusammenarbeit mit den nordafrikanischen Oppositionsgruppen.

In seiner Vernehmung durch den US-Nachrichtendienst im Oktober 1946 verlor Christmann kein Wort über seine Hauptaufgabe, um seine arabischen Partner nicht als Kolloborateure der deutschen Besatzungsmacht zu belasten. Vielmehr gab er an, seine Hauptaufgabe sei die Suche nach Dokumenten zur französischen Kriegswaffenproduktion gewesen, und zudem habe er aus den täglich zu Hunderten eingehenden anonymen Denunziationen aus der französischen Bevölkerung Informationen gefiltert und V-Männer erschlossen.[76]

Neben den konkurrierenden Nachrichtendiensten gehörte zu den Besatzungsorganen auch eine Propagandastaffel der Wehrmacht. 1938 hatten sich das OKW und der Reichsminister für Volksaufklärung und Propaganda darauf verständigt, dass die aktive Propaganda im Kampfgebiet, die sowohl auf die Bevölkerung als auch auf die feindlichen Streitkräfte zielte, eine Angelegenheit der Wehrmacht sei.[77] Die Propagandastaffel der Wehrmacht in Paris adressierte ihre psychologische Kriegführung nicht nur an die französische Bevölkerung, sondern auch an die Zirkel der arabischen Nationalisten. Dazu gab sie Zeitschriften wie *Er-Raschid* heraus, die deren Sprachrohre waren und für einen weiteren Zulauf aus dem Kreis der nach Frankreich gekommenen Araber sorgten. Auf diesem Feld unterstützte Christmann seine Wehrmachtskameraden und arbeitete dabei auch eng mit Béchir Ben Yahmed zusammen, dem Leiter der tunesischen Sektion des muslimischen Propagandabüros in Paris, der ab 1942 für den deutschen Geheimdienst tätig war.[78]

Auf der übergeordneten Ebene bestand seine Arbeit aus einem Drahtseilakt. Durch seine Kontakte und seine Agenten verschaffte er der Abwehrzentrale in Paris einen Überblick über die Führungskader, die Entscheidungsprozesse und die Strömungen in den nationalarabischen Gruppierungen, bei denen stets die Gefahr bestand, dass sie »aus dem Ruder liefen«, wenn Zweifel an der Aufrichtigkeit der deutschen Unterstützung auftraten. Das betraf besonders seine gewichtigste Zielgruppe. »Speziell mit den algerischen Gruppen hatte ich besten Kontakt«, notierte er in seinen Lebenserinnerungen. Weil die meisten Algerier noch lebten, als er seine Memoiren verfasste, machte er keine Namensangaben, sondern beschränkte sich auf den Hinweis, er sei so manchen von ihnen in den 1950er und 1960er Jahren in Nordafrika wiederbegegnet.

Der Sonderführer Christmann war in die Operation »Atlas« der Abwehr eingebunden, mit der Abwehrchef Wilhelm Canaris zunächst darauf zielte, in Algerien einen Aufstand gegen Frankreich anzuzetteln. Nachdem britische Verbände zwischen Dezember 1940 und Februar 1941 den italienischen Truppen in der Cyrenaika eine verheerende Niederlage beigebracht hatten, ging im Februar 1941 das Deutsche Afrikakorps im März in die Gegenoffensive.[79] Von da an wäre ein unabhängiges Algerien im Rücken des Afrikakorps ein schwer kalkulierbares Risiko gewesen. Das OKW-Amt Ausland/Abwehr leitete daraufhin die Anschlussoperation »Anti-Atlas« ein, mit der alle Vorbereitungen für eine Erhebung der Algerier wieder eingefroren wurden. Christmann war auch in diese Gegenoperation eingebunden und war gezwungen, seine algerischen Partner wieder zu vertrösten, ohne ihre Unterstützung vollständig zu verlieren, bevor er von seinem Chef Giskes am Ende des Jahres eine ganz neue nachrichtendienstliche Aufgabe erhielt.

Läufer im »Englandspiel«

Nach dem Einmarsch deutscher Truppen in die Tschechoslowakei 1938, dem Überfall auf Polen 1939 sowie der Besetzung Dänemarks, Norwegens, Belgiens, Hollands und Nordfrankreichs 1940 bildeten sich in den Ländern Widerstands- und Untergrundbewegungen.[80] Die meisten Widerstandsgruppen standen in enger Verbindung zum britischen Nachrichtendienst und wurden von ihm logistisch unterstützt. Diese Gruppen waren bei der Erkundung militärischer und wirtschaftlicher Geheimnisse von erheblicher Bedeutung. Um dieser Aufgabe gerecht werden zu können, bedurfte es aber guter Nachrichtenverbindungen. Während innerhalb der einzelnen Widerstandsgruppen die Informationen vielfach per Kurier übermittelt wurden, erfolgte die Weiterleitung von Nachrichten an die »Zentralen« in Großbritannien sowohl aus Zeit- als auch aus Sicherheitsgründen überwiegend über Funk. Dies setzte voraus, dass zum einen entsprechende Funkgeräte, zum anderen Experten vorhanden waren, die mit der Technik umgehen konnten.

Um diese Informationsflüsse abschöpfen zu können, brauchte die gegnerische Seite ebenfalls Spezialisten für die Funküberwachung. Zu Beginn des Zweiten Weltkriegs besaß Deutschland jedoch keine Funkabwehr im militärischen Sinne. Die Überwachung des Funkverkehrs erfolgte zunächst durch die der SS zugeordnete Ordnungspolizei, die im Inneren für »Ordnung und Sicherheit« sorgen sollte. Die Ordnungspolizei war jedoch weder technisch noch personell auf die Funküberwachung von Widerstandsgruppen im Ausland eingerichtet. 1940 übernahm deshalb die Wehrmacht die Funküberwachung, was dazu führte, dass in den besetzten Gebieten Funküberwachungsstellen als feste Funkmessstellen eingerichtet wurden und ergänzend Nahfeldpeiltrupps zum Einsatz kamen.

Einer der spektakulärsten Erfolge, den die Deutschen auf diesem Gebiet erzielen konnten, war das Unternehmen »Nordpol«, das sogenannte Englandspiel: Mit Hilfe verschlüsselter Funkcodes wurde im Namen gefangengenommener niederländischer Agenten über zwei Jahre hinweg, vom Frühjahr 1942 bis zum 1. April 1944,[81] ein Funkverkehr mit dem britischen Geheimdienst aufrechterhalten. Durch dieses Funkgegenspiel konnte die deutsche Abwehr sowohl Erkenntnisse über die britischen Pläne in den Niederlanden gewinnen als auch weitere Funk- und Fallschirmagenten verhaften. Des Weiteren eröffnete die Kontrolle des Funkverkehrs die bis dahin ungeahnte Möglichkeit, zahlreiche Gruppen der niederländischen Widerstandsbewegung durch Spitzel zu unterwandern und zu zerschlagen.

Diese erfolgreiche Zusammenarbeit von Abwehr und SD ist bereits wenige Jahre nach dem Ende des Zweiten Weltkriegs in den Erinnerungen der beiden Hauptbeteiligten auf deutscher Seite, des Kriminaldirektors und SS-Sturmbannführers Joseph Schreieder[82] und des Abwehroffiziers Hermann Joseph Giskes,[83] dargestellt worden. Insbesondere die Memoiren von Giskes zum Unternehmen »Nordpol« fanden national und international[84] weite Verbreitung und dienten als Grundlage für den Kinofilm »London ruft Nordpol«. Diese Selbstdarstellungen wurden – zuletzt 2004 und nur um wenige neue Informationen über die Opfer der Operation ergänzt[85] – in zahlreiche Bücher übernommen.[86]

Begonnen hatte das »Englandspiel« aus deutscher Sicht im November 1941, als ein gewisser George Ridderhoff der Abteilung III F der Abwehrstelle Niederlande in Scheveningen seine Mitarbeit anbot. Die Abteilung III des Amtes Ausland/Abwehr war allgemein zuständig für Spionageabwehr und Gegenspionage. Das Referat mit der Bezeichnung »III F« befasste sich mit der »Abwehr fremder Dienste«, war im engeren Sinne zuständig für militärische Gegenspionage. Ridderhoff war nach eigenen Angaben Diamantenhändler und befand sich in Geldverlegenheit. Er ließ durchblicken, »dass eine gut bezahlte Aufgabe in einem geheimen Dienst etwas für ihn sei. Wenn es dabei gegen die Engländer ginge, stehe er um so lieber zur Verfügung.« Der Kontakt zu Ridderhoff war indirekt über einen Mitarbeiter der Ast III F zustande gekommen, der in den Memoiren von Giskes mit dem Decknamen »Willy« bezeichnet wird und hinter dem sich niemand anderes verbirgt als Richard Christmann. Bei einem zufälligen Zusammentreffen »Willys« mit einem Bekannten namens Pietres hatte ihm dieser berichtet, dass er wegen Verdachts auf Schwarzhandel vier Wochen in Untersuchungshaft gesessen hatte. Während der Haft habe er allerhand Verbindungen knüpfen können, unter anderem zu einem Mann, der ihm vertraulich erzählt habe, dass er zuverlässige geheime Verbindungen nach Paris habe, die er für den Diamantenschmuggel nutze, wobei die Verbindungsleute größten Wert auf gute Tarnung legten. Christmann bekundete Interesse daran, diesen Mann kennenzulernen. Es kam schließlich zu einem ersten Treffen im »Carlton-Hotel« in Amsterdam. Christmann alias »Willy« gab Ridderhoff bei diesem Gespräch zu verstehen, dass er ihm die gewünschte Aufgabe in einem geheimen Dienst vermitteln könne, aber dazu müsse er glaubhaft machen, dass er über entsprechende Beziehungen verfüge, woraufhin Ridderhof mit den Angaben über einen niederländischen Widerstandskämpfer mit Namen van den Berg und zwei englische Agenten herausrückte.[87] Da Christmann über seinen Gewährsmann wusste, dass Ridderhoff in Geldnöten war, gab er ihm bei seinem zweiten Treffen 500 Gulden und stellte ihm eine hohe Prämie bei schneller Aufklärung in Aussicht. Das Geld hatte er von seinem Vorgesetzten, Major Hermann J. Giskes, erhalten, dem Leiter der Ast III F in den Niederlanden. Als sich Ridderhoff, mittlerweile geführt als V-Mann unter der Bezeichnung »F 2087«, das nächste Mal meldete, behauptete er, dass die ihm bekannten Agenten über ein Funkgerät verfügten. Auf Befehl von Giskes gingen Fernschreiben nach Berlin an die Funkabwehr mit der Bitte, ihre besondere Aufmerksamkeit auf mögliche Funksprüche von Holland nach England zu richten. Nachdem einige Tage nichts passiert war, übermittelte »Willy« seinem Vorgesetzten folgende Meldung: »Quelle F 2087. Agent zwo, Den Haag, ist auf der Suche nach geeigneten Abwurfplätzen für Fallschirmabwurf von Waffen und Sabotagematerial. Zeitpunkt des Abwurfs wird von London vereinbart, Teilnehmer des Empfangskomitees werden von ihm instruiert.«

Giskes schrieb ungehalten an den Rand der Meldung, die er an Christmann zurückschickte:»Gehen Sie zum Nordpol mit diesen Geschichten! Es wird in Holland nicht mit England gefunkt.«[88] Christmann wurde – laut Giskes' Mitarbeiter Oberleutnant Wurr – durch diese Anmerkung erheblich aus der Fassung gebracht. Drei Tage später kam Wurr mit einer Meldung»Willys« zu Giskes zurück, die die Überschrift trug:»Betrifft Nordpol, Quelle F 2087«. Christmann hatte dem Unternehmen einen Decknamen gegeben. »F 2087« hatte inzwischen seine Kontakte zu dem Kapitän der Reserve Chr. van den Berg, dem Kopf der Leitstelle für die britischen Agentenfunkverbindungen auf dem Kontinent im sogenannten Ordre-Dienst, in Den Haag ausgebaut und die Aufgabe erhalten, Material, das aus England abgeworfen werden sollte, abzutransportieren. Ridderhoff war es also gelungen, sich in der in Aufbau befindlichen Agentengruppe zu etablieren,[89] und erhielt daraufhin immer mehr Informationen über Untergrundaktivitäten. So kam ihm auch zu Ohren, dass sich zwei Funkagenten in den Niederlanden befinden würden. Der inzwischen zum Oberstleutnant beförderte Giskes schenkte dieser Information zunächst keinen Glauben, da bis dato noch keine Funksprüche aufgefangen worden waren. Dies änderte sich jedoch, als kurze Zeit später durch Fernpeilung erstmals ein Sendegerät geortet wurde. Es gelang in den folgenden Wochen, das Haus auszumachen, in dem sich das Funkgerät befand. Durch eine zweimonatige Funküberwachung waren die genauen Funkzeichen und die Sendeintervalle bekannt. Zwar scheiterte der Versuch, den Funker Hubertus Lauwers unmittelbar nach Verschlüsselung der Funksprüche und beim Senden zu überführen, am 6. März 1942 um einige Minuten, doch konnte Lauwers festgenommen werden.

Da es der deutschen Abwehr nicht in erster Linie darum ging, eine gegnerische Funklinie auszuschalten, sondern Giskes von Anfang an beabsichtigte, ein Funkgegenspiel zu eröffnen, das heißt unter gegnerische Flagge zu senden, war er auf die Kooperation von Lauwers angewiesen. Giskes erklärte dem Funker, dass einer seiner letzten Funksprüche bereits entschlüsselt worden sei, man ihn aber aufgrund der persönlichen»Handschrift« eines jeden Funkers brauche, um den Coup gegenüber London zu verbergen. Aus diesem Grunde machte er verschiedene Zugeständnisse. Lauwers wiederum, dem nicht an einer Unterstützung der Deutschen gelegen war, der aber offensichtlich glaubte, dass seine Funksprüche tatsächlich entschlüsselt worden waren, erklärte sich bereit, das Funkgerät zu bedienen. Denn es gab eine weitere Möglichkeit, den britischen Nachrichtendienst SOE (Special Operation Executive) zu warnen: den»security check«, eine je spezifische Kombination, die in jeder durchgegebenen Meldung enthalten war, um sie zu legitimieren. Lauwers, wie auch allen anderen Agenten, war eingetrichtert worden, auf keinen Fall diesen individuellen »security check« zu verraten, ohne dessen Verwendung ein ansonsten korrekt verschlüsselter Funkspruch ein von den Deutschen beabsichtigtes Funkspiel zunichtemachte, da aus einem Fehlen dieser Sicherung eindeutig hervorging, dass der betreffende Agent unter der Kontrolle des Feindes stand.

Lauwers ließ sich in diesem Sinne auf eine Zusammenarbeit ein – und war vollkommen fassungslos, als trotz seiner Warnungen auf seiner Funklinie die Ankunft eines Fallschirmspringers angekündigt wurde. Nachdem die Agenten am vereinbarten Landeplatz angekommen waren und nach geschickter Befragung durch als Widerstandskämpfer getarnte Mitarbeiter der Abteilung III F bereits einige Informationen preisgegeben hatten, wurden sie durch die Greiftrupps der Sicherheitspolizei (Sipo) in Gewahrsam genommen. Nun versuchten die Sipo- und die Ast-Vernehmer in Verhören so viele Informationen wie möglich zu erhalten. Sie wollten insbesondere die »security checks« in Erfahrung bringen, um über die erbeuteten Funkgeräte wiederum Funksprüche nach England abzusetzen. Es verwundert bzw. kann als fahrlässig bezeichnet werden, dass durch die »Dutch Section« der SOE – nachdem sie tagelang von den abgesetzten Agenten keine Nachrichten erhalten hatte und damit eigentlich den Verdacht hätte schöpfen müssen, dass das Funknetz »verbrannt« war – Informationen über die Benutzung des »security check« funkte, einschließlich der erforderlichen geheimen Nummernkombinationen. Den Deutschen war damit bekannt, dass jeder gefangene Funker über einen eigenen Sicherheitsschlüssel verfügte. Nun erhöhten sie den Druck auf die Gefangenen. Mit dem Tode bedroht, gab zum Beispiel der Agent Jordaan daraufhin den »security check« preis.

Durch die per Funk aus London erhaltenen Informationen, wann und an welchem Ort weitere (Funk-)Agenten in den Niederlanden abgesetzt werden sollten, war es der Sipo und der Abwehr-Abteilung III F möglich, diese Agenten umgehend, einschließlich ihrer Funkausrüstung, in Gewahrsam zu nehmen. Sipo-Mitarbeiter schlüpften in die Rolle der Funkagenten und gelangten so an weitere Informationen, mit deren Hilfe sowie dem gezielten Einsatz von V-Leuten sie die Agenten mehrerer SOE-Netze aufspüren konnten.

In der Operation »Kern« verfolgte die SOE ein ehrgeiziges Ziel: Rund um den »Ordre-Dienst« sollten 16 Sabotage- und Widerstandsgruppen mit je etwa 100 Mitgliedern ausgebildet werden, die zwar von vornherein Aufklärungsaufträge erfüllen und Anschläge auf die Logistik der deutschen

Truppen verüben, aber erst bei einer alliierten Invasion voll zum Einsatz kommen sollten. Im November 1942 landeten 17 Agenten in den Niederlanden, darunter fünf Funker. Im Frühjahr 1943 wurden 17 weitere Agenten per Fallschirm abgesetzt, diesmal mit sieben Funkern. So viele Funkgegenspiele aufrechtzuerhalten, überstieg die Kapazitäten von Abwehr und Sipo. Giskes bat daraufhin mit Erfolg um die Genehmigung, einige Funklinien stillzulegen.

Um den britischen Nachrichtendienst zu möglichst hohen Materialabwürfen zu veranlassen, suggerierte die deutsche Abwehr, in den Niederlanden würde tatsächlich ein Heer von 1500 Widerstandskämpfern aufgebaut, das nicht nur mit Waffen und Sabotagemitteln, sondern auch mit Genussmitteln wie Tabak und Kaffee sowie Kleidung und Schuhwerk versorgt werden müsse. Die SOE reagierte prompt und lieferte in einer einzigen Ladung ihrer knapp 200 Versorgungsflüge allein an solchen Marketenderwaren fünf Tonnen. Als militärische Beute dieses geheimen Krieges fielen den Deutschen insgesamt mehr als 15 Tonnen Sprengstoff, 3000 Maschinenpistolen, 300 Maschinengewehre, 5000 Handfeuerwaffen, eine halbe Million Patronen sowie 75 Funkgeräte in die Hände, die beim Hauptquartier der deutschen Besatzung in Wassenaar bei Den Haag eingelagert wurden.[90]

Um die Briten, die Belege für die Aktivitäten ihrer abgesetzten Agenten in den Niederlanden sehen wollten, nicht merken zu lassen, dass diese längst abgefangen worden waren, musste Giskes immer wieder Erfolge selbst produzieren. Er organisierte eine ganze Reihe vermeintlicher Anschläge auf Eisenbahnlinien, die nur geringen Schaden verursachten, und er ließ im August 1943 selbst ein Attentat auf einen mit Flugzeugwracks beladenen Lastkahn im Hafen von Rotterdam verüben. Eine erstklassige Gelegenheit zu einem Täuschungsmanöver ergab sich, als die Briten Anfang Juli 1942 nach der Möglichkeit fragten, die Antennenanlage des Senders Kootwijk zu sprengen, mit dem die deutsche Admiralität ihre U-Boote im Atlantik führte. Giskes schickte Christmann auf eine nächtliche Erkundung, um die Chancen, sich der Anlage unbemerkt zu nähern, auszuloten. Danach signalisierte er London, ein Anschlag auf die Verankerungen der fünf über 100 Meter hohen Sendemasten sei machbar. Zugleich wandte er sich an eine der schillerndsten Figuren der Abwehr, Oberstleutnant Friedrich Carl Marwede,[91] in Brüssel. Der Offizier der Abteilung II, die eigentlich für eigene Sabotageakte zuständig war, schickte ihm seine Spezialisten Dr. Kling und Baum. Der britische Nachrichtendienst hatte inzwischen angeordnet, dass der Angriff auf Kootwijk auf ein bestimmtes Signal hin ausgeführt werden sollte.

Am 9. August, zehn Tage vor einem gescheiterten alliierten Landungsversuch an der französischen Küste bei Dieppe, kam die Order, den Sender zu sprengen. Die von Marwede geschickten Spezialisten inszenierten den Angriff auf die Sendemasten so geschickt, dass kein ernsthafter Schaden entstand. Anschließend ließ Giskes die Briten wissen, der Anschlag sei fehlgeschlagen, da die Anlage überraschenderweise mit Landminen gut gesichert war, und drei der fünf eingesetzten Agenten seien ums Leben gekommen. London bedauerte in seiner Antwort diese Verluste. Den spektakulären nächtlichen Scheinangriff mit vielen Feuerwerkskörpern ließ der Abwehroberstleutnant auch in die niederländische Presse lancieren, woraufhin der britische Nachrichtendienst ein tröstendes »ausgezeichnete Arbeit« sendete.

Nicht nur durch Aktionen, sondern auch durch Informationen musste die SOE von den Aktivitäten ihrer Agenten überzeugt werden. Für das Spielmaterial, das Giskes nach London senden durfte, erteilte seine vorgesetzte Dienststelle in Berlin ein gutes Jahr später, am 19. Oktober 1943, eine Weisung, die auch dem Oberbefehlshaber West bekannt war. Im Kern legte sie fest: »Bei der großen Wahrscheinlichkeit, daß der Engländer reichlich Luftbilder unserer Küstenbefestigungen aufgenommen hat, muß angenommen werden, daß er über Einzelheiten, die aus der Luft erkennbar sind, unterrichtet ist. Was er auf diesem Wege voraussichtlich erkannt hat, kann ihm in beschränktem Ausmaß daher auch ohne Schaden im G.V.-Spiel [Gegnerische Verbindung; d. Verf.] zugespielt werden. [...] Ausgenommen von dieser Freigabe sind zunächst: Luftwaffenanlagen aller Art, Ortungs- und Peilgeräte, Gefechtsstände und besonders geheimzuhaltende Spezialanlagen von Heer und Marine.«[92]

Christmanns Einsatz im Vorfeld der vermeintlichen Sprengung des Senders Kootwijk war kein Einzelfall, er war von Anfang an am »Englandspiel« beteiligt. Nachdem sein Chef in der Abwehrleitstelle Paris, Hermann Josef Giskes, im August 1941 zum Leiter der Abteilung III F der Ast Niederlande ernannt worden war, beantragte auch Christmanne seine Versetzung nach Holland, nicht zuletzt weil er sich mit einer Französin liiert hatte, die er in Frankreich nicht heiraten konnte. Das holte er nun am 25. Februar 1942 in Amsterdam nach.

Giskes scheint über die Anwesenheit Christmanns in seinem Stab froh gewesen zu sein. Zumindest schrieb er in seinem Buch *Spione überspielen Spione*: »Bei der Besatzung der ›Burg‹ fand ich nur einen Mann vor, dem ich vom ersten Kennenlernen an dienstlich und menschlich vertrauen konnte, vor allem auch in Hinsicht auf unsere ›zweite Front‹. Außer ihm, dem Oberleutnant und späteren Hauptmann Wurr, und dem Dolmetscher-Unteroffizier Kup, genannt ›Willy‹, Abwehrgehilfe, Allerwelts- und Teufelskerl, war damals kaum jemand in der ›Crew‹, der im Sinne meiner Absichten brauchbar schien.«[93] Wie Christmann in seinen Lebenserinnerungen ausführt, handelte es sich bei »Willy« um ihn selbst: »Giskes hatte dieses Buch verfasst, als ich noch in französischer Gefangenschaft war und aus diesem Grunde (wie er mir gegenüber behauptete) zu meinem Schutz den Namen ›Willy‹ des gefallenen Kup eingesetzt.«[94]

Christmanns Aufgabe für die Abwehr bestand darin, das bestehende Netz an V-Leuten neu zu organisieren. Das war nicht einfach, da sich die Stimmung in den Niederlanden zunehmend gegen die Deutschen richtete, wie sich kein Geringerer als George Blake erinnerte, der acht Jahre lang bis zu seiner Enttarnung 1961 Meisterspion des KGB in der Spitze des britischen Secret Intelligence Service gewesen war. Als Sohn eines türkischen Juden 1922 in Holland geboren, war Blake 1939 aus Ägypten nach Rotterdam zurückgekehrt und ab Frühjahr 1941 selbst als Kurier in einer Widerstandsgruppe tätig.»Unter der holländischen Bevölkerung wuchs zu dieser Zeit, nachdem der erste Schock der Niederlage überwunden war, der Wille zum Widerstand. Je länger der Krieg dauerte und die Nahrung knapper wurde, je stärker der deutsche Terror wurde und der Druck, einer dazu nicht bereiten Nation den Nationalsozialismus aufzuzwingen, je grausamer die Verfolgung der Juden sich gestaltete, desto stärker verbreitete sich dieser Wille in allen Bevölkerungsschichten.«[95]

Bei der Reorganisation des deutschen Spionagenetzes in den Niederlanden kam Christmann das »Englandspiel« gerade recht, konnte er doch dadurch auch zahlreiche V-Leute in den Widerstandsorganisationen platzieren. Seine Rolle im Unternehmen »Nordpol« umfasste zudem die Beteiligung an Täuschungsmanövern, wie etwa dem geschilderten Scheinangriff auf den Sender Kootwijk. Dabei blieb es nicht, denn schon kurze Zeit später,»etwa im August 1943, verlangte London die Verbringung einer Gruppe holländischer Widerständler, um diese in England für besondere Aufgaben auszubilden. Wir stellten also eine Gruppe von 3 holländischen V-Leuten unter Führung unseres Agentenführers ›Ferdi‹ zusammen. Bis Paris ging die Reise unbehelligt vor sich. In Paris stimmte die Anlaufstelle der ›French Section‹ nicht mehr, der SD hatte sie im Rahmen einer aufgedeckten Spionageaffäre ausgehoben. Über eine früher bekannt gewordene Anlaufstelle konnte ich dann den Kontakt mit der ›French Section‹ wieder herstellen. Einer der englischen Agenten übernahm nun die Weiterschleusung nach Perpignan, der letzten Station vor der Grenze. Es war abgesprochen worden, dass V-Leute vom SD Paris, in Verbindung mit V-Leuten der SD Außenstelle Perpignan, die Gruppe ›Ferdi‹ beschatten sollten, um im gegebenen Moment das Überschreiten der spanischen Grenze zu verhindern.

Bis Perpignan klappte alles vorzüglich, ich selbst hielt mich im Hintergrund und passte lediglich auf, dass die Leute vom SD nicht vorzeitig eingriffen, denn einmal waren wir daran interessiert, diesen neuen Fluchtweg genauestens zu erkennen, und vor allen Dingen mussten wir ja vermeiden, dass die Verhaftung der Gruppe ›Ferdi‹ so vor sich ging, dass London keinen Verdacht schöpfen konnte. In Perpignan wurde die Gruppe ›Ferdi‹ vom begleitenden ›French Section‹-Mann in eine Kohlenhandlung gebracht, er selbst kehrte wieder unbehelligt von uns, aber beschattet, nach Paris zurück. Die Kohlenhandlung wurde natürlich Tag und Nacht diskret vom SD beschattet, denn wir mussten davon ausgehen, dass die Gruppe ›Ferdi‹ getarnt von dort über die spanische Grenze geschafft werden sollte.

Zwei Tage lang geschah nichts, auch von einem Nachbargrundstück konnten keine verdächtigen Bewegungen beobachtet werden. In der Dienststelle des SD ließ ich mir nochmals den Stadtplan dieses Viertels von Perpignan, den wir vergrößert hatten, geben, und stellte fest, dass hinter der Großhandlung, durch einen breiten Garten getrennt, ein Obstgroßhändler sein Grundstück hatte. Noch ehe die Beobachtung auch dieses Grundstücks angeordnet wurde, erfuhren wir durch einen V-Mann, dass am frühen Morgen ein Lastwagen mit leeren Apfelsinenkisten den Hof des Obsthändlers verlassen hatte. Hier ist einzufügen, dass – trotz des Krieges – zwischen Spanien und dem besetzten Frankreich ein nicht gerade regelmäßiger, so doch häufiger Güterverkehr stattfand, hauptsächlich für Südfrüchte. Unsere Gruppe ›Ferdi‹ konnte sich also nur auf diesem Lastwagen befinden. Sofort wurden über Funk sämtliche Streifen und Posten zwischen Perpignan und der Grenze alarmiert. Der Lastwagen war wirklich, mit regulären Papieren versehen, durchgekommen und befand sich auf dem Wege zur Grenze. Sofort wurde eine motorisierte Streife der Wehrmacht hinterhergeschickt, welcher ich mich angeschlossen hatte.

Wir wollten, je nach Lage der Dinge, entweder einen Unfall provozieren oder auf andere unauffällige Weise den Lastwagen am Grenzübertritt hindern. Aber dazu kamen wir nicht mehr. Die Gruppe ›Ferdi‹, unter den leeren Kisten versteckt, war unsicher geworden und befürchtete, dass eine Panne eingetreten sei und sie unbehelligt über die Grenze kamen, wo ihnen durch die dort wartenden Leute der »French Section« sofortige Entdeckung drohte, und damit der Tod. Einer der holländischen V-Leute kletterte aus dem Versteck heraus außen am Lastwagen entlang, genau zu dem Zeitpunkt, als dieser eine starke Steigung überwinden musste. Mit vorgehaltener Pistole zwang er den überraschten Fahrer und dessen Beifahrer, den Laster anzuhalten. Die übrigen drei sprangen ebenfalls heraus und fesselten die beiden Franzosen (Fahrer und Beifahrer) mit den Stricken der Apfelsinenkisten. In diesem Augenblick kam auch unser Streifenwagen zum Ort des Zwischenfalls. Es galt nun, schnell zu handeln. Also stürzten wir den Laster in den Abgrund und hinterließen Spuren, aus denen hervorging, dass der Laster zu weit nach rechts gekommen war und so abstürzte.

Die Gruppe ›Ferdi‹ wurde in einem Wehrmachtslaster versteckt nach Paris zurückgebracht, die beiden Franzosen wurden dem SD übergeben, der sie in ein KZ brachte. Nach dem Krieg sollen sie alle Mühe gehabt haben, um in Perpignan wieder zum Leben aufzuerstehen, denn Folgendes war anschließend passiert: Der Laster wurde angesteckt, die französische Gendarmerie verständigt. Aus den Trümmern hatte die Wehrmacht die verbrannten ›Leichen‹ von sechs Personen geborgen und in Holzkisten verpackt. Zwei der Toten wurden als Fahrer und Beifahrer in ihren Heimatorten auf dem Friedhof beigesetzt, die anderen vier ›Leichen‹ wurden als unbekannte Flüchtlinge in einem gemeinsamen Grab anonym beigesetzt. Erst nach dem Krieg kam der ganze Schwindel heraus, als man auf Verlangen der beiden zurückgekehrten Franzosen die Gräber öffnete und leere Kisten mit Steinen fand.«

Diese Episode aus Christmann Memoiren verdeutlicht, dass Christmann nicht nur Organisator war, sondern auch selbst als Doppelagent auftrat. Dabei riskierte er gelegentlich Kopf und Kragen, wie etwa im Oktober 1943. »Da erfuhren wir, dass zwei Inspecteure der SOE demnächst ›blind‹ abspringen würden, diese hätten die Aufgabe, sich unerkannt in den verschiedenen Widerstandsgruppen in Holland und Belgien umzusehen. Sie sollten nach ausführlichem Auftrag mit uns Verbindung aufnehmen und dann auf einem besonders sicheren Weg nach England zurückgebracht werden. Die Decknamen der beiden lauteten ›Apollo‹ und ›Brutus‹.«

Um die Schleusung von »Apollo« nach London kümmerte sich Christmann, alias »Arnaud«, selbst. Zu diesem Zweck brachte er den britischen Agenten nach Lyon, wo beide zu einer Wohnung in der Rue Créquis gingen. Es handelte sich – wie er später erfuhr – um das Hauptquartier der Lyoner Widerstandsgruppe. »Apollo« wurde mit einer Lysander-Maschine der englischen Luftwaffe nach England ausgeflogen. »Arnaud« sollte auf Geheiß von London einige Tage später folgen, doch Christmann weigerte sich vehement, was nicht verwundert, wenn man bedenkt, was passiert wäre, wenn ein deutscher Abwehrmann, getarnt als belgischer Widerständler, in London unter die Lupe genommen worden wäre. »Arnaud« erklärte den Widerständlern, dass er sich aus zwei Gründen weigere, nach England zu fliegen: Erstens würde die gesamte von ihm geleitete »Linie Felix« auffliegen, wenn ihr Chef »Arnaud« nicht fristgerecht wieder zurückkehre. Dann würde man automatisch glauben, dass er den Deutschen in die Hände gefallen sei. Für diesen Fall lägen auch genaue Instruktionen vor, wonach alle Unterlagen zu vernichten, alle Anlaufstellen und Zwischenstellen sofort aufzulösen seien und sich die Mitglieder in alle Winde zu zerstreuen hätten. Und zweitens habe er als unabhängiger Patriot die gesamte »Linie Felix« mit eigenen Mitteln finanziert, die seit zwei Jahren reibungslos funktioniere, ohne einen Penny Zuschuss von London. Er müsse aus diesem Grund keine Befehle aus London empfangen oder sich von englischen Bürokraten sagen lassen, was zu tun sei und wie er, »Arnaud«, zu handeln habe. Über diesen Ton waren die Mitglieder der Widerstandsgruppe in Lyon bass erstaunt, sie schüttelten die Köpfe, waren aber bereit, einen entsprechenden Funkspruch durchzugeben. Die Antwort aus London lautete, die Lyoner sollten die Mitarbeiter und Verbindungsleute der »Linie Felix« über die Reise »Arnauds« nach London informieren, damit keine Panik entstehe und die Linie möglicherweise auffliege. Christmann weigerte sich, die Verbindungen preiszugeben, mit der Begründung, dass ja auch kein Vertrauen zu ihm bestehe, dass man ihn tagelang eingesperrt habe und er sich bis auf die nackte Haut habe ausziehen und durchsuchen lassen müssen. Wie solle er da sicher sein, dass nicht der eine oder andere verhaftet werden würde und dann seine Verbindungen an die Deutschen verraten würden. Diese Antwort wurde wieder nach London gefunkt. Nun hieß es aus England, dass man sich den Argumenten von »Arnaud« beuge; er solle in Belgien seine Angelegenheiten regeln und dann einen Termin vereinbaren, wann er von einem Lyoner in Frankreich abgeholt werden könne. »Arnaud« sei mit reichlich Geld auszustatten, damit er anlässlich der Rückreise nach Belgien keine finanziellen Sorgen habe.

Als Reaktion auf diesen Funkspruch wurden Christmann alle Papiere zurückgegeben, danach verließ er den Hauptsitz der Lyoner Widerstandsgruppe. Um sicherzugehen, dass er nicht beschattet wurde, folgte er einem Freudenmädchen und begleitete sie in deren Wohnung, die er schließlich über eine Hintertür verließ. Christmann meldete sich noch in der Nacht bei der Abwehrnebenstelle Lyon, wo er seine echten Papiere abholen wollte. Da er natürlich keine deutschen Papiere bei sich hatte, wurde er kurzerhand eingesperrt. Erst am nächsten Morgen, an seinem Geburtstag, dem 13. November, wurde er von Oberstleutnant Fritz Dernbach, der Christmann nur unter dem Namen »Sonderführer Arno« kannte, wieder freigelassen. Daraufhin verständigte Christmann zunächst Giskes darüber, dass »Apollo« in London sei. Danach verließ er Lyon in Richtung Paris. Einige Tage später traf er wieder in Driebergen ein. Hier lag bereits ein aus London abgefangener Funkspruch, der sich für die gelungene Schleusung des Agenten »Apollo« bedankte. Man habe mit Zufriedenheit den Bericht von »Apollo« über die Organisation der Widerstandsgruppen erhalten, beglückwünsche »Arnaud« zu seiner Arbeit und bitte, ihm zu übermitteln, dass »Arnaud« wegen seines uneigennützigen Einsatzes mit dem »Military Cross« ausgezeichnet worden sei. Dieser hohe Orden werde ihm nach dem siegreichen Ende des Krieges unter Angabe der Kenn-Nummer »X« und seiner richtigen Identität ausgehändigt. Giskes hat nach Aussagen von Christmann ihm diese Kenn-Nummer jedoch nie mitgeteilt; was allerdings keine Auswirkungen hatte, denn von britischer Seite hätte man Christmann schlechterdings später keinen Orden verleihen können.

Christmann hat seine Rolle so gut gespielt, dass es den Engländern offensichtlich bis zu einem Funkspruch von Oberst Wilhelm Stähle im Januar 1944 nicht aufgefallen war, dass er als Doppelagent für den deutschen Geheimdienst tätig war. Der abgefangene Funkspruch lautete: »Der Chef der militärischen Gegenspionage in Holland ist Oberstleutnant Giskes, Sitz in Driebergen, seine engsten Mitarbeiter sind Arno und Ferdi, diese Meldung stammt von Oberst Wilhelm Stähle, Berlin-Potsdam, Hartwigstraße 63«. Stähle wurde später als feindlicher Agent entlarvt, nach dem 20. Juli 1944 verurteilt und hingerichtet. Nach dem Krieg wurde er posthum geehrt. Christmann vermutete, dass man in London nach der Meldung von Stähle zwei und zwei zusammenzählen konnte und erkannte, dass es sich bei »Arno« und »Arnaud«, die beide phonetisch gleich ausgesprochen werden, um ein und dieselbe Person handelte. Damit konnte er die Rolle als »Arnaud« nicht mehr weiterspielen.

Für den amerikanischen Geheimdienstautor H. E. Cookridge war Christmann »der Meisterspion«, der erfolgreich in niederländische, belgische und französische Widerstandsgruppen eindrang und deren Mitglieder reihenweise ans Messer lieferte. Im Zusammenhang mit seiner Verbindung zum niederländischen Kollaborateur George Ridderhoff erhebt Cookridge den Vorwurf, Christmann habe sich bei seiner Arbeit in den Niederlanden auch persönlich bereichert. »Nebenbei schmuggelte er Gemälde, Gold und Juwelen, die bei reichen Juden beschlagnahmt wurden, über die Grenze in neutrale Länder und teilte den Ertrag mit seinen Beschützern von der Gestapo.«[96] Eine Behauptung, die sich nicht aus britischen, französischen und amerikanischen Geheimdienstdokumenten, geschweige denn aus Christmanns Memoiren erhärten lässt.

Nachdem es zwei britischen Agenten Ende August 1943 gelungen war, aus dem Gestapo-Gefängnis in Haaren auszubrechen, nahm der Funkverkehr aus London im Herbst stetig ab, und neue Agenten wurden nicht mehr abgesetzt. Doch die entwichenen Fallschirmagenten waren nicht die einzige Quelle, aus der der britische Nachrichtendienst erfuhr, dass er einem Funkgegenspiel aufgesessen war. Nachdem Ende Januar 1944 Giskes' Leute einen bis dahin unbekannten Agentenfunker ausgehoben und dabei den obengenannten Funkspruch von Oberst Stähle sichergestellt hatten, wussten sie, dass sie enttarnt waren.

Da entschloss sich Giskes, das »Englandspiel« durch einen Funkspruch im Klartext zu beenden. Er ließ im März 1944 funken: »An die Herren Blunt, Bingham & Co., Successors, Ltd. London stop Wir haben festgestellt, dass ihr seit einiger Zeit versucht, ohne unsere Mithilfe in Holland Geschäfte zu machen stop Wir bedauern dies umso mehr, als wir so lange Zeit zu beiderseitiger Zufriedenheit als eure Alleinvertreter hier tätig gewesen sind stop Nichtsdestoweniger versichern wir euch, dass wir, sofern ihr auf den Gedanken kommt, uns in großem Stil einen Besuch auf dem Kontinent zu machen, eure Abgesandten mit der gleichen Sorgfalt und Zuvorkommenheit in Empfang nehmen werden wie bisher stop Bis dahin.« Aus diesem Text sprach die ganze Arroganz des Abwehroffiziers, der bei seinen Untergebenen nicht ohne Grund den Spitznamen »Der Fürst« trug.[97]

»Nach dem Ende des ›Nordpolspiels‹ hatten wir nun die Hände frei, um alle im Laufe des ›Nordpols‹ erkannten Anlaufadressen, Mitarbeiter, Querverbindungen usw. entweder zu durchsetzen, wo es noch nicht geschehen war, oder diese unschädlich zu machen«, schilderte Christmann die Maßnahmen, die seine Abwehrstelle nun ergriff.

Von den insgesamt 54 im Zusammenhang mit dem »Englandspiel« durch das OKW-Amt Ausland/Abwehr in Zusammenarbeit mit dem Reichssicherheitshauptamt festgenommenen Agenten haben nach Angaben von Giskes 47 das Ende des Krieges nicht mehr erlebt.[98] Die Untersuchung einer holländischen Parlamentskommission hat nach dem Zweiten Weltkrieg ergeben, dass die Agenten im Herbst 1944 im Lager Mauthausen ohne Gerichtsverfahren erschossen wurden. Aus der von Hans Schafranek verfassten Untersuchung geht hervor, dass von den direkt oder indirekt mit dem Unternehmen »Nordpol« in Zusammenhang stehenden Agenten der SOE, des Londoner Auslandsnachrichtendienstes MI-6 und des militärischen Nachrichtendienstes MI-9 mehr als 50 Personen ermordet bzw. hingerichtet wurden.[99] Die Verhaftung der Agenten erfolgte laut Schafranek in rund 60 Prozent der Fälle auf der Grundlage der abgehörten Funksprüche und der dadurch bekannten Absprungstellen durch die vorbereiteten »Empfangskomitees«. Das heißt, der militärische Geheimdienst war durch das Abhören und Zurückspielen von Funksprüchen maßgeblich an der Vorbereitung der Verhaftungen beteiligt, auch wenn in der Regel die Verhaftungen durch den SD erfolgten. Die Behauptung von Giskes, er habe sich schriftlich und formell im Sommer 1942 die Zusicherung des Reichssicherheitshauptamtes geben lassen, dass die Unversehrtheit von Leib und Leben der im Unternehmen »Nordpol« festgenommen Agenten gewährleistet werde, lässt sich nicht überprüfen. Aber selbst wenn eine solche Zusicherung tatsächlich erfolgt sein sollte, hätte man einigermaßen naiv sein müssen, um sie zu glauben. Denn es war sehr wohl bekannt, mit welchen Methoden der SD versuchte, Informationen aus den Agenten herauszupressen. Insofern verwundert es nicht, wenn Giskes in seiner Nachkriegsdarstellung aus Sicht des militärischen Geheimdienstes die Konkurrenzsituation zum RSHA mit Sipo und SD in den Vordergrund stellt und immer die Aufgabenteilung hervorhebt. Die Tätigkeit der Abwehr habe ausschließlich in der Aufklärung feindlicher Geheimdienste bestanden, die mit der Aufdeckung strafbarer Handlungen verknüpft sein konnte. Verfolgung von Straftaten, Festnahmen, Hausdurchsuchungen, Beschlagnahmungen, überhaupt jede Art polizeilicher Tätigkeit sei allein der Sipo vorbehalten gewesen.[100] »Wir sind weder Kriminalisten noch Untersuchungsrichter, weder Staatsanwälte noch Henker. Wir haben als Abwehroffiziere Straftaten zu verhindern – aber nicht zu verfolgen!«[101] Dass aber auch Mitarbeiter des militärischen Geheimdienstes sich nicht nur der moralischen Verantwortung bewusst waren, die mit ihrem Handeln zusammenhängt, lässt sich aus dem Nachwort zu *Spione überspielen Spione* herauslesen. »Nach blutigen Kriegen pflegen die Akten der geheimen Kriegsführung bei allen Beteiligten in den geheimen Archiven dieser Sonderdienste zu verschwinden. In den Siegesmeldungen haben diese Begebnisse keinen Platz, in den offiziellen Kriegsberichten werden sie unterdrückt, und in den kriegsgeschichtlichen Werken der Generalstäbe wird ihrer nur gedacht, soweit bei den Bearbeitern spärliche Urkunden oder Dokumente darüber vorhanden sind. Dies geschieht aus Gründen der ›Staatsraison‹ und deshalb, weil in der geheimen Kriegsführung seit alters her Mittel gebräuchlich sind und Methoden angewandt werden, die mit allgemeingültiger Moral, selbst sogenannter ›Kriegsmoral‹, oft nicht im Einklang stehen.«[102] Darüber hinaus gab es wiederholte Anweisungen von Canaris, der die enge sachliche Zusammenarbeit mit der

Sicherheitspolizei zur Pflicht machte und die offizielle Pflege dieser Beziehungen empfahl.[103]

Von Seiten der SS leitete Joseph Schreieder das »Englandspiel«. Der SS-Offizier, Jahrgang 1904, war zunächst Leiter der Grenzstelle Bregenz gewesen. 1938/39 wurde er SS-Untersturmführer im SD-Hauptamt und war dann als Kriminaldirektor bei der Sicherheitspolizei in Den Haag verantwortlich für die Abwehr von Spionage und Sabotage in den Niederlanden. Am 9. November 1943 wurde er für seine Verdienste beim Unternehmen »Nordpol« zum SS-Sturmbannführer befördert. Im Mai 1945 landete er im britischen »Interrogation Camp« 030 im Fort Blauwkapel bei Utrecht, wurde jahrelang von Niederländern und Briten in London vernommen und schließlich im Juni 1948 außer Verfolgung gestellt und nach Westdeutschland entlassen. Analog zu Giskes schrieb er 1950 ebenfalls eine Darstellung des »Englandspiels«, das die reinen Fakten gleichlautend wiedergab.[104] Sein Buch trägt jedoch noch stärker den Charakter einer Verteidigungsschrift, indem die persönliche Schuld am Tod der verhafteten Agenten verdrängt wird. Dieses Freisprechen von jeglicher Schuld war auch deshalb geboten, weil Schreieder in der Bundesrepublik wieder im Nachrichtendienst tätig wurde. Ende der 1940er Jahre wurde er Mitarbeiter der Organisation Gehlen, in den 1960er Jahren war er Leiter der Gegenspionage des Landesamts für Verfassungsschutz in München.[105]

Bleibt noch die Frage nach der Verantwortung des britischen Nachrichtendienstes für mehr als 50 tote Agenten. Es erscheint zunächst wenig glaubhaft, dass der englische Geheimdienst nichts bemerkt haben sollte. Bedenkt man, dass allein durch das Fehlen des »security checks« im Grundsatz bekannt war, dass der betreffende Agent in Gefangenschaft geraten war, verwundert es, dass die Funklinien aufrechterhalten wurden. Hierfür kann es eigentlich nur zwei Gründe geben. Entweder wollte der SOE über die Funklinien bewusst Falschmeldungen nach Deutschland durchgeben bzw. Kapazitäten deutscher Funker auf diesen aufgedeckten Linien binden oder aber die auf englischer Seite eingesetzten Funker waren nicht ausreichend ausgebildet und haben elementare Sicherheitsaspekte übersehen. Gegen die zweite Lesart sprechen im Grunde Aussagen des Funkagenten Lauwers und einiger Kameraden, die nicht nur durch »ständiges« Fehlen des »security checks« beim Funken, sondern auch durch anderweitige verschlüsselte Botschaften zum Ausdruck brachten, dass es sich um eine »verbrannte« Funklinie handelte. Das konnte man kaum übersehen.

Bleibt die These, die britischen Dienste hätten das Gegenspiel zwar erkannt, sie hätten es aber laufen lassen, um die Deutschen in Sicherheit zu wiegen und dadurch entstandene Sicherheitslücken zu nutzen. Diese Auffassung wird etwa von dem niederländischen Historiker Johannes Wolters vertreten.[106] Ziel sei es gewesen, die Drohung einer Invasion der Alliierten im niederländischen Küstenraum anstelle der Normandie aufrechtzuerhalten, um so die deutschen Truppen im Westen zu binden. Damit hätte die SOE bewusst niederländische Agenten der Verhaftung durch den deutschen Geheimdienst ausgesetzt und damit die Tötung der Agenten wenigstens fahrlässig in Kauf genommen. Eine moralisch mehr als zweifelhafte Haltung, die das Ansehen der britischen Dienste im In- und Ausland beschädigen würde. Da aber bislang Unterlagen, die Klarheit schaffen könnten, nicht zugänglich sind, bleibt das Verhalten der englischen Seite mindestens undurchsichtig.

Wenn das »Englandspiel« tatsächlich eines der großen Schachspiele verfeindeter Nachrichtendienste war, von dem beide Seiten ihren Nutzen hatten, dann war Christmann in dieser Partie der Läufer: auf der Kurzstrecke beim Eindringen in niederländische Widerstandsgruppen, auf der Langstrecke beim Schleusen gegnerischer Agenten durch ganz Frankreich. Christopher Felix jedenfalls, ab 1946 für 16 Jahre im amerikanischen Auslandsnachrichtendienst tätig, wertete es in seiner Betrachtung von »Gegenspionage und anderen Teufeleien« als außergewöhnliche Leistung, »dass verschiedene Male die Abwehr selbst – in der Rolle der holländischen Widerstandsbewegung – auf der Flucht befindliche alliierte Gefangene auf Wegen, die London angegeben hatte, nach Spanien schickte […]. Bei Mitgliedern der Gegenspionage erregte sie eine Bewunderung, wie sie nur dem fachmännischen Ideal gezollt wird.«[107]

Aufklärungsarbeit auf dem Rückzug

Im Dezember 1943 waren auf Weisung aus Berlin die ortsfesten Abwehrstellen an der Westfront in mobile Aufklärungseinheiten umgegliedert worden.[108] So entstand die Leitstelle I West für Frankreich[109] unter Führung von Oberstleutnant Erich Herrlitz in Paris, dem heeresseitig die Frontaufklärungskommandos (FAK) 120 (Periole bei Toulouse) und 130 (Vétheuil) unterstanden, während für die Beneluxstaaten das FAK 307 unter Führung von Oberstleutnant Giskes zunächst in Brüssel aufgebaut wurde. Für die Luftwaffe arbeitete das FAK 180 in Paris, während die Marine die FAK 60 (Rouen) und FAK 71 (Aix) sowie den Frontaufklärungstrupp (FAT) 136 z. b. V. in Paris erhielt.

Ein Vierteljahr später erfolgte ein weitaus gravierenderer Eingriff in die Abwehrstrukturen. Am 11. Februar 1944 hatte Hitler den Reichsführer SS Heinrich Himmler beauftragt, das OKW-Amt Ausland/Abwehr zu übernehmen, nachdem er einen Tag zuvor den Abwehrchef Admiral Wilhelm Canaris mit sofortiger Wirkung vom Dienst suspendiert hatte. Etwa 13 000 Abwehrangehörige wurden so in das Amt Mil (Militärisches Amt) übernommen; die Abteilungen I (Spionage) und II (Sabotage) blieben unverändert, während die Abteilung III (Gegenspionage) auf das Amt Mil und das Gestapo-Referat IV E (Abwehr West) aufgeteilt wurde.[110] Das Verhältnis der Abwehrangehörigen, die dem Wehrmachtspersonalamt unterstellt blieben, und den SS-Geheimdienstlern war von vornherein gespannt und verschärfte sich noch einmal nach dem Attentat auf Hitler vom 20. Juli 1944, weil führende Abwehrangehörige – wie Hans von Dohnanyi, der bereits am 5. April 1943 unter dem Verdacht, an einer Verschwörung gegen Hitler beteiligt zu sein, von der Gestapo verhaftet worden war – zum militärischen Widerstand zählten.

Bereits am 14. Februar 1944 erließ das OKW-Amt Ausland/Abwehr eine weitere Weisung »zur Überleitung des stationären III F-Dienstes in den besetzten Westgebieten in bewegliche Einheiten«. Oberstleutnant Giskes wurde darin als Leiter des FAK 307 mit neuem Sitz in Hilversum, untergeordnetem FAK 365 in Driebergen und Außenstellen in Brüssel und Lille bestätigt.[111] Sein Mitarbeiter Christmann ging nach dem Abbruch des »Englandspiels« als Giskes' Verbindungsmann zum Sicherheitsdienst der SS nach Paris, weil er unter seinen Decknamen »Arno« und »Arnaud« den Briten und damit möglicherweise auch niederländischen Widerstandsgruppen bekannt geworden war. Per Fernschreiben übermittelte er seinem Vorgesetzten in den Niederlanden alle Ergebnisse, die der SD über holländische Widerstandsgruppen zusammentrug. »Die folgenden Monate war ich nun pausenlos unterwegs als Kurier zwischen Paris, Brüssel und Driebergen. Speziell in Paris hatte ich die Aufgabe, beim SD die Vernehmungsprotokolle der festgenommenen Personen aus dem ›Hollandkreis‹ einzusehen. ›Hollandkreis‹ nannten wir in Paris alle Anlaufstellen usw., die eine Verbindung von oder nach Holland hatten. Es musste den Kurierwegen nachgegangen werden, manchmal gelang es uns, einen vom SD festgenommenen Kurier, von dem wir wussten, dass die Kurierstelle z. B. in Bordeaux nur den Decknamen wusste, aber nicht die Person kannte, durch einen unserer Leute zu ›ersetzen‹. Aber all dies war nur mühsame Kleinarbeit mit dem Ziel, aus einer Unmenge von Erkenntnissen, aus tausend kleinen Mosaiksteinchen ein ungefähres Bild zu gewinnen, wann und wo die Alliierten eine massive Landung vorhatten«, so erinnerte sich Christmann an den neuen Pariser Aufenthalt. Die Zusammenarbeit mit der SS behagte dem Sonderführer der Abwehr überhaupt nicht. An den Himmelfahrtstag 1944 hatte er später eine besonders schlechte Erinnerung: Während er in der Rue des Saussaies 11 Akten studierte, hörte er aus einem benachbarten Büro das Stöhnen und Schreien eines schon vor Monaten festgenommenen Widerstandskämpfers, der nun durch zwei SD-Beamte brutal vernommen wurde. Kurz darauf kam SS-Scharführer Friedrich Wilhelm[112] zu ihm und legte ihm stolz die Protokolle dieses Verhörs vor. Unter der Folter durch den Gestapomann hatte der Widerstandskämpfer zwei Schlüsseleinrichtungen der Résistance in Paris verraten: Er offenbarte die Adresse ihres Generalzahlmeisters und die der Fälscherwerkstatt für Ausweise und andere Dokumente.

Christmann assistierte dem SD-Trupp beim Ausheben der beiden Tarneinrichtungen. Zunächst stürmten sie ein Büro in der Nähe des Boulevard Malesherbes und nahmen vier Personen aus der Zahlstelle fest, die im SD-Gewahrsam landeten. Anschließend drangen sie in eine Villa in der Cité des Fleurs im Quartier La Fourche ein. Bei der wilden Schießerei wurden zwei französische Widerstandskämpfer getötet, 14 weitere verhaftet sowie ein SD-Mann verwundet. Einige Fälscher hatten jedoch bei dem Tumult fliehen können. Eine Bereitschaftsgruppe des SD holte die Festgenommenen ab, während Christmann die Ausstattung der Werkstatt in Augenschein nahm. Er fand vom Taufschein bis zum Soldbuch ein beachtliches Arsenal von Formularen, dazu Stempel und Faksimiles aller Art. Diese Beute lieferte er zum Teil bei Abwehrhauptmann Kaiser ab, einen anderen Teil nahm er für eigene nachrichtendienstliche Zwecke an sich.

Christmann bekam kurz darauf eine Nierenerkrankung und musste wegen des schmerzhaften Abgangs von Nierensteinen sogar ins Lazarett. Der dortige Wehrmachtsarzt empfahl ihm einen jugoslawischen Privatarzt, der Christmanns Behandlung in seiner Praxis in der Rue Auguste Lecomte übernahm. Dieser Dr. Johannovitch hatte von Christmanns »Sonderstellung« gehört und brachte ihn deshalb mit Marie-Hélène Lefaucheux zusammen, deren Mann Pierre am 4. Juni 1944 von der Gestapo verhaftet worden war. Beim SD erfuhr Christmann, dass Pierre Lefaucheux zusammen mit 30 Mitgliedern der neuen Widerstandsorganisation »Armée Sécrète« (AS) aufgrund von Hinweisen aus dem Abwehrhauptquartier im Hotel »Lutetia« verhaftet worden war. Nachfragen dort ergaben, dass Christmanns Kollege »Graf Sascha« seine V-Frau Marie-Louise als Sekretärin an die Gruppe herangespielt und sie so aufgeklärt hatte.

Beim SD war SS-Obersturmbannführer Kurt Neifeind für den Fall zuständig. Es dauerte einige Tage, bis Neifeind die Erlaubnis erteilte, dass Christmann mit seinen Sachbearbeitern sprechen konnte. »Ein Dutzend Goldstücke und einige Flaschen echten Whisky hatten dies erreicht«, erinnerte sich Christmann, der von Frau Lefaucheux mit einigen hunderttausend Francs für die Befreiung ihres Mannes ausgestattet worden war. Über die Tatsache, dass er sich als deutscher Abwehrmann für eine Aktion gegen die SS und die Abwehroberen massiv bestechen ließ, verliert Christmann in seinen Memoiren kein Wort. Christmann konnte einige Male mit Pierre, der beim SD alles gestanden hatte, im Gefängnis von Fresnes reden, aber eine Freilassung auf Kaution erreichte er nicht.

Wegen des raschen Vormarsches der alliierten Truppen in der Normandie begann der SD Anfang August mit seinem Abzug aus Paris. Seine Akten wurden ostwärts weggeschafft, und die Gefangenen in Fresnes sollten von einem Begleitkommando aus Feldgendarmen und Resten einer Genesungskompanie per Bahn nach Deutschland verlegt werden. In dieser kritischen Situation unterbreitete Marie-Hélène Lefaucheux Christmann einen ungewöhnlichen Vorschlag: Gegen die Freilassung ihres Mannes und einiger Freunde würde sie ihm eine Namensliste mit den Angehörigen des neuen Generalstabs der Widerstandsorganisation AS überlassen.

Mit diesem Vorschlag ging der Abwehrmann zum SS- und Polizeiführer Carl Oberg, den er am Tag seines Aufbruchs aus Paris am 10. August 1944 antraf. Der zeigte jedoch kein Interesse an diesem Deal, vielmehr ordnete er an, die Gefangenen in Fresnes als Geiseln wegen des überall in Paris aufflackernden Widerstandes zu erschießen. Christmann eilte mit dieser Nachricht ins Hotel »Lutetia« und mobilisierte dort alle erreichbaren Abwehroffiziere, darunter Hauptmann Kaiser.[113] Der Abwehr, die eine Verschärfung der Lage in Paris durch die Geiselerschießungen befürchtete, gelang es, Oberg zur Rücknahme des Mordbefehls zu bewegen.

Bei Dr. Johannovitch diskutierte Christmann mit französischen Widerstandskämpfern anschließend den Plan, die Häftlinge bei einer Umladung auf der Bahnstation von Compiègne zu befreien. Da die Angehörigen des Begleitkommandos ihm bereits signalisiert hatten, sie würden nicht die »Drecksarbeit für die SS« erledigen und im Falle eines Befreiungsversuchs keinen Widerstand leisten, schlug er den Männern der Résistance vor, nur in die Luft zu schießen. Aber auch dieser Scheinangriff war Frau Lefaucheux zu riskant. Also stattete Christmann sie mit einem Dienstausweis der Abwehr und weiteren gefälschten Dokumenten aus seinem Fundus aus. Damit reiste sie am 15. August mit einem Ambulanzwagen des französischen Roten Kreuzes dem Transport hinterher, um ihren Mann zu befreien. Außer einem letzten Anruf aus Creil hörte er nichts mehr von ihr und dem Erfolg ihrer Bemühungen.

Nach der Landung der Alliierten in der Normandie am »D-Day«, dem 6. Juni 1944, drängten die alliierten Landungs- und Verstärkungsverbände die Wehrmacht zurück. Nachdem sich der SD bereits am 10. August aus der französischen Hauptstadt zurückgezogen hatte, räumte auch die Abwehr am 18. August ihr Pariser Hauptquartier. Der Leiter der Gegenspionage III F im Hotel »Lutetia«, Oberstleutnant Oskar Reile, beklagte, dass er und sein Stab mit der umfangreichen technischen Ausrüstung anschließend bis Anfang Mai 1945 elf Mal den Standort wechseln mussten, was eine kontinuierliche Geheimdienstarbeit und den Einsatz von V-Leuten nahezu unmöglich gemacht habe.[114]

Am 20. August 1944 erhob sich die Bevölkerung in Paris gegen die deutschen Besatzer, nachdem die 3. US-Armee drei Tage zuvor Orléans und Chartres eingenommen hatte. Der US-Oberbefehlshaber Dwight D. Eisenhower hatte jedoch nicht vor, die französische Hauptstadt sofort zu befreien. Vielmehr wollte er beiderseits der Stadt auf den Rhein vorstoßen und tat alles, um die Widerstandskämpfer von einem Aufstand gegen die deutschen Besatzer abzuhalten, um angesichts von 20 000 Wehrmachtssoldaten in der Stadt kein zweites Warschau zu riskieren. Die lokale Führung der Résistance, die weitestgehend von Kommunisten bestimmt war, hatte jedoch schon am 18. August mit Angriffen auf deutsche Einrichtungen begonnen. Der Befehlshaber von Groß-Paris, General Dietrich von Choltitz, der von Hitler den Befehl zur totalen Zerstörung von Paris erhalten hatte, schloss nach den ersten Gefechten einen Waffenstillstand mit dem Widerstand, der jedoch nicht lange hielt. In dieser Situation setzte Charles de Gaulle die 2. französische Panzerdivision unter Philippe Leclerc auf Paris an und konnte auch Eisenhower für eine Änderung seines Plans gewinnen, Paris zu umgehen.[115] Letztlich ignorierte Choltitz den Befehl zur bereits vorbereiteten Sprengung aller Seinebrücken und Industrieanlagen, und Paris konnte am 25. August fast unbeschädigt den Tag der Befreiung feiern.

Christmann war ab dem 18. August einem Feldaufklärungskommando am Trocadéro zugeteilt worden, dessen Leiter, ein Major, bis zur letzten Patrone kämpfen wollte. Unter dem Vorwand, sich um seine V-Leute kümmern zu müssen, verließ er die Verteidigungsstellung. Doch die meisten seiner Agenten waren bereits untergetaucht. Vor der Wohnung eines V-Manns am Place des Fêtes, die er als Ausweichquartier eingerichtet hatte, fand er die Leichen von dessen Frau und ihren beiden Kinder vor, die der

Mob aus dem sechsten Stock geworfen hatte. Helfen konnte er nur noch einem Garagisten im Quartier Belleville, dem er mit einem rückdatierten Ausweis als zwangsverpflichtetem Arbeiter den Weg in die französische Nachkriegsgesellschaft ebnete. Von diesem erhielt er auch einen Citroën 15 CV, mit dem er sich – drei Verwundete aus dem Lazarett Cochin an Bord – in die Kolonne der Rotkreuzfahrzeuge einreihte, die in heilloser Flucht verfolgt von Jagdbombern Richtung Châlons-sur-Marne rasten. Dort gab der örtliche Befehlshaber die Parole aus, jeder solle auf eigene Faust nach Deutschland fahren, da ein geordneter Rückzug angesichts der ständigen Luftangriffe nicht mehr möglich sei. Noch in der Nacht verließ Christmann die brennende Stadt und fuhr über Nancy nach Saarbrücken, wo er die Verwundeten ablieferte. Von dort aus steuerte er Münster an, um sich im Frontaufklärungskommando 307 zu melden, das jedoch wieder in Brüssel lag. Am nächsten Tag fuhr er so weiter in die belgische Hauptstadt. Am 3. September 1944, als feindliche Panzerspitzen in die Brüsseler Vororte vordrangen, flohen die Angehörigen des FAK 307 Hals über Kopf Richtung Maastricht. Erst am 11. September bezogen sie wieder eine feste Dienststelle in Dersdorf bei Bonn.

Christmann jedoch war von Giskes schon am Tag nach seiner Ankunft nach Holland vorausgeschickt worden, um dort seinen wichtigsten und persönlich geführten Agenten zu treffen. Dabei handelte es sich um den Rotterdamer Wirt und Schwarzhändler Christian Lindemann, alias »CC«, der wegen seiner herkuleshaften Figur auch »King Kong« genannt wurde und unter diesem Namen in die niederländische Geheimdienstliteratur einging.[116] »CC« war seit 1936 Agent des britischen Nachrichtendienstes und hatte im April/Mai 1943 über den Amsterdamer Abwehragenten Frans Nehlis Kontakt zu Giskes aufgenommen. Dabei präsentierte er Angaben über eine Vielzahl britischer Agenten im Westen. Das Motiv für den Seitenwechsel lag in der Verhaftung seines jüngeren Bruders durch die Gestapo. Für das – letztlich eingehaltene – Versprechen, seinen Bruder freizulassen, verpflichtete er sich zur Arbeit als Doppelagent der Abwehr gegen die Briten. Christmann gegenüber war er ebenfalls zur Dankbarkeit verpflichtet, weil dieser seine schwangere Freundin, eine holländische Widerstandskämpferin, nach einer Razzia in Paris freibekommen hatte.

Als Giskes nach Dersdorf bei Bonn ging, hatte er »King Kong« am 3. September mit dem Auftrag in Brüssel zurückgelassen, wieder Kontakt mit den Alliierten aufzunehmen und ihre Absichten zu erkunden. Dann sollte er sich Richtung Driebergen durch die feindlichen Linien schlagen und beim Zusammentreffen mit deutschen Verbänden verlangen, zu »Dr. German« – das war einer von Giskes' Decknamen – beim Sonderstab OKW-Driebergen – der Tarnbezeichnung des FAT – gebracht zu werden. So wechselte Christmann aus Dersdorf wieder zum Feldaufklärungstrupp nach Driebergen. In der Nacht des 15. September befand er sich gerade in der Telefonzentrale, als er ein Telefonat der Fallschirmjägerkompanie in 's-Hertogenbosch auffing, die einen Mann aufgegriffen hatte, der sich mit einem Code zu legitimieren versuchte. Christmann ließ ihn sofort in seine Dienststelle bringen. Es war Christian Lindemann, dessen Einsatz sich als nachrichtendienstlicher Volltreffer herausstellte. Weisungsgemäß hatte er sich über eine belgische »Widerstandsgruppe« an den britischen Geheimdiensthauptmann Baker im Brüsseler Hotel »Metropol« herangemacht, der ihn zum alliierten Hauptquartier nach Antwerpen in das Hotel »Central« brachte. Dort erfuhr er von britischen und amerikanischen Offizieren, dass für die Nacht vom 17. auf den 18. September ein großangelegtes Luftlandeunternehmen im Raum Eindhoven, Nijmwegen und Arnheim geplant war, und konnte Einblicke in entsprechende Lagekarten nehmen. Selbst die Stellungen von rund 400 Geschützen zur Feuervorbereitung konnte er in Erfahrung bringen. Diese Operation und anschließende Einsätze bei Amersfoort und an der Zuidersee sollten eine Lücke in die deutsche Verteidigung reißen, um den Weg für einen schnellen Vorstoß auf Bremen freizumachen. Als Zugabe lieferte »CC« noch Angaben über die Routen, über welche Amerikaner und Briten ihre Agenten einschleusen wollten.

Am 16. September sollten die holländischen Widerstandsgruppen in Aktion treten, um die Zerstörung der niederländischen Industrieanlagen durch Wehrmacht und SS zu verhindern. Leichtfertigerweise setzte Baker in diesem Zusammenhang »CC« ein, um der Belegschaft des Kraftwerks von Philips bei Eindhoven die Nachricht zu übermitteln, dass die Befreiung in wenigen Tagen bevorstehe. Damit hatte der deutsche Agent die beste Chance, sich nach Driebergen abzusetzen.

Noch in derselben Nacht fertigte Christmann zwei Berichte an: einen zusammenfassenden und einen Sonderbericht über die geplanten Luftlandungen für das Armeeoberkommando XV, den er per Funk zum OKW in Berlin durchgab. Die militärischen Führungsstellen zweifelten jedoch an der Echtheit der Informationen und weigerten sich, Verstärkungstruppen in die bedrohten Räume zu schicken. Allerdings wurden vorsichtshalber lokale Hilfstrupps, die Polizei und die Angehörigen der SS-Schule Arnheim sowie die holländische Miliz in Alarmbereitschaft versetzt. Ohne die Präsenz dieser Kräfte wäre die alliierte Luftlandung in Arnheim am 17. September erfolgreich verlaufen.

Doch so scheiterte die Operation »Market Garden« der 1. britischen Luftlandedivision zur Einnahme der Rheinbrücke in Arnheim, die zeitgleich mit dem Angriff der 82. US-Fallschirmjägerdivision auf Nijmwegen und dem Vorstoß der 101. US-Division auf Veghel erfolgte. Innerhalb eines Tages wurde sie – mit Ausnahme eines Bataillons, das es bis zur Stadtmitte schaffte – schon in der Absprungzone außerhalb der Stadt durch Kräfte der 9. und 10. SS-Panzerdivision festgehalten, die sich zur Auffrischung in der Nähe aufhielten. In den folgenden zehn Tagen wurden die britischen Fallschirmjäger nördlich des Rheins in einen Kessel getrieben und konnten sich nur unter großen Verlusten auf das Westufer des Flusses retten. Weniger als 2000 britische Soldaten konnten sich schwimmend auf das westliche Rheinufer retten, 8000 blieben tot oder gefangen zurück.[117] Die »Affäre King Kong« war einer der letzten Aufklärungserfolge der Abwehr, der ernsthafte militärische Vorteile mit sich brachte.

Am 18. September 1944 nahm Christmann seinen Agenten Christian Lindemann in seinem Wagen mit nach Eindhoven, damit dieser seine Mission bei den Philipswerken erfüllen konnte. Gegen Mittag begann der alliierte Angriff auf Eindhoven, und Christmann erreichte mit Mühe den FAT 365 in Driebergen. Bis Ende Oktober wartete er vergeblich auf die Rückkehr von »CC«. Erst später erfuhr er, dass Lindemann vom gegnerischen Nachrichtendienst erkannt und festgenommen worden war.[118]

Da die Wehrmacht bei dem fehlgeschlagenen alliierten Angriff auf Arnheim viele Gefangene gemacht hatte, lag Christmanns Aufgabe im FAT nun zunächst in der Gefangenenbefragung. Anschließend widmete er sich wieder der Agentenrekrutierung und -führung.

Die Frontaufklärungstrupps bei einem deutschen Korps umfassten zwischen 20 und 25 Abwehrsoldaten. Sie rekrutierten 95 Prozent ihrer Agenten selbst. An der Westfront führte ein FAT monatlich 20 bis 25 Einsätze mit durchschnittlich fünf Agenten pro Einsatz durch, wie die US-Nachrichtendienste im Juli 1945 in einer Studie aus Befragungsergebnissen festhielten.[119] Als V-Mann-Führer setzte Christmann in dieser Zeit einige holländische Agenten ein, die durch die feindlichen Linien sickerten, um Truppenansammlungen und die Zerstörungen im Hafen von Antwerpen aufzuklären. Die meisten seiner Späher zur Truppenaufklärung oder Sabotage landeten dabei jedoch in Gefangenschaft oder hatten sich abgesetzt,[120] während die Operationen Richtung Antwerpen erfolgreicher verliefen.[121] »Die Operationen der Agenten zielten gewöhnlich darauf, die Versorgungslinien zu unterbrechen. Ziele wie Munitionsdepots oder wichtige Fabriken wurden nur selten und nur mit guten Agenten angegriffen«,[122] hielt die US Army dieses Auftragsspektrum im Juli 1945 fest und schätzte die generelle Rückkehrerquote für Agenten an der gesamten Westfront auf 30 bis 40 Prozent.

Zu den Quellen, die Christmann in seiner unmittelbaren Umgebung führte, zählte der adelige Geschichtsstudent mit dem Decknamen »Ernst jr.«, dessen Bruder schon seit langem als Agent für das Generalkommando in Münster arbeitete. Er versorgte ihn mit Nachrichten aus dem Universitätsmilieu in Den Haag. »Ernst jr.« brachte Christmann in Verbindung mit dem promovierten Chemiker Ter Galestin, der Nachrichten für den britischen Geheimdienst sammelte und Schwierigkeiten hatte, diese über Kuriere zu seinen Führungsstellen in der Schweiz und in Spanien zu bringen. »Ernst jr.« führte Christmann als französischen Widerstandskämpfer bei dem Chemiker und seinen Freunden ein. Nach einem Sicherheitscheck – die holländischen Widerstandskämpfer hatten bei einer Party in einem indonesischen Lokal in Den Haag seine Kleidung gefilzt und waren auf das eingenähte Spielmaterial hereingefallen – zeigte Ter Galestin ihm einige hand- und maschinengeschriebene Meldungen. Gutgläubig überließ er sie dem vermeintlichen Widerstandskämpfer sogar zur Weiterleitung. Als besonders brisant erwiesen sich dabei Pläne der V-1-Raketenabschussbasen in der Region und Angaben über Baumaßnahmen für die Stellungen des Nachfolgemodells V 2. Zudem fanden sich Unterlagen über die Produktionsvorgänge in allen chemischen Werken Hollands. Christmanns Vorgesetzte leiteten die Informationen umgehend nach Berlin weiter. Giskes entschied, Ter Galestin und seine Gruppe nicht festzunehmen, sondern weiterhin über Christmann abzuschöpfen. Dessen nächste Beute waren detaillierte Informationen über die V-2-Stellungen und deren Versorgungswege sowie Angaben über die Zusammensetzung des Raketentreibstoffs.

Mitte Oktober 1944 wurde Christmann so mit dem Schutz der Raketenbasen bei Hagg'sche Bosch im Osten von Den Haag betraut, von denen aus die neu entwickelte V 2 gegen Ziele in Großbritannien, Frankreich und Belgien eingesetzt wurde. Dazu war er auf die Zusammenarbeit mit dem Sonderstab »Bertha« angewiesen. Über diesen Geheimauftrag war nur der Leiter des FAT 365, Major Kiesewetter, unterrichtet.

Zuvor war aufgrund einer Weisung des Oberbefehlshabers West vom 8. Januar 1944 ausschließlich der Sicherheitsdienst der SS für die Absicherung der Bauten für V-Waffen zuständig gewesen. Die SD-Dienststelle in Arras übernahm daraufhin mit zwei Gruppen der Geheimen Feldpolizei alle Sicherungsmaßnahmen und hatte für alle Belange der Gegenspionage und Irreführung die alleinige Zuständigkeit.[123]

Nun übernahm Christmann Teile dieses Auftrags. Mit Hilfe seiner hol-

ländischen V-Leute rekrutierte er neue einheimische Agenten unter falscher Flagge, das heißt, er machte sie glauben, für die Alliierten zu arbeiten.[124] Als Sicherheitslücke entpuppte sich dabei das Wehrmachtsbordell, in
dem die Freudenmädchen die deutschen Soldaten für die niederländischen
Widerstandsgruppen abschöpften. Folglich wurden die Prostituierten zurück nach Deutschland verlegt und ein personell neu besetztes Bordell in
einer Sperrzone eingerichtet. Aus dem schwindenden Meldungsaufkommen von Ter Galestin hatte der Abwehrmann eine Rückmeldung über den
Erfolg dieser Maßnahme. Anfang März 1945 war das Gegenspionagenetz
rund um die V-2-Basen so fest etabliert, dass Christmann seinem Stellvertreter die Zusammenarbeit mit dem Spezialstab »Bertha« überlassen und
sich auf die Büroarbeit zurückziehen konnte.

Der Militärhistoriker Rolf-Dieter Müller hat 1993 die Bedeutung des
Wechsels von V-1- auf V-2-Raketen für die Vernichtung Antwerpens her-
ausgearbeitet: »Aus dem holländischen Raum, den die Wehrmacht bis zum
Kriegsende zu halten verstand, wurden weiterhin täglich bis zu hundert
Flugbomben V 1 verschossen, deren Trefferwirkung ungewiss blieb. […]
Insgesamt wurden von rund 22 000 gestarteten V 1-Flugbomben 8696 auf
die belgische Hafenstadt abgefeuert. Die Stadt wurde von 616, das Arrondissement von 1832 Flugbomben getroffen. Zur Verteidigung der Stadt hatten die Alliierten mehr als 22 000 Mann mit über 600 Geschützen aufge-
boten. Es gelang ihnen, mehr als 60 Prozent der anfliegenden Flugbomben
abzuschießen. In der Schlußphase stieg die Trefferquote auf fast 98 Prozent.
Doch gegen die V 2-Raketen war keine Abwehr durch Jagdflieger und Flak
mehr möglich, 598 Projektile schlugen im Stadtgebiet ein, 663 im Umland.
Die Schäden waren schwer. In der Stadt wurden 1675 Häuser völlig zerstört
und rund 65 000 schwer beschädigt. Im Arrondissement waren sogar fast
100 000 Gebäude zerstört oder beschädigt worden«.[125] Müller irrte jedoch,
als er schrieb: »Es gab keine Agentenmeldungen und nur wenige Luftbild-
aufnahmen, die zeigten, daß die meisten V 1 wirkungslos im Vorfeld der
Stadt eingeschlagen waren.«

Zum Jahreswechsel 1944/45 brach der Kontakt zu Ter Galestin plötzlich
ab. Zwei Tage nach einem geplatzten Treffen wurde Christmann abends gegen 22 Uhr auf seinem Weg zu einem anderen Agententreffen von zwei
Männern auf Fahrrädern mit einer Pistole beschossen und erhielt einen
Streifschuss am Oberschenkel. Der holländische Widerstand war ihm
durch die holländische Sendung von BBC auf die Schliche gekommen. Der
Londoner Sender hatte kurz vor Weihnachten unter genauer Personenbeschreibung berichtet, dass ein »Arno« oder »Richard« oder »Reichert« vom

Sonderstab Driebergen von der niederländischen Exilregierung in der britischen Hauptstadt wegen Landesverrats zum Tode verurteilt worden sei, und alle Patrioten aufgerufen, dieses Urteil zu vollstrecken.

Bereits im Frühjahr 1940 hatte die Abwehr mit dem Aufbau sogenannter R-Netze (Rückzugsnetze) begonnen, in denen für den Fall eines Abzugs oder Teilabzugs deutscher Truppen möglichst einheimische Agenten organisiert werden sollten. Zwei Jahre später wies das OKW-Amt Ausland/ Abwehr die Abteilung I der Abwehrstelle Belgien an, zwischen dem belgischen Ostende und dem französischen Boulogne ein küstennahes Netz von Informanten gegen drohende alliierte Operationen oder Infiltrationsversuche aufzubauen. Am Tag der alliierten Landung in der Normandie umfasste diese Struktur etwa 100 Agenten. Sie waren angesichts der Geschwindigkeit des alliierten Vordringens allerdings wirkungslos. Allein das FAK 120 verlor sehr schnell die Hälfte seiner Leute. Mitte Dezember 1944 befahl die Heeresgruppe H dem FAT 134 unter Hauptmann Koberg, sein R-Netz in den Niederlanden zu verstärken. Das Marinefeldnachrichtenkommando 60 in Goor setzte zur Unterstützung je einen Agenten in Groningen und Delfzijl ein. Das Netz blieb jedoch wirkungslos, da keine Verbindung zu den Agenten zustande kam.[126]

Anfang März 1945 erhielt Christmann vom Leiter des Frontaufklärungskommandos 306, dem Neffen von Canaris, Major Adolf von Feldmann, einen ähnlichen Auftrag: Er sollte in den Niederlanden eine Werwolf-Organisation aufbauen. Solch ein Auftrag war für die Frontaufklärungstrupps in der letzten Phase des Zweiten Weltkriegs nicht ungewöhnlich: »Einige der Operationen, speziell nach Juni 1944, zielten auf die Bildung von Widerstandsgruppen, die Versorgungs- und Kommunikationslinien unterbrechen sollten«, hielt die US Army dazu im Juli 1945 fest.[127]

Dazu waren dem vielsprachigen Abwehrmann knapp 20 Franzosen und Niederländer zur Ausbildung zugewiesen worden, die schon in Wien militärisch geschult worden waren. Die jungen Franzosen stammten aus der Jugendorganisation des Vichy-Regimes »Jeunesse Pétain« und waren von der Aussicht wenig angetan, als Werwölfe hinter den feindlichen Linien zu operieren. Gegenüber dem neuen Leiter des FAT 365, dem fanatischen Nationalsozialisten Hauptmann Bulang, weigerte sich Christmann jedoch, das Leben der jungen Leute so kurz vor dem Ende aufs Spiel zu setzen. Rückendeckung für seine Weigerung holte er sich beim Armeeoberkommando in Hilversum.[128] Vorsichtshalber bezog er mit den Jugendlichen, die zwischen 17 und 20 Jahren alt waren, ein Quartier weit außerhalb der Dienststelle. Anschließend schickte er seine Schutzbefohlenen, begleitet von den beiden Söhnen eines in Amsterdam ansässigen Franzosen und zwei V-Leuten, durch die feindlichen Linien in die Gefangenschaft und meldete Hauptmann Bulang am 15. April, die Gruppe sei geschlossen geflüchtet. Wie er erst 1946 erfuhr, waren die Angehörigen der »Jeunesse Pétain« dann kurzzeitig als jugendliche Kollaborateure interniert worden, hatten aber sonst keinen Schaden genommen.

Neubeginn (1945–1955)

In französischen Gefängnissen

Am 4. April 1945 waren die ersten amerikanische Panzerspitzen bereits bis
auf Paderborn vorgestoßen, britische Verbände hatten Minden erreicht und
die deutsche Heeresgruppe B war seit drei Tagen im Ruhrkessel zwischen
Siegen und Münster, Duisburg und Lippstadt eingeschlossen. Die Niederlande nördlich des Rheindeltas wurden jedoch noch von deutschen Truppen gehalten.[1]

Die Abwehrstelle im Armeeoberkommando Hilversum entschied Mitte
April 1945, dass Richard Christmann zusammen mit den letzten verblie-
benen Stabshelferinnen und »Blitzmädchen« evakuiert werden sollte. Zu-
gleich sollte er dabei als Kurier für wichtige Dokumente zur Frontleitstelle
III und dem dortigen Frontaufklärungskommando (FAK) 306 in Bremen
fungieren, die ihm von Abwehrhauptmann Bulang in einer versiegelten
Mappe mitgegeben wurden. Der aus Breslau stammende Bulang war Lei-
ter des Frontaufklärungstrupps (FAT) 365 und sei – wie Christmann dem
US-Militärnachrichtendienst im Oktober 1946 mitteilte – ein fanatischer
Nationalsozialist gewesen, mit dem er über Kreuz gelegen habe.[2]

Mit zwei Wehrmachtsbussen machte sich die Gruppe zunächst auf den
Weg in die holländische Stadt Zwolle. Wegen der ständigen Luftangriffe
war von dort aus tagsüber nicht an eine Weiterfahrt zu denken, so dass
die Abwehrangehörigen erst nach vier Tagen und nach einem Umweg über
Leeuwarden und Groningen im stark zerstörten Bremen ankamen. Inzwischen waren jedoch alle Abwehrstellen von dort nach Hamburg zurückgezogen worden. Nach der Versorgung mit Kraftstoff wurde Christmanns
Trupp deshalb an die Elbe weitergeschickt.

Der Abwehrmann war entsetzt, welches Bild sich ihm in Hamburg bot.
Britische Bomberverbände hatten zwischen 1940 und April 1945 mehr als
100 000 Spreng- und 1,6 Millionen Brandbomben über der Hansestadt abgeworfen und rund 42 Prozent des Wohnungsbestandes von 1939 zerstört.

Bei den 213 Luftangriffen mit 17 000 Bombern und Kampfflugzeugen starben 40 000 Menschen, 900 000 waren obdachlos geworden.[3]

Christmann suchte zunächst das Hamburger Generalkommando auf und traf dort den Leiter der Außenstelle Hamburg des OKW-Amtes Ausland/Abwehr, Herbert Wichmann, dem er die Kurierpost aushändigte. Der Kapitän zur See öffnete sie in Christmanns Anwesenheit und gab ihm Einblick in den Bericht von Bulang. Der beschuldigte darin Christmann der Gehorsamsverweigerung, der Wehrkraftzersetzung und anderer Delikte und forderte, ihn sofort vor ein Standgericht zu stellen. Wichmann verbrannte das Dokumente jedoch umgehend und gab Christmann den Rat: »Es ist sowieso aus, tauchen Sie unter.«

Vorsorglich hatte Christmann bereits Ausweisdokumente gefälscht, um sich absetzen zu können. Er gab sich die Identität des französischen Ingenieurs Robert Cholet, eines ehemaligen Häftlings aus dem Durchgangslager Amersfoort, der eigentlich zum Konzentrationslager Neuengamme bei Hamburg überstellt werden sollte, aber dann mit der Auflage entlassen wurde, sich umgehend bei einem deutschen Baustab zu melden. Mit dieser aus verschiedenen Versatzstücken seiner eigenen Arbeit und Biografie konstruierten Legende[4] verschaffte er sich beim Einwohnermeldeamt den rosafarbenen Fremdenpass und einen Gutschein über eine Hotelunterbringung. Nachdem die Briten in Hamburg eingerückt waren, nahmen sie Christmann am 5. Mai 1945 seine Geschichte vom dienstverpflichteten Franzosen ab und ließen ihn in einer Dachkammer des am Hauptbahnhof gelegenen Hotels »Reichshof« wohnen.

Von US-Kriegsgerichten in Abwesenheit zum Tode verurteilt und in Frankreich bereits steckbrieflich gesucht, hielt es Christmann nicht lange in Hamburg. Er machte sich mit einem Auto auf den Weg, zunächst quer durch das zerstörte und unwirtliche Deutschland. Dann steuerte er – immer noch als Richard Cholet-Cannes an, das er am Monatsende erreichte. Im Vertrauen darauf, dass es ihm schon so oft gelungen war, unter falscher Identität und falscher Nationalität aufzutreten, zog er Südfrankreich einem besetzten Deutschland vor. Ansonsten hätte er seine Legende ein weiteres Mal ändern müssen, da ein dienstverpflichteter französischer Ingenieur, der nicht in seine Heimat zurückkehrt, Argwohn erregt hätte. In der Mittelmeerstadt eröffnete er bald darauf ein Textilgeschäft und integrierte sich in die Stadt. Er wurde sogar zum Sekretär des Ortsverbandes der französischen Deportierten gewählt. Woher er die Mittel zur Beschaffung eines Kraftfahrzeugs und für die Reise nach Cannes nahm, ließ Christmann ebenso offen wie die Frage, aus welchen Quellen das Gründungskapital für sein Geschäft stammte. Möglich ist, dass er Gewinne aus dem Betrieb der Bordelle in Paris abgezweigt und einen Teil des Geldes, das ihm Marie-Hélène Lefaucheux für die Befreiung ihres Mannes gegeben hatte, in die eigene Tasche gesteckt hatte.

Ein knappes Jahr später, am 15. Mai 1946, wurde er jedoch von den französischen Behörden aufgespürt und verhaftet.[5] Zum Verhängnis geworden waren ihm schlecht gefälschte Kraftfahrzeugpapiere. Die örtliche Polizei nahm ihn fest und beschlagnahmte Beweismaterial, aber auch Seidenstoffe, Nylonstrümpfe und sein Motorrad. Nach einer kurzen Vernehmung in Cannes brachten ihn zwei Kriminalbeamte mit dem Zug nach Paris, wo man ihn zum Hauptquartier der RG brachte, dem Inlandsnachrichtendienst des Innenministeriums (»Renseignements Généraux«). Seine anschließenden Vernehmungen nahm der Direktor der RG, Marc Bergé, selbst vor. Christmann gab später an, dass man ihn sieben Tage und sieben Nächte bei massivem Schlafentzug und starkem Licht verhört habe. Am Ende habe er eine Bindehautentzündung gehabt und das gut 100-seitige Protokoll nicht lesen können, so dass er alles blind unterschrieben habe, was ihm ein Beamter vortrug.

Am achten Tag wurde er zur DST (»Direction de la Surveillance du Territoire«), die in demselben Gebäudekomplex des Innenministeriums residierte,[6] weitergereicht. Diese Überstellung war erforderlich, weil die RG zwar für die nachrichtendienstliche Vorfeldaufklärung zuständig war, aber anders als die DST über keinerlei Exekutivrechte (zum Beispiel Festnahmen) verfügte. Fünf Tage währten die folgenden Verhöre über die von der Abwehr aufgedeckten und zerschlagenen Widerstandsgruppen, bei denen er oft geschlagen worden sei. Christmann berief sich darauf, nur ein kleines Licht gewesen zu sein, und machte nur sehr allgemeine Angaben zur Abwehr.

Anschließend verfrachtete die DST ihn in das Hochsicherheitsgefängnis Fresnes im Süden von Paris. Dort wurde er sofort in die rote Kluft der Todeskandidaten gesteckt und in Ketten gelegt. Nach vier Tagen warf ihm Richter Bardet am Cour de Justice in der Rue Boissy d'Anglas, dem früheren Sitz des Feldgerichts der Luftwaffe, Hochverrat vor, weil er als Lothringer bei seiner Tätigkeit für die deutschen Nachrichtendienste französischer Staatsbürger gewesen sei. Richard Christmann verwies darauf, dass er nach seiner Legionärszeit nicht die französische Staatsbürgerschaft angenommen, sondern mit einem Fremdenpass in Frankreich gelebt hatte. Der Richter konnte diese Angaben zwar überprüfen, entschied sich jedoch gegen eine Freilassung, da ein weiteres Verbrechen vorliege.

Ein André Mayer hatte Christmann beschuldigt, seine jüdische Mutter Adrienne in Südfrankreich verhaftet und in das Durchgangslager Compiègne gebracht zu haben, von wo aus sie nach Deutschland deportiert worden war. In Wirklichkeit hatte Mayer jedoch einem Hauptmann Michel von der Marineabwehr in Marseille eine hohe Summe bezahlt, um seine Mutter freizukaufen, und sich erst Ende 1943 in Paris an Christmann gewandt, weil Michel zwar das Geld eingesteckt, aber keine Freilassung erwirkt hatte. Dessen Nachforschungen im Abwehrhauptquartier ergaben, dass es gar keinen Hauptmann Michel gab, wohl aber einen französischen Marineoffizier, der unter diesem Decknamen nach der Kapitulation Frankreichs als V-Mann für die Deutschen arbeitete. Adrienne Mayer war längst als Todkranke abtransportiert worden. Der betrügerische V-Mann wurde zu fünf Jahren Zuchthaus verurteilt, konnte jedoch auf dem Transport ins Gefängnis fliehen und schloss sich dem Widerstand an. »Er soll sich übrigens jetzt als mit hohen Ehren ausgezeichneter Widerstandskämpfer in Paris aufhalten«, vermerkte Christmann mit einer gewissen Bitterkeit.[7] Christmann wurde Mayer gegenübergestellt. Der Franzose bestätigte die Angaben des Deutschen und entschuldigte seine Falschaussage mit seinem Hass gegen alles Deutsche.

Drei Wochen lang hatte der französische Geheimdienst Christmanns Verhaftung geheim gehalten, dann spielte er Informationen an die Presse. Eine in Grasse bei Cannes ansässige Zeitung machte am 8. Juni groß mit der Festnahme auf: »Unter der Tarnung eines ehrbaren Geschäftsmannes wird einer der fähigsten Agenten des deutschen Nachrichtendienstes in Cannes verhaftet«. Andere Zeitungen, die Christmann im Gefängnis las, bliesen die Berichterstattung weiter auf. Die Artikel stilisierten ihn zu einem der wichtigsten deutschen Geheimdienstler an der Westfront hoch, der 83 Fallschirmagenten auf dem Gewissen habe.

Aber der Medienwirbel hatte auch sein Gutes. Eine alte Freundin von Christmann, die er in seinen Memoiren immer nur Renée nennt, war nach Nizza gezogen, wo sie auf sein Schicksal aufmerksam wurde. Sie übersiedelte am 1. August in die Hauptstadt, machte seinen Aufenthalt ausfindig und erwirkte eine Dauerbesuchserlaubnis für das Gefängnis. Am 6. August konnte sie Richard Christmann das erste Mal in Fresnes aufsuchen, und von da an kam sie jeden Dienstag, sprach mit ihm und versorgte ihn mit Lebensmitteln.

Zuvor war er aus dem Trakt für die Todeskandidaten in die dritte Abteilung der Haftanstalt verlegt worden, wo er nun die Zelle mit Angehörigen der ehemaligen französischen Freiwilligenlegion gegen den Bolschewismus

(LVF) teilte, die von der Sowjetunion an Frankreich ausgeliefert worden waren. Dort waren auch Minister und hohe Militärs der Vichy-Regierung interniert. Die Häftlinge in diesem Prominententrakt genossen das Privileg, dass tagsüber die Zellen für gegenseitige Besuche geöffnet wurden. Auch Christmann profitierte von dieser Regelung. Die Haftbedingungen waren dennoch hart. Die Gefangenen lebten in ungeheizten Zellen, weil der Sicherheitsdienst der SS den Bau während der Besatzungszeit hatte verfallen lassen. Weiteren Schaden hatte die Haftanstalt genommen, weil sie vom 132. Infanterieregiment beim Einmarsch der Alliierten in Paris am 24. August 1944 zur Sperre ausgebaut und umkämpft worden war.[8]

Der Gefangene selbst wurde in dieser Zeit als Zeuge gegen eine angebliche Abwehragentin vor Gericht vernommen und ständig von Richtern zu anderen Fällen befragt, bis er seine eigene Anklage bekam: Spionage und Gefährdung der Staatssicherheit. Dagegen verwahrte er sich in einer Stellungnahme vom 22. November 1946, in der er sich auf die Gültigkeit der Haager Landkriegsordnung – speziell Artikel 20 – nach dem Waffenstillstand zwischen Deutschland und Frankreich vom 25. Juni 1940 berief:»Als Spion kann doch nur betrachtet werden eine Person, welche heimlich oder unter falschen Vorspiegelungen Nachrichten im Operationsgebiet einer Krieg führenden Macht sammelt. [...] Als Spione dürfen nicht betrachtet werden alle militärischen oder nicht-militärischen Personen, welche ihren Auftrag offen ausführen.« Angesichts der zahlreichen falschen Identitäten, in die er zwischen 1940 und 1944 geschlüpft war, und seiner verdeckten Operationen kann man dem Abwehrmann bei seiner Art der Verteidigung nur Chuzpe bescheinigen.

Seine Freundin Renée schmuggelte nicht nur zum Weihnachtsfest 1946 eine Flasche Champagner ins Gefängnis, sie setzte sich auch überall für ihn ein: beim Strafgerichtshof in Den Haag, beim Internationalen Roten Kreuz, beim französischen Präsidenten und beim Militärgouverneur von Paris, dem die Kriegsgerichte unterstanden.

Der Gefangene Richard Christmann hatte schon bald nach seiner Verhaftung auch das Interesse ausländischer Nachrichtendienste gefunden. Die Briten, die dem Doppelagenten der Fluchtlinie »Felix« per Funk das »Military Cross« verliehen hatten, das er sich nach dem Krieg unter der Kennziffer MC 001 in London abholen sollte, versuchten, ihn zum stillschweigenden Verzicht auf den hohen Orden zu bewegen. Colonel Anthony Blunt hatte sich dazu eigens aus der Londoner Zentrale nach Fresnes begeben – aber vergebens.[9]

Die Niederländer hatten wegen seiner Rolle im »Englandspiel« Christmanns Auslieferung verlangt, was die Franzosen jedoch strikt ablehnten. Sie gestanden ihnen nur zu, dass ihn ein Hauptmann der Polizei namens Speyker 1946 in der niederländischen Botschaft in Paris vernehmen durfte. Doch Christmann schwieg vorsichtshalber über alle Personen, nach denen sich Speyker erkundigte. Als der Niederländer ihm drohte, er wolle nun die Auslieferung mit allen Mitteln betreiben, bemerkte Christmann spitz: Es liege wohl kaum im Interesse führender holländischer Politiker, wenn er Auskunft über deren Verwicklungen während der deutschen Besatzung gäbe. Entspannung trat überraschend ein, als die junge Ehefrau des Hauptmanns eines Tages in das Vernehmungszimmer platzte. Sie erkannte in Christmann den Deutschen wieder, dem sie es zu verdanken hatte, dass sie bei einer Vernehmung durch Beamte des SS-Sicherheitsdienstes »nicht nach der berüchtigten SD-Methode in die Badewanne gesteckt wurde« (Zitat Christmann). Speyker schlug ihm anschließend sogar vor, in die Dienste eines alliierten Geheimdienstes zu treten. Gerade die Amerikaner könnten Leute wie ihn gut gebrauchen.

Doch diese Option hatte Christmann bereits vorher verworfen. Im Oktober 1946 war er den US-Diensten von Fresnes aus zwei Wochen lang überstellt und in der Mortier-Kaserne zu seiner Geheimdienstarbeit im Krieg befragt worden. Die Amerikaner, die ihn im Jahr zuvor noch auf die Liste der Kriegsverbrecher gesetzt hatten, ließen nach zehn Tagen Verhör von ihm ab, nachdem er den US-Vernehmern bereitwillig Auskunft über seine nachrichtendienstlichen Aktivitäten in den Niederlanden und Frankreich sowie zu einer Vielzahl von Personen gegeben hatte.[10]

Überdies unterrichtete er sie über einen Trick der französischen Spionageabwehr: In Kenntnis der proamerikanischen und antifranzösischen Haltung der deutschen Geheimdienstler steckten sie Franzosen in amerikanische Uniformen, um bei Vernehmungen Informationen zu erhalten, und betrieben in Neuilly sogar eine geheime Anlaufstelle, die sich als Büro des CIC (Counter Intelligence Corps der US Army) tarnte, in Wirklichkeit aber eine Einrichtung der DRCE (»Direction Renseignements Contre Espionnage«) war. Als sei es abgemachte Sache, teilte ihm der US-Dienst dann mit, er werde als Nachrichtenmann übernommen, und das Ersuchen um Freilassung sei bereits bei den französischen Behörden abgegeben worden. Doch Christmann lehnte ab. Von der Geheimdienstarbeit habe er endgültig die Nase voll, ließ er die amerikanischen Offiziere wissen. Und so landete er zwei Tage später wieder in Fresnes.

Gut drei Monate später, am Freitag, dem 17. Januar 1947, musste sich Christmann mit seiner ganzen Habe in der Gefängnisverwaltung einfinden. Er wurde unter der Auflage freigelassen, sich täglich auf dem Polizeirevier zu melden. Renée hatte ihnen zwischenzeitlich von dem Geld, das Christmann in Cannes für sie deponiert hatte, eine Zweizimmerwohnung in Paris eingerichtet. Doch das gemeinsame Glück währte nur kurz. Genau vier Wochen nach seiner Freilassung wurde er morgens um fünf Uhr von der DST aus dem Bett heraus verhaftet, seine Lebensgefährtin wurde ebenfalls festgenommen. Man brachte ihn ins Hauptquartier des französischen Inlandsnachrichtendienstes in der Rue de Saussaies.

Der Hintergrund der Verhaftung war ein Machtkampf zwischen den Diensten: der eher politisch rechten RG, der das Hochsicherheitsgefängnis Fresnes unterstand, und der eher linken DST. Deren ehrgeiziger Leiter glaubte, durch Spitzel erfahren zu haben, dass sich in Fresnes unter den Gefangenen eine nach dem Muster der deutschen Abwehr konspirativ arbeitende Gruppe gebildet hatte. So rückte die DST nachts mit großem Rollkommando in das Gefängnis ein, durchsuchte viele Zellen und führte die Verdächtigen ab. Zugleich mit Christmanns Festsetzung erfolgten 18 weitere Festnahmen außerhalb des Gefängnisses, darunter auch die von fünf Rechtsanwälten.

Im Gefängnis hatte eine Gruppe von Gefangenen unter Führung eines gewissen André Cavailhé Dokumente gefälscht, die hochgestellte französische Persönlichkeiten belasten sollten, um sich so die Freiheit zu erkaufen. Der ehemalige Hauptmann der französischen Armee und Agent des SD berief sich dabei auf eine angebliche Weisung von Martin Bormann, ab Mai 1941 Chef der Parteikanzlei der NSDAP und später Stellvertreter Adolf Hitlers, an alle deutschen Agenten, im Falle der Niederlage mit den amerikanischen Behörden eng, mit den französischen gar nicht zusammenzuarbeiten.[11] Ein Angehöriger der wallonischen Waffen-SS bastelte so falsche Stempel aus Gummisohlen und Brotteig, ein Geldfälscher machte die Unterschriften nach und ein Gestapobeamter redigierte die deutschsprachigen Texte, die außerhalb des Gefängnisses mit einer deutschen Schreibmaschine auf deutsches Papier getippt wurden. Um ihre Verbindungen im Gefängnis zu tarnen, benutzten die Mitglieder der Fälschermannschaft das Deckwort »Thelem«, das dann Kern der Legende von einer deutschen Widerstandsgruppe wurde. Bei der Durchsuchung fielen der DST die Fälschungen in die Hände und zu Christmanns Unglück auch eine eidesstattliche Versicherung, mit der er einmal in einem Prozess einen französischen Richter belastet hatte.

Fünf Tage hindurch erfolgten brutale Vernehmungen. Während die Angehörigen der RG aus dem Polizeiapparat stammten, der während der Besatzungszeit mehr oder minder mit den deutschen Behörden zusammengearbeitet hatte, hatte die DST viele Mitglieder der Résistance rekrutiert. Sie selbst, ihre Angehörigen oder Freunde hatten zwischen 1940 und 1944 vielfach unter den Brutalitäten der Gestapo gelitten und zahlten es den Deutschen nun mit gleicher Münze heim. Als die Anwälte drei Wochen später amtsärztliche Gutachten über den körperlichen Zustand der Inhaftierten erstellen ließen, wurden frische Narben, offene Wunden, Leberrisse und ausgeschlagene Zähne festgestellt. Die DST führte die Verletzungen schlicht auf Widerstand bei der Festnahme zurück.

Nach weiteren zehn Tagen in den Kellerverliesen der DST wurde Christmann in das Gefängnis Santé eingeliefert, wo er in Dunkelhaft kam, weil er sich nach wie vor beharrlich weigerte, seine alte eidesstattliche Erklärung zu widerrufen. Erst nach drei Wochen wurde er einem Richter vorgeführt und mit der Anklage konfrontiert: Beamtenbeleidigung und Verbreitung unwahrer Nachrichten. Der Richter baute ihm eine goldene Brücke. Wenn Christmann zwar die Wahrheit geschrieben, sich aber im Namen des Richterkollegen geirrt hätte, könnte er die Anklage fallenlassen. Christmann ließ sich auf diesen Kuhhandel ein. Das Verfahren wurde im Mai eingestellt, aber in Freiheit kam er deshalb noch lange nicht, obwohl Renée sich wieder massiv für ihn einsetzte.

Erst im Dezember 1947 wurde er endlich erneut einem Richter vorgeführt, der ihm eine neue Anklage eröffnete: Wegen Zugehörigkeit zur Abteilung IV des Sicherheitsdienstes der SS sollte er pauschal wegen Beihilfe zum vorsätzlichen Mord, Körperverletzung und Freiheitsberaubung belangt werden. Er sollte unter die »Lex Oradour« fallen, jener Regelung, die unter dem Eindruck des Massakers geschaffen wurde, bei dem im Juni 1944 Angehörige der SS-Division »Das Reich« 642 Einwohner des Dorfes Oradour niedergemetzelt hatten. Ursächlich für diese Anklage war vermutlich eine falsche Registrierung durch das Deuxième Bureau von 1944. Denn der französische Nachrichtendienst hatte ihn in seinen Listen mit deutschen Geheimdienstlern gleich zwei Mal erfasst: Ohne Vornamen als Major der Abwehr, der im Februar 1944 beim Abwehrtrupp 120 diente. Mit dem Vornamen Richard als Deutschen holländischer Abstammung (Aliasname »Clauss«), der 1943/44 Agent der Abteilung IV des Kommandeurs der Sicherheitspolizei in Paris gewesen sei. Beschrieben wurde er da als 40-Jähriger mit kastanienbraunem Haar, ständig blinzelnd, kräftig und Exlegionär.[12]

Bereits am 30. August 1944 hatte die provisorische Regierung in Paris eine erste Verordnung zur Verfolgung deutscher Kriegsverbrecher erlassen, die den Befehlsnotstand verwarf und das Rückwirkungsverbot umging. Mit dem folgenden Kriegsverbrechergesetz vom 15. September 1948 erfolgte zudem eine Beweislastumkehr: Für die Erhebung der Anklage reichte die Mitgliedschaft in einer verbrecherischen Organisation wie der SS; die Beschuldigten hatten ihre Unschuld im Einzelfall zu beweisen. Von den 20 000 registrierten Kriegsverbrechern konnten jedoch 16 000 gar nicht erst ermittelt werden, und die amerikanischen, britischen und deutschen Behörden weigerten sich überdies, wegen dieser umstrittenen Rechtsgrundlage französischen Auslieferungsersuchen nachzukommen.[13]

Auf einer Pressekonferenz in Bonn am 15. Januar 1950 machte der französische Außenminister Angaben zur Zahl der deutschen Untersuchungshäftlinge in Frankreich und bezifferte sie auf etwa 600. Robert Schuman führte auf die Frage eines deutschen Journalisten weiter aus:»Das ist das, was übrig bleibt aus dieser Liquidation des Krieges und aus der Besetzung Frankreichs. Diese Fälle werden sehr wahrscheinlich erledigt werden durch Gerichtsspruch vor den nächsten Gerichtsferien, also im Juli 1950. Im ganzen waren es 1500 Straffälle, die vorhanden waren, und hieraus sind 850 Freisprüche erfolgt.«[14]

Mit Hilfe eines Anwalts gelang dem Exgeheimdienstler schließlich der Nachweis, dass er nicht beim SD, sondern bei der Abwehr gewesen war. Am 30. März 1948 wurde er erst einmal entlassen und zog wieder zu Renée, die für seine Aufenthaltskosten gebürgt hatte. Sie verschaffte ihm auch zum Mai 48 eine Arbeit als »Auslandskorrespondent«, also als Vertreter eines Unternehmens, das sich mit der Herstellung von Haushaltsmaschinen und ihrem Export nach Holland, ins Saarland und nach Belgisch-Kongo beschäftigte. Dort stieg er bald zum Leiter der Exportabteilung auf und verdiente gut. Getrübt war sein Zusammenleben mit Renée nur von der Tatsache, dass ihr Mann in Indochina verschollen war und sie so keine Möglichkeit hatte, sich von ihm scheiden zu lassen. Der ebenfalls noch verheiratete Christmann hatte ihr gegenüber Heiratsabsichten bekundet.

Ihre Niederlagen vor Gericht mochte die DST nicht tatenlos hinnehmen. Sie bestellte Christmann immer wieder zu Vernehmungen ein und glaubte, ihn endgültig in ihre Hände bekommen zu können, als ihr ein früherer Agent des Abwehroffiziers, der zeitweise sein Mitgefangener in Fresnes gewesen war, in die Fänge geraten war. Eines Tages erhielt Christmann einen Anruf von diesem Jean Carrère, der in Abwesenheit zum Tode verurteilt worden war und in der Fremdenlegion unter falschem Namen Unterschlupf gefunden hatte, bis er enttarnt und festgesetzt wurde. Christmann schöpfte Verdacht, informierte einen ihm bekannten Kommissar der RG, der ihm bestätigte, dass sich Carrère im Gewahrsam der DST befand. Dennoch ging er auf den Vorschlag seines Exagenten ein, ihn in einem Café zu treffen. Dort erklärte der ihm, er sei Abgesandter eines Netzes von deutschen Abwehrangehörigen in Spanien, die nun im Dienst einer von den Amerikanern finanzierten Organisation ständen, und er wolle seinen ehemaligen Agentenführer für diese Organisation anwerben. Als Christmann entschieden ablehnte, sprangen am Nebentisch vier DST-Beamte auf, nahmen ihn kurzerhand fest und schleppten ihn zu ihrer Dienststelle. Der vorher instruierte Kommissar der RG intervenierte jedoch bald darauf bei der DST, weil seine Leute Christmanns Treffen vereinbarungsgemäß observiert hatten, und befreite seinen Schützling aus den Händen des konkurrierenden Inlandsnachrichtendienstes.

Die Retourkutsche der DST ließ nicht lange auf sich warten. Am 2. September 1948 wurde er telefonisch zu einer Vernehmung in ein Café in der Nähe des Bahnhofs Saint-Lazare bestellt. Als er das Hinterzimmer des »Café Dupont« betrat, wurde er sofort festgenommen und zur DST-Zentrale verfrachtet. Dort erklärte man ihm, er werde noch am selben Tag aus Frankreich ausgewiesen. Man verwehrte ihm sogar, seine Habe aus Renées Wohnung zu holen, und teilte ihm mit, er würde in den Abendstunden mit einem Auto außer Landes gebracht. Seine Lebensgefährtin hatte jedoch – besorgt über sein Ausbleiben – einen Anwalt mobilisiert, der am frühen Nachmittag in der Rue de Saussaies auftauchte. Der setzte wenigstens durch, dass zwei DST-Beamte Christmanns Koffer abholten und dass die Abschiebung mit dem interalliierten Nachtzug vollzogen werden sollte. So konnte Christmann wenigstens auf dem Bahnhof Abschied von Renée nehmen.

In Begleitung von zwei DST-Beamten fuhr Christmann Richtung Deutschland. In Straßburg jedoch, das sie im Morgengrauen erreicht hatten, zwangen ihn die Franzosen, auszusteigen, und brachten ihn in eine Zelle der örtlichen BST (»Brigade de Surveillance du Territoire«). Am Mittag wurde er von dort nach Baden-Baden gefahren und auf einer Polizeistation im Hotel »Drei Könige« abgeliefert. Der Gendarmerie war sein Eintreffen nicht angekündigt worden und so landete er für vier Tage wieder in einer Gefängniszelle, bis man ihm eine Einweisung in das Lager Freiburg/Breisgau vorlegte. Der Einweisungsbefehl vom 6. September 1948 trug den Vermerk »Ganz speziell zu überwachen« und gab als Grund der Einweisung »Entnazifizierung« an, obwohl er nie in der NSDAP oder einer ihrer Unterorganisationen gewesen war. Völlig entsetzt war Christmann bei der Einlieferung in dieses Lager. Er landete in einem besonders gesicherten

Bereich innerhalb des Internierungslagers, an dessen Eingang ein Schild mit den Worten »Camp de Concentration« angebracht war.

Akribisch hat der Autobiograph Christmann in den 1950er und 1960er Jahren die Zustände an seinen jeweiligen Haftorten niedergeschrieben, in der Regel mit Distanz zum eigenen Schicksal, aber mit vielen Details bezogen auf die äußeren Umstände. Seine Sicht der Dinge soll exemplarisch an der Beschreibung des Internierungslagers Freiburg-Betzenhausen dargestellt werden: »Das KZ war mit ca. 200 Deutschen belegt, fast alles Angehörige der ehemaligen Division ›Das Reich‹, die nach mehr als dreijährigen Irrfahrten durch alle möglichen Lager hier gelandet waren und seit einem Jahr auf ihren Abtransport nach Frankreich warteten. Sie alle waren kollektiv wegen des Verbrechens von Oradour angeklagt. Sie waren weder je verhört noch einem Richter vorgeführt worden. Kein Einziger war mit dem Gegenstand der Anklage bekannt gemacht worden. Es war den Franzosen bekannt, dass für das Verbrechen von Oradour ein Pionierzug der Division in Frage kam. Unter den Internierten befand sich aber kein Angehöriger dieses Pionierzuges. […] Deshalb herrschte auch im KZ eine starke Erregung. […] Das Lager bestand aus drei Baracken, jede mit sechs Stuben, die mit je 14 bis 16 Mann belegt waren. Die Kameradschaft war hervorragend, kleine Gruppen hatten sich zusammengeschlossen, und alle ankommenden Lebensmittel wurden redlich geteilt. […] Im KZ befand sich auch eine Frauenbaracke, von diesem durch einen doppelten Stacheldrahtzaun getrennt. In ihr waren 15 ehemalige Aufseherinnen deutscher KZs untergebracht. Es war unglaublich, mit welcher Schamlosigkeit sich diese Frauen, die den Namen Frau kaum noch verdienten, benahmen. Unflätige Redensarten, unzüchtige Gebärden und Entblößungen schienen ihnen einen perversen, erotischen Reiz zu verschaffen. Sie hatten den unteren Teil des Zaunes gelockert, einige Männer hatten von ihrer Seite aus dasselbe getan und wenn die Bewachung des Nachts mal nicht gut aufpasste oder Nebel die Sicht erschwerte, dann krochen sie unter den Zäunen hindurch ins Männerlager. […] Es muss gesagt werden, dass die große Mehrheit der Männer diesem Treiben mit Abscheu zusah und sich nicht an diesen Orgien beteiligte.«

Christmann glaubte in dieser Lage nun, mit seiner ersten Vermutung, die DST habe ihn nicht abschieben, sondern aus dem Weg schaffen wollen, richtig zu liegen. Es gelang ihm, einen Briefkontakt zu Renée über eine Deckadresse herzustellen, die ihm ein Freigänger verschafft hatte. Seine Lebensgefährtin schaffte es auch, ihm einen jungen Freiburger Rechtsanwalt zu vermitteln, der Christmann jedoch wenig Hoffnung auf Freilassung machen konnte. Überall, wo er bei französischen Stellen vorsprach, stieß er auf eine Mauer der Ablehnung und wusste nur zu berichten, dass die »Entnazifizierung« ein bloßer Vorwand war.

So bereitete Christmann mit neun anderen seine Flucht aus dem Lager vor, das von ehemaligen KZ-Insassen bewacht wurde. Mit aus Lattenrosten selbst gebastelten Leitern wollte die Gruppe den hohen Lagerzaun überwinden, nachdem sie einen Kurzschluss in der Nachtbeleuchtung verursacht hatte. Die Scheinwerfer flammten jedoch sehr schnell wieder auf, so dass der Fluchtversuch abgebrochen werden musste.

Wenig später kam es zu einem Aufruhr und Hungerstreik im Lager. Die Franzosen reagierten mit ersten Freilassungen ins Saargebiet und die französisch besetzte Zone. Als sich aber herumsprach, dass 48 der 50 angeblich Freigelassenen bald wieder im Lager Brühl einsaßen, trafen die Gefangenen durch das Graben eines Tunnels Vorbereitungen zu einer Massenflucht.

Da erschienen überraschend am Tag vor dem zweiten Ausbruchsversuch, am 7. November 1948, zwei Polizeibeamte aus Paris bei Christmann und legten ihm einen Haftbefehl wegen vorsätzlicher Körperverletzung vor. Sie überführten ihn per Bahn zurück in die französische Hauptstadt und dort in den Zellentrakt des Militärgerichts Cherche-Midi. Die umgänglichen Angehörigen der PJ (»Police Judicaire«) erklärten ihm während der Fahrt, dass der DST wegen allzu häufiger Übergriffe die Verfolgung von Kriegsverbrechern entzogen und diese der Justizpolizei übertragen worden sei.[15] In Paris gestatteten sie ihm sogar eine Stippvisite bei Renée, da die Gefängnisverwaltung zum Zeitpunkt ihres Eintreffens noch nicht geöffnet hatte.

Nachdem er bei einem Frühstück mit seiner Lebensgefährtin mit ihr alle weiteren Schritte besprochen hatte, wurde er in das Cherche-Midi, ein altes Klostergebäude gegenüber dem vormaligen Sitz der Abwehr im Hotel »Lutetia«, eingeliefert. Neben französischen Kriegsdienstverweigerern, die nicht in Indochina eingesetzt werden wollten, saßen im hinteren Trakt der Anstalt auch rund 150 deutsche Kriegsverbrecher, darunter zahlreiche Prominente wie SS-General Carl Albrecht Oberg oder Botschafter Otto Abetz.

Nach drei Tagen kam Christmanns alter Anwalt mit einer Hiobsbotschaft: Er werde in einem Sammelverfahren mit SD-Angehörigen der Körperverletzung beschuldigt, zwölf in Paris ansässige Holländer würden ihn im Zusammenhang mit dem »Englandspiel« der Aussageerpressung und Gefangenenmisshandlung bezichtigen. Er habe ein Detektivbüro eingeschaltet, teilte er seinem Mandanten mit, um eine Personenabklärung der Belastungszeugen vorzunehmen.

Im Dezember traten die ersten vier Zeugen bei Gericht auf, die bei der Gegenüberstellung erklärten, sie hätten Christmann noch nie gesehen, ihn jedoch zunächst auf einem Foto als ihren Peiniger zu erkennen geglaubt, das ihnen ihr Landsmann Speyker vorgelegt hatte. Der niederländische Polizeihauptmann war 1946 zunächst freundlich gegenüber Christmann aufgetreten. Als er jedoch später den Verdacht hegte, Christmann habe während des Krieges eine Liebschaft mit seiner Frau gehabt, spann er eine Intrige gegen ihn und versuchte mit allen Mitteln, eine Verurteilung zu erzwingen. Doch alle Aussagen von Zeugen, die er in den nächsten Wochen beibrachte, erwiesen sich als nicht belastungsfähig bzw. als falsch. Trotzdem verweigerte Richter Dequivre die sofortige Freilassung mit dem Argument, er wolle abwarten, ob sich noch neue Zeugen melden würden.

Nur durch ihre Intervention beim Präsidenten des Internationalen Roten Kreuzes in Paris am 15. Februar 1949 und dessen Vorsprache beim Militärgericht der Hauptstadt konnte Renée die Freilassung ihres Geliebten zwei Tage später erreichen. Doch dessen Odyssee war damit noch nicht zu Ende. Die französische Fremdenpolizei teilte ihm umgehend mit, dass ein Ausweisungsbefehl vom 2. August 1937 wieder in Kraft gesetzt werde, der einem Gesetz vom 2. Mai 1938 folge. Für diese Rechtsbeugung, die mit einem späteren Gesetz eine vorherige Vollzugsordnung wieder in Kraft setzte, hatte Christmann nur noch bitteren Spott übrig. Man gewährte ihm gerade einmal einen Abreiseaufschub von 24 Stunden, in denen er traurig Abschied von Renée nehmen musste. Dann sollte er am 19. Februar zum »Commissariat Spécial« im Bahnhof Saarbrücken reisen, um über das Lager Tuttlingen in die Bi-Zone abgeschoben zu werden. Christmann fuhr jedoch über Saarbrücken hinaus nach Mainz, ohne noch einmal Kontakt zu französischen Behörden aufzunehmen. Zu tief saß die Angst, wieder unter irgendeinem Vorwand verhaftet zu werden. Und erst, nachdem er von Mainz aus mit dem Autobus in Wiesbaden die Grenze zur Bi-Zone überquert hatte, fühlte er sich sicher.

Auch in der mehr als 20 Jahre später erfolgten Niederschrift über die Wechselfälle seines Lebens zwischen Mai 1945 und März 1949 schwingt noch viel Empathie für seine damalige Geliebte mit. Gleichwohl findet sich nirgends eine Auskunft, wann und weshalb die Beziehung zu Renée eingeschlafen ist, der er doch so viel zu verdanken hatte. Aber das ist keine Ausnahme. Was sein Privatleben und insbesondere seine Beziehungen zu Frauen betrifft, so macht Christmann nur einige wenige Andeutungen. Auch über die Französin, die er in den Niederlanden geheiratet hat, verliert er kein Wort, weder über die Ehe während seiner Undercover-Arbeit in

Paris, noch wie es der – in den Augen ihrer Landsleute – Kollaborateurin nach Kriegsende erging, nicht einmal ihren Vornamen nennt er. In einem Gespräch mit einem Frankfurter CIA-Offizier im April 1966 machte er im Beisein seiner Frau erstmals Angaben über seine zweite Ehe. Er hatte dem Ehrenkodex der Abwehr folgend eine seiner Pariser Agentinnen, Françoise Cart, heiraten müssen, weil sie von ihm schwanger war. Sie gebar ihm sogar ein zweites Kind. Die Scheidung erfolgte nach dem Krieg während seines Gefängnisaufenthaltes in Paris. Zu seinem Sohn und seiner Tochter aus dieser Beziehung hatte er nie wieder Kontakt, weil die Familie dagegen war. Auch den älteren Sohn aus seiner ersten Ehe – der jüngere war in Indochina gefallen – sah er nie wieder.[16] Auch über die neue Beziehung, die er bald nach seiner Rückkehr nach Deutschland einging, erfährt man zunächst fast nichts, außer dass sie Eva-Maria Rother heißt. Seine neue Partnerin, am 17. Januar 1930 in Großkunzendorf im Sudetental geboren, war fast 25 Jahre jünger. Der Begriff »Lebensabschnittsgefährtin« war seinerzeit noch nicht gebräuchlich, aber er trifft wohl wie kein anderer auf die Rolle zu, die Christmanns wechselnde Partnerinnen für ihn hatten: Sie waren Wegbegleiterinnen, die an einen bestimmten Abschnitt seines Geheimdienstlerlebens gekoppelt waren.

Da Christmann inzwischen wegen der Anwaltskosten völlig mittellos dastand, war er gezwungen, sich möglichst bald nach einer Möglichkeit umzusehen, um seinen Lebensunterhalt zu verdienen. Wiederum waren es seine französischen Sprachkenntnisse, die ihm bei der Arbeitssuche halfen. Im Frühjahr 1949 fand Christmann eine Anstellung bei den amerikanischen Besatzungsbehörden in Frankfurt am Main, der er bis Februar 1954 nachging. Zuvor hatte er vorübergehend Hotdogs am Bahnhof verkauft und bei Opel Autos gewaschen. Die US Army beschäftigte ihn als Verwalter für die Gebäude in der Mainmetropole, die sie dem französischen Militär zur Nutzung überlassen hatte. Im Stadtteil Ginnheim bezog er zusammen mit seiner neuen Lebensgefährtin Eva-Maria Rother eine Wohnung Am Dornbusch 3, am Nordrand der US-amerikanischen Carl-Schurz-Siedlung.

Für die Organisation Gehlen im Saarland

Der Job als Gebäudeverwalter für die US Army scheint Christmann nicht befriedigt zu haben. Jedenfalls begann er sich Anfang der 1950er Jahre wieder in dem Milieu umzusehen, in dem er ein Jahrzehnt tätig gewesen war: im Nachrichtendienst. Ende 1952 bewarb er sich beim Bundesamt für Verfassungsschutz, Anfang 1953 beim Bundeskriminalamt,[17] beide Male ohne Erfolg. Zwar befanden sich das Bundeskriminalamt (BKA) und das Bundesamt für Verfassungsschutz (BfV) seit 1950 im Aufbau und benötigten daher Personal mit einschlägiger Erfahrung. Dennoch hatte Christmann keine Chance, dort eine Anstellung zu finden, denn in beiden Behörden erfolgte die Rekrutierung der Beschäftigten häufig aufgrund alter Seilschaften aus der SS und dem SD. Wie jüngste Veröffentlichungen belegen, waren beide Behörden an wichtigen Stellen mit ehemaligen SS- und SD-Mitarbeitern besetzt, was nicht zuletzt dazu führte, dass spätere Versuche der Strafverfolgung durch Politik, Justiz und Polizei gemeinsam vereitelt wurden. Auch haben diese Personen bis zu ihrer Pensionierung, also bis weit in die 1960er Jahre hinein, das BKA und das BfV geprägt. So sollen beim BfV 16 von 46 führenden Beamten der Gründungsjahre aus der SS gekommen sein; und 1954 waren beim BKA 24 von 38 Referatsleitern SS-Angehörige gewesen.[18] Es verwundert daher nicht, dass auch die Bewerbung Christmanns beim Landesamt für Verfassungsschutz in Wiesbaden vom 11. September 1953 abgewiesen wurde. In einem Schreiben des Hessischen Ministers des Innern 14 Tage später hieß es lapidar: »Zu meinem Bedauern muss ich Ihnen mitteilen, dass ich Ihrer Bewerbung um Verwendung im Landesamt für Verfassungsschutz nicht entsprechen kann, da die für Sie in Betracht kommenden Stellen alle besetzt sind. Mit einer Änderung hierin ist auch in absehbarer Zeit nicht zu rechnen.«[19]

Noch gibt es keine wissenschaftliche Untersuchung, die sich mit der Durchdringung des frühen hessischen Verfassungsschutzes durch Angehörige der NS-Nachrichtendienste eingehend beschäftigt hat, sondern nur sporadische Informationen. So war der ehemalige Gestapo-Offizier Paul Schmidt[20] bis zum Dezember 1952 Leiter des hessischen Landesamts für Verfassungsschutz. Dort stützte man sich auch auf weitere NS-Nachrichtendienstler wie auf den Gestapo-Mann und Angehörigen einer Einsatzgruppe Kurt Keil[21] oder zwischen 1957 und 1959 auf den SS-Hauptsturmführer Otto Schmuck aus dem Amt VI des RSHA.[22] Analog zu der Entwicklung im Bundesamt zogen NS-Seilschaften ihre SS-Kameraden aus dem Reichssicherheitshauptamt nach, und da war kein Platz für einen Mann aus der wenig geliebten Abwehr.

In dieser Zeit suchte und fand Christmann Kontakt zu Kriegskameraden, die sich in der westdeutschen Nachkriegsgesellschaft etabliert hatten. 1953 besuchte er in Bonn den ehemaligen Wachtmeister im OKW-Amt Ausland/Abwehr, Wilhelm Bodens, mit dem er beim »Englandspiel« in den Niederlanden zusammengearbeitet hatte. Als Sonderführer der Abwehr war er seinerzeit unter dem Decknamen »op de Boom« in Holland und Belgien eingesetzt gewesen und hatte als Verbindungsoffizier des Unternehmens »Nordpol« nach Belgien und Frankreich fungiert.[23] Bodens war inzwischen im Ministerium für Gesamtdeutsche Fragen (MfGF) für das Saargebiet zuständig. Er machte Christmann gegenüber Andeutungen, dass seine nachrichtendienstlichen Erfahrungen nicht ungenutzt bleiben sollten.

Davon war auch Christmanns früherer Vorgesetzter Hermann Josef Giskes überzeugt, mit dem Christmann bereits in loser brieflicher Verbindung stand und den er im Januar 1954 in Hamburg besuchte. Der ehemalige Oberstleutnant im Canaris-Apparat gab ihm zu verstehen, dass er Resident der Organisation Gehlen (OG) für die Hansestadt und ihre Umgebung sei. Genauer gesagt war Giskes Leiter einer der getarnten Untervertreter, mit denen Reinhard Gehlen das Land überzogen hatte. Giskes' Tarnfirma war die ARGO Import & Export Handelsgesellschaft mbH in der Adolfstraße 44, sein neuer Deckname lautete Gisson, und in Pullach wurde er unter der V-Nr. 18140 geführt.[24]

Zu diesem Zeitpunkt bestand der Nachrichtendienst bereits seit acht Jahren. Am 22. Mai 1945 hatte sich Generalmajor Reinhard Gehlen, Leiter der Wehrmachtsabteilung Fremde Heere Ost (FHO), der das Auswertungsmaterial seiner Abteilung im Westen in Sicherheit gebracht hatte, den Amerikanern im oberbayerischen Fischhausen gestellt. Über Salzburg und ein Gefängnis in Wiesbaden gelangte er in das Vernehmungszentrum der 12. US-Heeresgruppe. Dort scharte er schon bald alte Weggefährten aus der FHO um sich und lieferte sein Spionagematerial den Amerikanern aus. Der US-Armee waren Gehlens Wissen und Kontakte so wertvoll, dass sie ihn bereits 1946 autorisierte, seine alte Dienststelle unter dem Decknamen »Operation Rusty« wiederzubeleben, einschließlich angeblicher Agentennetze im Osten.[25]

Nach einem einjährigen Aufenthalt in den USA – zusammen mit seinen engsten Mitarbeitern – kehrte Gehlen nach Deutschland zurück und stand mit dem nach ihm benannten Nachrichtendienst – seit dem Nikolaustag 1947 in Pullach ansässig – in den Diensten der US Army. Ab 1949 unterstand die Organisation Gehlen dann dem amerikanischen Nachrichtendienst CIA (Central Intelligence Agency), wurde von diesem finanziert und überwacht und führte Spionageaufträge vornehmlich in der sowjetisch besetzten Zone, ab 1949 der DDR, und in Osteuropa durch.

Anfang der 1950er Jahre begann Gehlen mit dem Ausbau und der Reorganisation eines flächendeckenden Netzes von konspirativen Außenstellen. Den großen Generalvertretungen (GV) unterstanden Untervertretungen, den Untervertretungen Filialen, den Filialen wiederum konspirative Außenstellen. Zunächst residierte die nördlichste, für die DDR zuständige GV in Bremen, wurde dann aber nach Hamburg verlegt, während die weiteren Generalvertretungen in München (zuständig für Österreich, Tschechoslowakei), in Darmstadt (Polen, UdSSR), in Karlsruhe (Gegenspionage) und in Stocking angesiedelt blieben.[26] Dagegen war Spionage oder nachrichtendienstliche Außenpolitik in den früheren deutschen Einflusszonen – beispielsweise in Lateinamerika oder in Afghanistan, in Nordafrika oder im Nahen Osten – von den Amerikanern weder gewünscht noch geduldet. Dennoch streckte Gehlen an der CIA vorbei erste Fühler Richtung Westen und in den arabischen Raum aus.

Ähnliches hatte Giskes im Sinn, als er Christmann anlässlich von dessen Besuch an der Elbe dazu ermunterte, an die Erfolge bei der Abwehr anzuknüpfen und seine Kenntnisse und Fertigkeiten als Agent zu reaktivieren. Denn Giskes wollte seinen früheren Topagenten nicht direkt in die Organisation Gehlen und ihre Ostaufklärung übernehmen, sondern ihn mit einer Spezialaufgabe betrauen, die an der CIA-Kontrolle seines Dienstes vorbei erledigt werden sollte. Dazu schaltete er den gemeinsamen Kriegskameraden Wilhelm Bodens im Ministerium für Gesamtdeutsche Fragen ein. Der sorgte dafür, dass Christmann vom Ministerium schon im Februar 1954 für ein Monatsgehalt von 800 DM verpflichtet wurde und wieder in seiner Rolle als Geheimdienstmann gegen Frankreich agieren konnte, diesmal im Saargebiet, wo es zu diesem Zeitpunkt politisch mächtig brodelte.

Seit 40 Jahren war dieser industrialisierte Landstrich – das drittgrößte Zentrum der Schwerindustrie im Deutschen Reich – ein Zankapfel zwischen Frankreich und Deutschland. Bis 1918 noch zum wilhelminischen Kaiserreich gehörig, wurde das erstmals so genannte Saargebiet nach der deutschen Niederlage im Ersten Weltkrieg gemäß Artikel 48 des Versailler Vertrags[27] vom Deutschen Reich getrennt. Dem Saarland wurde die Selbständigkeit unter der Aufsicht des Völkerbundes verordnet mit der Maßgabe, dass die Saarländer nach 15 Jahren über ihren weiteren Verbleib abstimmen durften.[28] Am 13. Januar 1935 stimmten die Saarländer dann zu mehr als 90 Prozent für eine Zugehörigkeit zum Deutschen Reich, obwohl dort mittlerweile Hitler regierte.

Am Ende des Zweiten Weltkriegs übergaben die amerikanischen Truppen, die das Saarland erobert hatten, das Gebiet den Franzosen.[29] Damit begann ein Ringen um die Zukunft des Saarlandes. Zunächst schienen die Franzosen die Oberhand zu gewinnen. Auf der Pariser Außenministerkonferenz 1946 stimmten die Außenminister der USA und Großbritanniens der Trennung des Saarlandes vom deutschen Wirtschaftssystem zu. Dies bedeutete aber (noch) nicht die politische Eingliederung des Saarlandes in Frankreich, obwohl der Anschluss des Saargebietes an Frankreich das erklärte Ziel der französischen Regierung war. Der Abtrennung von Deutschland diente auch die Einführung einer saarländischen Staatsbürgerschaft und die Verabschiedung einer saarländischen Verfassung.[30] Am 22. Dezember 1946 wurde eine Bekanntmachung veröffentlicht, wonach an den Grenzen des Saargebietes Kontrollstellen eingerichtet werden, um den Warenverkehr nach Deutschland zu überwachen.[31]

Nachdem die Idee einer staatlichen Selbständigkeit zunächst nicht nur bei den Frankophilen auf Zustimmung gestoßen war, machte sich Anfang der 1950er Jahre der Widerwille gegen die Saarregierung von Johannes Hoffmann – einem NS-Verfolgten, der 1945 aus dem brasilianischen Exil an die Saar zurückgekehrt war – und den von ihr eingeschlagenen Kurs der Eigenstaatlichkeit immer stärker bemerkbar. Als Reaktion darauf wurden deutschfreundliche Parteien verboten – wie etwa 1951 die Demokratische Partei Saar (DPS) – oder gar nicht erst zugelassen, wie CDU und DSP (Deutsche Sozialdemokratische Partei).

Der Streit wurde schließlich kanalisiert: Im Rahmen ihrer Gespräche über den Deutschlandvertrag vom 26. Mai 1952, der das Ende des Besatzungsstatuts bedeuten und den Weg für die westdeutsche Wiederbewaffnung frei machen sollte, und über die Aufnahme der Bundesrepublik in die Nato, schlossen Bundeskanzler Konrad Adenauer und der französische Ministerpräsident Pierre Mendès-France am 23. Oktober 1954 in Paris in der Saarfrage einen Kompromiss. Das sogenannte Saarstatut sah eine Europäisierung des Saarlands vor. Unter der Aufsicht der Westeuropäischen Union (WEU) hätte das Saarland zu einem außerstaatlichen Gebilde werden sollen, in dem verschiedene europäische Institutionen ihren Sitz haben sollten. Nachdem das Saarstatut von den Parlamenten Frankreichs und Deutschlands Ende 1954, Anfang 1955 gebilligt worden war, sollte eine Volksabstimmung das Saarstatut endgültig besiegeln.

Das Ergebnis des landesweiten Referendums vom 23. Oktober 1955 ist bekannt. Es war eindeutig:[32] 67,7 Prozent der Saarländer stimmten gegen das Statut, was als Votum für einen Beitritt des Saarlandes zur Bundesrepublik Deutschland gewertet wurde. Die Wahlbeteiligung war mit 96,7 Prozent außergewöhnlich hoch.[33] Am 1. Januar 1957 wurde das Saarland schließlich zum deutschen Bundesland, als letztes der heute so genannten alten Bundesländer.[34] Damit war der Sonderweg des Saarlandes beendet.

Weniger bekannt ist, dass sowohl Frankreich als auch die Bundesrepublik sich auch nachrichtendienstlicher Mittel bedienten, um die politische Waagschale zu ihren Gunsten ausschlagen zu lassen.

Die Franzosen waren mit unterschiedlichen nachrichtendienstlichen und polizeilichen Strukturen im bis 1955 autonomen Saarland präsent. »Im Hohen Kommissariat in Saarbrücken«, so Herbert Elzer in seiner 2008 veröffentlichten Studie, »bestand eine Abteilung Service Controle mit mehreren Unterabteilungen, darunter die Renseignements Généraux von Roger Laffon. Die zweite, davon unabhängige französische Institution in Saarbrücken für subversive Aktivitäten befand sich außerhalb des Gebäudes der Hohen Kommission in der Heinestraße. Es war die von Serge Fontaine geleitete Brigade de Surveillance Territoire (BST), eine regionale Dienststelle der DST.« Die Abteilung P 6 im saarländischen Innenministerium war überdies als politische Polizei mit der Überwachung der politischen Gegner eines Saarstaats und deren nachrichtendienstlichen Verbindungen befasst.

Im Zuge der Bestrebungen, eine Stabilisierung und Erstarkung Deutschlands nach dem Zweiten Weltkrieg zu verhindern, bemühten sich Frankreichs Geheimdienste um die Förderung separatistischer Bewegungen vornehmlich in der Pfalz. Später konzentrierte man sich darauf, einen Anschluss des Saarlandes an Deutschland zu hintertreiben. Dazu wurden selbstverständlich auch Agenten eingesetzt. Im Juli 1952 berichtete beispielsweise der *Spiegel* unter der Überschrift »Falsch wie die Taube« über die Doppelagentin Hella Bockstedte. Das ehemalige »Blitzmädchen« der NS-Luftwaffe war im Herbst 1949 für die Fontaines BST in Saarbrücken angeworben worden. Ihre ersten Geheimdienstaufträge zielten darauf ab, unter der Legende einer Korrespondentin der *Saarbrücker Zeitung* die Haltung der protestantischen Kirchenleitung und des Bischofs in Speyer zur Saarfrage auszuforschen. Ende 1949 machte Bockstedte sich auch an die Funktionäre rechtsextremer politischer Parteien heran. In der politischen Mitte setzte die BST sie auf Dr. Gustav Strohm an, den Saarsachbearbeiter im Deutschen Büro für Friedensfragen in Stuttgart, das Friedensverhandlungen mit den Siegermächten vorbereiten sollte und von allen Bundesländern getragen wurde. Die Agentin versorgte den Gesandten mit Spielmaterial, darunter Arbeitsunterlagen der Saarregierung über die Verhandlungen mit Frankreich, und stahl ihm Teile eines Geheimmemorandums aus seinem Büro. Als Strohm Anfang 1950 nach Bonn in die Verbindungsstelle zu den Hohen Kommissaren der Westalliierten wechselte, blieb sie an ihm dran, versorgte ihn gegen Geld weiter mit dem von der BST handverlesenem Material. Nach Aussage der Agentin wollte Strohm sie am 26. April 1950 sogar für die Organisation Gehlen anwerben. Doch sie lehnte ab und wechselte auf französischer Seite den Arbeitgeber: Von nun an spionierte sie für den RG (»Renseignements Généraux«) – dem Inlandsnachrichtendienst, der auch für die Kontrolle der politischen Parteien zuständig ist – und klärte nicht nur politische Absichten in Bonn auf, sondern auch oppositionelle deutsche Kreise an der Saar, darunter die zu diesem Zeitpunkt noch nicht verbotene DPS (Demokratische Partei Saar). Ihre Arbeitsergebnisse landeten nicht nur bei französischen Stellen, sondern auch beim saarländischen Regierungschef Johannes Hoffmann und seinem Innenminister Edgar Hector, der selbst Veteran des französischen Geheimdienstes war.

Über Strohm, der 1951 seines Postens im Saarreferat des Auswärtigen Amtes enthoben wurde, kam Hella Bockstedte mit dem Abteilungsleiter West des Ministeriums für Gesamtdeutsche Fragen und seinen Referenten Wilhelm Bodens in Kontakt. Doch in Bonn war man misstrauisch geworden. Ihre Agentenkarriere endete, als der ehemalige Canaris-Mitarbeiter Bodens sie vor die Türe setzte.[35]

Derselbe Bodens war es, der drei Jahres später seinen alten Abwehrkumpel Richard Christmann ins Rennen schickte, um die Eingliederung des Saarlandes in die Bundesrepublik zu fördern. Die Stoßrichtung seiner neuen Arbeit dürfte Christmann nicht ungelegen gekommen sein, nachdem ihm das Pariser Innenministerium gerade mitgeteilt hatte, dass ihm eine Einreise nach Frankreich nie wieder gestattet werden würde. Sein neuer Deckname lautete »Krüger« und seine Code-Nummer im Ministerium für Gesamtdeutsche Fragen »Y 200«.

Christmanns nachrichtendienstliche Aufgaben im Saarland erstreckten sich in den etwa eineinhalb Jahren seiner Aktivitäten auf drei Kernbereiche: die Versorgung der deutschfreundlichen Gruppierungen mit Propagandamaterial, ihre Ausbildung und Schulung in Sabotageaktionen sowie die Personenaufklärung.

Was die Versorgung deutschfreundlicher Gruppen mit Propagandamaterial betraf, so sollte Christmann zunächst eine Organisation zur Schleusung von Printmedien, insbesondere der *Deutschen Saarzeitung* (*DSZ*), ins Saarland aufbauen. Seit dem 1. Januar 1947 bestand nämlich ein französisches Einfuhrverbot für Zeitungen aus den anderen deutschen Besatzungszonen in das Saargebiet.[36] Nach Christmanns Angaben erfolgte diese Aufbauarbeit im Interesse der drei verbotenen deutschen Parteien an der Saar, das heißt der SPD, der CDU und der FDP.

Im Februar 1954 berichtete der *Spiegel*, dass die in Bad Kreuznach ansässige *DSZ* trotz ihres Verbots im Saarland mit 14-tägig 20 000 Exemplaren unter der Hand die Runde mache:»Ein Teil der Auflage dieses Blattes wird en bloc vom Bundesministerium für Gesamtdeutsche Fragen übernommen und aus Bundesmitteln bezahlt. Für die französische Propaganda an der Saar stehen im Jahre 1954 zur Verfügung: 378 Millionen Francs oder rund 4,5 Millionen Mark.«[37] Das Hamburger Nachrichtenmagazin verwies überdies auf zwei Strafverfahren vor dem Saarbrücker Landgericht im Herbst 1953, bei denen ein saarländischer Beamter zu einem Monat Gefängnis, einer Geldstrafe von 950 000 Francs und der Einziehung seines Pkw verurteilt worden war, weil er Flugblätter transportiert hatte. In dem zweiten Fall erhielt ein Kaufmann aus St. Wendel einen Tag Gefängnis und eine Buße von etwa 60 DM, nachdem er von einer CDU-Kundgebung in Trier zwei Matrizen mit über die Saargrenze genommen hatte.

Sein Hauptquartier hatte »Y 200« praktischerweise gleich in der Redaktion der *DSZ* aufgeschlagen. Der illegale Schmuggel des Propagandamaterials durch Christmann erfolgte auf drei Wegen: zum einen per Rucksack durch Nordafrikaner, zu denen Christmann wegen seiner Legionärsvergangenheit leicht Zugang fand. Im Lothringer Becken zwischen Thionville und Maizières angeworbene Arbeiter, vorwiegend Algerier, kamen nach der Spätschicht per Fahrrad über die Grenze, nahmen an vorher ausgemachten Stellen die Pakete in Empfang, die das Propagandamaterial enthielten, und brachten ihre Fracht in verschiedene Depots im Saarland, von wo aus die saarländische Organisation die Verteilung übernahm.

Zum Zweiten wurde das Propagandamaterial mit dem Personenwagen zum Teil über Luxemburg oder Belgien nach Frankreich und von dort in das Saarland gebracht, Fahrten, die Christmann entweder selbst durchführte oder durch amerikanische Offiziere aus Kaiserslautern vornehmen ließ, die unkontrolliert in das Saarland einreisen konnten. Allein zwischen dem 28. Mai und dem 1. Juni 1955 habe er für seine Fahrten ins Saargebiet 1260 Kilometer zurücklegen müssen, klagte Christmann in einem Bericht an Bodens.

Die Schleusung per Lastwagen schließlich war – zumindest für den Transport der *Deutschen Saarzeitung* – aufgrund der Menge die gängige Praxis. Christmann hatte nach seinen Angaben dabei an allen wichtigen Raststätten Kontaktstellen eingerichtet, wo er jeweils diejenigen Fernfahrer erreichen konnte, die ins Saarland fuhren oder auf dem Weg nach Frankreich das Saarland querten. Diese übernahmen die Pakete, welche sie entweder unter der Ladung oder in anderen Verstecken im Lastwagen unterbrachten. In einem Wald bei Saarbrücken wurden dann die Pakete umgeladen und in ein Depot nach Saarbrücken gebracht.

Ab Mai 1955 wurde der Transport der verschiedenen Materialien in das

Saargebiet mit Hilfe von Fernfahrern zunehmend schwieriger. Von den fünf verschiedenen Fernfahrern, die noch im Vormonat für Christmann tätig gewesen waren, sprangen zwei wieder ab, als er den Preis für das Schleusen von 500 auf 400 DM pro 10 000 Stück senken wollte. Ein Fahrer schied aufgrund eines Unfalls aus, die übrigen beiden unternahmen keine Fahrten mehr ins Saargebiet, weil im Augenblick keine Ausfuhrlizenzen für Güter nach Deutschland im Saargebiet vergeben würden.

Am 12. Juni 1955 fuhr Christmann zu einer Verabredung nach Mittal und Freudenstadt im Schwarzwald, wo er sich mit mehreren Fernfahrern eines dort ansässigen Transportunternehmens traf. Die Reise verlief ergebnislos, denn der Spediteur Züffle hatte sämtliche anderen ihm bekannten Transportunternehmer gewarnt. Die betreffenden Firmen (Kirn, Südrad, Reitz und andere) drohten ihren Fahrern, mit Regressansprüchen gegen sie vorzugehen, falls sie irgendwelche deutschen Zeitungen oder Broschüren illegal über die Grenze bringen würden.

In der Nacht vom 5. auf den 6. Juli 1955 gab es einen Zwischenfall, der großes Aufsehen erregte und offenbarte, dass die französischen Sicherheitsbehörden auf den Schmuggel aufmerksam geworden waren. Ein Langeisenzug der Firma Klaus Müller aus Kaiserslautern, der etwa eine Tonne Propagandamaterial geladen hatte, wurde von den Franzosen abgefangen. Der Beifahrer, Martin Spiess aus Hohenecken in der Pfalz, wurde festgenommen und bei der anschließenden Vernehmung schwer misshandelt. Der Fahrer, Günther Drebinski aus dem pfälzischen Hauptstuhl, konnte flüchten. Der Tankwart Fritz Merz von der Esso-Tankstelle »Hund« bei Kaiserslautern wurde ebenfalls von der Polizei verhört. Alle drei verloren ihre Arbeit. Auf einer eigens einberufenen Pressekonferenz schilderte der französische Pressesprecher den Vorfall und gab unter anderem bekannt, dass anhand des Kfz-Kennzeichens ein gewisser Christmann als Drahtzieher der illegalen Schmuggelfahrten ausgemacht worden sei. Der Spediteur Klaus Müller stellte, nachdem der Schaden von Christmann trotz schriftlicher Aufforderung nicht bezahlt wurde, schließlich Strafantrag wegen »Anstiftung zur Untreue, Bestechung u. a.«. Nachdem Müller durch private Spenden schließlich doch entschädigt wurde, zog er seine Klage zurück. Die französischen Dienststellen leiteten daraufhin zusammen mit der US-Militärpolizei eine Fahndung nach Christmann ein.

Dass die Verbreitung der *Saarzeitung*, aber auch anderer Materialien wie der Broschüre *Warum Nein zum Saarvertrag* die Stimmung im Vorfeld der Volksabstimmung beeinflusste, steht außer Frage; dass es sich aus französischer Sicht um das illegale Einführen von Waren handelte, ebenfalls.

Neben der Schleusung von Propagandamaterial bestand die Tätigkeit Christmanns insbesondere in der Personenaufklärung. Mehr als 30 Männer und Frauen musste er im Auftrag von Bodens unter die Lupe nehmen, vornehmlich frankophile Aktivisten wie Nikolaus Becker, an dessen Beispiel verdeutlicht werden soll, wie die Personenaufklärung vonstatten ging und wie umfangreich diese Ermittlungsarbeit war. Ende April 1954 erhielt er folgende Vorinformation zur Abklärung:»An 228,[38] bitte mit 200 [Christmann] folgendes besprechen: Der Chefredakteur der früheren Zeitung ›Neue Saar‹, jetzt ›Neue Woche‹, ein Oberseparatist und MRS-Mann[39] Nikolaus (Claus) Becker, müsste einmal gründlich überprüft werden. Becker ist eine der Hauptfiguren des saarländischen Pressewesens, Vorsitzender des Internationalen Presseclubs [...]. Er ist Agent der französischen Seite und dient einseitig den Interessen der französischen Saar-Politik. Becker hat ein sehr bewegtes Leben hinter sich. Er ist am 15.8.1900 in Oberkirn Kreis Bernkastel (Hunsrück) geboren. Während des Spanien-Krieges kämpfte er auf rotspanischer Seite und soll den Rang eines Oberst bekleidet haben. Vordem soll Becker in der Reichswehr (schwarze Reichswehr?) gedient bzw. gekämpft haben. Besonders wichtig ist der Aufenthalt Beckers in München. Dort soll er vor 1935 aktiv als Sozialdemokrat gewirkt haben. Er sei damals mit der Kasse durchgegangen und wegen Unterschlagungen vorbestraft. Man müsste also vor allen Dingen einmal die Vorstrafen anfordern lassen. (Zuständiges Landgericht Koblenz?). Ferner versuchen, in München Näheres über das Wirken des Becker zu ermitteln. Im übrigen soll ein kommunistisches Buch existieren, das eingehend über die kommunistische illegale Tätigkeit des Becker berichtet. Leider kennen wir den Titel des Buches nicht, versuchen aber, denselben zu ermitteln. Wir regen an, dass bei einer kommunistischen Abwehrstelle über Becker Informationen eingeholt werden. Es wäre sehr erwünscht, wenn man an die Person des Becker eingehend überprüfen könnte.«[40]

Christmanns Bericht vom 2. Mai 1954 rapportierte seine Nachforschungen nach Nikolaus Becker in München:»Mit einem Empfehlungsschreiben der SPD-Hessen wandte ich mich in München zuerst an den Landessektor der SPD, Herrn Heinz Göhler, Landwehrstraße 37. Er machte mich mit mehreren alten Genossen der SPD bekannt, setzte sich auch noch mit einigen anderen telefonisch in Verbindung, das Resultat war gleich null, niemand kannte Becker aus früheren Zeiten, man behauptete sogar, dass Becker niemals früher in den Reihen der SPD gewirkt haben könnte, denn sonst müsste sich der eine oder andere an ihn erinnern. Auch von einer Unterschlagung der Parteikasse aus dieser Zeit ist niemandem etwas bekannt. Man nimmt an, dass Becker zu der fraglichen Zeit vielleicht in der KPD, aber nicht in der SPD illegal tätig war, denn die SPD war 1935 bereits seit zwei Jahren aufgelöst und arbeitete in der Illegalität nur in ganz beschränktem Rahmen, die damaligen Genossen seien alle bekannt. Herr Göhler erbot sich jedoch, weitere gründlichere Nachforschungen anzustellen, unter der Bedingung, dass er hierzu von höherer Stelle, etwa von MdB Herrn Mommer [Karl Mommer saß ab 1949 für die SPD im Bundestag; d. Verf.] beauftragt würde. Auch von der Existenz eines Buches, das die illegale Tätigkeit Beckers behandelt, ist dort nichts bekannt. Meine Nachforschungen beim Einwohnermeldeamt in München blieben ebenfalls ohne Erfolg. Becker war niemals in München polizeilich gemeldet, auch in den Archivlisten, die in die Zeit bis vor 1914 zurückreichen, fanden wir keinerlei Spur von Becker. Da Becker heute Redakteur ist und seinerzeit vielleicht schon Journalist war, suchte ich den Verband der Journalisten in Bayern, München Sendlinger Straße 80 auf. Weder in den alten noch in den neuen Mitgliederlisten tauchte der gesuchte Becker auf. Um wenigstens dem gesuchten Buch auf die Spur zu kommen, suchte ich die bekanntesten Buchhändler Münchens auf, auch diese Nachforschungen blieben erfolglos. Zum Schluss wandte ich mich dann an den Bibliothekar der Hochschule für Politische Wissenschaften in München, Von der Tannstraße 2, Herrn Dr. Berber. Dieser gab mir Einblick in seine Karteien. Trotz langen Suchens konnten wir keine Spur dieses Buches finden. Nun ist diese Hochschule aber erst im Jahre 1951 eröffnet worden und verfügt kaum über kommunistisches Material. Darum riet mir auch Dr. Berber, mich an die Deutsche Bibliothek in Frankfurt, Untermainkai 14 zu wenden. Diese verfüge über ein Archiv fast aller kommunistischen Erscheinungen der letzten Jahre, sogar solcher, die in der Ostzone erschienen seien. Gegen Entrichtung einer entsprechenden Gebühr, würde die Deutsche Bibliothek dieses Buch heraussuchen. Es sei aber wohl unumgänglich, dass ich zumindest den Zeitpunkt des Erscheinens angeben kann, sowie Angabe, ob in der Ostzone oder im Westen erschienen. Nach Übermittlung weiterer Daten, dieses Buch betreffend, sofern diese beschafft werden können, nehme ich meine Nachforschungen wieder auf. Inzwischen werde ich versuchen, in Oberkirn Hunsrück, Näheres über Becker zu erfahren. Frankfurt, den 2.5.1954, Krüger.«

Christmann recherchierte zunächst in Oberkirn weiter und forderte mit einem Bericht vom 6. Mai 1954 Informationen über das Erscheinungsjahr oder den Verleger oder den Verfasser oder genaue Hinweise über den Inhalt des Buches. Offensichtlich handelte es sich um das Buch *Grüne Oliven und nackte Berge*. Um dies zu erhalten, wandte sich Christmann zunächst an den Verlag Kurt Desch in München, der ihn mit Schreiben vom 24. Mai 1954 an den Aufbau-Verlag in Berlin verwies. Christmann nahm daraufhin Kontakt zu Eduard Claudius auf, dem Verfasser des Werkes, der in Potsdam wohnte. In einem Schreiben an Claudius führte Christmann aus: »Aus persönlichen Gründen läge mir nun sehr viel daran, über die Tätigkeit des Klaus Becker während des Bürgerkrieges in Spanien Näheres zu erfahren. Damit Sie meinen Wunsch verstehen, muss ich Ihnen nun einige Einzelheiten über die augenblickliche Einstellung des Klaus Becker erzählen. Die von ihm geleitete Zeitung ist ein MRS-Blatt für den Saar-Anschluss an Frankreich. Es ist außerdem bekannt, dass Klaus Becker als Agent der französischen ›Sûreté‹ tätig ist. In dieser Eigenschaft ist er für die Verfolgung aller derjenigen Deutschen maßgeblich verantwortlich, die mit der Anschlusspolitik der Franzosen nicht einverstanden sind. Ich brauche Ihnen wohl nicht besonders zu erwähnen, dass zu diesen auch unsere Freunde von der KP-Saar gehören.«[41] Ob und was Claudius antwortete, ist leider nicht überliefert. Aber diese akribische Personenaufklärung zeigt, dass das Ministerium für Gesamtdeutsche Fragen gezielt Informationen über Menschen zusammentrug, die in der Saarfrage einen Anschluss an Frankreich befürworteten, um diese bei Bedarf politisch nutzen zu können.

Der dritte und brisanteste Bereich der Tätigkeit von Christmann betraf die Ausbildung und Schulung deutschfreundlicher Gruppen in Sabotageakten und nachrichtendienstlichem Verhalten. Die Leitlinien hatte er im Juli 1954 in einem Papier fest umrissen. Besonderer Wert wurde auf die Geheimhaltung der konspirativen Aktionen gelegt. Das umfasste die Verschwiegenheit gegenüber Familienmitgliedern, Arbeitskollegen und anderen Bekannten, die Tarnung der illegalen Tätigkeit zum Beispiel durch Führen eines Decknamens, die Geheimhaltung der wechselnden Orte für Zusammenkünfte sowie Sicherheitsvorkehrungen beim Telefonieren.

Dem Abschlussbericht über den ersten Schulungskurs mit der Gruppe »Falke« vom 15. August 1954 lässt sich entnehmen, dass man sich auch für den illegalen Grenzübergang wappnete. Christmann forderte für die Gruppe (»Willige, arbeitsfreudige und einsatzbereite Menschen«) ein Gerät namens Buttolo an, das die Rufe von Rehkitzen imitiert, ersatzweise die sogenannte Rehplatte oder die Hasenklage. Der findige ehemalige Abwehrmann griff auf das Handwerkszeug von Jägern und Förstern zurück, da normale nachrichtendienstliche Übertragungsmittel wie Funkgeräte ihre Besitzer bei Kontrollen durch die Franzosen in große Schwierigkeiten gebracht hätten, während dieses Jagdzubehör unverdächtig war. Darüber hinaus wurden die Teilnehmer dieses Lehrgangs in der Übermittlung von

Nachrichten und Meldungen, der Verschlüsselung von wichtigen Dokumenten, der Orientierung mit Karten im Maßstab 1:100.000, der Kommunikation und anderen Sicherheitsregeln geschult. Grenzübertritte waren nicht nur zur Abholung von Propagandamaterial vonnöten, sondern für die Schulungen selbst. Die Absicht, die Ausbildung auf französischem Boden vorzunehmen, hatte Christmann schnell wieder fallengelassen. Stattdessen wählte er – wie sein Bericht vom 14. Juli 1954 zeigt – die Gastwirtschaft »Nürnberger« bei Johannisberg im Rheingau aus, die ihm in jeder Beziehung geeignet erschien:»Das Essen ist gut und reichlich bemessen, die Unterbringung geschieht im Doppelzimmer mit fliessendem Wasser. […] Außerdem ist ein Raum vorhanden, in dem die Kurse ungestört abgehalten werden können, zumindest bei schlechtem Wetter, denn wenn irgend möglich, will ich die Kurse im Freien abhalten.«

Bei einer anderen Gruppe im August 1954, die aus Personen mit langjähriger Erfahrung in der illegalen Arbeit bestand und daher in Bezug auf Geheimhaltung und Tarnung nicht mehr viel zu lernen hatte, legte Christmann den Schwerpunkt der Schulung auf folgende fünf Bereiche: Aufbau der gegnerischen Dienststellen, Arbeitsmethoden dieser Dienststellen, speziell die Werbung von Spitzeln und deren Einsatz, Abwehrmethoden, welche sich zur Erkennung und Ausschaltung von gegnerischen Spitzeln bewährt haben, sowie Ausschaltung von Verrätern in den eigenen Reihen, durchzuführende Störaktionen und Sabotageakten sowie neuartige Methoden der Verteilung von Propagandamaterial. Die ersten vier Punkte dieses Lehrplans bezogen sich also auf die hohe Schule der Geheimdienstarbeit, die Gegenspionage, die den nachrichtendienstlichen Gegner – in diesem Fall die französischen Nachrichtendienste –, dessen Agenten und Doppelagenten aufklärt und neutralisiert. Ob und in welchem Ausmaß Christmann selbst oder die von ihm geschulten Personen und Gruppen bei Sabotageaktionen zum Einsatz kamen, ließ sich nicht mehr ermitteln. Gleichwohl zeigen schon die im Auftrag des Ministeriums für Gesamtdeutsche Fragen erfolgten Schulungen, dass die offizielle Verständigung zwischen Bonn und Paris über das Saar-Statut nicht nur von den Parteien und Bürgern vor Ort, sondern auch von einer Bundesbehörde unterlaufen wurde.

Der CIA mag wegen der Zwischenschaltung des Ministeriums verborgen geblieben sein, was die von ihr finanzierte und geführte Organisation Gehlen im Saarland trieb. In dem »Grundlegenden Übereinkommen«, das James H. Critchfield für die CIA und Reinhard Gehlen für den deutschen Nachrichtendienst im Januar 1949 geschlossen hatten, war unter anderem eindeutig festgelegt worden:»Alle Tätigkeiten der Organisation in befreundeten oder neutralen Ländern sollen mit Kenntnis des amerikanischen Stabes erfolgen.«[42] Doch angesichts der längst beschlossenen Übernahme der Organisation Gehlen (OG oder Org) als Bundesnachrichtendienst (BND) verstieß Gehlen oft genug gegen diese Vereinbarung.

Die CIA-Konkurrenz, das Counter Intelligence Corps (CIC) hatte jedoch ein wacheres Auge auf die Pullacher Aktivitäten geworfen. Ohne Wissen der CIA spionierte das CIC unter Leitung von Tom Wesley Dale in der Operation »Campus« die Organisation Gehlen aus, weil sie von einer Unterwanderung des Gehlen-Apparats durch den Osten ausging.[43] Als Ermittler war Dr. Heinrich Peter Schmitz, Jahrgang 1907, für das CIC tätig und stützte sich wesentlich auf den leitenden OG-Mitarbeiter Ludwig Albert. Nachdem Albert unter dem Verdacht, ein Maulwurf des Ostens zu sein, im Juli 1955 verhaftet worden war, gab Schmitz im August 1955 bei der OG alle seine Ausforschungsaufträge zu Protokoll. Ermittlungsaufträge zum Ministerium für Gesamtdeutsche Fragen habe er ab Anfang 1953 von den Amerikanern nicht mehr erhalten, außer dem »Interesse an den Herren FELFE und BODENS im Zusammenhang mit der Org«. Wie dieser Zusammenhang zwischen dem BND-Referatsleiter in der Gegenspionage Heinz Felfe (der 1961 als KGB-Maulwurf enttarnt wurde) und Bodens (nach Einschätzung des US-Militärnachrichtendienstes Leiter des ministeriumseigenen Nachrichtendienstes) aussah, erläuterte der ehemalige SS-Offizier einige Seiten weiter: »Es lagen Berichte vor, nach denen sich FELFE und ein Herr GIELEN – DN [Deckname] BECHSTEIN – vom VFF gemeinsam im Saargebiet betätigten, wobei sie auch Agenten eingesetzt hatten. Einer dieser Agenten wurde von dem GM [Gewährsmann; d. Verf.] Dr. RUPPERT, der ihn in Paris gesehen hatte, mit Argwohn betrachtet.« »Es wurde ferner vorgebracht, dass die im Auftrag von GIELEN und FELFE an der Saar betriebene Propaganda sich keineswegs an die außenpolitische Linie des Bundeskanzlers und Aussenministers halte«,[44] stellte Schmitz klar. Mit Alfred Gielen, einem ehemaligen Mitarbeiter im NS-Propagandaministerium, bedienten sich die OG und das Bundesministerium für Gesamtdeutsche Fragen eines Funktionärs der antikommunistischen Frontorganisation Volksbund für Frieden und Freiheit e.V. (VFF), die zwischen 1951 und 1956 jährlich rund 700 000 D-Mark aus Bundesmitteln erhielt.[45] Gegründet worden war der VVF am 29. August 1950 in Hamburg auf Betreiben des Verlegers der *Hamburger Allgemeinen Zeitung*, Franz Wilhelm Paulus, und des ehemaligen Ministerialrats in Goebbels' Propagandaministerium, Eberhard Taubert, eines fanatischen Antikommunisten, der in Deutschland das Geschäft des McCarthyismus betrieb.[46]

Christmanns Geheimdiensttätigkeit im Saarland fand ein jähes Ende. Am 7. August 1955 gegen zwei Uhr morgens, auf der Rückfahrt von einem Treffen mit Fernfahrern zwecks weiterer Schleusungen von Propagandamaterial, wurde Christmann von hinten von einem US-Lastwagen gerammt, dessen Fahrer flüchtete. Christmann trug eine schwere Gehirnerschütterung sowie Rippenbrüche und Verletzungen an der Wirbelsäule davon, was dazu führte, dass er bis Anfang 1956 mit Unterbrechungen bettlägerig war. Das Ministerium für Gesamtdeutsche Fragen wurde sofort nach dem Unfall unterrichtet. Da aber seit dem 25. Juli 1955 die dreimonatige Vorbereitungszeit für die Volksabstimmung im Saarland am 25. Oktober 1955 angelaufen war, ließ ihn das Ministerium einfach fallen und stellte die Gehaltszahlungen im August 1955 ein, ohne dass eine Kündigung ausgesprochen wurde. Damit waren Christmanns Geheimdienstaktivitäten zunächst beendet.

Die amerikanische Versicherungsgesellschaft des Lastwagenfahrers weigerte sich, den beim Unfall entstandenen Schaden von 20 000 D-Mark zu übernehmen, teilte Christmann seinem Freund »Ferdi«, mit dem er beim »Englandspiel« zusammengearbeitet hatte, über Bodens am 24. November 1955 mit. Er sei – auch wenn er auf einen Vergleich mit einer Zahlung von 12 000 DM rechne – total ruiniert, weil insbesondere die Zahnarztkosten für die durch den Unfall verlorenen Zähne seine letzten Reserven aufgebraucht hätten.

Dabei hatte er Mitte September 1955 bereits wieder Hoffnung geschöpft: »Ich habe soeben Besuch eines langjährigen Freundes, der nebenbei bemerkt, mit wichtigen amerikanischen Dienststellen liiert ist. Er hat mir nun einige meiner Ansicht nach äußerst wichtige Mitteilungen gemacht, die es angeraten erscheinen lassen, dass ein Vertreter von G. bis zum 21.9.1955 mich unbedingt und schnellstens aufsuchen kommt«, schrieb er am 17. September an einen ungenannten »lieben Kameraden« – vermutlich Giskes. Der Vertreter von Reinhard Gehlen kam tatsächlich und läutete damit das letzte und bedeutendste Kapitel in der Geheimdienstkarriere Richard Christmanns ein.

Operationsfeld Maghreb (1956–1961)

Übernahme der Organisation Gehlen als Bundesnachrichtendienst

Wie aus den Memoiren Reinhard Gehlens hervorgeht, liefen bereits 1952/53, nachdem die Existenz der Organisation Gehlen (OG) bekannt geworden war,[1] die Vorbereitungen für die Übernahme dieses Nachrichtendienstes durch die Bundesrepublik mit Nachdruck. Auftrieb erhielt dieses Vorhaben durch die im Mai 1952 vollzogene Westintegration der Bundesrepublik mit dem Abschluss des Deutschlandvertrages und den Vereinbarungen über die Bildung der Europäischen Verteidigungsgemeinschaft. Aufgrund von publizistischen Angriffen aus dem Osten sowie verschiedenen Pannen und Affären erfolgte die Übernahme jedoch erst nach Inkrafttreten der Pariser Verträge, mit denen am 5. Mai 1955 das Besatzungsstatut aufgehoben wurde und die Bundesrepublik die nahezu vollständige Souveränität erlangte, und nach der kurz darauf erfolgten Aufnahme der Bundesrepublik in die NATO.[2] Bereits zwei Monate später, am 11. Juli, fasste die Bundesregierung unter Konrad Adenauer den Kabinettsbeschluss zur Einrichtung einer Dienststelle Bundesnachrichtendienst (BND) und zur Übernahme der OG in den BND.

Ob nur die Frage der Souveränität für die zeitliche Verzögerung der Übernahme der OG verantwortlich war, darf zumindest in Zweifel gezogen werden. Denn zunächst hatte Konkurrenz aus dem Feld geräumt werden müssen. Insbesondere nachdem sechs Bundestagsabgeordnete, unter ihnen Franz Josef Strauß (CSU) und Fritz Erler (SPD), nach einem Besuch des Friedrich-Wilhelm-Heinz-Dienstes (FWHD) in Wiesbaden von der Leistungsfähigkeit des kleinen, dem Amt Blank (Vorläufer des Verteidigungsministeriums) unterstehenden Nachrichtendienstes immerhin so überzeugt waren, dass sie eine Übernahme in den Bundesdienst anstelle der Organisation Gehlen in Betracht zogen.[3] Doch schließlich hatte es Reinhard Gehlen geschafft, seinen aus dem nationalkonservativen Widerstand kommenden Widersacher Heinz aus dem Amt zu drängen. Geholfen hatten ihm dabei Otto John, der erste Präsident des Bundesamtes für Verfassungsschutz, der seit 1951 Belastungsmaterial gegen Heinz gesammelt hatte, und Hans Globke, der schließlich Heinz' Amtsenthebung durchsetzte. Damit war der Weg endgültig für die OG frei. Gehlen übernahm zwar einige Mitarbeiter aus dem FWH-Dienst in den BND, doch an einer Eingliederung des gesamten Dienstes war ihm nicht gelegen.

Solange die Organisation Gehlen von den Amerikanern finanziert worden war, hatte sie nur mit dem Einverständnis der CIA in Drittstaaten aktiv werden bzw. die Fühler vorsichtig ausstrecken können. Gleichwohl waren Mitarbeiter der OG bereits 1948 nicht nur auf deutschem Boden tätig, sondern bauten Stützpunkte in Wien und Salzburg auf. In Österreich lief auch eine der ersten Auslandsoperationen des BND-Vorläufers zu Anfang der 1950er Jahre. Die OG durchsuchte bei der Operation »Fahrrad« den Müll der sowjetischen Streitkräfte in Wien und im sowjetisch besetzten Teil Österreichs nach geheimdienstlich verwertbarem Material wie Dienstvorschriften oder Militärfachzeitschriften.[4] Als sich abzeichnete, dass eine Übernahme der OG als Dienststelle des Bundesnachrichtendienstes erfolgen sollte, die schließlich am 1. April 1956 offiziell abgeschlossen wurde, eröffnete sich die Möglichkeit, analog zu anderen Nationen, unter dem Dach der deutschen Botschaften Auslandsstationen zu errichten. Mit Priorität geschah dies ab 1956 bei den Nato-Verbündeten.[5] In den Niederlanden wurde die erste BND-Residentur wegen der Belastungen durch die deutsche Besatzungspolitik im Zweiten Weltkrieg allerdings erst 1964 eingerichtet, nachdem die seit 1958 bestehenden Kontakte zwischen Gehlen und seinem niederländischen Pendant Louis Einthoven vertieft worden waren.[6] Hans von Büchler, Deckname »Brock«, bezog am 1. Juli 1964 seinen Posten in Den Haag. Weitere Stützpunkte wurden in der Ära Gehlen (Präsident von 1956 bis 1968) auf europäischem Boden in Schweden, der Schweiz und Österreich geschaffen. Darüber hinaus bestanden auch Kontakte in den Nahen Osten und nach Nordafrika.

Die Zahl der Partnerdienste, zu denen der BND Verbindung hielt, überstieg die Zahl der Auslandsstationen bei weitem. BND-Residenten betreuten häufig mehrere benachbarte Staaten, zu deren Nachrichtendiensten der Kontakt durch Delegationsreisen gepflegt wurde. Wie im Falle der Niederlande gab es oft einen jahrelangen Vorlauf, bevor ein offizieller Vertreter entsandt wurde. In Fernost war der Bundesnachrichtendienst in der ersten Phase bis 1968 in Japan, Hongkong, Taiwan, Singapur und Südvietnam präsent. Im subsaharischen Afrika platzierte Gehlen Residenten in Äthiopien, dem Sudan (1957), in Sambia, Rhodesien (dem späteren Simbabwe), in Kenia und in der Republik Südafrika. In Lateinamerika gab es zunächst nur die Residenturen in Brasilien und Argentinien. Im Nahen Osten und im arabischen Raum fasste der BND bis 1968 im Iran und in Israel, in Ägypten und Tunesien sowie 1962 in Algerien Fuß.[7] Einen Statthalter in Rom hatte die OG bereits seit Ende 1946 mit Johannes Gehlen (Deckname »Gustav«). Der Halbbruder Reinhard Gehlens war am 1. Januar 1946 ohne jegliche geheimdienstliche Vorbildung oder Erfahrung in die OG eingetreten und galt als Lebemann (Spitzname »Don Giovanni«), der sich mehr auf der Via Veneto vergnügte, als nachrichtendienstlich tätig war.[8]

Von besonderer Bedeutung war für die Organisation Gehlen Spanien, wo man bereits Ende der 1940er Jahre zur eigenen Sicherheit eine Residentur aufgebaut hatte. Spanien bot »einen großen und vollständig ausgestatteten Rückzugsort für den Fall eines Krieges oder einer anderen Kalamität, die ihre Evakuierung aus Deutschland nötig gemacht hätte. Pläne für eine Notevakuierung der Organisation nach Spanien wurden bis in die letzte Einzelheit ausgearbeitet, bis hin zur Verteilung des Personals auf die einzelnen Busse.«[9] Zu seinem spanischen Statthalter hatte Gehlen den früheren Militärattaché des Dritten Reichs in Madrid, Hans Doerr, gemacht.

Die schnelle Expansion konnte nur gelingen, weil Gehlen auf Personen zurückgriff, die bereits im Dritten Reich, teilweise sogar schon früher, Kontakte sowohl ins europäische Ausland als auch in den Nahen Osten und Nordafrika hatten. Bereits 1951 hatte der ägyptische Staatspräsident Nasser Kontakt zum CIA aufgenommen und um Hilfe beim Aufbau eines militärischen Geheimdienstes gebeten, was die Amerikaner wohlwollend zur Kenntnis nahmen und nach Möglichkeiten der Unterstützung suchten. Da es politisch nicht opportun war – nachdem sich die Kämpfe an der Suez-Front, nach dem Eingreifen der Engländer und Franzosen, zu einer weltweiten militärischen Kraftprobe auszuweiten drohten –, offen gegen die Interessen der einstigen Kriegsverbündeten zu agieren, wandte sich der CIA an Gehlen.[10] Dieser kontaktierte daraufhin Otto Skorzeny, ehemaliger SS-Funktionär, ab 1939 NSDAP-Mitglied und ab April 1943 Gruppenleiter im Reichssicherheitshauptamt, Abteilung VI S (SD-Ausland Sabotage),[11] der durch die Befreiung von Benito Mussolini im September 1943 international bekannt geworden war. Skorzeny, der nach Kriegsende aus dem Internierungslager in Darmstadt geflohen war und sich nach Spanien abgesetzt hatte, wo er mittlerweile als Geschäftsmann tätig war, winkte zunächst ab. Nachdem aber auch sein Schwiegervater Hjalmar Schacht, Reichsbankpräsident bis 1939, sich für den Auftrag der Amerikaner stark machte, willigte

Skorzeny schließlich ein. In den Folgejahren rekrutierte er viele deutsche Mitarbeiter als Berater für den ägyptischen Geheimdienst, unter ihnen Männer wie Dr. Georg Fischer, der mit richtigem Namen Alois Brunner hieß und Adjutant von Adolf Eichmann gewesen war, oder Franz Buensch, einen Mann aus Goebbels' Propagandaministerium, Autor eines üblen Pamphlets über *Die sexuellen Gewohnheiten der Juden* und späterer Resident Gehlens in Kairo.[12] Brunner wechselte bereits nach wenigen Monaten nach Syrien, bildete dort Geheimdienstmitarbeiter aus und engagierte sich mit seiner Firma Otraco (Orient Trading Company) im illegalen Waffenhandel. Brunner war seit 1947 einer der Geheimdienstexperten der Organisation Gehlen für den Nahen Osten.[13]

Nordafrika und der Nahe Osten waren denn auch die Weltgegenden, wo Gehlen begann, nach der Emanzipation von den Amerikanern eigene Schwerpunkte zu setzen. Dazu gehörte auch die Entsendung von Richard Christmann als BND-Resident nach Tunis – die Krönung seiner Geheimdienstkarriere, die er einerseits dem wachsenden Interesse der Bundesregierung an den Entwicklungen in Nordafrika verdankte und andererseits erneut der Protektion durch Hermann Josef Giskes.

Als BND-Resident in Tunesien

Zu Verhandlungen über die eingeleitete interne Autonomie des französischen Protektorats weilte im Mai 1955 eine tunesische Delegation in der französischen Hauptstadt. Ein Mitglied der Delegation, Béchin Hadhebi, unternahm bei dieser Gelegenheit einen Abstecher von Paris nach Frankfurt am Main, um Richard Christmann aufzusuchen und ihn als Wirtschaftsberater für tunesische Regierungsstellen zu gewinnen. Seine Wahl war aus zwei Gründen auf den ehemaligen Abwehrmann gefallen: »Es handelte sich um einen meiner tunesischen Freunde aus Paris während der Besatzungszeit, welcher dann später von der deutschen Abwehr im Nahen Orient eingesetzt wurde. Ich hatte ihn während meiner Inhaftierung in Frankreich zwischen Kriegsende und 1949, dem Zeitpunkt meiner Freilassung, im Pariser Gefängnis Fresnes wieder getroffen und durch meine Zeugenaussage vor dem Militärgericht damals entlasten können«, notierte Christmann. Außerdem hatte er bereits zusammen mit tunesischen Freunden eine Art Handelskammer in Tunis gegründet, die OTTECA.

Ein dritter Grund für das tunesische Interesse an Christmann lag sicherlich in der deutschfreundlichen Einstellung von Regierungschef Habib Ben

Ali Bourguiba. Der promovierte Jurist, Jahrgang 1903, hatte von 1924 bis 1927 in Paris studiert. Nachdem er bereits von 1934 bis 1936 wegen seines Eintretens für Tunesiens Unabhängigkeit interniert gewesen war, wurde er 1938 in Tunis wegen Hochverrats verhaftet, 1940 nach Marseille verlegt und dort 1942 von der deutschen Besatzungsmacht freigelassen.

Eigentlich hätten italienische Truppen ihn und weitere Funktionäre der für die Unabhängigkeit kämpfenden Destour-Bewegung 1942 bei ihrem Vorstoß auf die französische Hafenstadt aus dem Gefängnis holen sollen. Da dies unterblieben war, holten es deutsche Einheiten im Dezember 1942 auf Weisung von Abwehr-Oberst Erwin Edler von Vivrement-Lahousen im Zuge der Bemühungen um den Einsatz arabischer Landeseinwohner gegen die in Französisch-Nordafrika gelandeten angloamerikanischen Truppen nach.[14] Umgehend setzte der Gründer der Neo-Destour-Partei seine politischen Bemühungen um das Ende der französischen Fremdbestimmung fort und war von 1952 bis 1954 deshalb erneut in französischer Haft. Bourguiba fungierte vom Tag der Unabhängigkeit von Frankreich an, dem 20. März 1956, bis 1969 als Regierungschef und war von 1957 bis 1987 der erste Präsident der Republik Tunesien.[15]

Christmann schmeichelte das Interesse der Tunesier zweifellos, doch wollte er in Nordafrika zweigleisig fahren. Neben der unternehmerisch-beratenden Tätigkeit wollte er wieder für Gehlen aktiv sein. Deshalb hatte er sich mehrfach zu Verhandlungen mit Hermann Josef Giskes getroffen, bis im Juni 1956 die Verpflichtung zustande kam, als Resident des BND nach Tunesien zu gehen. Christmann war aus vielen Gründen speziell für diese Tätigkeit geeignet. Zusätzlich zur nachrichtendienstlichen Erfahrung hatte er sich zwischen 1926 und 1931 in der französischen Fremdenlegion in Tunesien und in Marokko gute Kenntnisse der arabischen Mentalität und Sprache aneignen können – Deutsch, Französisch und Holländisch sprach er sowieso fließend, und auf Englisch konnte er sich leidlich verständigen. Seine Tätigkeit bei der militärischen Abwehr in Paris in den 1940er Jahren, wo er mit der Betreuung nationalistischer Nordafrikaner beauftragt war, hatte ihn in Kontakt mit vielen Tunesiern, Algeriern und Marokkanern gebracht, die nun wieder in Nordafrika lebten. Und nicht zuletzt kannte Christmann die wichtigsten Gegenspieler des BND im Maghreb, die französischen Nachrichtendienste. Er hatte sie 1938 als Doppelagent kennengelernt, arbeitete ab 1940 und 1943 erneut gegen sie, stand nach der Verhaftung in Cannes unter Kontrolle der Pariser Inlandsnachrichtendienste und zählte sie nicht zuletzt bei seinen Operationen im französisch besetzten Saarland bis 1955 zu seinen Gegnern.

Eva-Maria Rother, die künftige Frau Christmanns, war schon am 1. Mai 1956 nach Tunis vorausgereist, um seine spätere Tätigkeit vorzubereiten.[16] Seine Braut war dabei nicht nur über seine Arbeit für den Geheimdienst informiert, sie sollte ihn auch als eingeweihte Assistentin unterstützen. Folglich bekam auch sie einen Decknamen vom BND: »Maricia«.[17] Nachdem Christmann seine geschäftlichen Angelegenheiten in Deutschland geregelt hatte, siedelte er im Juni 1956 endgültig nach Tunesien über. Im Oktober 1956 residierte das Paar noch in einem Hotel in der Rue d'Alsace in Tunis.[18] Wenig später zogen sie in eine großzügige Villa mit Dienstbotenwohnung, riesigem Garten und einem Büronebengebäude in der Avenue Hannibal. Offensichtlich bezahlte der BND die Miete wenigstens zum Teil, denn Christmann teilte der Zentrale am 11. September 1960 mit, dass keine Überweisung mehr an die Witwe C. gehen sollten, weil er die Villa aufgebe und sich anderswo einmieten wolle.[19] Doch schon im Januar 1960 war Christmann in eine andere Villa in Dermesch bei Karthago gezogen,[20] die ihm ein hoher Sicherheitsbeamter überließ, der in Tunis eine Dienstwohnung bekommen hatte. Auch sonst lebte das Ehepaar auf großem Fuß: Richard fuhr einen Borgward Isabella, später einen Mercedes 220 S. Eva-Maria, die ihm 1957 in Tunis eine Tochter gebar,[21] verfügte als Zweitwagen über einen VW-Käfer, wie Christmann in seinen Memoiren stolz verkündete. Und das Paar ließ es sich nicht nur gutgehen, sondern lebte zeitweise auch über seine Verhältnisse. Nachdem Christmann den Zweitwagen im Juni 1957 mit einem Darlehen des BND über 5000 DM gekauft hatte, klagte er am 14. August, er »stehe finanziell vor dem Nichts. Begleichung Schulden, Überfahrt, Wagen, Auslagen, etc.« Im Januar 1958 war seine Finanzlage dann so prekär geworden, dass ihm die Ausweisung aus Tunesien drohte. Er habe die Angelegenheit »mittels Bankkredit« selbst geregelt, ließ er Giskes wissen.[22]

Nachdem Christmann seinen Dienst in der tunesischen Hauptstadt angetreten hatte, verschaffte er dem Bundesnachrichtendienst in Rom kurze Zeit später noch eine wichtige neue Quelle. Zusammen mit Giskes flog er im September 1956 in die italienische Hauptstadt, um den dortigen tunesischen Botschafter, Mondher Ben Ammar, auf neutralem Boden zu treffen. Im November weilte er erneut in Rom.[23] Der Schwager von Präsident Bourguiba, der bald darauf als diplomatischer Vertreter seines Landes nach Bonn wechseln sollte, wurde fortan im BND unter dem Decknamen »Hannibal« geführt. Seine Schwester, Ouassila Ben Ammar, sei die langjährige, aber aus Altersgründen nunmehr abgelegte Geliebte Bourguibas gewesen, hörte Christmann in Tunis. Im Januar 1961 wurde Ammar aus

Bonn abberufen, um in seinem Heimatland Gesundheitsminister zu werden.[24] Mit dem Attaché Ali Relhadjani (Christmanns Quelle ALT 32) besaß Christmann überdies einen zweiten Agenten in der tunesischen Botschaft in Bonn.

Von vornherein konnte sich Christmann in Tunis auf einen gewichtigen Kreis von vier Spitzenpolitikern stützen, die um seine Rolle als BND-Resident wussten. Dabei handelte es sich neben Ammar um den Wirtschaftsminister Mohamed Massoudi, um den Informationsminister Béchir Ben Yahmed und um Tunesiens Botschafter in Marokko Béchir M'Hadhebi, der später zum Verteidigungsminister aufstieg. Sie vermittelten ihm schnell neue Kontakte und Agenten.[25]

Sein tunesisches Informantennetz bestand vornehmlich aus Angehörigen des Staats- und Regierungsapparats. Doch schon im Oktober 1956 hatte der BND eine neue Zielgruppe ins Auge gefasst: Christmann sollte Studenten anwerben. Diese Maßnahme stand offensichtlich in Zusammenhang mit seinem Auftrag, nicht nur Spione der Ostblockstaaten ausfindig zu machen, sondern auch Propagandaagenten.[26] So sollte er Anfang Februar 1960 nach Pullach berichten, ob die »All African Students Federation« Kontakte zum Osten unterhalte.[27] Zu dem Studentenkongress hielt er sechs Tage später zunächst nur lapidar fest, »niemand konnte sich über nichts einig werden«.[28] Einen guten Monat später berichtet er jedoch von einem bemerkenswerten Votum der DDR-Delegation während dieses Kongresses: »dass man in der Ostzone bereit sei Pieck und Ulbricht kaltzustellen, wenn die BRD Adenauer ausschalten würde. Die Ostzone sei dann bereit, sich mit der BRD auf Willy Brandt zu einigen.« Vorsichtig stufte er diesen Vorstoß als Propaganda ein[29] und lag damit wohl richtig. Zwar befand sich die DDR seit 1959 in einer politischen und wirtschaftlichen Krise und Walter Ulbricht war nicht unumstritten, doch dass eine deutsche Einheit unter SPD-Führung von den Sowjets hätte gebilligt werden können, war wohl nicht mehr als Illusion oder Propaganda. Der SED-Generalsekretär konnte seine Machtposition jedenfalls schnell wieder festigen und wurde 1960 überdies Vorsitzender des Staatsrats.[30]

In der Sondersitzung des Bundeskabinetts vom 14. Juni 1956 hatte der Bundesaußenminister die Anerkennung Tunesiens durch die Bundesrepublik bekannt gegeben, keine drei Monate nach der Unabhängigkeit. Man habe schnell handeln müssen, damit die DDR der Bundesrepublik nicht zuvorkomme.[31] Als Christmann in Tunis eintraf, gab es dort noch keine diplomatische Vertretung der Bundesrepublik. Die wurde erst am 11. September 1956 eröffnet.[32] Der bevölkerungsmäßig kleinste Staat Nordafrikas mit 1956 etwa drei Millionen Einwohnern besaß nur einen relativ kleinen kapitalistischen Sektor, den die Franzosen in den Küsten- und Hafenstädten sowie auf agrarischem Großgrundbesitz aufgebaut hatten. Da Bourguiba sich politisch mit dem sozialistisch orientierten Gewerkschaftsführer Ahmed Ben Salah verbündet hatte, setzte er alles daran, die ihm gegebenen Zusagen zur wirtschaftspolitischen Modernisierung auch einzuhalten.[33] Durch die Vergabe von sieben Schlüsselpositionen in der Regierung an die Gewerkschaft UGTT (Union Générale Tunisienne du Travail) musste der Staatschef jedoch einen hohen Tribut an dieses Bündnis zahlen, wie Christmann am 5. Oktober 1957 nach Pullach berichtete.

Als Christmann im Juni in Tunis eintraf, begann seine gut fünf Jahre währende Arbeit für den BND in Nordafrika. Und es war eine Fleißarbeit. Er schrieb 499 durchnummerierte, ein bis vier Seiten umfassende Berichte an den Dienst, von denen der allergrößte Teil überliefert ist; umgekehrt erhielt er 230 Mitteilungen aus Pullach, die Aufträge erteilten, seine Meldungen kommentierten oder Informationen übermittelten. Die erste Meldung Christmanns datiert vom 17. Juli 1956, die letzte vom 13. Juli 1961.[34]

Zwischen den Agenten und den Residenten des Bundesnachrichtendienstes gab es zu dieser Zeit einen gravierenden Unterschied. Die Agenten des BND, vornehmlich die in der Abteilung 918 zur Ostaufklärung eingesetzten, meldeten jeweils für nur ein Sachgebiet – für Militär, Politik oder Wirtschaft. Ihr weiteres Wissen wurde nicht abgeschöpft, eine Übergabe eines Wirtschaftsspions in eine militärisch orientierte Beschaffungsstelle wurde aus Gründen der Konkurrenz zwischen den BND-Dienststellen selbst dann nicht vorgenommen, wenn er auf diesem Gebiet weit bessere Zugänge hatte. Dieser von Reinhard Gehlen zu verantwortende Missstand wurde erst mit der Neugliederung des BND im Herbst 1968 unter Gehlens Nachfolger Wessel mit der Einführung des Regionalprinzips und der integrierten Beschaffung beseitigt.[35] Demgegenüber waren die Residenten des BND privilegiert. Sie meldeten alle relevanten Sachverhalte aus den Feldern Politik, Militär, Wirtschaft und Gegenspionage sowie selbst Marginales über persönliche Angelegenheiten ihrer Zielpersonen. Die Schar der so Privilegierten war allerdings gering. Noch 1968 betrug die Zahl der im Auslandsverbindungsdienst eingesetzten BND-Mitarbeiter nur 100 von insgesamt 5940 Beschäftigten.[36]

Christmanns Meldungsaufkommen war in Pullach begehrt. »Meine Redaktion fragt 3 x täglich an, was es Neues gibt. Arabiana beherrschen die Schlagzeilen der Zeitungen«,[37] drängte Giskes beispielsweise am 21. Juli 1958. In diesem Schriftverkehr firmierte Giskes unter seinem zweiten Vornamen als »Joseph«. Angeredet wurde er mit »Lb. H.«. Bisweilen antwortete aus Pullach auch eine »Josefa« oder »Josepha«, offensichtlich die Sekretärin des BND-Manns. Christmann benutzte zum Unterschreiben den Tarnnamen »Markus«, angeredet wurde er mit »Lb. R.«. Sein Deckname, in dem er als »Markus« von sich in der dritten Person sprach, lautete »Salah«. Der Dienst zahlte Christmann eine monatliche Vergütung von 1000 DM. Zum Vergleich: Das Durchschnittsnettoeinkommen eines vierköpfigen Arbeitnehmerhaushalts betrug 1956 in der Bundesrepublik ca. 170 DM, 1960 dann 220 DM.[38] Mit dieser Honorarvereinbarung wurde allerdings kein dienstrechtliches Arbeitsverhältnis begründet. Der BND hatte von Beginn an zwei Kategorien von Mitarbeitern: das Stamm- oder X-Personal aus Beamten, Offizieren oder Bundesangestellten und das Rahmen- oder Y-Personal, das nach nachrichtendienstlichen Bedürfnissen auf Zeit beschäftigt wurde und relativ kurzfristig gekündigt werden konnte. Zum Ausgleich für die Unsicherheit des Arbeitsverhältnisses bekam das Rahmenpersonal jedoch höhere Bezüge. Erst 1964 zwangen Bedenken des Bundesrechnungshofs den BND, das Y-Personal zwar nicht völlig abzuschaffen, aber zahlenmäßig stark zu begrenzen. »In der Praxis hat sich dieses System gut bewährt. Es ermöglichte eine bewegliche Anpassung des Personalbestandes im Feld an die jeweils wechselnden nachrichtendienstlichen Aufgaben, ließ die erforderliche Führungseinwirkung vom Gelde her zu und stellte die Mehrzahl dieses Personenkreises durch gute Bezahlung voll zufrieden«,[39] urteilte Ende 1964 der Leiter der Abteilung Ostaufklärung 918 in einer Stellungnahme für seinen Präsidenten.

Die Höhe des Honorars von Christmann als Angehöriger des Rahmenpersonals blieb während seiner gesamten Zeit in Tunis gleich, nur die Höhe der jeweils im Dezember gezahlten Sonderprämie schwankte.

Auch private Angelegenheiten regelte »Markus« über den Schriftverkehr mit dem Dienst. Seiner Schwester Hilde ließ er von Anfang an vom Dienst monatliche Zuwendungen in Höhe von 200 DM zukommen, die von seinem Salär abgezogen wurden. Die Honorarzahlungen des BND an seinen Residenten in Tunis erfolgten ab dem Sommer 1956 getarnt als Zahlungen aus Erbschaftsangelegenheiten. Ein Edgar Hilda aus Bonn schickte Christmann monatlich stereotype Briefe mit den Bezügen »a conto der Erbauseinandersetzungen«.

Der Meldeweg zwischen dem Dienst und Christmann war zunächst ebenso umständlich wie zeitraubend. Christmann schickte seine Mitteilungen an ein Postfach in der Bundesrepublik. Giskes teilte ihm am 19. Oktober 1956 mit, er möge als Postanschrift die Firma Lignicol, Herbert Eckardt

& Co., Postschließfach 17 in Bonn benutzen und verwies dabei auf das Schlüsselverfahren. Wegen der Unwägbarkeiten des Postwegs wurde sicherheitshalber jede Meldung aus Tunis zugleich auch an eine zweite Adresse geschickt:»Duplo geht an Manfred«,[40] tarnte Giskes den parallelen Meldeweg.

Um den Informationsaustausch zu beschleunigen, schlug Giskes seinem Residenten am 2. September 1958 vor, über eine Funklinie zu kommunizieren. Er fragte an, ob seine Ehefrau eine dreimonatige Ausbildung auf sich nehmen würde, und bot eine hohe Vergütung dafür an, die schon während der Schulung gezahlt würde. Acht Tage später erklärte sich Christmann bereit, diesen Vorschlag mit Eva-Maria zu besprechen.[41] Doch die junge Mutter lehnte das Angebot vorläufig ab und vereinbarte mit dem BND-Führungsoffizier, das Projekt erst einmal auf Eis zu legen.[42] So blieb es bei den alten Meldewegen. Warum Christmann, der 1939 als Doppelagent von Giskes beim französischen Geheimdienst eine Funkausbildung erhalten hatte, nicht selbst den Funkverkehr übernehmen sollte, bleibt schleierhaft.

»Salah« unterhielt für den Luftpostverkehr die Postbox 807 in Tunis. In Eilfällen erreichten ihn dort auch Telegramme von einem »Herbert« aus München-Solln, dem an Pullach grenzenden Stadtteil der bayerischen Landeshauptstadt. Schon in seinem ersten Jahr in Tunis warnte er seine Führungsstelle in Pullach, dass der Briefverkehr von Ausländern, insbesondere Einschreiben, von den tunesischen Sicherheitsbehörden mitgelesen wurde.[43] Die dürften den konspirativen Charakter des Schriftwechsels auf den ersten Blick erkannt haben, über ihren Inhalt aber im Unklaren geblieben sein, denn der Briefwechsel zwischen Tunis und Pullach war auf mehrfache Weise chiffriert. Zum einen benutzten die Nachrichtendienstler für zentrale Angaben einen Buchstaben- und Zahlencode. Da Christmann die Chiffrierung und Dechiffrierung häufig handschriftlich auf der Rückseite der Meldung vornahm, war in vielen Fällen der komplette Inhalt nachvollziehbar.

Bei dem verwendeten Code handelte es sich um ein Geheimtextalphabet,»ein umgestelltes gewöhnliches oder Klartextalphabet, mit dem festgelegt wird, wie die Buchstaben der ursprünglichen Mitteilung verschlüsselt werden. Das Geheimtextalphabet kann auch aus Ziffern oder beliebigen anderen Zeichen bestehen.«[44] Pausen zwischen Begriffen wurden durch »STOP« dargestellt, am Mehrfachen von fünf überzählige Buchstaben eines Begriffs oder Namens bekommen eine Null. Die Gefahr bei diesem uralten Verfahren besteht darin, dass der Text durch eine Häufigkeitsanalyse von Buchstaben entschlüsselt wird, für die allerdings eine hinreichend große

Basis, das heißt eine größere Menge abgefangener Meldungen, vorhanden sein muss.[45] Der BND ging bei diesem Verfahren deshalb mehrfach gesichert vor: Christmann hielt eine Zeichenfolge aus Fünferblöcken, aus der er mit Hilfe einer Schablone eine andere Zeichenfolge ableitete. Welche der ständig wechselnden Schablonen er zu nutzen hatte, verriet ihm ein fünfstelliger eingangs stehender Zahlenschlüssel. Die ermittelten Ziffern standen dann für Buchstaben. Ein Beispiel: Am 20. August 1958 erhielt er von Giskes einen Fragenkatalog, in dem die Ziffern von eins bis zehn eingebaut waren. Jede Ziffer hatte im Tagesschlüssel ihren eigenen Fünfercode. Hinter der »7« notiert er 30797 und erhielt die Buchstabenfolge YKHPN UYUOT. Der ordnete er per Schablone die Zahlenfolge »20209 70025« zu und erhielt im nächsten Schritt »WAFFEN00«.

Die zweite Methode der Verschlüsselung war die Bezugnahme auf nur Absender und Empfänger bekannten Fakten, beispielsweise in der Meldung Nr. 4 vom 29. Juli 1956 »Achtung neue Zahl ab August ist Geburtstag plus obige …« oder »unser Freund in Bonn« für Wilhelm Bodens, für den auch sein Deckname im OKW-Amt Ausland/Abwehr »op den Boom« Verwendung fand. Ein besonderes Codewort benutzten die Kriegskameraden für Geldtransfers, von einem »Gross« oder mehreren »Großen« ist die Rede, wenn es um die Angabe der Zahlungshöhe ging. Aber Giskes deckte dieses Codewort mehr als einmal auf. So schrieb er am 5. Januar 1961: »Die Großen gingen ab wie üblich, allerdings erst am 4. Januar. Die Verzögerung war durch die Bankfeiertage bedingt.«

Die Verschlüsselung von Quellen erfolgte über eine in Pullach hinterlegte Liste, die Christmanns Agenten und Auskunftspersonen – in drei Kategorien unterteilt – mit Großbuchstaben und Ziffern bezeichnete. Am 25. Januar 1957 schrieb »Markus« an »Joseph«: »Personen wurden Nummern gegeben, über die berichtet wird.« Die Kategorisierung war nach Zielgruppen vorgenommen worden: ALA für Algerier, ALI für Internationale und ALT für Tunesier, also beispielsweise ALT 7 für den späteren tunesischen Planungsminister Mustapha Zaanouni. Als Christmann ihn rekrutierte, war er noch der engste Mitarbeiter seines Amtsvorgängers, aber für den Deutschen ein wichtiger Perspektivagent: »Anti-Bourguiba, Anti-Amerikaner, stark pro-deutsch eingestellt, wird als einziger mittlerer Beamter zu den Sitzungen des Nationalen Rats für Planwirtschaft als Experte hinzugezogen.«

Höchstens zwei Mal im Jahr reiste Christmann in die Bundesrepublik, zumeist zu seiner Schwiegermutter nach Darmstadt, wo er im »Parkhotel« übernachtete.[46] Bei diesen Gelegenheiten traf er auch seinen BND-Führungsoffizier, gelegentlich im Rhein-Main-Gebiet, in der Regel jedoch in München. In die BND-Zentrale in Pullach fuhr er nie. Während er die persönliche Begegnung mit seinem Abwehrchef Wilhelm Canaris im Jahr 1940 in seinen Memoiren hervorhob, erwähnte er seinen BND-Präsidenten Reinhard Gehlen mit keiner Silbe.

Christmann war von vornherein nicht nur mit nachrichtendienstlichen Ambitionen nach Tunis gekommen. Neben seiner Arbeit für den Bundesnachrichtendienst entfaltete er eine ganze Reihe unternehmerischer Aktivitäten: Als Mitbegründer der Handelskammer leistete er für tunesische Stellen Beratungsdienste, zugleich war er Repräsentant zahlreicher deutscher Unternehmen und agierte auch selbst als Importkaufmann. Zu seinem BND-Honorar kamen so seine Erlöse aus der parallel laufenden Tätigkeit als Vertreter einiger deutscher Firmen – insbesondere für die Pharmafirma Merck in Darmstadt –, die jedoch schleppend anliefen. »Zusätzliche drei Artikel sind dazu bestimmt, die Anlaufphase bis zum Tragen der Projekte MERCK usw. zu überbrücken«, notierte Christmann am 27. Februar 1957. »Hoffe die Ausweitung der Kollektion trägt dazu bei, die Zuversicht Salahs für zukünftige Geschäfte zu legen.« Einen Monat später konstatierte er: »In Sachen Merck läuft ein neuer Versuch.«[47] Am 1. März 1959 musste er sich eingestehen, dass sich die Erwartungen nicht erfüllt hatten. Er beklagte einen Umsatzeinbruch bei Merck-Produkten um 13 Prozent gegenüber dem Vorjahr.

Aber nicht nur für die Firma Chemische Werke E. Merck in Darmstadt setzte sich Christmann ein, sondern auch für Firmen wie Grundig, Carl Zeiss-Gruppe, Schott Gruppe, Physs AG in Göttingen, Braun in Melsungen, Chiron-Werke in Tuttlingen, Maury & Co. in Offenbach, Sommer & Winter in Brescia (Italien), A. Wülfing & Co. GmbH in Düsseldorf, Medicon Chirurgiemechaniker-Genossenschaft eGmbH in Tuttlingen usw.[48] – insgesamt 17 Firmen, die hauptsächlich Bedarfsgüter für Universitäten, Gymnasien und Krankenhäuser produzierten.[49] Im November 1959 übernahm der BND-Resident sogar die Vertretung von zwei jugoslawischen Unternehmen, der Gummifabrik RIS in Zagreb und der Jugo Plastik aus Split.[50]

Insgesamt gestaltete sich jedoch die Unterstützung der deutschen Firmen als äußerst schwierig. So schrieb Christmann alias »Salah« am 10. Januar 1960: »Salah ist noch bis gegen Ende des Monats äusserst beschäftigt, weil die grosse jährliche Ausschreibung gerade läuft, ab Februar wird er wieder lebhafter werden.« Er unterrichtete Giskes selbst über die kleinsten Geschäfte: »Es laufen Verhandlungen Salahs mit dem Gesundheitsministerium, zwecks eines fahrbaren Operationswagens, welcher der tunesischen

Regierung im Rahmen der technischen Hilfe zum Geschenk gemacht werden soll. Der Wagen wurde in Deutschland beim Roten Kreuz vom Handelsattaché der tunesischen Botschaft in Bonn besichtigt und als hervorragend geeignet befunden. Dieser Attaché weilt nun zur Zeit zwecks Mitarbeit an den Verhandlungen über einen neuen Handelsvertrag zwischen Deutschland und Tunesien hier in Tunis. Anstatt nun, wie er es in Bonn versprochen hatte, den OP-Wagen hier zu empfehlen, äusserte er sich im Gesundheitsministerium dahin, dass die BRD, falls sie sich bei den Tunesiern beliebt machen wolle, (wörtlich) von sich aus dieses und noch ganz andere Geschenke machen könne, man habe es von tunesischer Seite nicht nötig, um ein solches Geschenk zu bitten (wörtlich). Da Salah nun die Herstellerfirma vertritt, würde er an solch einem Geschenk durch die Provision gut verdienen.«[51]

Als hinderlich für die westdeutsche Exportwirtschaft erwiesen sich auch vermeintliche französische Monopolrechte.»Bei der diesjährigen Ausschreibung der Gesundheitsbehörde für den Jahresbedarf an Medikamenten und Feinchemikalien wurden deutsche Angebote aus der BRD so gut wie gar nicht honoriert, es war für deutsche Anbieter eine Pleite wie noch nie. […] In diesem Jahr richtete man sich zum ersten Mal nicht nach der Qualität, sondern nach dem Preis, so kam es, dass die BRD keine Chancen mehr hatte. […] Ausserdem würde die BRD in Nordafrika, speziell Tunesien, immer weniger Chancen haben, denn die BRD richte sich in allen Punkten stets nach französischen Wünschen. […] Tunesien benötigt für eine grossaufgezogene Bekämpfung der Kinderschorf-Krankheit eine grosse Menge eines neuen Medikaments, eines Antibiotikums, welches die ICI Manchester unter dem Namen GRISEOFLVINE herausgebracht hat und welches von den Farbenwerken Hoechst unter dem Namen LMKUDEN in Lizenz hergestellt wird. Nun weigerten sich die Farbenwerke Hoechst, dieses Medikament nach Tunesien zu liefern unter dem Vorwand, Tunesien könne nur von Frankreich beliefert werden. Das französisch gleiche Erzeugnis ist aber preislich bedeutend teurer. Aehnlich würden sich die Farbenwerke Hoechst und auch Boehringer, Mannheim, beim Beliefern Tunesiens mit dem deutschen Präparat BZ 55 (Nadisan und Invenol) benehmen … Auch Salah hat ähnliche Schwierigkeiten mit deutschen Firmen, immer wieder erhält er den Bescheid, dass man nicht liefern könne, weil für diesen oder jenen Artikel Frankreich alleine zuständig sei. Diese Politik der Rücksichtnahme auf den französischen Partner ist in diesen Ländern total verfehlt, aus Kleinigkeiten macht man Präzedenzfälle und diese Kleinigkeiten sind es, welche die hiesigen Behörden verbittern. Wenn man noch hinzurechnet, dass die BRD äusserst schlecht hier vertreten ist, dann muss man sich nicht wundern, wenn Tunesien seine Verbindungen langsam aber sicher im Osten sucht.«[52]

Die deutschen Wirtschaftsgeschäfte in Tunesien litten aber nicht nur unter falsch verstandener Rücksichtnahme, sondern hatten auch mit handfesten äußeren Hemmnissen zu kämpfen, etwa mit einer zunehmend restriktiveren Devisenpolitik auf tunesischer Seite.[53] Ein noch größeres Problem waren die rüden Maßnahmen der französischen Konkurrenz, die Christmann 1958 für den BND eruierte. Am 31. Januar berichtete er:»Ausserdem füge ich eine Photokopie eines Briefes des hiesigen Institut Pasteur bei, der Brief ist ein reiner Skandal und die darin aufgestellten Forderungen zwecks Erteilung des tunesischen Visa für deutsche pharmazeutische Spezialitäten stellen einen Versuch dar, deutsche Waren mit allen Mitteln an der Einfuhr zu hindern. Der Gesundheitsminister hat diese Forderungen bereits früher einmal abgelehnt und sich mit einer Bestätigung begnügen wollen, dass die betreffenden Spezialitäten im Ursprungsland zum Verkauf zugelassen sind. Die Haltung des französischen Direktors des Instituts Pasteur wird verständlich, wenn man weiss, dass die Firma SPECIA, Vertriebsorganisation von RHONE-POULENC, Frankreich, die praktisch den Markt hier beherrscht, dem Professor Renoux, Direktor des Instituts Pasteur ein Aktienpaket von RHONE-POULENC geschenkt hat.« Im November hatte er von einer noch massiveren Intervention Kenntnis erhalten:»Ein hoher Beamter des Gesundheitsministeriums hat seinem Minister davon Meldung gemacht, dass französische Firmen der pharmazeutischen Industrie (der Name der Firma ›SPECIA‹ wurde genannt) sich an ihn gewandt hätten, um ihn durch Bestechung zu veranlassen, Deutschland nicht mehr an den jährlichen Ausschreibungen für Medikamente in Höhe von etwa 500 Millionen Franken zu beteiligen.«[54]

Gefahr drohte Christmanns wirtschaftlichen Aktivitäten schon Ende November 1957 von den französischen Großhändlern aus der Pharmabranche, die gegen ihn intrigierten und seine Ausweisung aus Tunesien betrieben.[55] Aus dieser Ecke witterte er sogar ein Mordkomplott. »Salah fürchtete um sein Leben, musste erst Sicherheit wiederherstellen«, meldete er am 2. Dezember 1957 nach Pullach. Doch auf Rückendeckung aus Pullach konnte er nicht hoffen. Zwar bemühte sich die deutsche Seite, wenigstens eine Zusage über den Einbau eines deutschen Kontingents bei den Medikamentenlieferungen zu erreichen, teilte ihm Giskes am 3. Dezember mit, aber verwies zugleich auf die deutsche Rücksichtnahme auf französische Wirtschaftsinteressen:»Ich kann nicht übersehen, wie weit in dieser Sache wieder im Kielwasser von Marianne geschwommen werden muss.« Anfang 1960 kam ein weiteres Problem hinzu. Wegen der »antisemitischen Welle in Deutschland« würden die Juden in Algier alle deutschen wirtschaftlichen Beziehungen boykottieren, ließ »Markus« seine Führungsstelle wissen.[56] Die deutsche Seite setzte zur Förderung ihrer Wirtschaftsinteressen auf Entwicklungshilfe, die von der tunesischen Seite jedoch als zu gering betrachtet wurde. Der deutsche Botschafter, Werner Gregor, sei darüber bestürzt, weil die Bundesrepublik seit 1957 doch immer rund vier Millionen DM an Finanzhilfe geleistet habe, meldete Christmann am 22. März 1960 nach Pullach. Wie sich der BND-Resident den Einsatz deutscher Hilfsgelder vorstellte, verdeutlicht seine Meldung vom 24. September 1960. An dem geplanten Bau einer Zuckerfabrik wollte sich auch die BUKAU-Wolf Industriebau Gesellschaft aus Salzgitter beteiligen. Die Bundesregierung solle – so Christmanns Vorschlag – im Rahmen der technischen Hilfe die Finanzierung eines Teiles der Zuckerfabrik versprechen, dann habe das deutsche Unternehmen trotz günstiger Konkurrenzangebote gute Chancen, den Auftrag zu bekommen. Hoffnungen weckte er auch in Bezug auf eine interne Ausschreibung zum Aufbau einer Ölraffinerie. Eine deutsch-italienische Gruppe liege hier aussichtsreich im Rennen, weil Bourguiba an einer Einflussnahme der USA nicht interessiert sei.[57]

Es gab wohl kaum eine westdeutsche wirtschaftliche Aktivität, die dem BND-Residenten verborgen blieb. Der ehemalige Canaris-Mitarbeiter Kückemann weilte im September 1960 im Auftrag des Bankhauses Oppenheimer zu einer internationalen Messe in Tunis, um Kontakte in Finanzgeschäften herzustellen. Er wollte sicherstellen, dass alle Investitionen in Projekte in westdeutsche Hände gelangten. Christmann empfahl am 17. September eine Nachfrage bei Heinz Pferdmenges, dem Sohn von Robert Pferdmenges, Gründungsmitglied der CDU in Nordrhein-Westfalen, langjähriger Partner von Oppenheimer und einer der engsten Vertrauten des Bundeskanzlers.[58]

Für den BND war die Doppelfunktion Christmanns in Tunis als Auslandsvertreter und BND-Resident durchaus nützlich. Zum einen drückten die Nebeneinnahmen Christmanns amtliche Einkünfte, zum anderen hatte er als Firmenrepräsentant eine hervorragende nachrichtendienstliche Tarnung, und drittens half diese Konstellation dem Dienst, sich bei deutschen Unternehmen als Förderer der deutschen Exportwirtschaft zu empfehlen.

Ungewöhnlich war diese Doppelfunktion ebenfalls nicht. Der Schwiegersohn des BND-Vizepräsidenten Hans-Heinrich Worgitzky, Gerhard

Bauch, war vom Ende der 1950er Jahre bis 1965 als Regierungsrat im BND Leiter der Residentur in Kairo und zugleich Vertreter des Waffenhändlers Gerhard Mertins und des Bankiers Herbert Quandt im Nahen Osten.[59] Bemerkenswert ist jedoch, dass Christmann seine wirtschaftlichen Aktivitäten offensichtlich komplett über den BND laufen ließ und seinen Führungsoffizier Giskes über alle ökonomischen Aktivitäten ins Bild setzte. Der BND-Beamte war zugleich Christmanns Buchhalter und hatte Vollmacht für dessen Konten in der Bundesrepublik und in der Schweiz. Anfang Mai 1957 teilte Christman ihm beispielsweise mit, für 135 000 DM und den Transport zweier Lieferungen, die »Spedition 70 und 65 wie üblich«, gesorgt zu haben.[60] Der Finanzumfang der Geschäfte, die »Salah« stemmte, war für die damalige Zeit beträchtlich. Für das Projekt »Goldhaus« – offensichtlich die Errichtung einer Spielbank – flossen bis 1958 beispielsweise 358 000 DM.[61]

Giskes wiederum beauftragte Christmann in Tunis mit der Informationsbeschaffung über deutsche Firmen. In der BND-Meldung vom 15. Oktober 1956 verlangte er beispielsweise einen ausführlichen Bericht über drei Unternehmen. Oft überschnitten sich nachrichtendienstliche Wirtschaftsmeldungen und Dienstleistungen für deutsche Unternehmen. So schrieb Christmann am 5. August 1956 an Giskes: »Exposee über Eisenerz an eine zuständige Firma weitergeleitet.« Und »Josefa« teilte er am 16. April 1957 mit: »Ich nehme an, dass Du die Erstschrift der Marktberichte direkt an Firma Merck geschickt hast.« Zugleich scheint er der BND-Mitarbeiterin eine Perspektive für ein lukrativeres Beschäftigungsverhältnis in der Wirtschaft hatte eröffnen wollen, denn er hatte sich erlaubt, »Dich durch Freunde beim Leiter der Personalabteilung der Firma Merck zu empfehlen«. Doch »Josefa« blieb im Staatsdienst, jedenfalls so lange, bis sie die letzten BND-Angelegenheiten Christmanns Ende 1961 abgewickelt hatte.[62]

Der wirtschaftliche Erfolg, den Christmann sich durch seine unternehmerische Tätigkeit versprochen hatte, blieb auch wegen der schlechten Zahlungsmoral der Tunesier aus, denn seine Provisionen wurden erst fällig, nachdem die deutschen Firmen ihr Geld bekommen hatten. In anderen Fällen war er sogar selbst mit der Bezahlung von Lieferungen in Vorleistung getreten und litt darunter, dass die offenen Rechnungen nicht beglichen wurden. »Finanziell geht es uns nicht gut, Zahlungen über erfolgte Lieferungen an die Regierung werden nicht geleistet. Seit August 1957 steht eine Zahlung von ffrs. 709 890,– aus, für die ich jeden Monat 1,5 % Bankzinsen zahlen muss, dies ist nur ein Beispiel!!!!«, beklagte er am 2. August 1958 in seiner Meldung Nr. 199 an die Pullacher Führungsstelle. So zieht sich wie ein roter Faden durch die Schlussbemerkungen seiner Berichte die Bitte, der BND möge sein Honorar doch baldmöglichst überweisen.

Dass Christmann der erhoffte Erfolg zum großen Teil auch weiterhin versagt blieb, lag nicht an seinem Mangel an Geschäftstüchtigkeit, sondern an sich verschlechternden politischen Rahmenbedingungen im Ost-West-Konflikt, die er im Februar 1960 nach Pullach berichtete, weil viele westdeutsche Firmen davon betroffen waren. Dem deutschen Botschaftsrat Alexander Thörök hatte er mitgeteilt, dass er Aufträge für Lieferungen aus Westdeutschland nicht erhalten hatte, obwohl er in seinem Angebot auf eine staatliche Ausschreibung um 200 000 DM billiger gewesen war als die Konkurrenz. Der Botschaftsrat versprach ihm daraufhin, beim tunesischen Außenministerium eine diesbezügliche Beschwerde einzureichen, falls Christmann entsprechende Beweise und Unterlagen beibringe. Beispiele konnte Christmann zur Genüge anführen, doch zog er es zunächst vor, sich selbst »in der Umgebung des betreffenden Ministers nach den Gründen« zu erkundigen, weil er Bestechung angesichts einer siebenköpfigen Prüfungskommission ausschließen konnte. Als offizieller Grund wurde ihm genannt, dass seine Angebote aus der BRD qualitativ nicht den tunesischen Ansprüchen genügen würden. Doch der Geheimdienstmann gab sich mit der vorgeschobenen Begründung nicht zufrieden: »Salah bohrte nun weiter und konnte aus 100 % vertrauenswürdiger Quelle erfahren, dass ›von oben‹ eine Anordnung gekommen sei (von Bourguiba), den Ostblockstaaten möglichst viele Aufträge zuzuschanzen, auch wenn diese preislich höher liegen. Damit hat es folgende Bewandtnis: Mit allen Ostblockstaaten hat Tunesien Abkommen, nach welchen die Einfuhren aus diesen Staaten genau (wertmässig) den tunesischen Ausfuhren nach diesen Staaten entsprechen müssen. Je mehr also Tunesien von diesen Staaten bezieht, desto mehr Ausfuhrgüter, die der Westen nicht abnimmt, wie Wein, Phosphat Olivenöl usw. (handwerkliche Erzeugnisse nicht zu vergessen), kann Tunesien nach dorthin ausführen. Die mit den westlichen Staaten abgeschlossenen Handelsabkommen sehen aber anders aus. Die westl. Staaten und vor allem die BRD nehmen alle im Handelsvertrag vorgesehenen Waren aus Tunesien auf, auch wenn Tunesien nicht denselben Gegenwert an Waren aus dem Westen einführt. Hierdurch erreicht Tunesien eins: vollkommene Ausnutzung seiner Handelsabkommen aus den Ostblockstaaten, gleicht seine Handelsbilanz aus und kann die westlichen Ueberschussdevisen zu Zwecken gebrauchen, für welche diese bestimmt nicht vorgesehen waren. Zum Beispiel für kostspielige Delegationsreisen in die Ostblockstaaten.«[63] Christmann machte seinen Dienst auf die Defizite des Westens bei der Gestaltung der Handelsabkommen aufmerksam, bei denen die Staaten des Warschauer Vertrags offensichtlich klüger verhandelt hatten. Mehr konnte er in dieser Hinsicht nicht tun.

Das Netzwerk

Die Liste von Christmanns Gewährsleuten mit tunesischer Staatsbürgerschaft, von denen nicht alle um seine BND-Anbindung wussten, umfasste am Ende 39 Personen. Darunter befanden sich zahlreiche Kabinettsmitglieder wie der wegen Unfähigkeit abgelöste zweite Wirtschaftsminister Verdjani Ben Hadj Ammar (ALT 33), Nachfolger von Mohamed Massoudi in diesem Amt, über den der BND-Resident ein vernichtendes Urteil fällte: »Früherer Kellner, dann Besitzer eines kleinen Cafés, stammt aus primitiven Verhältnissen, ein ausgemachter Schwätzer und Dummkopf. [...] Wird von eigenen Parteigenossen bezichtigt, Schiebungen mit Olivenöl gemacht zu haben.«[64]

Auch der Informationsminister Béchir Ben Yahmed (ALT 36), der Christmann bei seinem Eintreffen persönlich vom Flughafen abgeholt hatte, war für ihn eine wichtige Quelle, bis er zurücktreten musste, weil seine Familie in Skandalgeschichten verwickelt war. »Alles Nähere bekannt«, notierte »Markus« für Pullach. Und in deutschen Geheimdienstkreisen war Yamed tatsächlich kein Unbekannter. Der militante Nationalist, geboren am 24. Februar 1912 in Hadjeb el-Aioum, war während des Zweiten Weltkriegs Leiter der tunesischen Sektion des muslimischen Propagandabüros in Paris und ab 1942 für den deutschen Geheimdienst tätig gewesen,[65] ein alter Bekannter Christmanns also.

Christmanns Aufenthalt in Tunesien von 1956 bis 1961 fällt in etwa zusammen mit der Periode eines wirtschaftlichen Liberalismus, bevor in den 1960er Jahren eine sozialistische Wirtschaftspolitik dominierte. Salah Ben Youssef, Führer des nationalistischen Parteiflügels der 1934 von Bourguiba gegründeten Neo-Destour-Bewegung, hatte das französische Angebot zur inneren Autonomie 1955 abgelehnt. Ein außerordentlicher Parteitag unterstützte jedoch die Verhandlungsbereitschaft seines Gegenspielers Bourguiba, und Youssef verlor sein Amt als Generalsekretär. Seinen Erfolg hatte Bourguiba auf diesem Kongress in der Küstenstadt Sfax der 1946 von Kommunisten gegründeten Gewerkschaft UGTT (Union Générale Tunisienne du Travail) zu verdanken, deren junger Generalsekretär Ahmed Ben Salah dort eine sozialistische Entwicklungsstrategie für Tunesien vorstellte. Die andere große Gewerkschaft, die UTAC (Union Tunisienne de l'Artisanat et du Commerce), war 1947 von der Destour-Partei als Gegengewicht zur UGTT aus der Taufe gehoben worden; daneben gab es mit der UNAT (Union Nationale des Agriculture de Tunesie) noch eine Interessenvertretung der Bauern.

Bei den ersten freien Wahlen in Tunesien bildeten die Neo-Destour-Partei und die drei Gewerkschaften eine »Nationale Front«. Die UGTT profitierte am deutlichsten von diesem Pakt, als sie 35 der 98 Sitze im Parlament erobern konnte, das Tunesien am 25. Juli 1957 zur Republik erklärte. Die anschließende Verstaatlichung von europäischem Besitz und eine Politik der sozialen Modernisierung mit einer Stärkung der Frauenrechte verschaffte Bourguiba bald hohe Popularität. Die Kompromisse, die er auf der einen und Ben Salah auf der anderen Seite in ihrem Bündnis dabei eingingen, brachten dem Staatschef Opposition aus dem alten Establishment seiner Partei, den Youssefisten, und dem Gewerkschaftsführer Widerstand aus der organisierten Arbeitnehmerschaft ein.[66]

Christmann schätzte den tunesischen Staatschef wenig, warf ihm außenpolitisch Größenwahn und Wankelmut sowie innenpolitisch Vetternwirtschaft und die Errichtung eines repressiven Staatsapparats vor. Am 21. August 1957 gab der BND-Resident seiner Pullacher Führungsstelle einen Überblick über die wachsende Opposition im Lande und betrachtete als gefährlichste Kraft »die früheren Anhänger Salah Ben YOUSSEF's, zu denen sich die ewig Unzufriedenen gesellten sowie jetzt neuerdings noch die Anhänger der Königsfamilie«. Der verbannte Gegner Bourguibas halte sich zurzeit in Libyen auf und unterstütze auch durch die Bereitstellung früherer Mitarbeiter die algerische Befreiungsarmee, teilte »Markus« mit.

Salah Ben Youssef versuchte im Ausland die Position des tunesischen Regierungschefs zu untergraben. Nachdem der ehemalige Generalsekretär der Neo-Destour-Partei im November 1957 in Damaskus offiziell empfangen worden war, zog Bourguiba seinen Botschafter nach Beirut ab, um ihn schon Tage später mit einer Entschuldigung zurückzuschicken.[67] Das seit Dezember 1951 unabhängige Libyen war eine konstitutionelle Monarchie, und König Idris stand den monarchistisch gesinnten Gruppen in Tunesien näher als dem nach Moskau schielenden Staatschef. Syriens Motiv, Youssef als Staatsgast zu hofieren, lag in seiner neutralistischen Politik und in dem gemeinsamen Bestreben mit Ägypten, Bourguiba seinen Führungsanspruch in der arabischen Welt streitig zu machen.

Bourguiba stand mit seiner Furcht, Youssef und seine Anhänger könnten ihn stürzen, nicht allein. Auch Tunesiens Polizeichef Driss Guiga, so meldete »Markus« am 28. Februar 1958 nach Pullach, sei der Auffassung, Frankreich unterstütze heimlich Ben Youssef, der die tunesische Bevölkerung zu einer Revolte aufwiegeln könne, die für Paris dann einen Vorwand für ein bewaffnetes Eingreifen bieten würde.

Angesichts der tiefen Feindschaft zwischen Bourguiba und Youssef hatte Christmann 1956 ein gewagtes Spiel getrieben. Auf einer Reise in die Bundesrepublik traf er Ben Youssef im September persönlich. Im Juli 1957 plante er eine weitere Begegnung auf deutschem Boden, für die Giskes ihm nachhaltige Warnungen mit auf den Weg gab: »Wenn ein Treffen beider Personen in Deutschland oder sonst wo auf den Reisen unvermeidbar sein sollte, dann nur unter grössten Vorsichtsmaßnahmen. [...] Gemeinsame Reisen oder deren Bekanntwerden würden Salah eine Meute auf den Hals ziehen, von deren Umfang, Mittel u. Ausdauer er sich bestimmt keine Vorstellungen macht.« Der BND-Führungsstellenleiter verlangte »äusserste Konsequenz« bei der Befolgung dieser Anordnung und führte Christmann den Grund vor Augen. 14 Tage nach dem Treffen im September 1956 sei die Begegnung bei der Konkurrenz, d. h. dem französischen Dienst, bekannt gewesen: »Die Folgen dieses Vertrauensbruchs – dessen Urheber bis heute unbekannt geblieben ist – sind noch nicht beseitigt. Eine ähnliche Panne wäre katastrophal!«[68]

Bei seinem Deutschlandbesuch von Mitte Juli bis Anfang August 1957 logierte Christmann auch in Koblenz im »Gasthaus Mühlberger«. Für dort kündigte Giskes ihm am 15. Juli 1957 einen Kurzbesuch an und bat um die Reservierung eines Zimmers von Sonntag auf Montag.[69] Das Ergebnis des Kontakts zwischen dem BND-Residenten und dem tunesischen Exilpolitiker ist daher leider nicht in einem Bericht enthalten, sondern wurde mündlich kommuniziert.

Hätten tunesische Sicherheitskreise oder Politiker hiervon Kenntnis erhalten, wäre Christmann mit Sicherheit aus Tunesien ausgewiesen worden oder sogar an Leib und Leben bedroht gewesen. Denn wie rigoros Bourguiba gegen seine Kontrahenten vorging, zeigte sich noch während Christmanns Amtszeit als BND-Resident in Tunis. Er ließ Salah Ben Youssef 1961 im Frankfurter Hotel »Royal« liquidieren. Den Mörder zeichnete Tunesiens Staatschef öffentlich aus, und den Organisator des Mordanschlags, Béchir Zarg el-Ayoun, ließ er später ins Zentralkomitee der Staatspartei wählen.[70]

Als ALT 1 rangierte ganz weit oben auf Christmanns Liste seiner Konfidenten der wohl zweitmächtigste Mann im Staat, Ahmed Ben Salah. Dem Gewerkschaftschef und Gesundheitsminister attestierte Christmann »päderastische Beziehungen zu Zouari (ALT 2)«. Den Spitzel des Geheimdienstchefs und früheren »Freund« von Informationsminister Filali charakterisierte er als intriganten jungen Mann. Salah habe seinen Günstling im öffentlichen Dienst untergebracht und dabei mehrere Unterschlagungen vertuscht. Christmanns politisches Urteil über den Arbeiterführer fiel kaum besser aus: »Hat die Massen, die er früher als Gewerkschaftsboss fest in der Hand hielt, vollkommen verloren. Seine Unterwerfung unter Bourguiba hat ihm sogar den Hass der Arbeitermassen eingetragen.«

Wie sehr Salahs Ansehen durch sein Arrangement mit Bourguiba in Gewerkschaftskreisen gelitten hatte, erfuhr Christmann durch drei deutschfreundliche Konfidenten in den Arbeitnehmervertretungen, unter ihnen Abdesselem Achour (ALT 22), Generalsekretär der UTAC (»Aufgeblasener Dummkopf. […] Hat zu allen Deutschen grosses Vertrauen.«).

Sein zweiter Informant (ALT 27) war der Abgeordnete und Direktor des Hauptpostamts, Amor Piahi (»Führender Mann der Postgewerkschaft. Verachtet seinen früheren Freund Ahmed Ben Salah wegen dessen Unterwerfung unter Bourguiba. Sozialist aber ANTI-KOMMUNIST. Hat gute Beziehungen und Verbindungen zu deutschen Gewerkschaftlern der Postgewerkschaft.«). Der Dritte im Bunde war der Schiffsausrüster Béchir Debbabi (ALT 29), dessen Onkel die Hafengewerkschaft maßgeblich beeinflusste (»Alter Widerstandskämpfer und Parteigenosse. Lehnt jetzt Ben Salah wegen Verrats an der Arbeiterschaft ab. […] Hat grosses Vertrauen zu Deutschland. Hasst die Franzosen und noch mehr die Amerikaner.«).

Zu den Kontrahenten Salahs zählte »Markus« auch den später abgelösten Wirtschaftsminister Mohamed Massoudi (ALT 39), der es durch Intrigen verstanden hatte, Salah Schwierigkeiten zu machen und dessen Wahl in das Parteigremium zu verhindern. Auch das Wie notierte Christmann: »Hat eine sehr junge Frau, die neue Geliebte von Bourguiba.«

Eine der Kernaufgaben eines BND-Residenten ist es, sich Quellen und Vertraute im gesamten Sicherheitsapparat seines Gastlandes zu verschaffen. Der Resident ist so etwas wie der Botschafter des Bundesnachrichtendienstes bei den jeweiligen Geheimdiensten. Den direkten Zugang zum tunesischen Nachrichtendienst bekam Christmann Anfang Mai 1958 über den Geheimdienstchef Ali M'Rad (ALT 3),[71] der 1961 in Ungnade fiel und nach Frankreich in die Emigration ging. Im August 1960 war er noch zum Chef der persönlichen Sicherheitsbrigade von Bourguiba aufgestiegen, die 28 leitende Mitarbeiter, eine unbestimmte Zahl von Uniformträgern sowie eine »Unmenge freiwilliger Mitarbeiter« umfasste, wie Christmann am 9. August 1960 nach Pullach meldete, denn Informationen über die Struktur und Größe von Sicherheitsapparaten zu sammeln, gehört ebenfalls zu den Routineaufgaben eines BND-Residenten. Doch an dieser Meldung ist auch ersichtlich, dass Christmann in diesem Fall trotz der engen Beziehung zu M'Rad nur sehr dürftige Kenntnisse besaß, denn er kannte offensichtlich weder weitere Namen aus dem 28-köpfigen Führungskader noch die Anzahl der anderen Hauptamtlichen und konnte selbst für das Heer von Spitzeln keine ungefähre Größenordnung angeben.

Auch zu den militärischen Spitzen hatte Christmann schnell Kontakt gefunden. Er führte den Kabinettschef im Verteidigungsministerium, Habib Ben Ammar, als ALT 17. Diese Beziehung aufzubauen war umso einfacher, als es sich um den Schwager von Mondher Ben Ammar handelte, den in Rom geworbenen BND-Agenten. Geschätzt hat Christmann ihn jedoch nicht. Der Lebemann habe eine sehr mondäne Frau, »die führend in der Frauenbewegung ist und es mit der ehelichen Treue nicht genau nimmt«, notierte er und kreidete ihm an:»Ist sehr leicht zu beeinflussen und würde sofort umschwenken, wenn er sich davon Vorteile verspricht.« Zu den weiteren BND-Quellen im Militär zählten Oberst Mohamed Kefi (ALT 18), der Chef des Generalstabes der Armee, und sein Stellvertreter Oberst Habib Tabib (ALT 19).

Da Frankreich bei Waffenlieferungen an Tunesien sehr zurückhaltend war, weil Paris fürchtete, dass Militärgerät in die Hände algerischer Befreiungskämpfer fallen könne, bat Habib Ben Ammar Christmann im Juni 1958 um Hilfe. »Der Kabinettschef des Verteidigungsministeriums hat mich gefragt, ob ich mich in Deutschland nach lieferfähigen Firmen für Munition erkundigen könnte. Am 1. Juni wurde ich ins Verteidigungsministerium gerufen. Ich bekam eine Liste mit 7 verschiedenen Typen von Munition, die dringend gebraucht würden. Des weiteren solle ich dringende Angebote einholen über jegliche Art verfügbarer Panzerwaffen. In dringenden Fällen soll noch vor meiner Rückkehr nach hier ein erstes Angebot über die tunesische Botschaft in Bonn nach hier geleitet werden«,[72] informierte Christmann seine Pullacher Führungsstelle. Den Weg, den Statthalter des BND als Kanal für die Anfrage nach Rüstungslieferungen zu nutzen, gingen viele arabische Länder, weil ihre Wunschlisten so inoffiziellen Charakter behielten.

Im Polizeiwesen konnte Christmann auf Driss Guiga (ALT 4) zurückgreifen. Der Chef der gesamten Polizei war mit einer Algerierin verheiratet und sollte mehrmals wegen seiner proalgerischen Einstellung abgesetzt werden. Christmann vermutete, wie er sich dennoch auf seinem Posten halten konnte:»Man behauptet, dass er über jedes Regierungsmitglied kompromittierende Akten besitzt.« Guiga war für den BND-Residenten besonders wertvoll, weil er ihm Zugang zu tunesischen Polizeiakten eröffnete. Im Juli 1958 registrierte »Markus« den Versuch der Destour-Partei, bei den Kommissaren der Spionageabwehr DST, die Guiga unterstanden, Unzufriedenheit gegen ihren FLN-freundlichen Vorgesetzten zu schüren. Der Rädelsführer war nicht zufällig ein Geheimdienstmitarbeiter, der zeitgleich von der CIA geschult wurde.[73] Zwei Jahre später hatten die wiederholten Intrigen gegen Guiga Erfolg: Am 27. September 1960 musste »Salah« den Verlust seines Zugangs zur obersten Polizeiführung nach Pullach melden, weil Guiga seines Amtes enthoben worden war.

Respekt nötigte dem BND-Residenten, der selbst große Sympathien für die algerische Befreiungsbewegung FLN hegte, der Kommandant der Nationalgarde ab, der als ALT 16 auf seiner Informantenliste firmierte. Ketary, ein früherer tunesischer Widerstandskämpfer, hatte seine 3500-köpfige Nationalgarde aus dem Widerstand rekrutiert. »Steht mit der überwiegenden Mehrzahl seiner Leute fest zur FLN. [...] Seine Leute sind harte Burschen und ausgezeichnet ausgebildet. Dauernd unterwegs, meist im Süden, ist daher nur schwer in Tunis zu erreichen. Bourguiba soll ihn fürchten, da er mit seinen Leuten fähig sei, den Kern eines evtl. Widerstandes gegen das Regime zu bilden. Soll jetzt begonnen haben, sich starke Sympathien innerhalb der Armeeeinheiten im Süden zu schaffen. Trägt keinerlei politische Ansichten zur Schau, ist aber auf keinen Fall Kommunist oder Sympathisierender«, charakterisiert er ihn. Dennoch wurde Ketary im Oktober 1960 zusammen mit fünf seiner engsten Mitarbeiter auf Veranlassung des Präsidenten wegen Unterschlagung und Bestechlichkeit verhaftet und abgesetzt. Als Nachfolger war der frühere Finanzminister Mohsen Nouira vorgesehen, meldete »Markus« Anfang Oktober nach Pullach.[74] Dessen erste Maßnahme bestand darin, alle Gendarmeriechefs im Süden des Landes in Verwaltungspositionen nach Tunis zurückzuholen und sie durch junge Nachwuchskräfte aus der Hauptstadt zu ersetzen. Nicht nur Ketarys Einfluss, sondern auch die Nähe seines Apparats zur FLN war Bourguiba offensichtlich zu groß geworden, denn zugleich wurden alle Gouverneure der Südprovinzen angewiesen, »wohl die Algerier als Brüder zu betrachten, sich jedoch auf keinen Fall mit ihnen militärisch oder politisch einzulassen«,[75] meldete »Salah« genau einen Monat später.

Mit dem Zollgrenzkommissar Azzouz (ALT 15) hatte »Markus« an der libyschen Grenze in Ben Ghardane eine weitere Zugangsperson für Informationen aus dem Konfliktgebiet, denn der diente der FLN als Briefkasten und Umschlagplatz für Waffen. Als weiteren Unterstützer der algerischen Unabhängigkeitsbewegung kannte der BND-Resident Hédi Mabrouk (ALT

13), Gouverneur der wichtigen Grenzprovinz Sbeit Sbeitla, die das Haupt-
auffanggebiet für Flüchtlinge aus Algerien bildete. Der Lebemann war
Bourguiba-Gegner und regierte dort ziemlich selbständig.

Neben der Einschätzung der politischen Lage und der politischen Ak-
teure gehörte die Informationbeschaffung aus dem Wirtschaftsbereich zu
den Schwerpunkten von Christmanns Arbeit. Immer wieder ging es, wie
oben bereits geschildert, in den Berichten um mögliche kommunistische
Einflüsse in der Wirtschaft und die Frage, wer frankophil und wer deutsch-
freundlich ist. Auch für diese Aufgabe verfügte Christmann über eine Vielzahl von Informanten und Gesprächspartner aus den unterschiedlichsten
wirtschaftspolitischen Fraktionen, darunter so hochrangige Funktionäre
wie den Minister für Planwirtschaft, Professor Knani (ALT 5), der zwar
kein expliziter Gegner Frankreichs war, aber die Wirtschaft von der französischen Bevormundung befreien wollte und dabei auf Deutschland setzte. »Ablehnend gegen die amerikanische Durchdringung der Wirtschaft«,
lobte der BND-Resident. Es gab unter seinen Gewährsmännern allerdings
auch so zwielichtige Figuren wie den Direktor der Elektrizitätswerke Béchir M'Hadhebi (ALT 38). M'Hadhebi, der im Zweiten Weltkrieg für den
Abwehrapparat von Wilhelm Canaris gearbeitet hatte, wurde unter dem
Decknamen »Beta« als Agent des Bundesnachrichtendienstes angeworben
und traf den BND-Beamten Giskes mehrfach in der Bundesrepublik. Nachdem Christmann diese Quelle direkt dem BND überlassen hatte, musste
er im November 1957 feststellen, dass in M'Hadhebis Bürogebäude von einigen Ingenieuren der Firma Telefunken Berlin eine Abhöranlage für den
Telefonverkehr installiert worden war, die sowohl die algerische Befreiungsbewegung als auch den BND-Residenten überwachte. ›Salah‹ vermu-
tet etwas Ähnliches schon seit einiger Zeit und hat sich dementsprechend
benommen!!!!! Mit Beta hält er trotzdem Kontakt«,[76] berichtete er nach
Pullach. Mit Rückendeckung des BND hatte »Beta« die Abhörstation zum
Anzapfen der FLN und selbst der Deutschen Botschaft offensichtlich nicht
eingerichtet, denn Giskes vergewisserte sich – allerdings erst anderthalb
Jahre später – am 23. Februar 1959 bei seinem Residenten, ob die tatsächlich mit Wissen von M'Hadhebi eingerichtet worden war. Möglicherweise
hatte er da Zweifel an der Treue des an ihn abgetretenen Agenten bekommen.

Eine tunesische Erhebung im Jahr 1956 ergab, dass in 257 von den 290
Industrieunternehmen mit mehr als 50 Beschäftigten Ausländer alle wichtigen technischen und Managementfunktionen innehatten.[77] Folglich fanden sich in der Abteilung I (Internationale) von Christmanns Konfidenten-

liste auch zahlreiche für Wirtschaftsfragen relevante Gesprächspartner und Beobachtungsobjekte. Für diese Teilliste meldete »Markus« einen Anfangsbestand von 13 Agenten und Auskunftspersonen. Nach drei Aktualisierungen betrug der Endstand 35, darunter 20 Angehörige der kleinen deutschen Gemeinde im Lande.

Der erste Eintrag ist kurz und zugleich vielsagend: »Lauterbacher, Hartmann, alles nähere bekannt.« Bei Lauterbacher – Jahrgang 1909, NSDAP-Mitgliedsnr. 86837, SS-Nr. 382406 – handelte es sich um den ehemaligen SS-Obergruppenführer im Stab des Reichsführers SS, zugleich Mitglied des Reichstags, stellvertretender Reichsjugendführer und Gauleiter von Süd-Hannover-Braunschweig.[78] Und Lauterbacher war in Pullach in der Tat bekannt. Er stellte Anfang der 1950er Jahre die Kontakte der Organisation Gehlen zu ehemaligen SS-Führern als Ausbilder in arabischen Geheimdiensten her, zum Beispiel zu dem oben erwähnten Alois Brunner in Syrien.[79]

Am 21. November 1957 riet Giskes Christmann zur »Zurückhaltung« bei Lauterbacher. Ein knappes Jahr später, im Oktober 1958, warnte er seinen Mann in Tunis, dass Lauterbacher und seine Mitstreiter »alle aus einer Kiste stammen und wie die Kletten zusammenhalten werden. [...] Dieses ganze Gremium riecht doch sehr nach Absichten, die mit den besonderen Aufgaben von Salah stark verwandt sind.«[80]

Da hatte »Salah« schon ein waches Auge auf den regelmäßig nach Tunis kommenden ehemaligen SS-General geworfen. Am 24. September 1958 war Lauterbacher mit dem Schiff aus Palermo gekommen und hatte »fast ausschließlich Besprechungen kommerzieller Art«.[81] Wie Giskes seinen Residenten informierte, war Lauterbacher dabei in Konflikt mit dem Konsul Paul Conrad aus Bonn geraten, der als Präsident des wirtschaftspolitischen Clubs eine Delegation der deutschen Industrie nach Tunis auf den Weg gebracht hatte und Lauterbacher gedroht habe, falls er ihm in seine beabsichtigten Privatgeschäfte in Tunesien dazwischenfunke, werde er ihn beim Bundesverband der Deutschen Industrie auf die schwarze Liste setzen lassen.

Lauterbacher blieb von den Drohungen des Konsuls unbeeindruckt und gründete die Firma Incodema Ltd. Tripolis, die dann auch in Tunesien aktiv wurde. Offizieller Inhaber waren Heinrich Kleine aus Hamburg, Fritz Goebel und Karl Hagedorn, die Fertighäuser für Arbeiter auf den Ölfeldern vertrieben und damit besonders in Libyen gute Geschäfte gemacht hatten. »Der Clan ist eindeutig aus alten SS-Beziehungen hervorgegangen«,[82] urteilte Giskes im Juli 1959.

Erst 2009 ist von Stefanie Waske der Beweis für die lange gehegte Vermutung erbracht worden, dass Lauterbacher nicht nur Kontakte nach Pullach unterhielt, sondern Mitarbeiter des Gehlen-Dienstes war: Er war 1959/60 Inhaber der BND-Tarnfirma Labora in München, die von Lauterbachers Bruder und dem Goebbels-Adjutanten und SS-Hauptsturmführer Günther Schwägermann gegründet worden war. Erst 1965 wurde der ehemalige SS-Oberführer vom BND abgeschaltet.[83] Offensichtlich hatte Christmann nicht gewusst, dass ein zweiter Abgesandter Gehlens zeitgleich mit ihm in der tunesischen Hauptstadt arbeitete. Seine Führungsstelle hatte ihn nie darüber aufgeklärt. Vielmehr schrieb Giskes ihm im Dezember 1957, dass sich die BND-Tarnfirma Labora als Maklerfirma für den Im- und Export von Großobjekten betätige und Lauterbacher auch an seinem früheren Aufgabengebiet als Reichsjugendführer interessiert sei. Zugleich bat er »Salah«, weiter auf Abstand zu Lauterbacher zu bleiben, der offensichtlich auch im Unklaren darüber gelassen werden sollte, dass ein paralleler BND-Einsatz in Tunis stattfand. Giskes erklärte lapidar: »Es könnte stören, wenn er sich für Dich und Deine Arbeit interessieren würde.«[84] Das entsprach durchaus dem Führungsstil von Reinhard Gehlen, dem ersten BND-Präsidenten, der bei Dienststellen im In- und Ausland auf Konkurrenz und Abschottung setzte. Jedenfalls behielt Christmann Lauterbacher im Auge und berichtete Anfang 1960, dieser wolle in Tunis eine neue Firma gründen.[85]

Am 7. Februar 1960 platzte Christmann schließlich der Kragen. Er warf Giskes vor, ihn 1958 gebeten zu haben, sich von Lauterbacher fernzuhalten, und nun sei die Tatsache, dass der ehemalige Gauleiter den angeblichen Exportfachmann Wilhelm Leugner zur Mitarbeit herangezogen habe, ein Beleg dafür, dass der »in Ordnung« sei. »Da kommt Salah nicht mehr mit. Es ist schon mehr als ein ehemaliger HJ-Führer zum Osten übergeschwenkt!!!!«,[86] warnte er vor Lauterbacher.

Der ehemalige Abwehrmann hatte in diesem Fall den richtigen Riecher. Aufgrund eines Hinweises der CIA untersuchte der BND-Vorgesetzte von Lauterbacher, Deckname »Dr. Hermsdorff«, 1963 den Verdacht des US-Nachrichtendienstes, Lauterbacher arbeite für einen östlichen Geheimdienst, sei homosexuell und damit erpressbar. Bei »Dr. Hermsdorff« handelte es sich um den ehemaligen Wehrmachtsoffizier Dr. Erwin Hauschildt, Jahrgang 1923, der von den späten 1950er Jahren bis 1974 eine Schlüsselrolle im illegalen internationalen Waffenhandel des BND spielte.[87] Lauterbacher und seine Frau wurden von der CIA abgehört. Dabei erfuhren die Lauscher, dass seine Frau belastende Notizen beiseitegeschafft hatte. Bei einer verdeckten Durchsuchung seines Büros fand der BND haufenweise

Geheimberichte über Nordafrika. In einer Vernehmung in einem konspirativen Objekt des BND belastete Lauterbacher sich nicht, vielmehr brach er die Vernehmung ab,[88] schüttelte seine Beobachter ab und verschwand. Durch die Überwachung seiner Frau lokalisierten ihn die Nachrichtendienste am darauffolgenden Tag allerdings in Häring in Tirol.[89] Obwohl sich der Verdacht gegen den ehemaligen SS-General bestätigte, passierte ihm juristisch nichts. Nur die Firma Labora wurde im Juli 1963 liquidiert. Zu frisch war im BND noch die Wunde, die die Enttarnung des SS-Offiziers Heinz Felfe im November 1961 geschlagen hatte, der mehr als ein Jahrzehnt lang in Schlüsselpositionen der Pullacher Gegenspionage tatsächlich für den KGB gearbeitet hatte. Gehlen verspürte keine Neigung, dass ein weiterer Skandal nach demselben Muster publik wurde. Der BND-Mitarbeiter »Fleming« – dabei handelte es sich um den späteren Abteilungsleiter Volker Foertsch – unterrichtete die CIA im November 1964, dass der ehemalige Gauleiter als homosexueller Doppelagent eingestuft wurde. Lauterbacher ging als Bildungsexperte 1965 nach Ghana, musste nach dem Sturz von Regierungschef Kwame Nkrumah das Land verlassen und landete schließlich Mitte der 1970er Jahre in einer Dortmunder Werbeagentur. Doch nach dem Tod seiner Frau trieb es ihn wieder ins Ausland, nach Ägypten, Äthiopien, Libyen, Marokko und in den Sudan, bis er 1975 als Berater für das Bildungswesen in Oman landete. Drei Jahre später kehrte er krankheitsbedingt nach Dortmund zurück und starb 1988 in Seebrück am Chiemsee.[90]

Lauterbacher war neben seinen kommerziellen Aktivitäten nicht nur mit der Beschaffung von Nachrichten für den BND befasst, sondern bereitete auch eine nachrichtendienstliche Operation vor. Im Juni 1958 traf er sich in Tunis zu einer Besprechung mit dem Vertreter der algerischen Befreiungsbewegung Mohammed Seghir Nekkache, dem späteren algerischen Sozialminister. Der ehemalige stellvertretende Reichsjugendführer besprach mit dem FLN-Mann Fragen über die Einrichtung eines Arbeitsdienstes in Algerien sowie den Aufbau einer algerischen Jugendorganisation. Paul Zimmermann, der einst den Reichsarbeitsdienst mitaufgebaut hatte, habe sich bereit erklärt, junge Leute aus den Reihen der FLN-Armee in Deutschland zu schulen. Sie sollten dann die ersten Kader für die spätere Jugendorganisation ausbilden, meldete »Salah« am 29. Juni 1958 nach Pullach. Lauterbachers Ratschläge für den Aufbau einer paramilitärischen Jugendorganisation nach dem Vorbild der HJ hatte die FLN wohl zur Kenntnis genommen, aber dass Kurse für junge Algerier in der Bundesrepublik abgehalten worden wären, dafür gibt es nicht den geringsten Hinweis.

Ein Mann aus Lauterbachers Gefolge hatte starke Rückendeckung aus Bonn: Der frühere Gebietsführer der Hitlerjugend in Dresden, Wilhelm Gause (ALI 2), Prokurist und Mitinhaber der Firma Böttger & Co. in Hamburg, wurde vom Wirtschaftspolitischen Club zum Leiter des Deutschen Büros in Tunis bestellt. In dieser Einrichtung zur Beförderung deutscher Exporte saß auch Wilhelm Leugner (ALI 24) mit seinem Büro für hydraulische Beratungen. Der Mann war Christmann suspekt. Am 21. August 1960 fragte er in Pullach an, ob Leugner für den Verfassungsschutz oder den Militärischen Abschirmdienst arbeitete, erhielt jedoch keine Antwort. Weder das Bundesamt für Verfassungsschutz noch der MAD hatten Agenten in Nordafrika im Einsatz. Ob Leugner über Lauterbacher direkt oder indirekt an den BND gebunden war, mochte Giskes ihm ebenfalls nicht mitteilen.

Mit Hans Merz (ALI 3) kam ein weiterer Gesprächspartner Christmanns aus SS-Kreisen. Merz war als Beauftragter der Firma Chemie-Bau aus Köln unterwegs, um die Ausbeutungsmöglichkeiten der Kalivorkommen im tunesischen Süden zu erkunden. Seine Erfahrungen im arabischen Raum hatte er als Angehöriger des SD gesammelt, für den er im Zweiten Weltkrieg Ölleitungen im Vorderen Orient sprengen sollte.

Doch Christmann traf in Tunis auch auf ehemalige Angehörige der Abwehr, darunter die Duisburgerin Karla Goetzke (ALI 28). Sie war Sekretärin bei den Chemischen Werken Albert in Wiesbaden, bevor sie im Dezember 1958 eine Stellung im Hotel »Mirama« in Hammamet annahm. »Während des Krieges als Sekretärin in Frankreich bei derselben Firma wie Salah«, notierte Christmann. Einen alten Offizierskameraden fand er in Hans-Edwin Reith (ALI 21), Inhaber der Schifffahrtsgesellschaft »Orion« in Hamburg und Besitzer des ersten unter tunesischer Flagge fahrenden Schiffes. Er sei nicht nur ein guter Freund von Korvettenkapitän Herbert Wichmann, sondern habe als aktiver Marineoffizier während des Krieges mit ihm zusammengearbeitet, teilte der ihm mit. Mit Wichmann, Jahrgang 1894, ab Oktober 1937 Referatsleiter M in der Gruppe I (Nachrichtenbeschaffung) in der Ast Hamburg und von 1939 bis Kriegsende als Kapitän zur See im OKW-Amt Ausland/Abwehr Leiter der Abwehrstelle Hamburg,[91] war Christmann 1938 und 1945 in Berührung gekommen. In seiner Meldung an Giskes vom Januar 1959 hielt er fest, dass Wichmann seiner Einschätzung nach nun für den BND arbeitete, ebenso wie die beiden ehemaligen Abwehroffiziere Udo von Bonin und Alexander Cellarius.[92] Bonin war nach Verwendungen in den Außenstellen Brest und Bordeaux 1941 Leiter der Abteilung I M (Marine) der Abwehrleitstelle Paris geworden, leitete ab Juli 1942 die Ast in Angers und wurde schon Ende November Chef der Abwehrstelle Oslo.[93]

Alexander Cellarius war im Zweiten Weltkrieg Leiter der Außenstelle der Abwehr in Reval gewesen, der KO Finnland/Estland. Bei ihm lag Christmann mit Sicherheit richtig, denn Cellarius war schon in den 1950er Jahren Vertreter der Organisation Gehlen in Bonn.[94] Anlass für Christmann, sich mit der Rolle seiner ehemaligen Abwehrkameraden und jetzigen BND-Kollegen zu beschäftigen, war im Dezember 1958 ein Zusammentreffen beim deutschen Botschafter, an dem nicht nur Lauterbacher teilnahm, sondern auch Udo von Bonin als Vertreter der Verbindungsstelle Bonn der Rheinischen Stahlwerke und Alexander Cellarius aus dem Europahaus in Bonn.[95] Offensichtlich gab es eine erkleckliche Zahl von ehemaligen Nachrichtendienstlern des Dritten Reichs, die in der jungen Bundesrepublik zwei Herren zugleich dienten: dem Bundesnachrichtendienst und der westdeutschen Exportindustrie.

Etwa die Hälfte von Christmanns deutschen Kontakten betraf die Botschaft und ihr Umfeld. An erster Stelle stand der zum Botschafter selbst, Dr. Werner Gregor. Der Berufsdiplomat, Jahrgang 1896, hatte seit 1925 allen Regierungen gedient. Für die Weimarer Republik zunächst in Den Haag und von 1931 an in Pretoria, für die NS-Diktatur von 1934 bis 1936 in Warschau, wo er in die NSDAP eintrat (Mitgliedsnr. 3726551), von 1937 bis 1939 als Konsul in Glasgow und 1943/44 als Generalkonsul in Toulouse. Nach Kriegende war er ab 1948 Mitarbeiter bei den Besatzungsbehörden in Deutschland auf kulturellem Gebiet und von 1949 bis 1952 deutscher Beauftragter und Generalvertreter einer chilenischen Finanz- und Handelsgesellschaft. 1952 wurde Gregor für das Bonner Auswärtige Amt reaktiviert und ging zunächst als Gesandter, dann als Botschafter nach Bolivien, bevor er die Bundesrepublik von Ende 1956 bis zum Oktober 1960 in Tunesien vertrat.

Zu den Botschaftskontakten zählten auch Wirtschaftsattaché Sartorius, Botschaftsrat Alexander Thörök, Handelsattaché Hoffmann, Kanzler August Philipp, die beiden deutschen Hausfotografen der Botschaft, die Leiterin des deutschen Kulturinstituts in Tunis, Dolly Braham, und der Beauftragte des Goethe-Instituts für Deutschkurse innerhalb dieser Einrichtung, Professor Helmut von Grunnicke.

Die Botschaftsangehörigen waren in der Regel Gesprächspartner, konnten aber auch zum Objekt der Nachforschung werden. So erhielt Christmann am 24. Oktober 1957 den Auftrag, mit Dr. Alexander Thörök einen Spitzenbeamten der Botschaft auszuforschen. »Was ist bekannt, oder was ist ohne jedes Aufsehen zu erfahren über *Gesandtschaftsrat Alexander Thörök*. Dabei ist *absolute Diskretion* dringendst erforderlich. Lässt Art des

Auftretens, der Tätigkeit und der Beziehungen irgendwie die Vermutung *einer ND-Betätigung* zu. Wie ist insoweit zu beurteilen der ausgeprägte gesellschaftliche – oder auch berufliche? – Ehrgeiz der Frau?«, fragte die BND-Meldung Nr. 62. Die kursiv gesetzten Textteile waren verschlüsselt. Christmann recherchierte unter der Fallbezeichnung »Therese«. Schon nach vier Tagen konnte er dem BND melden, dass Thörök mit seiner Frau über Paris in die Bundesrepublik geflogen sei, um von dort aus einen Urlaub in Wien zu verleben, wo er nahe Verwandte träfe,»die in der Nähe der kleinen Susi leben«.[96] Gemeint waren offensichtlich Verwandte aus Ungarn. »Salah« checkte den Botschaftsrat und auftragsgemäß auch dessen Frau mit langem Atem. Zu seinem Glück war Thörök (ALI 9) auch ins Visier der tunesischen Sicherheitsbehörden geraten. So erfuhr der BND-Resident vom Geheimdienstchef und vom Leiter der Polizei im November 1958 auch einiges über das turbulente Intimleben des deutschen Diplomaten.[97]

Bei einem gemeinsamen Abendessen des Ehepaars Christmann mit Ali M'Rad und dessen Frau kam auch der Sittenverfall in der Bonner Vertretung im Januar 1959 zur Sprache. Der Botschafter, berichtete Christmann, habe ein Verhältnis mit der Frau eines ALN-Offiziers, der Deutschen Johanna Schramm, während sich seine Frau mit einem Herrn Weinrich tröstete. Hinter allem stecke Thörök, der Gregor »verschiedene andere Verhältnisse besorgte«.[98] Der Spionageverdacht gegen Thörök ließ sich jedoch nicht erhärten, er blieb bis 1959 in Tunis, um dann nach Togo und anschließend nach Ghana versetzt zu werden.[99] Wirbel um seine Person gab es erst im Sommer 1965, als Thörök zum stellvertretenden Botschafter in Israel ernannt wurde: Er hatte von 1944 bis Mai 1945 für die ungarische Marionettenregierung an ihrer Botschaft in Berlin gearbeitet; für den erhobenen Vorwurf, er sei Mitglied der faschistischen Pfeilkreuzler-Partei gewesen, ließen sich keine Belege beibringen.[100] Trotzdem musste es den Argwohn des BND wecken, wenn ein Mann mit dieser Vergangenheit unbehelligt ins kommunistische Ungarn reiste, auch wenn man ihm nichts nachweisen konnte.

Was Christmann bei seinen Recherchen en passant aufdeckte, war das Liebesleben des Botschafters.»ALI 7«, berichtete»Markus« nach Pullach, sei selbst in der Öffentlichkeit mit einer jungen »Nichte« aufgetreten, die wenig später zur Haustochter und anschließend zum Dienstmädchen degradiert worden sei, um zwei neuen aus der Bundesrepublik angereisten »Nichten« Platz zu machen. Die erste – eine Sparkassenangestellte aus Schleswig-Holstein – habe über Frankreich einen neuen Opel Kapitän für ihn überführt, da er selbst lieber das Flugzeug nehme. Die namentlich bekannten jungen Damen hätten sich – so Christmann – auch in weitere Liebesabenteuer gestürzt, so dass der tunesische Geheimdienstchef im Frühsommer 1960 schon sein Missfallen darüber geäußert habe, dass das Haus des deutschen Botschafters zu einem Bordell verkommen sei.[101] Inzwischen hatten auch deutsche Zeitschriften begonnen, sich für den Repräsentanten der Bundesrepublik in Tunis zu interessieren. Am 1. Februar 1960 meldete »Salah«, dass der *Spiegel* Material für eine »tolle Geschichte« sammele. Er selbst, der Handelsattaché Hoffmann, einer der Hausfotografen und drei deutsche Geschäftsleute hätten daran mitgewirkt.[102] Die *Spiegel*-Berichterstattung rief auch die Hamburger Konkurrenz auf den Plan: Ende Februar 1960 berichtete »Salah«, dass der Fotoreporter Löbe und der Journalist Waske vom *stern* zu Recherchen in Tunis unterwegs waren.[103]

Das Privatleben bundesdeutscher Diplomaten auszuforschen, gehört nicht gerade zu den Aufgaben des Auslandsnachrichtendienstes. Doch zumindest in der Ära Gehlen war es üblich, solche Informationen in Personendossiers zu sammeln. Christmann erhielt nie eine Aufforderung aus Pullach, dass er solche Spitzeleien zu unterlassen habe. Am 15. Juni 1960 meldete er jedoch: »Salah erzählt nie wieder was über ALI 7.« Dafür schickte er am 31. August 1960 eine Meldung mit sehr persönlichen Informationen über Wilhelm Leugner nach Pullach: Dessen Frau, die ihre Herkunft aus altem Adel nur vortäusche, treffe sich am Strand mit Tunesiern zu intimen Zusammenkünften.

Durch welche Umstände auch immer, die Berichte Christmanns über das Privatleben des Botschafters landeten auf dem Schreibtisch des Ausgespähten. Gregor war vorher offensichtlich nicht über Christmanns Tätigkeit im Bilde. Er erhielt jedoch von dem Mann, den er nur als Wirtschaftsberater kannte, Beurteilungen von Geschäftsleuten, zumal wenn diese sich zunächst um die Vertretung westdeutscher Firmen bemühten, anschließend aber ihre Geschäfte mit der DDR machten.[104] Mehr als die Beratung der Botschaft in Wirtschaftsfragen wollte der BND seinem Residenten auch nicht zugestehen, weil man in Pullach »bisher nur üble Erfahrungen« mit Gregor gemacht habe.[105]

Nachdem er nun den BND-Bericht zugespielt bekam, wurde Gregor hellhörig und verdächtigte Christmann, unter dem Decknamen »Salah« für den BND zu arbeiten. Dem BND-Residenten kam eine Äußerung des Botschafters zu Ohren, er wolle noch vor seiner Pensionierung das »Schwein Salah erledigen«.[106] Gregor verdächtigte ihn nicht nur, er dekonspirierte ihn ebenso wie der Geschäftsmann Wilhelm Leugner, der in der deutschen

Gemeinschaft in Tunis verbreitete, er – Christmann – sei »seit Jahren in Tunesien als kleiner Spitzel für die bekannte Firma G. [Gehlen; d. Verf.]« tätig.[107] Der BND stellte Christmann am 30. November 1960 frei, alle ihm passenden Schritte gegen den frisch pensionierten Botschafter und Leugner zu unternehmen, bat nur um vorherige Unterrichtung. Die *Spiegel*-Autoren Hermann Zolling und Heinz Höhne schrieben 1970, dass Christmann »seine geheimen Berichte an Pullach im Besitz des bundesdeutschen Botschafters wiederfand und der von so vielen deutschen Journalisten – auf Empfehlung Pullachs – angesprochen wurde, dass bald auch der letzte Polizist in Tunis wusste, wer der örtliche BND-Chef war«.[108] Dass die obersten Spitzen im tunesischen Geheimdienst, in der Polizei und im Militär um Christmanns Rolle wussten, war selbstverständlich und gefahrlos. Für das unerkannte Abschöpfen von Gesprächspartnern war das Breittreten seiner Mission durch den eigenen Dienst, der Journalisten gern gefällig war, jedoch hinderlich und im Hinblick auf kommunistische Fanatiker auf dem linken FLN-Flügel sogar gefährlich.

Dass Christmann Botschaftsangehörige auszuforschen hatte, war ungewöhnlich und die Ausnahme. Dagegen gehörten Personenabklärungen, bei denen es häufig um eine vermutete Geheimdiensttätigkeit für einen Staat des Warschauer Paktes ging, zum »normalen« Geschäft der Gegenspionage. Von Giskes erhielt er einige Dutzend solcher Anfragen, die zum Teil brisant waren, wie etwa der Fall »Cormoran« zeigen sollte. Am 8. Februar 1960 wandte sich, was eine absolute Ausnahme darstellte, eine andere BND-Dienststelle direkt an Christmann. Diese Dienststelle 167 war eine selbständige Gruppe in der Beschaffung Ost, in die seinerzeit die Gegenspionage integriert war. Unterzeichnet war der Brief mit »Krüger II«. Hinter diesem Decknamen verbarg sich Annelore Kunze, Jahrgang 1917, die Sekretärin Gehlens in der Generalstabsabteilung FHO und in der Organisation Gehlen, bis sie Anfang 1952 zur Leiterin der Sicherheitsgruppe II befördert wurde.[109]

Bei »Cormoran« handelte es sich um Dr. Felix Komer, Jahrgang 1906, einen ehemaligen Steuerberater aus Berlin-Dahlem, der 1959 zunächst zusammen mit seiner Ehefrau als Tourist nach Tunis gekommen war. In Begleitung seiner Sekretärin, der früheren Diplomkosmetikerin Cäcilie, mit der er jedoch ein gemeinsames Zimmer bei einem Franzosen in Karthago bewohnte, reiste er häufiger nach Tunesien, um Geschäfte zu machen.[110] Kunze schrieb mit bestem Gruß an Christmann, Komer sei »zweifelsohne polnischer Herkunft. Es ist höchstwahrscheinlich, dass er Verbindung zu unserer östlichen Konkurrenz hat. Ausgeschlossen ist jedoch nicht, dass er auch nach den USA Beziehungen hat. In jedem Fall sind wir an ihm, an seiner Begleiterin und an allen seinen Geschäften lebhaft interessiert.« Christmann legte sich ins Zeug, nachdem er sich zunächst am 19. März für falsche Daten über ihn entschuldigt hatte. An »Cormoran wird sehr genau gearbeitet« betonte auch Giskes am 8. April 1960 und schickte seinem Mann in Tunis ein mit nachrichtendienstlichen Mitteln in Berlin erstelltes Dossier von vier Seiten, das den gesamten wirtschaftlichen Werdegang von Dr. Hermann François Felix Komer »aufgrund von Bankauskünften, Ermittlungen im Handelsregister und nachdrücklichst geführter Umfragen« sowie seine privaten Verhältnisse darstellt. Aus dem BND-Dossier vom 10. April war zu entnehmen, dass seine Frau Charlotte Polin war, die immer noch in Kattowitz lebte, aber »Verdachtsgründe in politischer Hinsicht« sah man nicht, allenfalls »völlig unpolitische, aber kaufmännisch undurchsichtige Geschäftsabwicklungen«.

Am 4. März konnte Christmann den polnischen Hintergrund bestätigen. »Cormoran« habe polnische und deutsche Ausweispapiere, die polnischen aus der Nachkriegszeit, »als er für Polen optierte, um besser leben zu können«. Seine Begleiterin sei zwar eine waschechte Berlinerin, Jahrgang 1935, habe aber eine polnische Großmutter. Über geheime Ostkontakte konnte »Salah« jedoch keine Angaben machen. Am 18. April 1960 vermutete er, an »Cormoran« sei vielleicht doch etwas faul. Drei Tage später konnte er den Beweis nachliefern. Komer war bei Gründungen von Firmen in der Bundesrepublik beratend tätig gewesen, deren Aufgabe es war, die Unternehmensgewinne zugunsten der DDR-Propaganda in Tunesien auszugeben. Darüber hinaus hatte er sich zwei Mal mit dem Leiter einer DDR-Delegation getroffen.[111] Anschließend konnte er noch eine nachrichtendienstliche Altlast des Auszuforschenden nachtragen: Komer war im Zweiten Weltkrieg wie Christmann bei der Abwehr gewesen.[112] Da Felix Komer in Tunesien in Kontakt mit Lauterbacher stand und für einen Monatslohn von 1000 DM für ihn arbeitete,[113] war er wahrscheinlich der Verbindungsmann der östlichen Dienste für den Doppelagenten Hartmann Lauterbacher.

Mit Hilfe des Netzes von Informanten und Agenten verfasste Christmann unzählige politische Lageberichte, wobei nicht die innenpolitische Situation, sondern die außenpolitische Ausrichtung Tunesiens im Vordergrund stand. Zur allgemeinen Lage im afrikanischen Raum hatte Christmann erstmals im Januar 1960 gemeldet, dass der tunesische Staatschef die Absicht habe, sich zu einem maßgeblichen Staatsmann des Kontinents aufzuschwingen. Bestärkt sah er sich in dieser Auffassung eine Woche später, als Bourguiba auf einem Kongress afrikanischer Staaten eine Führungsrolle zu spielen versuchte.[114] Sein Konkurrent war dabei Gamal Abdel Nasser. Der Konflikt zwischen Ägypten und Tunesien manifestierte sich im August 1960 in der Frage, welche Nation Truppen in den Kongo entsenden solle. »Wahrscheinlich schon Ende August, spätestens aber Anfang September soll in Leopoldville eine Zusammenkunft aller Regierungschefs der unabhängigen afrikanischen Staaten stattfinden, dies sei eine Initiative von Bourguiba. Überhaupt müsse Tunesien jetzt alles daransetzen, die Initiative zu behalten, andernfalls würde Nasser diese an sich reissen. Es sei Bourguiba gelungen, durch schnelle Entschlussfassung und schnelle Entsendung von Truppen zum Kongo die Intervention von Nasser zu verhindern, denn er habe seinerzeit verlangt, dass tunesische und ägyptische Truppen nicht zusammen im Kongo sein könnten«,[115] schrieb »Markus« am 9. August nach Pullach.

Nachrichtendienstlich war Tunesien im Kongo bereits stark engagiert. Mitte Juli war der tunesische Geheimdienstchef selbst in das Land aufgebrochen.[116] Am 19. August 1960 informierte M'Rad den BND-Residenten dann persönlich, »dass er einen Bericht aus Kongo erhalten hat, wonach der belgische Geheimdienst eine Armee von Spitzeln eingesetzt hat mit dem Zweck, Gerüchte zu verbreiten, dass die weissen Angehörigen der UNO-Truppen zum grössten Teil getarnte belgische Soldaten seien. Damit wollen die Belgier Zwischenfälle hervorrufen, indem sie die Kongolesen gegen ihre vermeintlichen Landsleute aufhetzen«. M'Rad vertraute seinem deutschen Partner dabei sogar an, dass er sich nicht gescheut habe, mit dem größten Gegner Ägyptens eine Allianz einzugehen: »Die vier im Kongo noch stationierten tunesischen Polizeioffiziere hätten von Tunis den Auftrag erhalten, mit den Israelis alle Informationen auszutauschen, welche sich auf ägyptische Machenschaften im Kongo beziehen. Im Rahmen dieses Austausches hätten die Israelis obige Meldungen, die den Tunesiern bereits zugegangen waren, eindeutig bestätigt.«[117]

Von besonderem Interesse war für den Bundesnachrichtendienst auch, wie die Vereinigten Staaten sich nach dem Zweiten Weltkrieg in Nordafrika verhielten. So fragte Giskes am 28. Mai 1957 bei Christmann in Tunis an, worüber der frühere Hohe Kommissar der USA in Deutschland, John McCloy, mit Bourguiba verhandle: »Sahara-Probleme und Regelung der Algerienfragen?« Eine direkte Antwort blieb Christmann schuldig. Stattdessen lieferte er im September eine generelle Einschätzung der tunesischen Regierung, was deren Verhältnis zu Frankreich und den USA betraf: »Man habe eingesehen, dass der pro-französische Kurs dem Lande nur Schaden bringen kann, denn Frankreichs Politik ziele darauf ab, […] vergangenen Einfluss in Nordafrika, vor allem in Marokko und Tunesien, dazu zu benutzen, diesen Gebieten eine neue Art des Kolonialismus aufzuzwingen. Durch das dauernde Heraufbeschwören eines nicht vorhandenen Schreckensgespenstes habe Frankreich erreicht, dass Amerika fest darauf besteht, den Einfluss Frankreichs im gesamten Maghreb zu unterstützen, um die durch ein Ausscheiden Frankreichs aus Nordafrika automatisch einsetzende kommunistische Infiltration zu verhindern. Der Botschafter in Washington [...] habe in der Vergangenheit vergeblich versucht, den Amerikanern klar zu machen, dass eine kommunistische Gefahr im Maghreb erst durch das Vorgehen der Franzosen überhaupt vermutbar geworden sei, in Wirklichkeit sei der Maghreb gegen eine solche Gefahr gefeit. Amerika müsse endlich einsehen, dass die Völker der Welt nicht einfach in ›pro-kommunistische‹ und ›anti-kommunistische‹ eingeteilt werden könnten, das hiesse, die Weltpolitik auf einen zu einfachen Nenner bringen zu wollen. Wenn sich der Maghreb eines Tages gezwungen sähe, die Ostblockstaaten um Hilfe anzurufen, dann bedeute dies keineswegs, dass man mit der Hilfe auch die kommunistischen Ideen erbittet. Wenn die USA dies nicht einsehen wollten und dann auf Druck Frankreichs in irgendeiner Form eingreifen würden oder aber Frankreich ein Eingreifen gestatten würden, dann wäre die Möglichkeit eines neuen Weltkrieges gegeben.«[118]

Das war eine zugespitzte Einschätzung, traf aber in einem Punkt völlig ins Schwarze: Die Vereinigten Staaten versuchten, die tunesische Regierung auf einen profranzösischen Kurs einzuschwören, und verfolgten gleichzeitig massive Eigeninteressen. Am 9. Mai 1959 meldete Christmann, Bourguiba habe in Geheimverhandlungen den USA die prinzipielle Zusicherung zur Stationierung von Raketenabschussbasen in seinem Land gegeben, wenn diese im Gegenzug ein Übergreifen des Algerienkriegs auf Tunesien verhindern würden. Ein knappes Jahr später warnte er davor, dass sich Tunesien »langsam aber sicher aus der Bevormundung des Westens lösen« wolle, von der Bundesrepublik dafür naturgemäß weder Verständnis noch Hilfe erwarte. Am 1. Juni 1960 berichtete er dann, die USA hätten Druck auf Tunesien ausgeübt, sich mit Frankreich an einen Tisch zu setzen, andernfalls müssten die Hilfsprogramme der USA verschoben werden. Es war vor allem die Situation im Nachbarland Algerien, die für Brisanz in den außenpolitischen Beziehungen Tunesiens sorgte und von der unten noch ausführlich die Rede sein wird.

Grenzüberschreitend meldete er die ausländischen Ölinteressen in der Sahara, die für Frankreich das ausschlaggebende Interesse seien, das Hinterland unter Kontrolle zu behalten. Doch internationale Kartelle –

Christmann nennt Royal Dutch Shell, Esso, British Petroleum und Mobil Oil – hätten mit 55,2 Prozent im Saharagebiet bereits die Aktienmehrheit. »Salah« beschwor die »Gefahr, dass sich das Verhältnis zu Gunsten Amerikas weiter verschieben könnte. Dann würden die Amerikaner die Sahara und dann auch das angrenzende Tunesien als ihr wirtschaftliches Interessengebiet erklären.«[119]

Indes war für den BND in Pullach noch wichtiger als die Frage nach den Aktivitäten der Nato-Verbündeten die Beobachtung des Verhältnisses der Warschauer Vertragsstaaten zu Tunesien, insbesondere der Sowjetunion. »Josefa«, die Sekretärin von Giskes, schickte Christmann am 10. Mai 1960 eine Eilanfrage zur Aufnahme diplomatischer Beziehungen zwischen Moskau (»Susi«) und Tunis: »Es wurden offizielle Beziehungen zu Susi aufgenommen, bitte schnellstens alles Wissenswerte.« Schon zwei Tage später berichtete »Salah«, der tunesische Botschafter in Moskau werde voraussichtlich Ahmed Mestiri, was sich Anfang August auch bewahrheiten sollte.[120] In seiner nächsten Meldung verwies er darauf, dass in der Folge der Aufnahme von diplomatischen Beziehungen die UdSSR Tunesien mehr Finanz- und Waffenhilfe gewähren werde. Zugleich konstatierte er schon medizinische Hilfslieferungen aus anderen Staaten des Warschauer Vertrags für die algerische Befreiungsbewegung in Tunesien. Deren bewaffneter Arm, die ALN (Armée de Libération Nationale) habe sich mit riesigen Mengen von Verbandspäckchen aus der Tschechoslowakei eingedeckt – offensichtlich alte Wehrmachtsbestände, da sie den Aufdruck »Lohmann, Fahr/Rhein 1944« trugen. Weiteres Verbandsmaterial werde aus Polen erwartet.[121] Am 19. April 1961 erhielt Christmann einen Hinweis des BND, dass die Kommunistische Partei Tunesiens Geld aus Moskau erhalte, um ihre Organisation aufzubauen und die Neo-Destour-Partei und die Gewerkschaften zu unterwandern.

Größtes Augenmerk hatte Christmann auf die Aktivitäten der DDR in Nordafrika zu richten, denn Richtlinie der Bonner Außenpolitik war die Hallstein-Doktrin, das heißt der 1955 formulierte Alleinvertretungsanspruch, wonach die Bundesrepublik Deutschland mit keinem Staat diplomatische Beziehungen aufnahm oder unterhielt, der diplomatische Beziehungen zur DDR pflegte oder solche einging. Deshalb interessierte den BND jede Einzelheit des DDR-Engagements in Tunesien. Mitte April versuchte »Salah« vergeblich, an die DDR-Teilnehmerliste auf dem Gewerkschaftskongress der UGTT heranzukommen,[122] und selbst ein Radrennen mit Teilnehmern aus der Bundesrepublik und der DDR nahm er im gleichen Monat ins Visier.[123] Über solche Lappalien hinaus schickte

Christmann auch alarmierende Meldungen über die Verbesserung der Position der DDR nach Pullach. Am 12. Mai 1960 berichtete er über die Unterzeichnung eines Handelsvertrages zwischen Tunesien und der DDR, der von großer Bedeutung für die Exporte Ost-Berlins war, weil er »speziell für nicht kontingentierte Waren, wie Photo- und Kinoapparate sowie Textilien« geschlossen wurde.

Alles in allem war Tunesien jedoch gegenüber der Bundesrepublik weit weniger auf Konfrontationskurs als andere arabische Staaten. Das zeigte sich auch einige Jahre später, als die Bundesregierung am 12. Mai 1965 offiziell verkündete, diplomatische Beziehungen zu Israel aufzunehmen. In den folgenden drei Tagen brachen nahezu alle arabischen Staaten mit Ausnahme von Tunesien, Libyen und Marokko ihre diplomatischen Beziehungen zur Bundesrepublik ab, ohne jedoch die DDR offiziell anzuerkennen. Tunis zog seinen Botschafter nur zeitweise aus Bonn zurück.[124] Botschafter Kurt von Tannstein konnte zudem am 22. November 1965 an das Auswärtige Amt melden, mehrere arabische Staaten würden die Wiederaufnahme der diplomatischen Beziehungen zur Bundesrepublik ins Auge fassen. Er hob besonders hervor, dass Bourguiba versuche, Algerien in dieser Beziehung zu beeinflussen.[125]

Die guten deutsch-tunesischen Beziehungen betrafen auch den Geheimdienstbereich. Bereits im September 1956, beim Treffen mit dem tunesischen Botschafter Mondher Ben Ammar in Rom, hatte der BND seine Bereitschaft bekundet, tunesische Nachrichtendienstler bei sich auszubilden. Die geplante Schulung von Vertrauensleuten von Informationsminister Béchir Ben Yahmed nahm schon im darauffolgenden Monat Gestalt an. Giskes bat Christmann in der BND-Meldung Nr. 12 vom 17. Oktober 1956: »Bitte lasse mir die Personalien, Namen und Geburtsdaten, der in Aussicht genommenen Studenten baldigst zugehen und teile mir mit, welche Sprachen sie sprechen (möglichst französisch oder englisch, wenn nicht deutsch).« In der darauffolgenden Meldung wurde verschlüsselt ausgeführt, dass »zwei der drei geeignete Tunesier durch uns in Deutschland ausgebildet werden, Decknamen AGAVE, Vertrauenswürdigkeit unerlässlich, Kursusdauer etwa 14 Tage, Reisekosten trägt AGAVE, Aufenthaltskosten tragen wir«. Anfang November schickte Christmann die Vertragsentwürfe über die Ausbildung zurück und beklagte, dass es nicht ganz einfach sei, die passenden Lehrgangsteilnehmer auszuwählen.[126] Inzwischen hatte sich der BND-Resident auch um technische Ausstattungsunterstützung für den neuen Partnerdienst bemüht. Ende Oktober 1956 hatte er neben Batterien »zwei Christallmikrophone, Miniphonegeräte« geordert.[127]

Die Bundesrepublik war nicht der einzige Staat, der sich durch die Ausbildung von Geheimdienstmitarbeitern Einfluss und Zugänge in Tunesien verschaffen wollte. Am 20. Juli 1958 berichtete »Markus« über zwei CIA-Mitarbeiter, die beim tunesischen Geheimdienst eingesetzt seien: »Jeden Tag werden reihum verschiedene ausgesuchte Kommissare und Inspekteure im Geheimdienstwesen geschult.« Da Christmann unter den Lehrgangsteilnehmern einen Informanten hatte, war er gut unterrichtet über den Ausbildungsfortgang und auch darüber, dass der tunesische Geheimdienstchef auf Dauer mit der amerikanischen Ausbildungshilfe ebenso unzufrieden war wie mit der britischen. Daher bat er Christmann am 29. November 1960, ob er nicht selbst und ein oder zwei seiner Mitarbeiter in der Bundesrepublik in der »Aufspürung von kommunistischen Elementen und Agenten geschult« werden könne. Als Tarnung sollte man einfach eine »Ausbildung von Polizeiführern im Kriminaldienst« wählen. Diese Pläne konnten jedoch nicht mehr realisiert werden, da M'Rad 1961 seines Amtes enthoben wurde.

Auch wenn diese unmittelbare nachrichtendienstliche Zusammenarbeit unter Christmann nicht mehr zustande kam, so konnte sich doch seine fünfjährige Aufklärungsarbeit mehr als sehen lassen. Und Christmann beschränkte sich nicht auf das Sammeln von Informationen, sondern griff auch aktiv in die Politik eines fremden States ein – im Nachbarland Algerien, wo ein blutiger Unabhängigkeitskrieg tobte.

Zusammenarbeit mit der algerischen Befreiungsbewegung FLN

Als am 1. Juli 1962 99,7 Prozent der Algerier für die Unabhängigkeit des Landes stimmten und Charles de Gaulle zwei Tage später in einem Telegramm dieses Votum feierlich anerkannte, war dies das Ende eines grausamen Krieges und einer über 130-jährigen Fremdherrschaft. Begonnen hatte diese Fremdherrschaft mit der französischen Invasion in Algerien im Jahre 1830. Obwohl die Algerier mit aller Macht Widerstand leisteten, wurde das Land schon 1834 zum »französischen« Besitz erklärt. 1848 wurde Algerien in der Verfassung der Zweiten Republik als »französisches Territorium« und 1880 gar als Verlängerung Frankreichs bezeichnet.[128] Anschließend erfolgte die Umwandlung Algeriens in eine Siedlerkolonie und in einen Rohstofflieferanten des Mutterlandes. Die zuvor schon praktizierte Entrechtung der Algerier wurde durch den 1881 verabschiedeten Eingeborenenkodex noch weiter vorangetrieben. Danach wurde die Teilung der algerischen Bevölkerung in zwei verschiedene Menschengruppen juristisch sanktioniert, die Bürger zum einen und die Untertanen zum anderen.

Während die Bürger fast ausnahmslos Europäer waren und mit allen bürgerlich-demokratischen Freiheiten der französischen Verfassung ausgestattet waren, zählten fast alle Algerier zu den Untertanen, die im eigenen Land keinerlei Rechte hatten. Auch wenn viele Algerier im Ersten Weltkrieg auf Seiten der Franzosen kämpften, so wurden ihnen von Seiten der Kolonialherren keine Zugeständnisse gemacht.

Am 7. Juni 1936 versammelten sich schließlich Vertreter der Föderation der muslimischen Gewählten, der Gesellschaft der algerischen Ulama und der Algerischen Kommunistischen Partei (AKP) zum Algerischen muslimischen Kongress, auf dem sie einen Katalog gemeinsamer politischer Forderungen verabschiedeten. Damit war zum ersten Mal eine Einheitsfront antikolonialer Kräfte Algeriens begründet worden. Während die französische Volksfrontregierung einen Kompromiss propagierte, stießen die beabsichtigten Zugeständnisse auf zähen Widerstand der Colons, der französischen Siedler. Schließlich wurde der Kompromiss durch die Parlamentarier 1938 abgelehnt. Das profaschistische Vichy-Regime verbot alle algerischen Parteien und verfolgte insbesondere die AKP.

Am 8. November 1942 landeten alliierte Truppen auf algerischem Boden. General Charles de Gaulle und das Französische Komitee für nationale Befreiung (CFLN) leiteten fortan ihren Widerstand gegen das Hitlerregime von Algerien aus. Da in der Atlantikcharta den Kolonialvölkern die Selbstbestimmung zugesichert worden war und zudem eine Viertelmillion Algerier in den Reihen der Antihitlerkoalition kämpften, legten die für Algeriens Unabhängigkeit eintretenden Gruppen im Manifest des algerischen Volkes 1943 ihre Forderungen dar, die nun auch die Selbstbestimmung beinhalteten. Wer jedoch geglaubt hatte, dass das CFLN als Dankbarkeit für die Unterstützung im Zweiten Weltkrieg die Forderungen zumindest in Teilen akzeptieren würde, sah sich jäh getäuscht. Bei den am 8. Mai 1945 auch in Algerien abgehaltenen Siegesfeiern zum Ende des Zweiten Weltkriegs brachen Unruhen aus, bei denen einige Weiße getötet wurden. Die französische Besatzungsmacht reagierte prompt und brutal. Während das 7. Algerische Schützenregiment ausgeschifft wurde, das noch wenige Wochen vorher an der Seite der Alliierten im Elsass gekämpft hatte, wurde die Stadt Kherratta und Umgebung vom französischen Kreuzer »Duguay-Trouin« beschossen. Landesweit fanden über 40.000 Algerier den Tod.[129]

Nach den Massakern verschwand bei vielen Algeriern der Glaube daran, die Unabhängigkeit mit friedlichen Mitteln erreichen zu können. Radikale Gruppen, wie die OS (Organisation Spéciale), die ursprünglich für den Schutz von Parteiveranstaltungen vorgesehen waren, wurden unter der Leitung des damals knapp 30-jährigen Ben Bella zu einer schlagkräftigen Truppe ausgebaut und verübten Anschläge auf die Kolonialmacht Frankreich.

Mohammed Ahmed Ben Bella, am 25. Dezember 1916 als Marokkaner in Maghnia geboren, hatte im Zweiten Weltkrieg als Unteroffizier in den französischen Streitkräften gedient und wurde zu einer der Galionsfiguren des algerischen Freiheitskampfes. Als Mitbegründer der OS wurde er allerdings 1950 zunächst verhaftet und zu Kerkerhaft verurteilt. Zwei Jahre später gelang ihm die Flucht. Er übernahm in der algerischen Unabhängigkeitsbewegung fortan die Leitung des Waffenschmuggels. 1956 wurde er bei der Zwischenlandung einer tunesischen Verkehrsmaschine in Algier erneut festgenommen und in Frankreich inhaftiert.[130]

Als am 7. Mai 1954 die Nachricht von der Kapitulation des französischen Expeditionskorps vor der vietnamesischen Volksarmee um die Welt ging, war dies für die Algerier Signal und Ansporn zugleich, es den Vietnamesen gleichzutun. Bereits im März desselben Jahres hatten sich fünf ehemalige Führer der OS in Algier getroffen und dort das »Revolutionäre Komitee für Einheit und Aktion« (Comité Révolutionnaire d'Unité et d'Action, CRUA) ins Leben gerufen.[131] Algerien wurde in fünf Wilayas (Militärbezirke) aufgeteilt und für jeden ein Anführer gewählt, der Einsatztruppen aufzustellen und zu bewaffnen hatte. Darüber hinaus gab es eine Stelle, welche die Aktionen in den fünf Wilayas koordinieren sollte, und eine Gruppe, die sich um die außenpolitischen Beziehungen zu Gamal Abdel Nasser und zum Maghreb-Büro der Arabischen Liga kümmern sollte. Der strategische Plan für den Unabhängigkeitskampf sah drei Etappen vor. In der ersten Etappe sollten die militärisch-politischen Strukturen des Aufstands geschaffen und ausgebaut sowie das Volk durch intensive Aufklärung für den Aufstand gewonnen werden. Ziel der zweiten Etappe war es, den militärischen Kampf zunehmend durch politische Massenaktionen zu ergänzen, um die Destabilisierung der Kolonialmacht zu erreichen. In der dritten Etappe schließlich sollten befreite Zonen geschaffen und revolutionäre Machtorgane gebildet werden.

Am 10. Oktober 1954 trafen sich die CRUA-Führer und stimmten dem Vorschlag zu, die CRUA in FLN (Front de Libération Nationale) umzubenennen und mit dem Aufstand am 1. November um null Uhr zu beginnen. Zugleich wurde die Nationale Befreiungsarmee (Armée de Libération Nationale, ALN) als militärisches Instrument der FLN etabliert.[132] Zunächst maß die französische Verwaltung den Aufständen und bewaffneten Aktionen kaum Bedeutung bei, weil man davon ausging, dass es sich um Aktionen einzelner Extremisten handle. Aber die Anzahl der Anschläge nahm nicht ab, im Gegenteil: Was als kleiner Aufstand begonnen hatte, weitete sich zusehends zum Volkskrieg aus. Frankreich suchte der Lage mit Brachialgewalt Herr zu werden, was allein die Entwicklung der französischen Truppenstärke in Algerien belegt: Waren im November 1954 noch 49 000 Mann in Algerien stationiert, so waren es im Mai 1955 bereits 100 000, ein Jahr später 276 000, im Oktober 1957 425 000 und schließlich im September 1959 800 000 Mann.[133]

Die vielerorts zunächst zu beobachtende zurückhaltende Haltung der Bevölkerung gegenüber der FLN und ALN wich Anfang 1955 zunehmend einer aktiven Unterstützung. Zentren der antikolonialen Streitkräfte waren das Aurès-Gebirge und die Kabylei. Als die Franzosen versuchten, diese Gebiete zu isolieren, um sie besser ausschalten zu können, kam es am 20. August 1955 in zahlreichen Städten zu Anschlägen auf französische Einrichtungen des Militärs und auf die zivile Bevölkerung. Diese militärische Aktion wuchs zu einer regelrechten Volkserhebung an, was zur Folge hatte, dass die französische Armee einen Teil ihrer Einheiten aus Wald- und Gebirgsregionen zurückzog und zum Schutze der französischen Bevölkerung in den Dörfern und Städten nördlich von Constantine einsetzte. Damit konnte die ALN ihre Kontrolle über ausgedehnte Wald- und Gebirgsregionen verstärken. Als Folge dieses Aufstandes verhängte der Generalgouverneur am 29. August das Kriegsrecht über ganz Algerien. »Die ALN, die nur spärlich mit Waffen ausgerüstet war, erhielt von verschiedenen Seiten, vor allem aus Ägypten, Tunesien, das am 3. Juni 1955 die innere Autonomie erlangt hatte, und Marokko, das seit dem 2. März 1956 unabhängig war, sowohl materielle als auch finanzielle Unterstützung.«[134]

Ab dem Sommer 1956 war die Eskalation der Gewalt offensichtlich. Im Juni wurden zwei Anführer der ALN inhaftiert und exekutiert. Die Anzahl der Anschläge europäischer Rechtsextremisten gegen die FLN stieg, und die Menschen in Algier und Umgebung wurden zunehmend terrorisiert. Für das Departement Algier wurde Anfang 1957 der Fallschirmjäger-General Jacques Massu verantwortlich, der begann, mit Hilfe von Razzien systematisch die Kasbah, die verwinkelte Altstadt Algiers, nach Waffenverstecken und Widerstandskämpfern zu durchsuchen (Operation »Champagne«). Das war der Auftakt für die sogenannte Schlacht um Algier, die von Januar bis September 1957 tobte. Ganze Stadtteile in Algier wurden durch Drahtverhaue abgeriegelt, strategische Punkte besetzt, Patrouillen kontrollierten ständig verdächtige Zivilisten, die beim leisesten Verdacht auf der Straße verhaftet wurden. Die Schlacht war zu einem Krieg der Polizei gegen die Bevölkerung geworden, bei dem die brutalsten Mittel zum Einsatz kamen. Die mit Folter gewonnenen Informationen nutzen die Militärs, was schließlich zu einer fürchterlichen Niederlage für ALN und FLN führte. Es sollte Jahre dauern, bis die FLN wieder Fuß in Algerien fassen konnte. Gleichwohl war der Welt vor Augen geführt worden, mit welchen Mitteln Frankreich versuchte, weiter seine Interessen gegen das algerische Volk durchzusetzen.[135]

Auch dem BND waren die brutalen Verhörmethoden der französischen Streitkräfte bekannt, die auch nach der »Schlacht um Algier« weiterhin angewandt wurden. Am 17. März 1958 meldete sein Resident Christmann, dass die Ernennung von Oberst Bigeard, der sich »bei der Tortur gefangener Algerier und Franzosen ganz besonders hervorgehoben« habe, zum Leiter der Ausbildung von Spezialeinheiten in Algerien, die Geständnisse erzwingen sollten, in Tunesien Empörung ausgelöst habe. Christmann sah darin ein Anzeichen dafür, »dass Frankreich alle Vorbereitungen trifft, um den Krieg in nächster Zukunft mit neuen Ausrottungsmethoden noch zu verschärfen«. Eine Schlüsselrolle bei der Anwendung von Foltermethoden spielten französische Militärnachrichtendienstler, die zum großen Teil zuvor in Vietnam eingesetzt waren.[136]

Der Führer der FLN in Algier, Yacef Saadi, war wie viele andere Kader während der »Schlacht um Algier« verhaftet und das Netz militärischer und politischer Zellen zerschlagen worden. Das operative Leitungsorgan des Befreiungskampfes, das Comité de Coordination et d'Exécution (CEE), hatte bereits im Februar 1957 Algier verlassen und nach Tunis ausweichen müssen, was die Ausübung ihrer Führungsfunktion erheblich beeinträchtigte. Ebenfalls in Tunesien, in der Stadt El Kef, errichtete die ALN ihre Hauptfunkstelle, mit der die Stäbe ständig Kontakt hielten. Im Oktober 1957 beschloss die CCE, eine provisorische Regierung vorzubereiten. Teile der Befreiungsarmee in Marokko und Tunesien wurden zu gesonderten Verbänden zusammengefasst. Damit begann allmählich die Aufstellung einer »Außenarmee« in den benachbarten Maghreb-Ländern.

Die Entscheidung der FLN, ihr Hauptquartier in Tunis aufzuschlagen, erwies sich für den Bundesnachrichtendienst als Glücksfall. Christmann war nicht mehr nur auf sporadische Kontakte zu Angehörigen der algerischen Befreiungsbewegung angewiesen, sondern befand sich mit allen wesentlichen politischen und militärischen Führern in derselben Stadt und knüpfte schnell Kontakte mit ihnen. Seine Liste mit den algerischen Informationsquellen ist mit 44 Personen die längste, umfasste dabei allerdings auch den wichtigen Teil der FLN-Führung, der im Pariser Gefängnis saß, darunter Mohammed Ben Bella, Hocine Ait Ahmed, Mohammed Khider und Mohammed Boudiaf. Den Kontakt zu Ben Bella und den übrigen Inhaftierten stellten deren Anwälte her, mit denen Christmanns engste Vertraute in der FLN-Führung in Verbindung standen.

Im Koordinierungs- und Exekutivkomitee CCE hatte Christmann Zugang zu nahezu allen Schlüsselpersonen, zu dem Arzt Ahmed Francis (ALA 11),»kommunistischen Einflüssen sehr geneigt«, zu Lamine Debaghine (ALA 20), als Kommunist im CCE verantwortlich für außenpolitische Fragen, zu Mohamed Boussouf (ALA 21), Verantwortlicher für Fernsprechwesen, Eisenbahnen und Rundfunk, zu Mohamed Yazid (ALA 22), verantwortlich für Informationen und Propaganda, oder zu dem eher antikommunistischen Ben-Bella-Getreuen Farhat Abbas (ALA 19). Abbas »wird in der zukünftigen alg. Exilregierung das Präsidium und Aussenministerium übernehmen«, prognostizierte Christmann und lag fast richtig: Als sich am 19. September 1958 das Koordinations- und Exekutivkomitee der FLN zur Provisorischen Regierung der Algerischen Republik mit Sitz in Tunis erklärte, wurde Abbas zum Ministerpräsidenten berufen.

Doch nicht nur im dienstlichen Auftrag, sondern auch privat begegnete Christmann Bekannten aus seiner Zeit in Frankreich schnell wieder. Als er im Juli 1956 für einen Tunesier ein blutstillendes Medikament besorgen sollte, stellte er fest, dass es sich hierbei um »Dr. S. Charles« handelte, den er am 10. Juli 1937 auf einer Ferienfahrt an die Côte d'Azur bei Arles als Anhalter nach Marseille mitgenommen hatte. Mit dem algerischen Studenten der Medizin hatte er sich seinerzeit in der französischen Hafenstadt auch am darauffolgenden Sonntag ausführlich über die französische Unterdrückung seiner Heimat unterhalten. Der korrekte Name des alten Bekannten lautete Mohamed Seghir Nekkache, im Zweiten Weltkrieg Assistenzarzt in einem deutschen Militärlazarett in Paris und nun führender Kopf der Rebellen. Den richtigen Namen verschwieg »Salah« selbst in seiner Agentenliste für Pullach und bezeichnete ihn auch in seiner Meldung an die BND-Führungsstelle nur als den »Doktor, den ich Charles nenne«.[137]

»Charles« (ALA 10) alias Nekkache habe es fertiggebracht, die verstreuten Ben-Bella-Leute heimlich zu sammeln oder mit ihnen Kontakt aufzunehmen, erläuterte Christmann Giskes und schwärmte in den höchsten Tönen von seinem Partner:»Arbeitet Tag und Nacht, um die Basis für den Aufbau des späteren Algerien zu schaffen. Äusserst vielseitig und belesen, geniesst höchsten Ruf bei den Ben-Bella-Leuten, ist bester Freund von Ben Bella, sehr religiös, sehr bescheiden in seiner Lebensweise, aber ein Fanatiker.« Unter dem Decknamen »Ben Slimane« betreute der Arzt den tunesischen Grenzabschnitt und bat Christmann um die Beschaffung von Verbandsmaterial für die Verwundeten der ALN. Er besorgte es ihm, was den Einstieg in die direkte Unterstützung des militärischen Arms der FLN bedeutete. Was Christmann in der Folge für die ALN beschaffte, waren zwar keine Waffen, aber wichtige militärische Ausrüstungsgegenstände, wie beispielsweise Stahlhelme.

Zur Versorgung der kämpfenden ALN-Einheiten und für die 400 000 in Lagern lebenden Algerienflüchtlinge ließ »Salah« von zwei ehemaligen Soldaten des Deutschen Afrikakorps in Tunis mobile Feldduschen bauen und überließ der Rebellenarmee alle Rechte für den Nachbau. Im Februar 1959 half er auch bei der Vermittlung von Notunterkünften – einer Eigenkonstruktion des deutschstämmigen Farmverwalters Heinz Hemberger – für die Flüchtlinge aus Algerien.[138]

Darüber hinaus gelang es Christman, bei großen pharmazeutischen Unternehmen Sachspenden für den algerischen Roten Halbmond zu sammeln. Er versorgte die ALN so nicht nur mit Wundnahtmaterial und chirurgischen Instrumenten, sondern half auch direkt beim Aufbau von Feldlazaretten und Verbandsplätzen entlang der algerisch-tunesischen Grenze. Zusammen mit Nekkache entwickelte er zudem einen Leitfaden mit Hygienevorschriften im Kampfeinsatz und richtete Lehrgänge für ALN-Sanitäter ein.

Doch Christmanns Hilfe für die FLN war nicht nur uneigennützig, sondern auch gewinnorientiert. Sein Führungsoffizier warnte ihn im Juni 1957 vor Geschäften mit der algerischen Befreiungsbewegung, weil es sehr einflussreiche Leute gebe, die auch in Deutschland einen langen Arm hätten und sowohl für seine persönliche Sicherheit als auch für die Weiterführung seines BND-Postens eine Gefahr darstellten.[139] Gemeint waren mögliche Anschläge oder Aktionen von Seiten Frankreichs. Doch Christmann ließ sich nicht einschüchtern und kündigte Giskes am 22. März 1959 an, dass die algerische Befreiungsbewegung in den nächsten Monaten größere Aufträge für chirurgische Instrumente zu vergeben habe, und bat ihn, den Export zu managen:»Bitte gesamtes verfügbares Provisionskonto zwecks teilweiser Bezahlung dieses Auftrags an Medicon Chirurgiemechaniker-Genossenschaft eGmbH, Tuttlingen zu überweisen«.

Darüber hinaus löste »Salah« ein weiteres Problem der Befreiungsarmee. Ihre Angehörigen trugen keine einheitlichen Uniformen, vielfach sogar Zivilkleidung und verfügten damit nach geltendem Völkerrecht nicht über einen Kombattantenstatus. Deshalb entwarf er Rangabzeichen für die ALN-Kämpfer: ein Wappen, auf dem eine geballte Faust eine lodernde Flamme hielt, in goldener Ausführung für Offiziere, in silberner für Unteroffiziere und bronzefarbene für die Mannschaftsdienstgrade. Die Bezeichnung ALN war fest eingepresst, die Verbandszugehörigkeit wurde vor Ort eingestanzt. Gefertigt wurden diese Rangabzeichen von der Firma Hoffstätter in Bonn nach den Skizzen von Christmann. Dies alles waren weitere Schritte zur operativen Unterstützung der FLN durch Christmann, die ein noch größeres Ausmaß annehmen sollte.

Ein kleiner Hilfsdienst für die Führung der algerischen Befreiungsbewegung Ende 1957 macht deutlich, dass sein Führungsmann in München nicht immer mit offenen Karten spielte. Als Richard Christmann wieder einmal als Spätfolge seines im Saarland erlittenen Autounfalls bettlägerig war, übernahm es seine Frau Eva-Maria im Dezember 1957, einen brisanten Bericht für den BND aufzusetzen. Die FLN habe ihren Mann gebeten, ein Angebot über Rüstungslieferungen aus dem Englischen ins Französische zu übersetzen und »unter Androhung von Repressalien« gefordert, über den Inhalt der Offerte strengstes Stillschweigen zu wahren. Die zwei Seiten umfassende Übersetzung legte »Maricia« der Meldung dennoch bei. Angeboten wurden der algerischen Befreiungsbewegung Unmengen von Handfeuerwaffen und Munition aus westeuropäischer Produktion: 5150 Maschinengewehre dreier Typen mit 9,25 Millionen Patronen, 16 200 Maschinenpistolen in drei Varianten mit acht Millionen Schuss Munition, 100 000 Karabiner von Lee-Enfield mit 60 Millionen Patronen, 40 000 Karabiner Breda mit 40 000 Schuss sowie – angesichts der Luftherrschaft der französischen Streitkräfte besonders begehrte – 150 Maschinengewehre zur Fliegerabwehr vom Kaliber 20 mm mit vier Millionen Geschossen und 40 Flugabwehrkanonen des Schweizer Herstellers Oerlikon mit 300 000 Brisanzgeschossen. Die ausgewiesenen Preise der von sofort bis innerhalb von drei Monaten lieferbaren Waffen reichten von 41 US-Dollar für einen Karabiner bis zu 1710 US-Dollar für jedes Fliegerabwehr-MG. Bei dem Unternehmen, das im Fall von Kaufinteresse auf Seiten der FLN einen seiner Repräsentanten zur Besprechung aller Modalitäten entsenden wollte, handele es sich um die Firma eines gewissen Hans Sommer mit Sitz im italienischen Brescia, setzte Frau Christmann handschriftlich hinzu.[140]

Nachdem Christmann wieder auf den Beinen war, erkundigte er sich Mitte Januar 1958 bei seiner Führungsstelle nach dem Anbieter, der in Brescia Inhaber oder Mitinhaber der beiden Firmen »Sommer & Winter, chirurgische Instrumente« und »Eredei Bonomo Silvio« war. Injektionskanülen und kleinere chirurgische Instrumente habe er bereits bei Sommer gekauft, der ihm überdies ein Angebot zur Investition von zehn Millionen Francs aus dem Vermögen eines befreundeten Kubaners gemacht habe, meldete »Markus« an Giskes und bat um nähere Auskunft, welche Funktion sein Geschäftspartner im Zweiten Weltkrieg in »unserer früheren Firma«, also bei der Abwehr, gehabt habe.[141]

Es ist eigentlich erstaunlich, dass bei dem Namen Hans Sommer bei »Salah« nicht die Alarmglocken klingelten, denn der SS-Offizier, Jahrgang 1914, war ab Sommer 1940 zeitgleich mit ihm in Paris gewesen und hatte für den SD im Einsatzkommando z.b.V. des SS-Sturmbannführers Helmut Knochen unter anderem dieselbe Aufgabe wahrgenommen, die Christmann für die Abwehr hatte, nämlich die Betreuung und Werbung von Nordafrikanern. Nachdem er Anfang Oktober 1941 Anschläge auf sieben Synagogen in Paris hatte verüben lassen, wurde er auf Betreiben des Militärbefehlshabers in das Frankreichreferat des SD-Ausland in Berlin versetzt, erhielt vier Wochen Stubenarrest und eine dreijährige Beförderungssperre.

1943 schickte ihn der Amtschef des SD als seinen Statthalter nach Nizza; anschließend fungierte Sommer bis August 1944 als Vizekonsul in Marseille. Zu Beginn des Rückzugs der Wehrmacht aus Frankreich landete er schließlich bei einem Frontaufklärungskommando in San Remo. Bei Kriegsende floh er nach Spanien, wurde in Madrid jedoch auf Veranlassung des US-Botschafters verhaftet und saß mit dem Exmilitärattaché Kurt von Rohrscheidt ein. Wenig später wurde er in ein US-Internierungslager im württembergischen Hohenasperg ausgeflogen und landete kurz darauf im Camp King in Oberursel.

Sommer wurde als Kriegsverbrecher nach Frankreich ausgeliefert. Das Militärgericht in Marseille stellte allerdings am 18. Dezember 1948 das Verfahren gegen ihn ein. 1950 wurde er nach Deutschland abgeschoben, setzte sich sofort mit dem 1948 als Leiter der Stuttgarter Untervertretung in der Organisation Gehlen gelandeten Kurt von Rohrscheidt in Verbindung, der ihn umgehend in einer Stuttgarter Filiale der OG unterbrachte. Doch schon wenige Monate später wechselte er nach Hamburg, wo er bis August 1953 als Leiter der Bezirksvertretung Nord der Organisation Gehlen amtierte. Die genauen Gründe seiner Entlassung sind unbekannt. Doch bereits in der Operation »Campus« des US-Militärnachrichtendienstes CIC, der an der CIA vorbei Nachforschungen über führende OG-Angehörige anstellte, war er in Verdacht geraten, für den Osten zu arbeiten, und wurde deshalb auch von Sicherheitsexperten der OG ins Visier genommen.[142]

Tatsächlich wurde Sommer im Juli 1954 vom Ministerium für Staatssicherheit der DDR als IM »Rumland« angeworben. Seine Hauptaufgabe bestand über Jahre hinweg in der Beschaffung von Personalinformationen aus den SS-Kreisen in der Organisation Gehlen und beim Verfassungsschutz. Im Herbst 1956 siedelte Hans Sommer nach Brescia um. Er baute »dort eine Firma mit auf, die der Tarnung seiner Einkünfte aus Spionagetätigkeit diente. Als kaufmännischer Leiter konnte Sommer unauffällig durch die gesamte Bundesrepublik reisen und seine Kontakte zu alten Kameraden, Freunden und Kollegen pflegen«,[143] hielt der wissenschaftliche Mitarbeiter der Birthler-Behörde Henry Leide 2005 fest.

Für Hermann Josef Giskes war Sommer beileibe kein Unbekannter, denn Giskes amtierte unter dem Decknamen »Gisson« 1953 als Leiter der Untervertretung XVII der Organisation Gehlen in Hamburg, während Sommer die Bezirksvertretung Nord in der Hansestadt führte. »Seine Lieblichkeit« – so der Spitzname von Giskes in BND-Kreisen – war dann von 1955 bis Anfang 1956 in der Gegenspionage in der Pullacher Zentrale eingesetzt, bevor er mindestens bis 1963 Leiter der Generalvertretung des BND in München war, jener operativen Außenstelle, die auch Nordafrika betreute. Seinen Mann in Tunis ließ er über Sommers Tätigkeit für die Organisation Gehlen ebenso im Unklaren wie über den Rauswurf wegen Nachrichtenfälschung im Herbst 1954 und dessen Hintergründe. »Zu diesem Hans wäre allerhand zu sagen«, leitete Giskes seine Antwort auf Christmanns Anfrage am 23. Januar 1958 ein, und beließ es dann dabei. Was dessen medizinische Artikel betreffe, so seien sie seriös, und auch auf die kubanische Kapitalinvestition könne »Salah« bedenkenlos anspringen. Bei den Waffen- und Munitionsangeboten empfahl er jedoch »allergrößte Zurückhaltung« und wollte nicht ausschließen, dass es sich bei den Rüstungsangeboten von Sommer um eine französische Provokation handeln könne.[144]

Dass Sommer für das Ministerium für Staatssicherheit der DDR tätig war, hatte der BND trotz der Verdachtsmomente nicht angenommen. Der Agent hatte seine Aktivitäten im illegalen Waffenhandel jedoch nicht im Auftrag des MfS entfaltet, wohl aber mit ihm abgestimmt. Im November 1956, gut ein Jahr vor dem Angebot an die FLN, hatte der IM »Seemann« – so Sommers zweiter Deckname – in Ost-Berlin angefragt, ob er in solche Geschäfte zweier ehemaliger SD-Führer einsteigen solle, und im März 1957 einen Bericht über Waffenhandel und neue Geschäftsmöglichkeiten vorgelegt.[145]

Die Verhaftung von Ben Bella hatte innerhalb der Unabhängigkeitsbewegung ein Machtvakuum hinterlassen. Selbst sein früher treuester Anhänger, Krim Belgacem (ALA 2), versuchte in seiner Eigenschaft als Chef des Generalstabs, Ben-Bella-Anhänger auszuschalten, um sich als dessen Nachfolger aufzubauen. »Arbeitet im Geheimen und ist kommunistischen Einflüssen sehr zugeneigt«, warnte Christmann. Doch der eigentliche Führer des kommunistischen Flügels war Houari Boumedienne (ursprünglich Mohammed Ben Brahim Boukharouba). Er wurde am 16. August 1925 in Guelma als Sohn eines Landpächters geboren. In Berührung mit der algerischen Unabhängigkeitsbewegung kam er während seines Studiums der arabischen Literatur in Kairo 1952. Der Student schloss sich 1954 in der ägyptischen Hauptstadt Ben Bella an. Ein Jahr später kehrte er nach Algerien zurück.[146] Im März 1960 meldet Christmann den Aufstieg von Boumedienne in der militärischen Hierarchie der ALN vom Kommandeur des Wilaya 5 zum Chef des Generalstabs, wo er die Funktion von Krim Belgacem übernahm. Verbunden damit sah Christmann auch einen politischen Wandel, denn Boumedienne »würde jede Hilfe aus dem Osten und Rotchina annehmen«.[147]

Die Agentenliste Christmanns mit den Quellen- und Personenbeschreibungen ist zunächst ein Spiegelbild der internen Macht- und Flügelkämpfe im algerischen Widerstand, die zum Teil sehr blutig ausgetragen wurden. Eine erste Schlüsselfigur war dabei Abbane Romdane, ein Anfang 1956 aus dem Straßburger Gefängnis entlassener ehemaliger Hauptfeldwebel der französischen Streitkräfte, der es schnell verstand, die politische Führung in den algerischen Widerstandszentren an sich zu reißen und auch die Widerstandsgruppen in Algier selbst befehligte. Der Kabyle versuchte den Araber Ben Bella politisch auszuschalten und ließ nach dessen Inhaftierung und der verlorenen »Schlacht um Algier« dessen Gefolgsleute in Algerien liquidieren. Die Nachricht von diesen Säuberungen erreichte Tunis, bevor Romdane selbst in der tunesischen Hauptstadt eintraf, und führte dazu, dass sich die Anhänger der Ben-Bella-Fraktion – darunter Ben Bellas ständiger Begleiter Mahsas – ins Ausland oder in den Untergrund absetzten. Romdane selbst wurde im Frühjahr 1958 an der tunesisch-libyschen Grenze von Rebellen aus dem Aurèsgebirge umgebracht, weil sie seine kommunistischen Tendenzen ablehnten. »Langsam, aber sicher nehmen die Ben-Bella-Leute wieder das Heft in die Hand«, kommentierte Christmann die Flügelkämpfe innerhalb der FLN.[148]

Romdanes Witwe (»Keine eigene Meinung, dient dem, der sie gerade unterhält. Ist aber wegen ihrer Intelligenz gefährlich.«) besaß eine Schlüsselstellung in dem folgenden Ränkespiel. Als Mätresse von Rachid Gaid, dem Generalsekretär der illegalen algerischen Gewerkschaften, versuchte sie mit verschiedenen Ben-Bella-Leuten intime Beziehungen anzuknüpfen, um sie auszuhorchen. Gaid (ALA 4) zählte Christmann zum Lager der Kommunisten innerhalb der FLN. Deshalb stehe er nun auf der Abschussliste der Ben-Bella-Gruppe. Auch Omar Quamrane (ALA 1), der Chef des Versorgungswesens, sei »stark kommunistisch beeinflusst, hat sich noch nicht offen gegen Ben Bella gestellt, versucht aber alle pro-Ben-Bella-Leute auszuschalten«, hielt Christmann fest.

Als den wegen seiner überdurchschnittlichen Intelligenz gefährlichsten Mann im FLN-Stab schätzte »Salah« Serge Michel (ALA 8) ein, der zugleich Sprecher bei der französischen Nachrichtensendung von Radio Tunis, Spitzel der tunesischen Polizei innerhalb der FLN und verantwortlich für die Redaktion der FLN-Nachrichtenblätter war. Der mache »neuerdings aus seiner kommunistischen Einstellung keinen Hehl und würde Gerüchten zufolge für den jugoslawischen Nachrichtendienst arbeiten«, ergänzte er. Gute vier Jahre nach seinem Amtsantritt konnte »Salah« einen Karrieresprung von Michel vermelden: Der erste Staatschef eines unabhängigen Kongo, Patrice Lumumba, hatte ihn im August 1960 als Pressechef angeworben.[149]

Unter ALA 12 firmierte Mohammedi Said, der als »General Nacaur« in Tunesien und Libyen für die Waffentransporte zur FLN verantwortlich war. Christmann war ihm gegenüber skeptisch. Er sei zwar ein guter Stratege, aber zugleich ein brutaler Bursche von geringer Intelligenz. Neuerdings sei Said unter den Einfluss des Militärchefs Krim Belgacem geraten und gebe plötzlich kommunistischen Ideen Raum. »Unterhält über unbekannte Mittelsmänner gute Beziehungen zu Ostdeutschland«, warnte er den BND.

In keiner anderen Führungsfigur der FLN trat die Bindung an Deutschland so deutlich hervor wie bei Said. Er war beim OKW-Amt Ausland/Abwehr in Stahnsdorf zunächst Feldwebel im Kradschützen-Ersatzbataillon 4 gewesen, anschließend beim Deutsch-Arabischen Infanteriebataillon 845 im österreichischen Zwettl, war sechs Wochen lang in Griechenland eingesetzt worden, bevor er erneut in Belzig ausgebildet wurde. Anschließend war der mittlerweile zum Leutnant Beförderte wieder kurz in Griechenland, um von dort nach Nordafrika zu fliegen, wo er bis 1945 – zuletzt als Oberleutnant – für die Abwehr arbeitete. Bei Kriegsende festgenommen, saß er bis Ende 1952 im Gefängnis, um sich 1954 dem bewaffneten Kampf für die Unabhängigkeit Algeriens anzuschließen. In der FLN war er als Oberst Abschnittskommandeur, rückte 1956 zum Mitglied des Revolutionsrats auf und hatte sich 1958 an der Kriegsschule in Kairo zum Stabschef qualifiziert. In der Revolutionsregierung wurde er 1960 Minister der Moudjahidine und behielt diese Funktion als Chef der Milizen auch in der ersten unabhängigen Regierung Algeriens bei, in der er zugleich Gesundheitsminister, Vizepräsident des Rates und Mitglied des Politbüros war. Nachdem er 1965 noch einmal Mitglied des Revolutionsrates war, zog er sich drei Jahre später aus der Politik zurück.[150] Das Deuxième Bureau hatte 1944 den damals 25-jährigen Algerier aus Guelma als deutschen Funkagenten registriert, der in Feriana festgesetzt worden war.[151]

Said ist auch ein gutes Beispiel dafür, welche Probleme Christmann trotz seiner Sprachkenntnisse anfangs hatte, Personen eindeutig zu bestimmen, zumal viele FLN-Führer sich eines Kampfnamens bedienten. So notierte »Markus« zu ALA 42 Mohamed Said: »Hier scheint eventuell eine Verwechslung mit ALA 12 vorzuliegen« und zu ALA 43 Nacaur: »Sollte dieser identisch sein mit ALA 12, dann wird diese Nummer in Zukunft gestrichen. […] Bei den vielen ähnlichen Namen müssen Verwechslungen möglichst ausgeschaltet werden.«

Was Christmann im Laufe der Jahre an Quellen hinzugewann, stammte aus der kommenden Führung der algerischen Befreiungsbewegung, wie etwa Ali Mahsas (ALA 37). »Ist vorgesehen als zweiter Mann in der späteren Regierung. Man will aber nicht, dass er schon jetzt aus der freiwilligen Verbannung zurückkommt, um ihm eine Beteiligung an den internen Kämpfen zu ersparen«, erläuterte er die Agentenbeschreibung des Mannes, den Christmann auf der Todesliste der »kommunistischen Elemente« wähnte. Als Neuzugang auf seiner Agentenliste verbuchte Christmann auch Ali Allal (ALA 35), den neuen Chef der FLN-Basis Tunis, der aus dem Kampfgebiet in diese Position geholt wurde.

Christmanns weitere Quellen waren Politiker, Publizisten oder Militärs aus der zweiten Reihe der FLN wie der Psychiater Frantz Fanon (ALA 25), »früher Chefarzt vom Irrenhaus in Blida. Weil er aus seiner kommunistischen Einstellung in der Oeffentlichkeit keinen Hehl machte, wurde er aus verantwortlicher Stelle in der Presseabteilung der Basis entfernt. Hat gute Beziehungen zu jugoslawischen Kommunisten, wird stark verdächtigt, einen Kurierdienst nach Russland zu unterhalten. Ist nach aussen hin politisch nicht sehr tätig, steht auf der ›Abschussliste‹ der Ben Bella-Leute. Ist aus Martinique gebürtig, kein Algerier, hat aber im späteren Algerien (wenn er noch lebt) Stimmrecht. Mit einer Französin verheiratet, diese ist sehr leicht, über deren gelegentliche Liebhaber, die ihr die Ben Bella-Leute zuspielen, habe man von ihr belastendes Material über ihren Mann erhalten, die dessen Beziehungen zu Russland beweisen würden. Material liegt in Kairo, hier nichts Näheres zu erfahren.« Kein Wort des BND-Residenten in seiner internen Charakteristik über die Rolle Fanons als bedeutender Theoretiker der Entkolonialisierung, obwohl dieser bereits 1952 sein erstes großes Werk, *Schwarze Haut, weiße Masken* in Frankreich publiziert hatte.[152] Christmanns Interesse galt nur der Frage, wer bei der FLN in welchem Lager stand. Das war typisch für seine Quellenbeschreibungen und entsprach ganz der sogenannten nachrichtendienstlichen Optik, die sich von der Frage »Wer kennt wen?« leiten lässt, die »Kennverhältnisse zwischen ND-Personen darstellt«[153] und dem Bundesnachrichtendienst Aufschluss über die Stellung einer Zielperson in ihrem Netzwerk gibt.

Obwohl die FLN 1957 eine schwere Niederlage hatte hinnehmen müssen, veränderte sich bald darauf das politische und moralische Koordinatensystem. Als die ALN-Flugabwehr Anfang 1958 französische Aufklärungsflugzeuge beschoss, reagierte die französische Luftwaffe prompt mit einem 80-minütigen Bombardement auf Ziele in Tunesien, dem viele Frauen und Kinder zum Opfer fielen. In Frankreich löste die Bombardierung eine Regierungskrise aus, die USA maßregelten Frankreich. Der amerikanische Präsident John F. Kennedy hatte bereits 1957 verkündet, dass Algerien aufgehört habe, ein rein französisches Problem zu sein. Die Interessen der westlichen Welt lagen vor allem in der Sahara. Dort waren riesige Erdöl- und Erdgasvorkommen entdeckt worden, an deren Ausbeutung auch die multinationalen Konzerne Esso und Mobil Oil beteiligt waren.

Auch die politische Lage in Frankreich hatte sich verändert. Es gab vermehrt Proteste im eigenen Land gegen den Krieg in Algerien, denen profaschistische, ultrakolonialistische Kräfte der europäischen Minderheit Algeriens sowie andere Rechtsextremisten gegenüberstanden. Am 5. Februar 1958 verabschiedete die französische Nationalversammlung das Gesetz über die Institutionen Algeriens, das eine Reihe sozialer Reformen vorsah und den Algeriern begrenzte Autonomierechte zusicherte. Die reaktionären Kräfte der französischen Bevölkerungsminderheit Algeriens sahen in diesem Gesetz ein unzulässiges Zugeständnis an das Freiheitsstreben des algerischen Volkes und fürchteten um ihre Privilegien.[154]

Am 13. Mai 1958 kam es schließlich zum Putsch ultrarechter Siedler in Algerien. Sie waren entschlossen, ihr Ziel einer dauerhaften Zugehörigkeit Algeriens zu Frankreich wenn nötig durch eine Invasion und die Entfesselung einer Militärrevolte zu erreichen. Die Nationalversammlung wich vor den Bürgerkriegsdrohungen der Ultras zurück und übertrug am 1. Juni 1958 Charles de Gaulle die Regierungsgewalt. Durch diese Wahl zum Ministerpräsidenten kehrte der Weltkriegsheld auf die große politische Bühne zurück. Dies bedeutete das Ende der IV. Republik in Frankreich. De Gaulle war Realist genug, zu erkennen, dass die Ära des klassischen Kolonialismus zu Ende ging. Für ihn ging es darum, den absehbaren Verlust für die Großbourgeoisie seines Landes in Grenzen zu halten und gleichzeitig nach der staatlichen Selbständigkeit Algeriens weiterhin den Einfluss Frankreichs in Algerien sicherzustellen. De Gaulle versuchte deshalb, die algerische Bevölkerung von der FLN zu trennen und für die französische Politik zu gewinnen, indem er wirtschaftliche und soziale Verbesserungen für die Menschen in Algerien in Aussicht stellte. Gleichzeitig setzte er auf einen militärischen Sieg und forcierte die Zwangsumsiedlungen aus von der ALN kontrollierten Gebieten, um so die Versorgung der Rebellen zu unterbinden. An den Grenzen zu Tunesien und Marokko wurden neben Elektrozäunen auch Minenfelder, Radarfallen und Luftüberwachungen eingeführt, wodurch die ALN faktisch in eine innere und äußere Armee geteilt wurde.

Am 6. Februar 1959 begann die französische Offensive. Die ALN erlitt schwerste Verluste, nahezu alle Wilaya-Anführer wurden getötet. Nur ihre Rückkehr zur Guerillataktik im Herbst 1959 verhinderte Schlimmeres. De Gaulle hatte wohl schnell die politische Dimension erkannt, die es mit sich bringen würde, wenn es Frankreich nicht gelingen würde, in kürzester Zeit den Widerstand der ALN zu brechen. Deshalb gestand er am 16. September 1959 dem algerischen Volk das Recht auf Selbstbestimmung zu und bot Verhandlungen an. Die damit verbundene Forderung nach einer Kapitulation der ALN war jedoch vollkommen realitätsfremd.

Für welche politische Gruppierung in Nordafrika Christmanns Herz schlug, daran lassen Qualität und Quantität seiner Meldungen keine Zweifel: für die Angehörigen der FLN, die bei ihm »Albatrosse« hießen.[155] Hatte »Salah« 1957 nur 45 Berichte für seine Pullacher Führungsstelle geschrieben, waren es 1958 schon 140 bzw. im Jahr 1959 113, die sich überwiegend mit Angelegenheiten der algerischen Befreiungsbewegung und ihrer Exilregierung GPRA (Gouvernement provisoire de la République algérienne) befassten.

»Ich habe mich niemals in die damals oft zu Tage tretenden Differenzen innerhalb der GPRA eingemischt. Ich stand stets auf gutem Fuss mit allen algerischen Gruppen und Tendenzen, auch wenn diese unter sich oft politische Streitigkeiten austrugen, und ich kann behaupten, dass ich mir weder bei den Algeriern noch bei den Tunesiern jemals Feinde geschaffen hätte«, beteuerte Christmann in seinen Memoiren. Doch da schönte die Erinnerung die Fakten.

Große Gefahr drohte ihm zum Beispiel im November 1958 durch einen Bericht des ALN-Offiziers Chabou an seinen Militärbefehlshaber, in dem der BND-Resident verdächtigt wurde, »als Spion für Frankreich« tätig zu sein. Zum Glück schenkte Krim Belgacem diesem Bericht zunächst keinen Glauben und empfahl Christmann, sich eng an den Ben-Bella-Vertrauen Mahsas zu halten.[156] Im Januar 1959 schwärzte Chabou Christmann erneut bei Belgacem (ALA 2) an: Christmann sei nebenberuflich und ohne Wissen Pullachs als Agent für den tunesischen Polizeidirektor Driss Guiga (ALT 4) tätig, er betreibe gegen die »Firma ALA 2 zu Gunsten von Firma ALT 4 Werksspionage«.[157] Das entbehrte jeder Grundlage, ganz im Gegenteil musste Christmann im Mai feststellen, dass er selbst das besondere Interesse des Polizeidirektors geweckt hatte.[158]

Als Christmann erneut über gegen ihn gerichtete Intrigen von tunesischer Seite und von Seiten Chabous nach Pullach berichtete, wollte Giskes ihn Anfang Juni wegen zu einseitiger Sympathien für die FLN aus der Schusslinie nehmen und schlug ihm eine Versetzung an einen anderen Standort vor, deren Kosten der BND tragen würde. Er müsse nur sicherstellen, dass er den Zugang zu seinen Quellen behalte.[159] Hier zeigte sich eine unterschiedliche Bewertung: Die machtpolitisch motivierte Unterstützung der algerischen Befreiungsbewegung lag durchaus im operativen Interesse des BND, aber was Giskes seinem Residenten anlastete, war die Fraternisierung mit der Ben-Bella-Fraktion und die Identifikation mit ihren Zielen. Christmann lehnte Giskes' Vorschlag eine Woche später aus wirtschaftlichen Gründen ab. Wegen anstehender Großaufträge würde eine Geschäftsverlagerung für ihn eine Katastrophe bedeuten.

Die große Nähe zur Ben-Bella-Fraktion brachte ihn auch von der anderen Seite her in Gefahr. Belgacem hatte plötzlich beschlossen, Christmann wegen angeblicher Algerienfeindlichkeit liquidieren zu lassen. »Salah ist der Ansicht, dass für ihn keine akute Gefahr mehr besteht und dass der Schuss nach hinten losgegangen ist«, gab sich Christmann im Dezember 1958 optimistisch.[160] Doch die Gefährdung nahm nicht ab. »Als erste Maßnahme habe ich mich offiziell von Albatros distanziert«,[161] beschwichtigte er Giskes im Sommer 1959.

Was schon in den Personenbeschreibungen seiner algerischen Quellen ihren Niederschlag fand, war auch für die Berichtslage über fünf Jahre hinweg zentrales Thema: die Frage nämlich, ob sich die FLN oder Teile ihrer Führung ins kommunistische Lager orientierten. Auf Anforderung Adenauers hatte das Auswärtige Amt bereits im Sommer 1956 eine Expertise zu der Frage erstellt, ob die Sowjetunion die FLN unterstütze. Das AA hatte dafür zwar keine Beweise, aber schätzte den Algerienkrieg innerhalb des Ost-West-Konflikts als potentiellen Gefahrenherd für den Westen ein.[162]

Was Christmann im Laufe der Jahre neben der Einschätzung der politischen Einstellung seiner Quellen nach Pullach in dieser Frage berichtete, war nicht immer ganz schlüssig. So schlug er beispielsweise im Februar 1958 vor, Frankreichs westliche Partner sollten Druck auf Paris ausüben, damit Ben Bella schnellstmöglich freigelassen werde, denn er sei der einzige Garant gegen ein »Abgleiten ins kommunistische Fahrwasser«[163] – wohl eher ein taktisches Manöver, um ein Argument zur Befreiung seines Idols zu liefern. »Kommunistische Gefahr in Algerien ist Propagandamärchen der Franzosen«, urteilte Christmann dagegen kurz und bündig zwei Jahre später in seinem Bericht vom 12. Februar 1960. Dabei übersah er keineswegs die massive Unterstützung der FLN durch Staaten des Ostblocks, über die er ständig detailliert berichtete, doch verwies er darauf, dass es reine Nützlichkeitserwägungen der im Kern antikommunistischen Hauptkräfte innerhalb der provisorischen Regierung (PAR) seien, die sie veranlassten, diese Hilfe anzunehmen, behauptete sogar eine gewisse, religiös motivierte Immunität gegenüber staatssozialistischen Ideen: »Das arabische Element innerhalb der PAR ist zwar streng antikommunistisch eingestellt, schon aus religiösen Gründen, dieses Element lehnt sich deshalb viel stärker an Aegypten und die anderen arabischen Staaten an. Trotzdem wird dieses Element keineswegs die Hilfe prokommunistischer Staaten ablehnen.«[164]

Die Solidarität in der »Dritten Welt« mit dem algerischen Unabhängigkeitskampf war groß. Bereits zwei Jahre zuvor, am 23. Februar 1958, hatte »Salah« über eine Spendenaktion von afroasiatischen Staaten zugunsten der FLN berichtet, die ihr etwa 100 Millionen US-Dollar einbringen würde. Sollte der Westen bis zum Abschluss der Aktion keine positivere Haltung in der Algerienfrage einnehmen, so würde dieses Geld überwiegend zur Beschaffung von Kampf- und Transportflugzeugen für die ALN eingesetzt, warnte Christmann. Ebenso wichtig wie die Analyse des politischen Rückhalts der algerischen Befreiungsbewegung war es dem BND, zu wissen, wie sie sich finanzierte. Am 4. Mai 1959 erreichte Christmann eine umfangreiche Aufklärungsanforderung aus Pullach. In dem elf Punkte umfassenden Fragenkatalog wurde er auch gebeten festzustellen, aus welchen Quellen die finanzielle Unterstützung der GPRA und ihrer Streitkräfte erfolgte. Die Kosten der ALN/FLN trage »fast zur Hälfte Rot-China«, beantwortete »Salah« diese Frage bereits fünf Tage später, der andere Teil komme aus Algerien.

Im Wettlauf der Blöcke um die Gunst der FLN nahm die DDR algerische Studenten auf, bildete Techniker aus und übernahm auch die medizinische Versorgung und Betreuung verwundeter ALN-Kämpfer und Zivilisten. Die

Entsendung von Studenten in den Ostblock würde durch die algerische Exilregierung jedoch abgebremst, meldete Christmann am 3. August 1960, weil sie zu »kommunistisch verseucht zurück kämen«. »In der DDR hatte man versucht, auf plumpe Weise aus all diesen Leuten Kommunisten zu machen«, schrieb er am 12. Dezember 1960 ergänzend nach Pullach. Deshalb würden seit einiger Zeit keine Techniker und Schwerstverletzte mehr nach Ostdeutschland geschickt. Was die Studenten betreffe, so führe die algerische Exilregierung »eine genaue Liste dieser Leute, weil anzunehmen sei, dass sie durch längeren Aufenthalt als stark kommunistisch infiziert zurückkommen und dann strengstens überwacht werden müssten«.

Ende Dezember bemerkte Christmann jedoch, dass die DDR-Propaganda in Tunesien und bei den Algeriern zum Teil auf fruchtbaren Boden fiel. Zwar genieße die Bundesrepublik im nordafrikanischen Raum von allen westlichen Ländern den besten Ruf, aber die stillschweigende Duldung der Werbung für die Fremdenlegion in der BRD bringe ihr viel Kritik ein. Die Hauptstoßrichtung der Ost-Berliner Kampagnen liege jedoch in den Vorwürfen, in Bonner Regierungskreisen wimmele es nur so von früheren Nazis und deshalb würde die Bundesrepublik Paris in seiner Politik der Rassendiskriminierung gegenüber Arabern unterstützen. »In geschickter Weise flicht man ein, dass die BRD wohl den Juden jetzt eher hilft, um früheres Unrecht wiedergutzumachen und lässt dann die Afrikaner von selbst zu dem Schluß kommen, dass diese Unterstützung der Juden zumindest gegen die arabischen Völker gerichtet ist.«[165] – ein Hinweis, wie die DDR den Bonner Spagat zwischen Israel und den arabischen Staaten instrumentalisierte.

Viel Raum im BND-Meldungsaufkommens nahm die Berichterstattung über den Algerienkrieg ein. Christmann bezog sich dabei nicht nur auf zugängliche Quellen und Gespräche mit ALN-Führern, sondern bereiste auch zusammen mit seinem Freund »Charles« die tunesischen Frontabschnitte. Die ALN führte zunächst einen Guerillakrieg auf dem Land. Sie griff Nacht für Nacht französische Forts und befestigte Plätze an. Als Gegenreaktion ordnete die französische Militärführung Ende 1960 an, dass auch diejenigen Farmer ihre Gehöfte zu befestigen hätten, die sich bisher durch Schutzgeldzahlungen an die ALN eine Schonung ihres Eigentums erkauft hatten. Durch den Einsatz panzerbrechender Waffen gelang es der algerischen Befreiungsarmee jedoch, eine wachsende Zahl solcher Stützpunkte zu zerstören und den Franzosen große Verluste zuzufügen.[166]

Beide Kriegsparteien, sowohl die Militärs in Paris als auch die Führung der algerischen Befreiungsarmee, führten auch einen Propandakrieg gegeneinander, bei dem die Wahrheit oft auf der Strecke blieb. Deshalb war es für die Bundesregierung wichtig, ihre Informationen nicht nur aus der französischen oder tunesischen Presse zu beziehen, sondern ein eigenes Bild vom Kriegsverlauf zu gewinnen, zumal Christmann am 25. April 1960 darauf hinwies, dass die französische Seite Presseartikel fälsche, um von ihr begangene Greueltaten der ALN in die Schuhe zu schieben.

Ab November 1960 verzichtete die ALN darauf, »Sieges-Bulletins« über die Erfolge bei den laufenden Großangriffen zu veröffentlichen. »Salah« konnte dennoch authentisch nach Pullach berichten, weil er über seine Quellen in der FLN den ALN-Tagesbefehl vom 29. November 1960 mit den Angaben über militärische Vorteile erhielt und an Giskes weiterleitete.[167]

Die Verstärkungen der Streitkräfte der FLN kamen nicht nur aus Algerien und aus den Flüchtlingslagern auf tunesischem Boden. Im Januar 1960 fand der Kongress afrikanischer Länder (KAL) statt, auf dem in einer geheimen Sitzung die Aufstellung einer afrikanischen Brigade zum Einsatz in Algerien beschlossen wurde. Ghana, Guinea, Liberia, Sudan, Marokko und Ägypten stimmten dem Plan zu. Tunesien und Libyen wollten ihrerseits für Ausbildungslager und Basen sorgen. Auch Freiwillige aus der DDR, aus Jugoslawien und dem gesamten Ostblock seien in der ALN willkommen, berichtete Christmann am 1. Februar 1960, nur der Aufnahme von rotchinesischen Freiwilligen stehe man eher ablehnend gegenüber. Elf Tage später bestätigte »Salah«: »Aufstellung arab. Afrik. Freiwilligen Formation wird rotchin. Hilfe vorgezogen.«[168]

Durch die Anwerbung von Freiwilligen im Irak und Indonesien wollte die FLN den islamischen Charakter des Befreiungskrieges betonen. Auf von Peking entsandte Kämpfer wollte die algerische Exilregierung zwar verzichten, nicht jedoch auf Waffenhilfe aus der Volksrepublik China. Am 29. März 1960 meldete »Markus«, der neue Generalstabschef Boumedienne, der inzwischen von allen Wilayas anerkannt sei, habe neue Geschütze rotchinesischer Herkunft beschafft. So seien 158 Panzerabschüsse geglückt.

Eine Schwächung erfuhren die französischen Streitkräfte auch durch den Abzug von ehemaligen Kolonialtruppen. Nach dem Auseinanderbrechen der Föderation mit Senegal im April 1960 wurde Französisch-Sudan am 22. September 1960 als Republik Mali unabhängig und Präsident Modibo Keita schlug einen sozialistischen Kurs ein. Die Elfenbeinküste, bereits seit 1958 autonome Republik, errang ihre Unabhängigkeit von Frankreich am 7. August 1960. Am 22. Oktober 1960 meldete Christmann die militärischen Folgen: Mali und die Elfenbeinküste zogen ihre Verbände aus Algerien zurück.

Zwischen der FLN und der tunesischen Regierung gab es mehrfach große Spannungen. Staatschef Bourguiba fürchtete eine zu starke Militärmacht der ALN, die umfangreiche Waffenarsenale in Tunesien aufgebaut hatte. Er ließ im Mai 1959 sogar die Feldflugplätze für die erwartete Ankunft von Kampfflugzeugen sowjetischer Bauart unbrauchbar machen und löste damit heftige Kritik bei der FLN-Führung aus. Als die Kriegshandlungen zugleich von den französischen Streitkräften zunehmend auf tunesischen Boden verlegt wurden, plante die FLN, ihre Dienststellen nach Marokko zu verlegen, das sich bereit erklärt hatte, die algerische Exilregierung aufzunehmen.[169] Diese sei nicht länger bereit, auf die Wünsche von Bourguiba einzugehen, schrieb »Markus« am 10. April 1960 nach Pullach. Zwei Wochen später teilte er das Einlenken Bourguibas mit, nachdem in der öffentlichen Meinung Tunesiens ein vollkommener Umschwung zugunsten der ALN erfolgt sei.[170] Bei aller Sorge vor der unkontrollierbaren Befreiungsarmee widerstrebte es Bourguiba doch, dass sich Libyen im Februar 1960 konkurrierend als Aufmarschbasis für Freiwillige der ALN zur Verfügung stellen wollte und Tunesien dabei seine angebliche Vormachtstellung innerhalb der arabischen Welt verliere.[171]

Nicht nur in militärischer Hinsicht konnte der BND-Resident nach Pullach berichten, was hinter der Front passierte. Er hatte von vornherein ein waches Auge auf französische Geheimverhandlungen mit der algerischen Befreiungsbewegung, die bereits gut ein Jahr nach der für die FLN verlorenen »Schlacht von Algier« einsetzten. Die tatsächlichen Bemühungen Frankreichs um eine Lösung der algerischen Frage zu kennen war für das Bundeskanzleramt von unschätzbarem Wert.

Im Oktober 1957 berichtete Christmann über eine Zusammenkunft des CCE und zehn seiner wichtigsten Mitglieder in Tunis. Weil das Exekutivkomitee eine verstärkte Präsenz französischer Geheimdienstmitarbeiter in der tunesischen Hauptstadt bemerkt hatte, wurde vereinbart, über die Beratungen bezüglich der Pariser Vorschläge strenges Stillschweigen zu bewahren. Christmann gelang es dennoch, sich ein Bild von den in Rom, in der Schweiz und in Tunis stattgefundenen Kontaktgesprächen zu verschaffen. Die ersten Fühlungnahmen der Franzosen waren bei der FLN auf Ablehnung gestoßen, weil die französischen Emissäre als Privatpersonen ohne offizielles Mandat aufgetreten waren. In Tunis unternahm Paris anlässlich der CCE-Konferenz einen weiteren Anlauf. Ein unbekannter französischer Unterhändler, der sich glaubhaft auf einen Auftrag des französischen Staatspräsidenten René Coty berufen hatte, traf das aus New York stammende CCE-Mitglied Mohamed Yazid. Er schlug ihm vor, dass die FLN zunächst

ihre starre Vorbedingung auf Anerkennung der algerischen Unabhängigkeit fallenlasse, anschließend würde Paris die FLN als Verhandlungspartner anerkennen, wenn diese zuvor zugestehe, dass Frankreich in Zukunft
in einem unabhängigen Algerien gegen gewisse finanzielle Zugeständnisse
die Ausbeutung der Bodenschätze übernehmen könne. Yazid machte sich
am Vormittag des 26. Oktober 1957 im CCE für diese abenteuerlichen Vorschläge stark, aber Christmann bezweifelte in seiner Meldung vom selben
Tag vorausschauend, dass sie Akzeptanz finden würden.

»Alles Neue über Gespräche mit Marianne interessiert lebhaft.«[172] Mit
diesen Worten ermunterte Giskes' Sekretärin »Josepha« am 10. Februar
1961 ihren Residenten, bei den Verhandlungen weiter am Ball zu bleiben.
Sieben Tage später referierte »Salah« über de Gaulles Strategie, Algerien
zu teilen und einen Kabylenstaat aus der Taufe zu heben, um den französischen Zugriff auf die Bodenschätze der Sahara zu gewährleisten. Es gab
sogar in der FLN-Führung Männer, die sich mit solchen Überlegungen
anfreunden konnten, etwa der kabylische Militärchef der FLN, Krim Belgacem, der Anfang 1960 nach Kairo verbannt wurde, weil er genau mit
dieser Idee sympathisierte. Andere kabylische Führer wurden aus adminis-
trativen Funktionen in Tunis zeitgleich an die Front geschickt. Auch dem
tunesischen Staatschef stünden die Kabylen »aus rassischen Gründen« näher als der arabische Flügel der FLN, meinte Christmann am 17. Februar
1960. Dennoch konnte er zwei Monate später melden, dass der Plan zur
Aufteilung Algeriens auch bei Bourguiba auf Ablehnung stoße.[173]

Eine Unzahl von Meldungen des BND-Residenten befasste sich mit dem
Schlingerkurs des französischen Regierungschefs in der Algerienfrage, der
versuchte, allen Seiten gerecht zu werden. In Frankreich war indes der
Krieg gegen die Algerier immer mehr zur innenpolitischen Belastung geworden. Nicht nur die Kommunisten, auch das liberale Bürgertum erklärte sich solidarisch mit den Forderungen der FLN. Am 6. September 1960
unterzeichneten unter anderem Simone de Beauvoir, Jean-Paul Sartre und
Simone Signoret die »Erklärung der 121«, in der nach Algerien komman-
dierte französische Soldaten zum zivilen Ungehorsam aufgefordert wurden – bis 1962 kämpften insgesamt 1,7 Millionen Franzosen in Algerien,
wobei es auf französischer Seite nach offiziellen Angaben mehr als 25 000
Tote und 60 000 Verwundete gab, während auf algerischer Seite mehr als
eine halbe Million Menschen den Tod fanden.[174] Unter dem politischen
Druck im eigenen Land und dem Druck der Weltöffentlichkeit stimmte die
französische Regierung schließlich neuen Verhandlungen mit der FLN zu.
De Gaulle sei bereit, Ben Bella und seine Freunde unter der Bedingung frei-

zugeben, dass sich die algerische Exilregierung zu einem Waffenstillstand bereitfinde. Ben Bella habe Verhandlungen unter dieser Vorbedingung angesichts des absehbaren militärischen und politischen Erfolgs jedoch verboten und bleibe lieber im Gefängnis, meldete »Markus« am 27. Oktober 1960 nach Pullach.

Im Dezember 1960 verabschiedete die Vollversammlung der Vereinten Nationen eine Resolution, in der das Recht des algerischen Volkes auf Selbstbestimmung und Unabhängigkeit bekräftigt wurde. Vorausgegangen waren Demonstrationen der Ultras einerseits, die das Ziel verfolgten, Algerien noch stärker an Frankreich zu binden, und algerischer Jugendlicher andererseits, die die Unabhängigkeit Algeriens offen forderten. Das Votum in der Vollversammlung konnte als politischer Sieg der FLN gewertet werden. Von Anfang an hatten Ägypten und andere arabische Staaten Algerien gegen Frankreich sowohl materiell als auch politisch unterstützt. In der Konferenz von Tanger wurde die FLN als einzig rechtmäßige Vertretung Algeriens anerkannt. Die provisorische Regierung der Algerischen Republik, die im September 1958 gebildet worden war, erlangte bis Ende 1960 die Anerkennung durch 21 Staaten, darunter der Sowjetunion und anderer sozialistischer Staaten.

Schließlich wurde Ben Bella im Frühjahr 1962 aus französischer Haft entlassen. Die algerische Befreiungsarmee richtete am 17. April 1962 für ihn einen Empfang aus, mit anschließender Parade im Hauptquartier der ALN in El Kef an der tunesischen Grenze. Da die Exilregierung von der Bundesrepublik nicht anerkannt worden war, lud ALN-Stabschef Boumedienne Christmann zu dieser Veranstaltung ein und händigte ihm fünf weitere Einladungen samt Passierscheinen für die deutsche Botschaft in Tunis aus. »Erstaunt war ich dann, in Kef feststellen zu müssen, dass ich mich als einziger Deutscher auf der Ehrentribüne befand und dass die deutsche Botschaft diese Einladung ignorierte. Sämtliche Ostblockstaaten, England, Amerika usw. waren vertreten, nur Frankreich und die Bundesrepublik fehlten«, beklagte »Salah« in seinen Memoiren die schon vorher oft konstatierte Frankreichhörigkeit der deutschen Diplomaten in Tunis. Für ihn selbst war der Empfang die Krönung seiner Zusammenarbeit mit der FLN, weil er und seine Frau zum Essen an den Tisch von Ben Bella gebeten worden waren. Diese besondere Ehre, die ihm öffentlich zuteilwurde, war nicht nur Lohn für die Unterstützung des BND beim algerischen Befreiungskampf, sondern galt einem Mann, den Ben Bellas Getreue als antifranzösischen Gesinnungsgenossen zu schätzen gelernt hatten.

Die diplomatische Zurückhaltung Bonns, die Rücksichtnahme auf Pariser Interessen und Befindlichkeiten bei gleichzeitigem Ausbau der diplomatischen und wirtschaftlichen Beziehungen zu den FLN-freundlichen Staaten der Arabischen Liga hat den Eindruck von Äquidistanz, wenn nicht sogar Schaukelpolitik, erweckt. Anders verhielt sich das geheime Exekutivorgan des adenauerschen Kanzleramts, der Bundesnachrichtendienst. Er nahm keine neutrale, nur berichtende Rolle ein, sondern war in allen verfeindeten Lagern unterstützend aktiv. Dem französischen Partnerdienst half er, wie nachfolgend aufgezeigt wird, bedingt, der algerischen Befreiungsbewegung in starkem Maße.

Auf welche Weise Pullach weit über die eingangs geschilderte logistische Hilfe hinaus für die ALN dem Nato-Partner in Paris in den Rücken fiel, soll anhand von vier sich über Jahre hinziehenden Aktionen aufgezeigt werden: erstens der Beratung beim Aufbau eines FLN-eigenen Nachrichtendienstes, zweitens der Hilfe beim Desertieren algerischstämmiger Offiziere, drittens im Rahmen der Unterstützung von Überläufern aus der Fremdenlegion und nicht zuletzt viertens durch das Verschweigen von bekannten Terroroperationen der ALN in Algerien und Frankreich.

Christmanns engster Vertrauter Nekkache wurde im Januar 1957 beauftragt, »innerhalb Algeriens einen Nachrichtendienst aufzubauen, der sich vornehmlich mit militärischen und politischen Nachrichten befasst«,[175] meldete »Salah« nach Pullach und teilte zugleich mit, dass Nekkache sich deshalb an ihn gewandt habe. Christmann erstellte im Herbst ein Exposé, »wie der neu aufzuziehende Dienst hier gedacht ist«,[176] und versuchte, in Bonn den ehemaligen Geheimdienstmann Kresse dafür als Partner zu gewinnen.

Wegen der Arbeitsüberlastung von Nekkache übernahm es jedoch Boussouf (ALA 21), in der FLN eigentlich zuständig für das Fernsprechwesen und den Rundfunk, den eigenen Geheimdienst der FLN aufzubauen. »Leider befasst er sich weit mehr mit Intrigen und internen Geschäften«,[177] klagte Christmann Mitte Februar 1959. Zwei Wochen später meldete sich dann Sidali (ALA 39), die rechte Hand von Boussouf, bei ihm und bat, seine langjährige Erfahrung in den Ausbau des FLN-Geheimdienstes einzubringen[178] – eine Bitte, die der Praktiker Christmann gern erfüllte. Eine weiterreichende, institutionelle Zusammenarbeit der Geheimdienste gab es einstweilen aber nicht. In anderer Hinsicht konnte der BND erfolgreicher helfen.

Durch den massenhaften Einsatz algerischer Verbände im Zweiten Weltkrieg hatte Frankreich auch zur militärischen Professionalisierung von algerischstämmigen Soldaten beigetragen. Davon profitierte letztlich auch die FLN. Christmann führte beispielsweise als ALA 34 Mahmoud Oherid, einen früheren französischen Offizier, den er als guten Organisator und fähigen militärischen Führer einschätzte, weil er die FLN-Aktivitäten in der ruhig gewordenen Provinz Aurès-Nementchas Ende 1959 wiederbelebt hatte.

1958 waren 50 algerischstämmige Offiziere geschlossen von ihren in der Bundesrepublik stationierten Verbänden zur FLN desertiert. Christmann und der BND unterstützten diese Operation. »Unter der Schirmherrschaft des BND organisierte ich mit dem GPRA den schlagartigen ›Absprung‹ dieser Offiziere zu einem bestimmten Zeitpunkt. […] Die Operation gelang 100%ig, alle Offiziere gelangten mit gefälschten Papieren unbehelligt nach Tunis«, erinnerte sich Christmann später.

Die Deserteure ergänzten in Tunis das Potential der Vertrauensleute Christmanns. Der bedeutendste Überläufer war ALA 36, Oberleutnant Chabou (»trägt den Ehrennamen ›Hadj‹ – Pilger, es ist jedoch umstritten, ob er tatsächlich in Mekka war«), der aus einer in Tübingen stationierten französischen Einheit nach Tunis desertierte. »Die mit ihm desertierten anderen Offiziere gaben hier damals bei dem inzwischen verstorbenen Romdane zu Protokoll, dass Chabou sich als Kommunist unbeliebt gemacht habe und warnten vor ihm«, schätzte Christmann den Mann ein. Chabou sei brutal und machthungrig und schrecke vor keinem Mittel zurück, um seine Ziele zu erreichen, charakterisierte »Salah« ihn und lag damit in seiner Einschätzung richtig, denn es war Chabou, der 1965 wesentlich am Sturz Ben Bellas durch Oberst Houari Boumedienne beteiligt war. Der Oberleutnant aus Tübingen machte in der ALN als persönlicher Sekretär des Militärchefs Krim Belgacem schnell Karriere. Wie intrigant er war, erfuhr Christmann am eigenen Leibe, als Chabou ihn – wie erwähnt – zwei Mal bei Belgacem zu denunzieren suchte.

Da die Operation 1958 ein großer Erfolg in der Zusammenarbeit von FLN und BND war, starteten die Partner 1959 ein Nachfolgeprojekt: Weitere algerische Offiziere sollten sich schlagartig mit ihren Familien in vorher vorbereitete Unterkünfte absetzen. »Diese Massendesertation würde einen ungeheuren psychologischen Erfolg haben«, schwärmte der BND-Resident am 24. April 1959 und fragte in Pullach an, welchen Schutz vor möglichen Zwangsmaßnahmen der französischen Gendarmerie die Familien der Franzosen in Deutschland hätten.

Krim Belgacem hatte Nekkache mit dieser Mission betraut. Die algerischstämmigen Offiziere sollten tunesische Pässe bekommen und entweder über die Bundesrepublik oder über die DDR ausgeflogen werden. »Der

Student, der bei der Flucht der Offiziere behilflich ist, wird sich übrigens dem Dr. Y. voll und ganz zur Verfügung stellen«, teilte Christmann am 16. September dem »Dr. Y.«, seinem Vorgesetzten Giskes, mit. Acht Tage später gab Giskes grünes Licht, wollte sich aber persönlich nicht in die Operation einschalten, weil er befürchtete, unter den Deserteuren könne sich ein Agent der Franzosen befinden, der ihn erkennen und kompromittieren könnte. In der verschlüsselten Sprache, die der altgediente Geheimdienstmann pflegte, liest sich diese Botschaft so: »Direkte Beteiligung von Y. ist aus Gründen, die Salah sicherlich verstehen wird, nicht möglich. Indirekte ja! Vor allem darf niemand wissen, dass Y. das Projekt kennt, auch der Studiomann nicht. Wenn unter den Gelehrten, die die Expedition antreten, ein Falscher sich befindet, würde sonst Y. erkannt werden – ein Risiko, das nicht verantwortet werden kann.«[179] Zugleich taufte Giskes das Projekt auf den passenden Decknamen »Schwalbe«, bei der algerischen Exilregierung firmierte es analog unter dem Namen »Hirondelle«.

Am 6. Oktober meldete »Salah«, dass die ALN für die Operation einen besonderen Mann abstelle, der bis vor kurzem in Ost-Berlin gewesen sei, sich zurzeit zur Erholung in Tunis aufhalte, aber bald in die Bundesrepublik kommen werde. Am 24. Oktober avisierte Christmann das baldige Eintreffen des Boten, musste aber am 1. November mitteilen, dass der seit drei Wochen auf seinen Pass warte. Ende November war bei der ALN das Interesse an der Operation »Hirondelle« gesunken. Die Beschaffung tunesischer Pässe hatte sich als schwierig erwiesen, und zugleich fürchtete der militärische Arm der FLN, die Deserteure könnten in Tunis festgehalten werden.[180]

Dennoch landete ihr Bote im Dezember in der Bundesrepublik. Die Kontaktaufnahme war jedoch von etlichen Pannen begleitet. Aus Tunis reiste »ein ganz junges Kerlchen« (Giskes) an, der als »Professor« angekündigt worden war. Als Anlaufstelle war ihm ein Hotel in Bonn am Wiesenhüttenplatz 36 genannt worden, aber in der Bundeshauptstadt existierte gar keine solche Adresse. Durch Nachforschungen in Adressbüchern fand der junge Algerier schließlich heraus, dass sich der Wiesenhüttenplatz und das entsprechende Hotel in Frankfurt befanden. Mit zehntägiger Verspätung traf er dort schließlich am 27. Dezember 1959 ein und fand eine Mitteilung des BND-Mannes vor, den Giskes unter dem Decknamen »SLIM« an den Main geschickt hatte. Am darauffolgenden Tag trafen der ALN-Mann und der deutsche Nachrichtendienstler zu einer ersten Fühlungnahme zusammen.[181]

Giskes' Abgesandter hatte den Eindruck, dass der »Professor« nicht über den Zweck seiner Reise aufgeklärt worden war und auf Instruktionen von der ALN wartete. So hatte er bei einem Telefonat am 3. Januar den BND-Mann gefragt, ob der nicht seinerseits bestimmte Weisungen von seinem »Patron« habe, um dann mitzuteilen, dass er nach Tunis zurückgehe. »SLIM« antwortete dem Algerier, er habe nur den allgemeinen Auftrag, ihn so weit wie möglich zu unterstützen. »Wenn der Professor sich nicht entschliessen kann, seine Wünsche und Anliegen vorzubringen, dann muss er eben wieder abreisen. Bedauerlich! Hätte gern geholfen – aber so geht es nicht«, machte Giskes am 5. Januar seinem ganzen Unmut Luft, der in dem Ausruf gipfelte: »Was soll der ganze Trödel?«

Der BND war auch in Sorge, ob »SLIM« wirklich einen echten ALN-Vertreter getroffen hatte oder einer »Mystifikation«, sprich einem französischen Agenten, aufgesessen sei. Vorsichtshalber gab »Josepha« am 7. Januar eine genaue Personenbeschreibung des 26-Jährigen an Christmann und bat dringend, zu klären, ob er es war, der den Abgesandten des BND getroffen habe.[182] Christmann konnte am 5. März Entwarnung geben und bereitete ein neues Treffen vor. Am 29. März teilte Christmann seiner Führungsstelle mit: »Schwalbe ist bereits in der BRD, Achtung«. Zwei Tage später erbat Giskes eine Nachricht, »wenn Sache Professor in Gang kommt«. Doch der junge Algerier war wegen der zahlreichen Mordanschläge des französischen Geheimdienstes auf deutschem Boden übervorsichtig. »Schwalbe hat kein großes Vertrauen in die Übertragungswege«, erklärte Christmann am 10. April 1960 den Grund, weshalb der ALN-Mann sich nicht an den BND wandte.

Erst ein gutes Vierteljahr später erfolgte ein neuer Anlauf mit einem anderen ALN-Abgesandten. »Schwalbefreund ist jetzt der Mann, er kennt den richtigen Namen von Salah und hat verlauten lassen bei den Albatrossen, dass Salah den besten Ruf geniesst«, kündigte Christmann den neuen Mann an, dessen Name verschlüsselt mit Mustapha Youssefi angegeben wurde.[183] Doch auch dem Nachfolger des »Professors« war der Boden in Deutschland allein zu heiß. Er schlug vor, dass Christmann quasi als Geleitschutz mit ihm nach Deutschland fliegen und mit ihm zusammen »die Hamburger Adresse E« aufsuchen solle.[184] Doch Christmann verließ seinen Posten in Tunis nicht, sondern setzte darauf, dass der neue Mittelsmann der ALN mit Ali Mahsas in Köln befreundet war, dem »Salah« 200 DM monatlich zukommen ließ. Giskes musste den Betrag von Christmanns privatem Konto monatlich an »Argentum« – so der BND-Deckname von Mahsas – abführen.[185] Als »Salah« wieder einmal knapp bei Kasse war, machte er geltend, dass doch eigentlich der BND diese Summe an seine Quelle zahlen müsse.

»Ihr werdet wohl Kontakt über Argentum bekommen haben?«, fragte Christmann bei Giskes am 21. Juni an. Doch der teilte ihm eine Woche später mit, dass er in »Sachen Schwalbe II« noch nichts von Mahsas gehört habe.[186] Mittlerweile hatte der allein eingereiste Algerier das ALN-Hauptquartier in der Hansestadt besucht, aber keine Verbindung zum BND aufgenommen, bevor er wieder nach Marokko zurückkehrte.

Doch Nekkache ließ nicht locker. Am 31. August 1960 bat er den BND, den »Schwalbefreund« doch über »Argentum«, das heißt Mahsas, zu kontaktieren, ihm wäre es lieb, »wenn er den Schwalbefreund dort in Verbindung mit den Salah-Freunden wüsste«. Eine Woche später äußerte Christmanns Führungsstellenleiter erneut offen seinen Unmut über die Unzuverlässigkeit vom Mahsas und Nekkache (ALA 10): »Argentum, der längst von seiner Reise nach Schweden zurück sein müsste, hat es bisher nicht für nötig gehalten, sich mit einem einzigen Wort wieder bemerkbar zu machen! Ich warte ab. Sehr gut gemeint von ALA 10, unseren Kontakt mit Schwalbefreund fördern zu wollen – aber das bisherige Ergebnis der verschiedenen Anläufe in dieser Richtung war bisher eindeutig negativ. – Hoffen wir auf bessere Zeiten!«. Doch diese Worte markierten am 6. September 1960 das Ende des zweiten Anlaufs zur Desertationsbeihilfe aus der Bundesrepublik.

Das Projekt war auch gescheitert, weil »Argentum« im Sommer 1959 für sich andere Prioritäten gesetzt hatte. Er war eine Ehe mit einer Frau in Schweden eingegangen[187] koppelte sich ganz vom BND ab, als er Ende 1959 mit seiner Frau nach Kairo ging. »Wir haben auf alle mögliche Art versucht, ihm Chancen für eine berufliche Tätigkeit zu verschaffen – aber es hat den Anschein, als ob er entweder das nicht nötig hat, oder er anderweitig zu sehr in Anspruch genommen ist«, bedauerte der BND-Beamte Giskes den Verlust am 17. November.

Der BND interessierte sich auch noch für andere Überläufer, solche aus der Fremdenlegion, die eine Hauptlast des Kampfes gegen die FLN trug: 20 000 schon lange in Nordafrika stationierte Söldner oder solche, die 1954 aus Vietnam nach Algerien verlegt worden waren. Der algerischen Befreiungsbewegung war dabei bekannt, dass die Quote an Deserteuren aus der Legion mit ihrem Anteil von 80 Prozent an Deutschen relativ hoch war. Bereits 2500 ausländische Söldner seien übergelaufen, bilanzierte der BND-Resident am 19. April 1958. Doch nicht alle Überläufer kehrten in ihre Heimatländer zurück. Bei den Aufständischen befänden sich ungefähr 180 desertierte deutsche Fremdenlegionäre und etwa 30 anderer Nationalitäten, hatte »Salah« schon am 21. August 1957 gemeldet. Der französische Botschafter in Bern hatte schon zwei Jahre zuvor die Vermutung geäußert, dass es Initiativen arabischer Länder gebe, deutsche Militärberater und Ausbilder für die FLN zu rekrutieren.[188]

Am 8. Dezember 1959 schickte auch Giskes eine spezielle Aufklärungsanforderung an Christmann in Tunis. Er wollte über die provisorische algerische Regierung (PAR) Folgendes wissen: »1.) Bestehen Hinweise dafür dass die PAR von Kairo oder Tunis oder von Marokko aus ehemalige deutsche Offiziere als Ausbilder für die ALN angeworben hat, oder anzuwerben versucht? 2.) Bestehen Hinweise gleicher Art betreffend Waffentechniker für den Aufbau einer Waffen- und Muni-Industrie sowie für Fabrikation von Spezialgeräten (Funk usw.)? 3.) Bestehen Hinweise dafür, dass ehemalige deutsche Offiziere (evtl. frühere franz. Legionäre) bei der ALN als Ausbilder tätig sind für Flak und Panzer, panzerbrechende Waffen und Partisanenkrieg?« Sieben Tage später gab Christmann ihm eine erste Antwort: »Bis vor einem Jahr befanden sich bei der ALN im Ostsektor zwei ehemalige Waffen-SS-Führer. Sie leiteten bis etwa September 1958 eine Spezialausbildung in Sprengstoffbehandlung. Alle Deutschen, die für die ALN tätig sind, haben muselmanische Namen, Namen sind strikt geheim. Dutzende frühere deutsche Legionäre. Es handelt sich ausschließlich um Spezialisten, Waffenschmiede, Radiotechniker, Pioniere, die aus der Legion desertiert sind.« Zugleich meldete »Salah« ein dubioses Verhalten des deutschen Botschafters. Der habe versucht, einen ehemaligen Legionär in die Botschaft zu locken, der als Spezialist für Reihensprengungen ALN-Leute ausbilde. Doch der habe sich geweigert, auch nur seinen richtigen Namen preiszugeben, weil die deutsche Botschaft jedes Mal bei Bekanntwerden eines solchen Namens die französische Botschaft benachrichtigt habe, damit diese Entführungskommandos einsetzt. Eine weitere Woche später legte Christmann aus einem Gespräch mit Nekkache nach, dass die FLN keine ehemaligen Angehörigen von Wehrmacht oder SS in anderen arabischen Staaten anwerben würde, allerdings würden sich unter den übergelaufenen Legionären Männer mit einer solchen Vergangenheit befinden.[189] Der französische Geheimdienst unterrichte offensichtlich seine vorgesetzten Behörden nicht richtig über die Anzahl der Abgänge, denn die Desertionen von Legionären würden immer zahlreicher, meldete »Markus« am 17. März 1960.

Die ALN versuchte die Welle von Fahnenflüchtigen durch Flugblattaktionen noch zu steigern und fand Unterstützung bei Christmann. Auch für diese Aufgabe war er in zweifacher Hinsicht prädestiniert: Einmal kannte er die Legion und ihren beträchtlichen deutschen Anteil aus eigener Erfahrung und zum Zweiten war er selbst häufig genug desertiert. In seinem Nachlass finden sich einige Texte für die FLN-Propaganda, die sich an potentielle deutsche Überläufer wendete. Sie sind sehr plakativ, streckenweise sogar holperig. So reimte»Salah«:»Wartet denn zu Hause auf Dich keine Mutter? Musst Du hier verrecken als Frankreichs Kanonenfutter?« oder »Den Franzmann wird bald der Teufel holen, Drum schleich Dich schnell weg auf leisen Sohlen.« Auch die Idee, ein Lied des bekannten Schlagersängers Freddy Quinn als Propagandawaffe einzusetzen, ging auf Christmann zurück. Er beschaffte mehrere hundert Schallplatten, und so beschallte das Lied»Junge, komm bald wieder, bald wieder zurück« die Fremdenlegionäre in der nordafrikanischen Wüste.

Mit einem anderen Text auf den von Christmann entworfenen»Passierscheinen in die Freiheit« suggerierte die FLN, dass Überläufer in ihre Heimat zurückkehren könnten:»Du bist im Grunde doch gar nicht schlecht, fühlst Du Dich denn wohl als Henkersknecht? Dein Platz ist in Europas Gauen, wir bringen Dich hin, hab' nur Vertrauen.« Doch viele übergelaufene Legionäre, die ohnehin entwurzelt waren oder sich in ihren Herkunftsländern wegen irgendeines Vergehens verantorten mussten, suchten nicht den Weg nach Hause, sondern traten in die bewaffneten Kräfte der FLN ein. Etwa 1000 Söldner – behauptete Christmann – hätten so die Seite gewechselt und die Kampfkraft der ALN verstärkt.

So verfolgte Christmann mit diesen Aktivitäten dasselbe Ziel wie die DDR, die Anfang 1959 im arabischen Lager einen Achtungserfolg erzielt hatte, als sie in Tunesien und Marokko deutsche Fremdenlegionäre in Algerien zum Überlaufen aufrief.

Die Regierung Adenauer verhielt sich zum Problem der deutschen Söldner in französischen Diensten ambivalent. Auf der einen Seite – so die Erkenntnisse der DDR – gab es vom 16. bis 18. Mai 1955 eine Geheimbesprechung zwischen deutschen und französischen Offizieren, bei der die Bundesrepublik dem Diensteintritt von 25 000 dienstverpflichteten Deutschen in die Legion zustimmte. Folglich votierte die CDU/CSU im Mai 1960 im Deutschen Bundestag auch gegen ein Gesetz zum Verbot des Eintritts in die Fremdenlegion.[190] Auf der anderen Seite verweigerte sie dem Partner die in Paris erwartete Rechtshilfe. Sofern deutsche Deserteure in die Bundesrepublik zurückkamen – beispielsweise über den Rückführungsdienst für geflüchtete Legionäre von Winfried Müller und Klaus Vack –, verlangte Frankreich deren Auslieferung. Die beharrliche Weigerung Bonns, diesem

Ansinnen nachzukommen, führte zu regelmäßigen Irritationen im politischen Verhältnis zu Paris.[191]

Weit größer wären die Irritationen wohl gewesen, hätte die französische Regierung gewusst, dass der Bundesnachrichtendienst vorab von Terrorakten der FLN in Algerien und in Frankreich selbst informiert war, ohne seinen Partnerdienst in Paris, die SDECE, zu warnen.

Als Informanten ALA 6 führte Christmann einen Ben Tobal, der in der FNL verantwortlich für innere Angelegenheiten war, das heißt in der provisorischen Regierung die Funktion eines Innenministers innehatte. Er stehe unter dem Einfluss des Militärchefs Krim Belgacem, notierte Christmann: »Zu seinem Aufgabenbereich gehört auch die Leitung der Terrorgruppen in Frankreich«. Stützen konnte Tobal sich dabei auf ALA 7, einen gewissen Chentouf, von dem Christmann annahm, er sei in den Ostblockstaaten in Sabotage ausgebildet worden, obwohl er es leugnete. Auf jeden Fall sei er ein überzeugter Kommunist.

In den Jahren 1959 bis 1961 setzte die ALN auf ein breites Spektrum von Sabotageaktionen. Zu den harmloseren Methoden zählte dabei der Einsatz von Molotowcocktails in Algier und Oran, aber auch in Paris, Bordeaux und Marseille. Von »Charles« erfuhr Christmann Ende August 1960, dass die ALN ihre Operateure in neuen Sabotagemethoden schulte. »Phosphor spiele hier eine große Rolle, mehr wollte auch ALA 10 nicht preisgeben.«[192] Am 27. Oktober übermittelte »Salah« dann das genaue Rezept der explosiven Phosphor-Ammoniak-Verbindung nach Pullach, die es der ALN ermöglichte, eigenen Sprengstoff herzustellen.

Weit bedrohlicher waren zwei im Planungsstadium steckengebliebene Terroroptionen: Zum einen spähte die ALN aus, in welchen Städten es eine begehbare Abwasserkanalisation gab, um in ihr Sprengladungen unter wichtigen Gebäuden anzubringen. Paris, Marseille und bedingt auch Algier boten ihr solche Möglichkeiten. Zum anderen ergab die Erkundung, dass die zivile Infrastruktur noch viel nachhaltiger hätte angegriffen werden können: In der französischen Hauptstadt hätte man durch neun simultane Sprengungen 60 bis 70 Prozent der Wasserversorgung zerstören können und in Algier die gesamte Trinkwasserversorgung durch fünf Explosionen.

Umgesetzt wurden zwei andere Varianten von Bombenterror: Zum einen sprengte man in Südfrankreich fünf Treibstofflager und Raffinerien in die Luft. »Man erinnere sich an diese Großbrände, die damals weltweites Aufsehen erregten. – BND wurde über die Vorbereitungen, Pläne usw. stets vorab unterrichtet«, notierte Christmann rückblickend. Zum anderen fasste die ALN die Zerstörung von Staudämmen durch pressluftbetriebene Sprengsätze ins Auge. »Nachdem ein Anschlag auf eine kleine Talsperre in Südfrankreich nur einen Teilerfolg hatte, aber viele Menschenleben forderte, wurden alle weiteren Terrormassnahmen auf Befehl der Gruppe um den damals noch inhaftierten BEN BELLA gestoppt«, beschrieb Christmann das Ende der Anschlagserie. Mit diesem Anschlag dürfte wohl der Staudammbruch in der Nähe des südfranzösischen Fréjus am 2. Dezember 1959 gemeint sein, der 412 Todesopfer forderte, heute aber immer noch als Unglück und nicht als Terrorakt betrachtet wird.[193] Ben Bella war nach diesem Anschlag der Auffassung, dass alle Terrorakte einzustellen seien, weil sie der algerischen Sache mehr schadeten als nützten. Seine durch seinen Pariser Anwalt übermittelte Weisung stieß beim radikalen Flügel der FLN um Boumedienne und Chabou jedoch nicht auf Zustimmung.[194]

Dass nicht nur der BND-Resident in die Anschlagsplanungen eingeweiht war, sondern dass er auch die Führung in Pullach darüber informierte, beweist die Meldung, die Christmann am 25. August 1958 an Giskes abgeschickt hatte: »Sobald eine gewisse Flaute eingetreten ist, sollen die Projekte Wasserkraftwerk und Talsperre in Angriff genommen werden. Außerdem ist in einigen Monaten der Wasserstand günstiger.«

Nebenkriegsschauplatz Bundesrepublik

Die Regierung Adenauer hatte den Algerienkonflikt lange unterschätzt und ihn eher als Störfaktor bei der Entwicklung der deutsch-französischen Beziehungen eingestuft. Erst nach der Suez-Krise 1956 war Adenauer die Brisanz des Problems in aller Deutlichkeit bewusst geworden. Großbritannien und Frankreich hatten den Plan ausgeheckt, einen israelischen Angriff auf Ägypten zum Vorwand für eine Intervention zu nehmen, um den Suez-Kanal unter Kontrolle zu bringen. Nachdem der Angriff am 29. Oktober 1956 begonnen hatte, pfiff US-Präsident Dwight D. Eisenhower den britischen Premier Anthony Eden zurück, und Moskau drohte sogar mit dem Abwurf von Atombomben auf London und Paris. Der Konflikt wurde am 6. November mit einem Waffenstillstand beigelegt.[195] Der Bundesregierung war vor Augen geführt worden, dass Frankreich weiterhin eine spätkoloniale Außenpolitik betreiben wollte, die in deutlichem Widerspruch zur eigenen Unterstützung der Staaten der »Dritten Welt« auf ihrem Weg in die Selbständigkeit stand. Sie reagierte mit einem Spagat zwischen dem Nato-Partner Frankreich einerseits und ihren grundsätzlichen Positionen zur Entkolonialisierung und dem Wunsch nach einem guten sowie ertragreichen Verhältnis zu den arabischen Staaten andererseits. Kurzum: Sie entschied sich, so Klaus-Jürgen Müller, für ein »vorsichtiges, pragmatisches Lavieren«.[196]

Nach der »Schlacht um Algier« und den Berichten über die Gräueltaten des französischen Militärs entstand in Westdeutschland auch eine heftige innenpolitische Debatte über den Algerienkrieg. Doch schon zuvor, Ende 1956, war in Köln ein »Arbeitskreis der Freunde Algeriens« gegründet worden, dem Hans-Jürgen Wischnewski vorstand, ein SPD-Kandidat für die Bundestagswahl im September 1957. Die linke Szene in der Domstadt beließ es nicht beim propagandistischen Kampf gegen die Fremdenlegion und bei Solidaritätsappellen für das unterdrückte Algerien, sondern unterstützte anschließend auch FLN-Angehörige bei der Beschaffung von Arbeits- und Aufenthaltserlaubnissen, durch das Verstecken gesuchter FLN-Kämpfer und ihr Hereinschmuggeln aus Frankreich, durch Geldsammlungen und vieles mehr.[197]

Die Hoffnungen, die die Jungsozialisten in Wischnewski gesetzt hatten, erfüllten sich. Als Abgeordneter holte er etwa 50 algerische Studenten gegen französische Proteste aus Ost-Berlin an den Rhein und öffnete einen inoffiziellen Gesprächskanal zwischen Bonner Regierungsstellen und FLN-Vertretern. Dabei unternahm »Ben Wisch« keineswegs Alleingänge, sondern setzte sich mit dem Bundeskanzleramt und dem AA ins Benehmen.[198]

Im Februar 1960 reiste Wischnewski zu einem Informationsbesuch nach Tunis, um auch dort Position für den algerischen Befreiungskampf zu beziehen. Bei dieser Gelegenheit führte er unter anderem auch ein Gespräch mit Christmann. Dieser war mit dem Verlauf der Unterredung nicht sehr zufrieden und argwöhnte, der SPD-Parteifreund des Abgeordneten, Botschafter Gregor, habe ihn vorher gegen ihn eingenommen. »W. hat sogar im Rundfunk ein Interview gegeben, das einfach verheerend war. Sein angebl. Französisch verstand kein Mensch«, spottete Christmann am 12. Februar 1960. Wischnewski war im Monat zuvor von der Polizei gewarnt worden, er solle sich wegen seiner FLN-Verbindung in Acht nehmen. Die Franzosen hätten einen Agenten auf ihn angesetzt.[199] Aber Wischnewski ließ sich dadurch nicht einschüchtern, obwohl er allen Grund hatte, aktive französische Maßnahmen zu fürchten, denn er hatte unter anderem der FLN kurzzeitig sein Konto zur Verfügung gestellt.[200] »Ja, der Fall Wischnewski wurde bei uns diskutiert«, erinnerte sich der damalige französische Geheimdienstkoordinator Constantin Melnik 1996, »aber es war klar, dass wir nichts gegen einen deutschen Politiker unternehmen.«[201]

»Ben Wisch« pflegte auch in Bonn enge Kontakte zum BND und seine Nähe zum Auslandsnachrichtendienst war größer als bisher bekannt. Als Vizekanzler Willy Brandt und der Minister für Gesamtdeutsche Fragen Herbert Wehner im Herbst 1967 auf einen zivilen Nachfolger für Reinhard Gehlen anstelle von General Gerhard Wessel drängten, schlugen sie Bundeskanzler Kurt Georg Kiesinger Wischnewski als neuen BND-Präsidenten vor.[202]

Doch auf dem Nebenkriegsschauplatz Bundesrepublik ging es auch weit blutiger zu. Im August 1958 teilte Christmann Giskes aus Tunis mit, dass Ait Ahcene (ALA 3) als Vertreter der FLN nach Bonn geschickt wurde.»Salahs« Vertrauensmann»Charles« unterrichtete den tunesischen Botschafter in Bonn umgehend darüber.[203] In der Personenbeschreibung in seiner Agentenliste ließ Christmann kein gutes Haar an Ahcene:»Überzeugter Kommunist, in Russland ausgebildet, aus Südamerika in verschiedenen Staaten wegen komm. Propaganda ausgewiesen. Gefährlicher Intrigant, gefürchtet wegen seiner intelligenten Art, Ben-Bella-Leute wegen ihrer Treue zu diesem mittels gefälschter Unterlagen der Opposition zum FLN zu beschuldigen und kaltzustellen.« Ahcene habe den Auftrag, sich sofort in die DDR abzusetzen, falls er in Bonn»mit seinen Geschäften nicht weiterkommt«, warnte Christmann Pullach am 20. August.

Aber lange hat der Vertreter der FLN, dessen Zielgruppe etwa 3000 im Saarland und Ruhrgebiet konzentrierte Algerier waren, diesen Einsatz nicht überlebt.[204] Er wurde am 5. November 1958 am helllichten Tag vor der tunesischen Botschaft in Bonn von»Unbekannten« mit einem automatischen Gewehr angeschossen und blieb von mehreren Schüssen getroffen auf der Koblenzer Straße zurück. Später erlag er in einem Krankenhaus in Tunis seinen Verletzungen.[205] Ahcene sei trotz bester Pflege durch Nekkache letztlich an einem Lungenödem gestorben, meldete Christmann am 24. April 1959 nach Pullach.[206]

Constantin Melnik, der damals verantwortliche Geheimdienstkoordinator in Paris, räumte in seinen 1996 erschienenen Memoiren ein, dass der französische Geheimdienst zumeist mit seiner Killertruppe»La Main Rouge« (Die Rote Hand) hinter diesem und anderen Attentaten stand. Ministerpräsident Michel Debré hatte ihm den klaren Auftrag erteilt, das Unterstützernetz der FLN zu eliminieren. Und es folgten 1959 mindestens drei weitere Mordanschläge gegen FLN-Funktionäre auf deutschem Boden. Am 19. Januar 1959 war Abd el-Solvalar am Saarbrücker Bahnhof und im Oktober 1959 Ahmed Nesbah am Kölner Hauptbahnhof erschossen worden. Melniks Chefoperateur Marcel Mercier stieg zur Vorbereitung und Durchführung der Anschläge regelmäßig im Bonner Hotel»Königshof« ab. Er unterhielt seit seinem Einsatz als Resident des französischen Dienstes in der Schweiz ab Ende der 1940er Jahre Verbindungen zum BND und traf Gehlen Ende November 1959 erstmals persönlich.[207] Bei einem weiteren Sprengstoffanschlag des französischen Killerkommandos in Frankfurt am Main wurde am 31. Dezember 1959 ein Algerier schwer verletzt.[208] Dass sich in der Botschaft Tunesiens in Bonn Bad Godesberg zugleich die Führungsstelle der FLN für Europa befand, war den französischen Nachrichtendiensten und ihren Terrorkommandos ebenso bekannt wie der Bundesregierung, die davor beide Augen verschloss.[209] So kam es Ende Dezember 1959 zu einem Überfall auf die diplomatische Vertretung in Bad Godesberg, bei dem ein bewaffneter Mann in die Botschaft eindrang, jedoch überwältigt werden konnte. »Bereits einige Tage vor dem Überfall wurde der tunesische Botschafter durch die deutsche Polizei gewarnt, dass der berüchtigte Chef der ›Roten Hand‹, Oberst Mercier, sich wieder in Deutschland befinde und daher mit einem neuen Zwischenfall gerechnet werden müsse«, klagte Christmann am 29. Dezember 1959 und kritisierte, dass die deutsche Polizei trotz dieser Warnung die tunesische Botschaft nicht habe schützen können. In die Nesseln setzte sich in Tunis der deutsche Botschafter, als er darauf hinwies, dass der mögliche Attentäter die tunesische Staatsbürgerschaft habe. Die Regierung Bourguiba war der Überzeugung, der angebliche tunesische Täter sei ein gedungenes Mitglied der »Roten Hand«, und bestellte den Botschafter deshalb ein.[210]

Ein Vierteljahr nach dem Anschlag versuchte Paris auf offiziellem Weg die ungeliebte FLN-Bastion in Bonn zu beseitigen. Giskes informierte seinen Residenten am 14. März 1960 über die französischen Vorwürfe, dass die FLN in Frankreich von der Bundesrepublik aus gesteuert würde. Christmann wusste natürlich um die Richtigkeit der Pariser Erkenntnisse, warnte drei Tage später aber nachdrücklich vor den an seinem Standort ins Auge gefassten Konsequenzen. Das Ansinnen des Auswärtigen Amts, das FLN-Büro in der tunesischen Botschaft in Bad Godesberg zu schließen, werde wohl zum Bruch Tunesiens mit der Bundesrepublik und zur Anerkennung der DDR führen.[211]

Am 25. April 1960 berichtete »Salah« an den BND, der tunesische Botschafter in der Bundesrepublik, Mondher Ben Ammar, sei zu einem Heimatbesuch nach Tunis gekommen. Nach seiner Rückkehr nach Bonn habe er selbst »die Leitung der ALN-FLN für das gesamte Gebiet der BRD« übernommen, die damit eine diplomatische Schutzmacht bekommen hatte.

Wie nah Christmann an der Wirklichkeit war mit seiner Befürchtung, die FLN würde sich im Falle der Schließung ihrer halboffiziellen Vertretung in Bonn auf die DDR konzentrieren, machte ein zeitgleicher Vorstoß aus Tunis deutlich. In seiner Eigenschaft als Außenminister der GPRA wandte sich Krim Belgacem im April 1960 an seinen Amtskollegen in der DDR und bat um die Genehmigung zur Einrichtung eines GPRA-Büros in Ost-Berlin, sollte die FLN-Vertretung in Bonn wegen der französischen Anschläge nicht mehr toleriert werden. DDR-Vizeaußenminister Sepp Schwab begründete die Ablehnung dieser Bitte damit, dass zunächst die rechtlichen Grundlagen dafür zu schaffen seien.[212]

Da sich die Bundesregierung auch offiziell nicht für ein Einschreiten gegen die FLN-Aktivitäten auf deutschem Boden entscheiden wollte, ging sie mit Frankreich einen Kompromiss ein: Eine Sonderkommission der Sicherungsgruppe Bonn des BKA in Meckenheim unter dem Beamten Karl Homann überwachte in Zusammenarbeit mit dem Deuxième Bureau potentielle Mitglieder der FLN und den wachsenden Einfluss der algerischen Exilregierung. Aus einer vertraulichen Akte des Bundeskriminalamts berichtete das *Neue Deutschland* im November 1961, dass zur Amtshilfe der deutschen Behörden auch die Unterdrückung von Ermittlungen gegen die »Rote Hand« gehöre,[213] denn die partielle Unterstützung Frankreichs gegen eine Unabhängigkeitsbewegung in Nordafrika war natürlich Wasser auf die Mühlen der DDR-Propaganda.

Die *Berliner Zeitung* behauptete nachträglich, BND und Deuxième Bureau hätten ein Abkommen geschlossen, das vier Ziele gehabt habe: erstens die Abschnürung des Materialnachschubs für die FLN, zweitens die gemeinsame Eindämmung des wachsenden Einflusses der algerischen Exilregierung, drittens einen Informationsaustausch über Algerier und viertens Aktionen zur Verhinderung von Desertationen aus der Fremdenlegion.[214]

Constantin Melnik erläuterte in seinen Memoiren, dass der BND ab 1957 ein Verbindungsbüro im Hauptquartier der SDECE am Boulevard Mortier besessen habe, in dem General Werner Repenning saß. Repenning, Jahrgang 1914, war bis 1956 unter dem Decknamen »Rainer« Leiter des Bonner Verbindungsstabs der Organisation Gehlen und ab 1957 Verbindungsmann zum französischen Auslandnachrichtendienst SDECE, bevor er von 1959 bis 1962 Verteidigungsminister Franz Josef Strauß als persönlicher Referent diente.[215]

Der französische Dienst führte, vertreten durch seinen Verbindungsoffizier James Achard, Gespräche in der BND-Außenstelle in der Münchner Marsstraße. Melnik betonte, dass er für seine Operationen gegen die FLN nützliche Informationen von Gehlen bekam, beispielsweise über Waffenlieferungen aus der Tschechoslowakei, die in Jugoslawien verschifft wurden.[216]

Möglicherweise hat der BND einige Informationen von Christmann aus Tunis an die SDECE weitergegeben. Über die Tatsache, dass Christmann dort eingesetzt war, hatte man die französischen Dienste unterrichtet, weil es ihren Agenten in Tunesien ohnehin nicht verborgen geblieben wäre. Die deutsch-französische Geheimdienstzusammenarbeit blieb aber auch ihm nicht verborgen. »Wir haben mit Besorgnis im letzten Spiegel gelesen, dass der deutsche und französische ND sich bestens verstehen (im Artikel über die ROTE HAND)«, teilte Christmann sein Missfallen darüber am 6. März 1960 mit.

Die Bundesregierung selbst unternahm nichts, um die Belieferung der FLN durch deutsche Waffenhändler ernsthaft zu unterbinden. Sie protestierte allenfalls regelmäßig, wenn deutsche Schiffe von der französischen Kriegsmarine durchsucht wurden.[217] Der französische Nachrichtendienst beschränkte seine Kommandounternehmen auf deutschem Boden deshalb keineswegs auf Algerier, sondern griff zwischen 1956 und 1960 auch deren deutsche Helfer an. Ein Geschäftsfreund des Hamburger Waffenhändlers Otto Schlüter wurde am 28. September 1956 in dessen Hamburger Lager an der Osterbekstraße 43–45 von einer fünf Kilo schweren Bombe zerrissen, Schlüter selbst trug nur Schrammen davon. Am 3. Juni 1957 erfolgte ein zweites Attentat. Als der Waffenhändler den Motor seines Mercedes 220 startete, explodierte ein Sprengsatz. Schlüter überstand auch diesen Anschlag, seine vierjährige Tochter Ingeborg wurde dabei allerdings verletzt und seine Mutter getötet.

Am 3. März 1959 zerfetzte eine Autobombe den Waffenhändler Georg Puchert in Frankfurt am Main, der 43-Jährige verblutete. Und am 31. Dezember 1959 starb Abd el-Kader Aisson, ein Partner von Puchert, durch einen Genickschuß. Zwei Anschläge des Service Action – einer Eliteeinheit des französischen Nachrichtendienstes – richteten dagegen nur Sachschaden an: Am 1. Oktober 1958 sprengten seine Kampfschwimmer den jugoslawischen Frachter »Atlas« mit Waffen für die FLN. Am 16. November 1960 explodierte in München der Wagen des Münchner Exportkaufmanns Wilhelm Beissner, Jahrgang 1911, der 1943 als SS-Sturmbannführer Chef des Sicherheitsdienstes in Tunis gewesen war. Der Bundesnachrichtendienst war der Auffassung, dass Hartmann Lauterbacher und Wilhelm Leugner den französischen Geheimdienst »direkt oder indirekt« auf die Fährte von Beissner gesetzt hatten, so dass die »Rote Hand« ihren Anschlag auf ihn verüben konnte. Am 2. November 1960 teilte Giskes dies jedenfalls Christmann in Tunis mit.[218] Beissner war im Juli 1951 nach Kairo gegangen, diente zunächst einigen deutschen Unternehmen als Repräsentant in Ägypten, bevor er im Januar 1955 seine eigene Firma,»The Egyptian-German En-geneering and Industrial Company Beissner & Co.«, gründete. Von da an stand er im Ruf, nicht nur den ägyptischen Geheimdienst zu beraten, son-dern auch mit Waffen zu handeln. Für diese Tätigkeit – so der BND im März 1966 – gab es »zahlreiche Versionen, die in der Regel auf Erzählungen und Berichten anderer Waffenhändler basieren«. Sicher war sich Pullach, dass er 1959 über Jugoslawien Waffen ins syrische Latakia verschifft hat-te, die allerdings nur Schrottwert besaßen. Im März 1960 verlegte Beissner seine Aktivitäten nach Marokko, und damit war sein Einstieg in Rüstungs-geschäfte mit der FLN »sehr wahrscheinlich« geworden.[219]

Obwohl Beissner bei dem Anschlag ein Bein verloren hatte, setzte er seine Zusammenarbeit mit der FLN fort und war nach der Rekonvaleszenz in München im Juni 1961 bereits wieder in Tunis. Die CIA, die ihn schon in der Bundesrepublik abgehört hatte, nahm ihn in der tunesischen Haupt-stadt gleich ins Visier. Konkrete Ergebnisse zu seinen Waffengeschäften ka-men dabei nicht heraus, nur der Bericht eines tunesischen Informanten, der den verbitterten Mann an der Seite einer blonden Frau beobachtete, die seinen großen amerikanischen Straßenkreuzer fuhr und zu verschiedenen Tunesiern intime Beziehungen unterhielt.[220]

Besser als der französische Dienst war der BND über die Beschaffungs-strukturen der ALN unterrichtet. Als die Zentrale der FLN 1957 noch in Hamburg ansässig war, besaß ihr militärischer Arm in Darmstadt eine ei-gene Zentrale. In der hessischen Stadt residierte auch ein fließend Deutsch sprechender »Monsieur Ali«, als Beauftragter der ALN für Waffenkäufe in Europa zuständig, meldete Christmann bereits am 23. August 1957. Zwei Wochen später hatte »Salah« auch den Hintergrund des Waffeneinkäufers aufgeklärt: Monsieur Ali hatte von 1941 bis 1945 als Offizier in der deutsch-arabischen Legion des OKW-Amtes Ausland/Abwehr gedient.[221]

Während in Genf bereits die Verhandlungen über die Modalitäten der Unabhängigkeit Algeriens liefen, sah sich die Bundesregierung noch ein-mal gezwungen, sich zwischen der Zusage an Frankreich, oppositionelle Algerier zu verfolgen, und dem künftigen Verhältnis zu dem neuen Natio-nalstaat in Nordafrika zu entscheiden. Auf Veranlassung des Generalbun-desanwalts wurden drei Vertreter der algerischen Exilregierung in Bonn – darunter Malek (Hafis Keramane) – im April 1961 wegen Geheimbündelei und anderer Delikte in Haft genommen, obwohl Malek bereits der desig-nierte Botschafter Algeriens in Bonn war. Doch gegen den Generalbundes-anwalt gab es eine breite politische Front: »Das Auswärtige Amt schaltete Wischnewski ein, der in Genf den Algeriern die Lage erläuterte; der CDU-

Abgeordnete Ernst Majonica unterstützte von Seiten der Mehrheitsparteien die Niederschlagung der Affäre; im Kanzleramt setzte sich Staatssekretär Globke – mit an Sicherheit grenzender Wahrscheinlichkeit nicht ohne Einverständnis des Kanzlers und unterstützt von einigen Regierungsmitgliedern – nachdrücklich für eine elegante Erledigung der Affäre ein. Wischnewski besorgte eine hohe Kaution, und nach langwierigen Verhandlungen erfolgte schließlich die Freilassung der drei«,[222] die dann am 23. Mai 1961 ausreisen konnten.

Die Bundesregierung verfolgte eine Schaukelpolitik: Sie votierte für Algeriens Unabhängigkeit und dämmte zugleich die Aktivitäten der FLN auf deutschem Boden vorsichtig ein. Der BND unterstützte die FLN, aber zugleich genossen die französischen Nachrichtendienste bei ihrer Verfolgung von FLN-Funktionären und deren deutschen Partnern Handlungsfreiheit und teilweise sogar Unterstützung.

Bei einer weiteren Kriegspartei trieb Gehlens Mannschaft das Doppelspiel auf die Spitze.

Dabei handelte es sich um die OAS (Organisation Armée Secrète), das letzte Aufgebot der Ultras gegen die algerische Unabhängigkeit, die Anfang 1961 von Pierre Lagaillarde, General Raoul Salan und Jean-Jacques Susini gegründet worden war.

Die OAS versuchte durch ein Attentat auf de Gaulle und schließlich durch einen Putsch in Algerien im April 1961 die Macht an sich zu reißen. Sie verfügte nur über etwa 1000 Mitglieder, aber sie machte den französischen Diensten dennoch schwer zu schaffen.[223] Stützen konnte sie sich auf aus Indochina nach Algerien verlegte Truppen von General Salan und die Fremdenlegion. Der Spuk dauerte jedoch nicht lange. Nach einem Generalstreik in Frankreich und Gegenaktionen regierungstreuer Gruppen ergriffen die meisten Putschisten nach drei Tagen die Flucht.[224]

Zu den prominentesten Führern der OAS zählte der Widerstandskämpfer Georges-Augustin Bidault, Jahrgang 1899, Gründer des Mouvement Républicain Populaire (MRP) und von 1945 bis 1956 und erneut ab 1958 Mitglied der Nationalversammlung. Nach dem Krieg hatte er im Kabinett Félix Gouin in der provisorischen Regierung als Außenminister fungiert, bis ihn am 19. Juni 1946 die konstituierende Nationalversammlung zum Präsidenten der provisorischen Regierung wählte. Bidault arbeitete anschließend in verschiedenen französischen Nachkriegskabinetten. Nach Beginn des Algerienkrieges unterstützte er zunächst die Präsidentschaft von de Gaulle. 1961 wurde Bidault jedoch Präsident des »Exekutivausschusses für den Marsch für ein französisches Algerien« und stellte sich gegen de Gaulles Politik der algerischen Unabhängigkeit. Er gründete den Nationalen Widerstandsrat innerhalb der OAS. Im Juni 1962 wurde er beschuldigt, als Chef der OAS gegen den Staat zu konspirieren und verlor seine parlamentarische Immunität. Er flüchtete 1963 nach Brasilien ins Exil. 1967 zog er nach Belgien und kehrte 1968 nach einer Amnestie nach Frankreich zurück.[225] Bidault hatte sich zum Todfeind von de Gaulle entwickelt. Er war der Hauptredner bei einer Kundgebung rechtsradikaler europäischer Siedler in Algier am 19. Dezember 1959, auf der der Tod des französischen Staatspräsidenten gefordert wurde.[226]

In den Propagandaschlachten des Kalten Krieges zwischen den beiden deutschen Staaten erhob die DDR den ungeheuerlichen Vorwurf, die Bundesrepublik Deutschland würde via BND die OAS unterstützen, die nichts anderes als einen Staatsstreich und die versuchte Ermordung de Gaulles unternommen hatte. Im Januar 1962 meldete die *Berliner Zeitung*: »Agenten des Gehlen-Dienstes ›arbeiten‹ in Nordafrika für die ›Deutsche Afrika-Gesellschaft e.V.‹. Die dort gesammelten Informationen werden vom Gehlen-Hauptquartier in Pullach bei München im Austauschverfahren den OAS-Vertrauensleuten ausgehändigt.«[227] BND-Präsident Gehlen selbst habe sich mit dem OAS-Führungsmann Salan am 15. Januar 1962 in einer Münchner Villa getroffen, legte das *Neue Deutschland* am 30. März 1962 nach. Gehlen habe Salan dabei die Unterstützung der OAS zugesagt. Am Tag darauf seien die Verhandlungen in Frankfurt mit zwei wichtigen Mitarbeitern Gehlens, darunter Franz Alfred Six, fortgesetzt worden. Der BND spiele ein doppeltes Spiel mit seinem französischen Partner in Paris, weil er die OAS – so die DDR-Propaganda – unterstützte. Ähnliche Meldungen kursierten in französischen Medien, die das *Neue Deutschland* in dem zitierten Artikel nur allzu gern aufgenommen hatte. Die OAS erhalte ihre Waffen wie die FLN zum Teil auch über die Drehscheibe Bundesrepublik, meldete der *France Observateur* und machte Hamburg, Hannover und Frankfurt als Umschlagplätze für die deutsche Unterstützung der OAS mit Waffen aus.

Am 13. Februar 1963 traf sich Konrad Adenauer zu einem langen Informationsaustausch mit dem Vertrauten des US-Präsidenten John F. Kennedy, Roswell Gilpatric. Der Bundeskanzler unterrichtete den US-Verteidigungsstaatssekretär auch über seine letzte Begegnung mit dem französischen Präsidenten. Charles de Gaulle – so Adenauer laut Protokoll der Unterredung – »wisse auch, dass die OAS immer noch existiere. Bidault und Soustelle seien beide in London, hätten aus Algerien viele Millionen mitgenommen, sich selbst damit zunächst saniert, und mit dem Rest machten sie Umtriebe gegen Frankreich und de Gaulle«.[228]

Gut zwölf Jahre später, am 21. August 1975, erfuhr der Vizepräsident des BND, Dieter Blötz, dass Adenauers Nachrichtendienst mit eben jenem Bidault zum Zeitpunkt der Gespräche zwischen dem deutschen und dem französischen Regierungschef in Kontakt stand, gegen den de Gaulle gegenüber dem deutschen Regierungschef Klage führte. Blötz traf im Bonner Verbindungsbüro des Dienstes vormittags mit »Bernhard« zusammen. Dabei handelte es sich um Walrab Rudolf von Buttlar, Jahrgang 1924, der bis Anfang der 1970er Jahre Leiter der Sicherheitsabteilung gewesen war. »Der rote Baron« – so sein Spitzname in Pullach – riet ihm im Gespräch, aus der Ablage Karlsruhe Bh II die Akten Bidault, Argoud und Rote Hand zu ziehen. Mündlich erfuhr Blötz von dem altgedienten Gehlen-Mann, dass Buttlar Georges-Augustin Bidault im oberbayerischen Herrsching getroffen hatte, als er eine Dolmetscherin des Dienstes dorthin gefahren hatte. Zudem konnte sich Buttlar erinnern, dass Bidault seinerzeit in dem Dorf Steinebach am nahe gelegenen Wörthsee untergebracht war.[229]

Anders als de Gaulle gegenüber Adenauer betont hatte, war Bidault nämlich keineswegs dauerhaft in London untergetaucht, dorthin war er von Ende Januar bis Anfang Februar 1963 nur kurz aus Oberbayern gereist. Gastgeber des im Spätherbst 1962 aus Italien ausgewiesenen Exministerpräsidenten war in Steinebach der Chefredakteur der *Münchner Illustrierten Revue*, Oscar Stammler, der die Memoiren des Franzosen zusammen mit dem Nachrichtenhändler und Literaturagenten Josef Ferency vermarkten wollte. Noch genauer: Es war Stammlers Redakteur Heinz Losecaat van Nouhuys, der seine Mietvilla in Steinebach, das Haus Sonnenwinkel 1, als Versteck zur Verfügung gestellt hatte.[230] Und hier schließt sich wieder der Kreis zum Bundesnachrichtendienst: Ferency diente Gehlen unter dem Decknamen »Flachsmann« als Kontakt, und der zeitweise auch für das Ministerium für Staatssicherheit in Ost-Berlin tätige Doppelagent van Nouhuys wurde vom BND unter dem Decknamen »Nauke« als Pressesonderverbindung geführt. 1973 räumte van Nouhuys ein, von 1960 bis 1963 im Rahmen seiner journalistischen Kontakte dem BND auch Material aus seiner Arbeit gegen Spesenerstattung überlassen zu haben.[231]

In Oberbayern wollte Bidault nicht nur seine Memoiren vollenden, sondern auch seinen Aufenthalt in der Bundesrepublik legalisieren. So schrieb er seinem langjährigen Verhandlungspartner Konrad Adenauer einen Brief, in dem er an die gemeinsamen politischen Zeiten erinnerte, in denen de Gaulle als Regierungschef zur Disposition stand. Doch der deutsche Regierungschef ließ das Schreiben ungeöffnet an die Bundesanwaltschaft gehen, die gegen Bidault ein Verfahren wegen Geheimbündelei eingeleitet hatte.[232] Nachdem de Gaulle fest im Sattel saß und die Algerienfrage geklärt war, zeigte Adenauer dem ehemaligen Vorsitzenden der französischen Schwesterpartei die kalte Schulter.

Wenn auch die Gesprächsinhalte mit dem französischen Exminister-präsidenten und Feind de Gaulles bei Blötz nicht dokumentiert sind, so kann doch bereits aus der Tatsache der Geheimgespräche mit dem OAS-Führer geschlossen werden, dass die Behauptungen der DDR-Propaganda, der BND habe die OAS unterstützt, keineswegs völlig aus der Luft gegriffen waren.

Anfang der 1970er Jahre gab es neue Informationen, welche diese Auffassung stützten. Jean-Jacques Susini, einer der OAS-Gründer, der nach dem missglückten Putsch geflüchtet war, kehrte im Vertrauen auf die Amnestie, die de Gaulle 1968 verkündet hatte, nach Frankreich zurück. 1970 wurde er jedoch festgenommen und verbrachte 16 Monate in Haft. Anfang Oktober 1972 wurde er für zwei weitere Jahre inhaftiert, weil er – so der Vorwurf – den Mord an Oberst Raymond Gorel, dem ehemaligen Chefbuchhalter der OAS, organisiert habe.[233]

Gorel war am 20. Dezember 1971 in Paris entführt worden und galt von da an als verschollen. Inhaftierte OAS-Angehörige behaupteten gegenüber der französischen Polizei, Susini habe den Geldverwalter der OAS in einer Pariser Garage zu Tode gefoltert, um aus ihm Informationen über den Verbleib der auf 20 Millionen DM geschätzten OAS-Gelder zu bekommen. Ihre letzte Hoffnung setzte die französische Regierung auf den BND. Ihren Informationen zufolge soll der am 25. Februar 1963 aus einem Münchner Hotel entführte OAS-Oberst Argoud dem westdeutschen Geheimdienst zuvor Aufschluss über die Höhe und den Verbleib der OAS-Millionen gegeben haben. Aus Pullach kam ein energisches Dementi: »Hier ist nichts darüber bekannt, dass eine Unterredung zwischen dem BND und Herrn Argoud stattgefunden hat«,[234] zitierte die *Welt am Sonntag* am 15. Oktober 1972 dazu einen Sprecher des Bundesnachrichtendienstes.

Nachdem die Niederlage der OAS besiegelt war, schwenkte der BND um und half dem französischen Geheimdienst, den flüchtigen OAS-Chef zu fassen, wie Peter F. Müller und Michael Mueller 2002 herausfanden: »Anfang 1963 beherbergte die Altenstädter Luftlandeschule Gäste, deren Interesse an der Fallschirmjägerausbildung den deutschen Soldaten eher unverständlich war: eine fünfköpfige Gruppe französischer Elitesoldaten. Drei Offiziere und zwei Feldwebel, die in Vietnam und in Algerien Kriegserfahrung gesammelt hatten. Die französischen Fallschirmjäger waren jedoch nicht fest in den deutschen Lehrgangsbetrieb eingespannt, sondern hatten nur den Status von Beobachtern. [...] An einem Sonntag im Februar 1963 wurde der Chef der OAS, Antoine Argoud, in München gekidnappt. [...] Nach dem Kalten Krieg wurde das Geheimnis um die Entführung Argouds, dem anschließend in Paris der Prozess gemacht wurde, in Frankreich teilweise gelüftet: Die Mitglieder des Kommandos entstammten dem berüchtigten 11. französischen Luftlandebataillon, das Anfang 1963 aufgelöst worden war. Ein Teil seines Personals hatte sich dem SDECE angeschlossen und war ihm auch gleich nützlich. Als Verteidigungsminister Pierre Messmer den Befehl zur Verschleppung Argouds erteilte, wurden die Fallschirmjäger in die Aktion einbezogen.«[235]

Betrachtet man nicht nur die offizielle Politik der Bundesregierung in der Algerienfrage, sondern auch die verdeckten Aktivitäten des Bundesnachrichtendienstes, stellt man fest, dass der von Klaus-Jürgen Müller gewählte Begriff des »vorsichtigen, pragmatischen Lavierens« nicht die ganze Wahrheit trifft. Der deutsche Auslandsnachrichtendienst leistete vielmehr allen am Konflikt beteiligten Parteien – angefangen bei der FLN, über die Regierung de Gaulle bis hin zur OAS – nachhaltige Unterstützung. Zwangsläufig verriet er dabei zugleich jeden seiner Partner. Die gewählte Strategie, als »Spinne im Netz« zu agieren, war kurzfristig durchaus erfolgreich, aber letztendlich hat sie das Verhältnis zur französischen Regierung und zum französischen Geheimdienst beschädigt. Auch für Algerien erfüllten sich die deutschen Hoffnungen durch den Einfluss prokommunistischer Kräfte und den Sturz Ben Bellas 1965 nicht, zum favorisierten politischen und wirtschaftlichen Partner Algiers aufzusteigen.

Mit genau diesem Ziel hatte Gehlen die Solidarität im westlichen Bündnis verletzt. Hinter den Kulissen wirkten im Verhältnis zu Frankreich die konkurrierenden nationalen Interessen noch lange im Geheimen fort. Die wirtschaftlich wiedererstarkte Bundesrepublik wollte in einer Konkurrenz der Mittelmächte auf Augenhöhe mit London und Paris agieren. Ganz anders sah die Lage aus, wenn während des Kalten Krieges durch den Prozess der Entkolonialisierung in Afrika Positionsvorteile für die Sowjetunion drohten. Dann schlug sich der Dienst auf die Seite der alten europäischen Kolonialmächte, mehr noch naturgemäß auf die Seite der westlichen Führungsmacht USA und ihrer machtpolitischen und außenwirtschaftlichen Interessen.

Als der BND im Dezember 1963 seine gegenwärtigen und zukünftigen Aufgaben in einer streng geheimen Planung neu bestimmte, definierte er auch zwei Aufgaben, die mit den Entwicklungen in der »Dritten Welt« in Zusammenhang standen. »Das Fortschreiten der Emanzipationsbewegung im Bereich der Entwicklungsländer und deren Bedeutung im Konzert der Mächte, insbesondere deren äußerst vielgestaltige Aktivität im Balanceakt zwischen Ost und West und darauf resultierende Verflechtungen« sollte in den Mittelpunkt der Aufklärungsbemühungen gerückt werden. Als weiteres Ziel der politischen Aufklärung nannte das Papier:»die Zunahme der konzeptionellen Spannungen innerhalb der westlichen Verteidigungsgemeinschaft«.[236] Beide Aspekte standen in unmittelbarem Zusammenhang. Die dem BND von den USA zugedachte Rolle als Juniorpartner bei Operationen in der»Dritten Welt« war im Konzert der europäischen Mächte in der Phase der Entkolonialisierung eine heikle Aufgabe.

In seiner Meldung Nr. 431 vom 3. August 1960 kritisierte Christmann die belgische Kolonialpolitik heftig.»Es steht wohl zweifelsohne fest, dass die Unruhen im Kongo von den belgischen Truppen systematisch vorbereitet wurden. Provokationen dieser Truppen haben die Kongolesen derart aufgebracht, dass es auch vereinzelt (etwa zwanzig Fälle) zu Mord und Vergewaltigung kam«, berichtete er aus tunesischen Geheimdienstkreisen. Die 80 Stämme des Landes würden erstmals ihre alten Fehden ruhen lassen und unter der Führung von Patrice Lumumba eine Einheitsfront gegen die Kolonialmacht bilden. Betroffen über die Nachricht, dass die belgischen Truppen Vergewaltigungen als Mittel der Kriegführung einsetzten, sei vor allem die Ehefrau des tunesischen Geheimdienstchefs Ali M'Rad.

Der BND verteidigte in seiner Antwort vom 8. August das Brüsseler Vorgehen:»Und schliesslich haben die Belgier in ihrer Kongo-Kolonie einiges investiert. Dass sie diese Milliarden nicht einer so dubiosen Figur wie Lumumba. […] zu schenken beabsichtigen, dürfte mindestens verständlich sein.« Der Frau von Ali M'Rad ließ die Pullacher Führungsstelle am 8. August 1960 ausrichten,»dass 1945 Vergewaltigungen durch Sowjets in Ostdeutschland u. Berlin an der Tagesordnung waren. Belgische Truppen gab es 1945 nicht! Und beim Einmarsch französischer Einheiten sind Übergriffe dieser Art nur bei Kolonialtruppen […] zu verzeichnen gewesen.«

Doch Christmann alias»Salah« wollte diese peinliche Erwiderung nicht so stehen lassen. Mitte November 1960 wehrte er sich gegen diese Sichtweise unter Berufung auf den ersten UNO-Generalsekretär:»Als Salah vor einigen Monaten das Vorgehen im Kongo brandmarkte, wurde ihm speziell von Dr. Y. [Giskes; d. Verf.] zu verstehen gegeben, dass die Quellen, aus denen Salah sein Wissen schöpfte, nicht ›sauber‹ seien. Der Bericht von Dag Hamerskjöld und derjenige seines Beauftragten im Kongo Ralph Bunche (siehe auch Zeitungsausschnitt) sprechen für sich!!!!!!« Die geharnischte Antwort aus Pullach ließ nicht lange auf sich warten. Giskes schrieb am

12. Dezember voller Verärgerung:»Wo gehackt wird, da fallen Späne, und wenn etwa Träumer glauben, dass ein Kalter Krieg mit Samthandschuhen geführt wird, dann werden sie eines Tages in Workuta aufwachen.«

Kaum einen Monat später führte die belgische Kolonialmacht vor Augen, wie wenig auch sie von Samthandschuhen hielt: Der gewählte Ministerpräsident des Kongo, Patrice Lumumba, wurde am 17. Januar 1961 kurz vor Mitternacht von einem Erschießungskommando unter Führung von vier belgischen Offizieren ermordet. Zugegen bei der Mordaktion, der auch Sportminister Mpolo und der stellvertretende Parlamentspräsident Okito nach tagelanger Misshandlung zum Opfer fielen, waren der dem Westen wohlgesonnene selbsternannte Ministerpräsident von Katanga, Moise Tschombé, und seine betrunkene Ministerriege. Zuvor waren Versuche der CIA gescheitert, Lumumba durch vergiftete Zahnpasta oder Scharfschützen zu ermorden.[237] Und apropos »Wo gehackt wird, da fallen Späne«: Um den Mord zu vertuschen, wurde Lumumbas Leiche von den Belgiern zerhackt und in Säure aufgelöst.

In seinem Memorandum für den Leiter der CIA fasste der Leiter der Osteuropaabteilung Gordon M. Stewart die Ergebnisse des Besuchs von Reinhard Gehlen im April 1961 in Washington zusammen. Wir haben das Gefühl, dass Deutschland als eine Macht ohne jüngere Kolonialbindungen einen Beitrag zur Unterstützung und Führung unterentwickelter Staaten leisten kann, notierte er. Anlass dieser Analyse war die Nachricht, dass die Bundesregierung Ausgaben in Höhe von sieben Millionen DM zur Unterstützung prowestlicher Elemente im Kongo genehmigt hatte.[238]

Auch diese Aktion hat BND-Präsident Gerhard Wessel im Juni 1968 vor dem Vertrauensmännergremium des Deutschen Bundestags – neben dem eingangs geschilderten deutschen Beitrag zum Regimewechsel in Indonesien – als »klassisches« Beispiel für das Ausnutzen besonderer Möglichkeiten des BND durch die Bundesregierung ins Feld geführt: »1961/62 Bemühungen kongolesischer Politiker (die in Opposition zum amtierenden prokommunistischen Ministerpräsidenten LUMUMBA standen), Hilfe der Bundesregierung zum Aufbau einer Druckerei (als Basis für Propagandaaktionen) und finanzielle Unterstützung (›Bestechungsgelder‹) zu erhalten. Bundesregierung stark an Unterstützung dieser prowestlichen Kräfte interessiert, zu offiziellen Maßnahmen jedoch außerstande (diplomatische Beziehungen zu LUMUMBA). Deshalb Beauftragung BND, Mittel zu schleusen und Druckerei (über Tarnfirmen) zu erreichen.«

Die Operation »Liane« lag nicht nur im gemeinsamen Interesse der Bundesrepublik und der USA, sondern diente – so Gerhard Wessel vor den

Abgeordneten des Deutschen Bundestages im Juni 1968 – auch den Eigeninteressen des Bundesnachrichtendienstes, weil die Großdruckerei »Con-
cordia« sich zu einer vielseitig verwendbaren Operationsbasis des Bundesnachrichtendienstes im westlichen Afrika entwickelt habe.[239]

Abgang und Nachspiel (1961–1989)

Im Juni 1961 schlug Christmann vor, sein Dienstverhältnis mit dem BND aufzulösen, und führte zwei Gründe an: erstens seinen schlechten Gesundheitszustand und zweitens das Gefühl, zum reinen Befehlsempfänger degradiert zu werden.»Das Ausbleiben jeglicher Antwort auf meine 497 vom 25.6.61 sowie das Ausbleiben der monatlichen Überweisung auf mein Konto lässt mich zu dem Schluss kommen, dass Ihr meinen Vorschlag zu Abbruch der Geschäftsbeziehungen angenommen habt«, legte er am 10. Juli nach.[1] Erst daraufhin erhielt er postwendend eine positive Antwort von seinem Führungsstellenleiter Giskes, der sich selbst in ungewohnter Weise als »Dr. J.« bezeichnete.»Zunächst haben wir es aber mit dem klar ausgesprochenen Wunsch SALAH's nach Beendigung des bestehenden Geschäftsverhältnisses zu tun. Wir möchten ebenso deutlich zum Ausdruck bringen, dass wir diesem Wunsch SALAH's nicht im Wege sein werden. Zu den von SALAH angegebenen Gründen für seinen Entschluß möchte Unterzeichneter kurz daran erinnern, dass die Vision ›Befehlsempfänger‹ in der gesamten Korrespondenz des Dr. J. keinerlei Stütze findet. […] Die Begründung ›schlechter Gesundheitszustand‹ wird durchaus respektiert. – Warum aber dann die anderen vorgeblichen Gründe?«, schrieb Giskes in einer Meldung mit der Nummer 230 am 10. Juli 1961. Unter derselben Nummer schickt er zehn Tage später einen zweiten Brief, in dem er für Ende August ein Treffen in München vereinbarte. Obwohl sich die beiden bereits seit mehr als 20 Jahren kannten, wurde der Ton mit einem Mal frostig.»Sehr geehrter Herr Christmann« redete ihn Giskes am 20. Juli 1961 plötzlich an, statt des bisher üblichen»Lieber Richard«.

Giskes mochte verstimmt sein, aber für den selbst gewählten Rückzug aus Tunis und aus dem BND gab es für Christmann eine ganze Reihe von guten Gründen. Der erste war wohl der angeschlagene Gesundheitszustand des erst 55-Jährigen. Als Spätfolge des Unfalls von 1955 litt er an einer Nackenwirbelerkrankung und benötigte starke Schmerzmittel. Dazu kam im August 1960 eine Kopfwirbelrose.[2] Wie ernst es um ihn stand, zeigt ein Brief seiner Frau an den BND mit der bangen Frage, wie es um ihre Versorgung bestellt sei, wenn ihr Mann beispielsweise einen Unfall habe.[3] Am 28. Dezember 1960 beruhigte Giskes Eva-Maria. Er versicherte ihr, dass sie »jede nur mögliche Hilfe erwarten kann zu einer angemessenen Existenzsicherung«. Auch der bereits 67-jährige Giskes war im Januar 1961 erkrankt, und es dauerte bis Ende Mai, bis er nach einer Kur im Schwarzwald wieder einsatzfähig war.[4] Christmanns Kündigung erreichte ihn nur einen Monat nach seiner Genesung, und möglicherweise wollte der zudem kurz vor dem Ruhestand stehende BND-Beamte auch eine bei seinen Vorgesetzten nicht besonders beliebte Altlast loswerden.

Der zweite Grund lag in den wachsenden Differenzen mit dem Dienst, der Christmann – nicht zu Unrecht – vorwarf, zu sehr mit der FLN zu fraternisieren. »Es wird stark bedauert, dass Salah sich nicht dazu entschließen kann, eine objektive und über den Dingen stehende Betrachtungsweise zu pflegen, sondern die bodenlos einseitige, von nationalen Scheuklappen und finsterstem Fanatismus beengte Sicht seiner Freunde kritiklos übernimmt und dieses algerische Evangelium als Allheilmittel gegen die algerischen Krämpfe uns zu verkaufen sich bemüht«, warf Giskes ihm am 20. Juni 1961 vor. »Salah lehnt es strikte ab, sich solche Vorwürfe gefallen zu lassen«, antwortete Christmann am 25. Juni 1961 verbittert und grußlos.

Der dritte Grund für Christmanns Ausscheiden lag im bevorstehenden Sieg der FLN über die französische Kolonialmacht. Im Mai 1961 hatten die Verhandlungen zwischen der französischen Regierung und der algerischen Befreiungsbewegung zunächst in Evian, dann in Lurgin begonnen. Sie scheiterten zunächst an der starren Haltung Frankreichs, das aufgrund der Erdölvorkommen die Sahara von dem künftig unabhängigen Algerien abzutrennen versuchte. Im September 1961 lenkte de Gaulle schließlich ein, allerdings nicht freiwillig. In Frankreich organisierte die FLN Demonstrationen, in denen die Unabhängigkeit Algeriens gefordert wurde. Der in Tunesien stationierte ALN-Generalstab unter Führung von Oberst Houari Boumedienne band allein an der Grenze zu Tunesien und Marokko rund 200 000 französische Soldaten. Hungerstreiks von algerischen Häftlingen sowie Massenstreiks französischer Arbeiter, die ihre Solidarität mit der ALN und FLN bekundeten, taten ein Übriges. Am 18. März 1962 einigten sich die algerische und die französische Delegation auf die Beendigung der Kämpfe. Frankreich musste schließlich unter Wahrung gewisser wirtschaftlicher Interessen die algerische Souveränität auch über die Sahara anerkennen. Bis zur beschlossenen Volksabstimmung über die Unabhängigkeit Algeriens, erfolgte die Verwaltung des Landes durch eine provisorische Regierung, bestehend aus Algeriern und Franzosen. Am 1. Juli 1962 war das Votum schließlich eindeutig: 99,7 Prozent stimmten für die Unabhängigkeit. Damit war die letzte Kolonie Frankreichs in Nordafrika gefallen. Auch wenn der Waffenstillstand erst am 18. März 1962 in Evian unterzeichnet wurde,[5] war für Christmann zum Zeitpunkt seiner Kündigung bereits klar, dass seine Freunde von der FLN ihr Ziel eines unabhängigen Algeriens erreicht hatten. Bereits der Umfang seines Meldeaufkommens zeigt, wie sehr seine Motivation gesunken war. Im ersten Halbjahr 1961 schickte er nur noch 31 Berichte nach Pullach, während es 1960 noch 90 waren. »Es wäre erwünscht, wenn Salah nun wieder mit größerer Regelmäßigkeit (wöchentlich) zu den aktuellen Problemen beiträgt«, rügte ihn Giskes am 20. Juni 1961 für den nachlassenden Arbeitseifer.

Ein vierter Grund lag in Christmanns Weigerung, seine politischen Weggefährten der FLN in Algier auszuspionieren. Das Angebot, als BND-Resident nach Algerien zu gehen, lehnte er ab. Das *Neue Deutschland* meldete am 11. November 1961, dass diese Aufgabe der ehemalige SS-Standartenführer Franz Wimmer-Lamquet übernehme, der im Zweiten Weltkrieg ein Spionagenetz in Nordafrika aufgebaut und 1944 ein Sonderkommando aus Fremdenlegionären und Einheimischen in Nordafrika geführt hatte. Das erwies sich als falsch; die Ostdeutschen waren der Fehlinformation aufgesessen, der SS-Offizier sei schon bald nach Kriegsende in der Organisation Gehlen verantwortlich für Nordafrika gewesen.[6] Tatsächlich arbeitete er ab den 1950er Jahren für den französischen Geheimdienst, wie »Salah« herausfand, als sich ihre Wege kreuzten. Ende April 1959 weilte Wimmer unter dem Decknamen »Monsieur Le Roy« in Tunis. Unter diesem falschen Namen sei er dem FLN-Führer Hansen Ben Yales (ALA 44) seit langem als einer »der fähigsten Spitzel des franz. Geheimdienstes bekannt. Er würde von einem Oberst Godard geführt und trage die Agenten Nr. SH 02. Die vorgesehene Ankunft des W. in Tunis war ALA 44 bereits gemeldet worden. Bevor W. hier ankam, habe er in Paris Besprechungen mit Soustelle gehabt. Habe anschließend im Saargebiet, und zwar bei einer Bank in einem Vorort Saarbrückens, einen Scheck über 1,5 Mio. Franken einkassiert und anschließend nach Frankfurt am Main gefahren, wo W. eine Unmenge Besprechungen hatte«, meldete Christmann am 7. Mai nach Pullach.[7]

Ein fünfter Grund für Christmanns Rückzug lag in den politischen Veränderungen in Tunesien. Der Übergang zu einer sozialistischen Wirtschaftsordnung machte ihn als Wirtschaftsberater überflüssig. Von 1961 an leitete Bourguiba – wesentlich gestützt auf Ben Salah – eine Phase des Übergangs zur Planwirtschaft ein, die ihm von Seiten der Großbourgeoisie des Landes heftigen Widerstand einbrachte. Nach dem Scheitern des planwirtschaftlichen Kurses in den folgenden Jahren ließ Bourguiba 1969 auch seinen Kronprinzen Salah fallen und durch ein Gericht wegen Hochverrats zu zehn Jahren Zwangsarbeit verurteilen. Nachdem der gestürzte Planungsminister 1973 fliehen konnte und als Präsidiumsmitglied neben Willy Brandt und Bruno Kreisky unter dem Dach des Wiener Instituts für Entwicklungsfragen Schutz fand, verfolgte Bourguiba Salah auch in der Bundesrepublik durch seine Geheimpolizei und nahm in Tunis Rache an dessen Verwandtschaft.[8] Mit dem Ausbau der Planwirtschaft stieg der Umfang der Importe aus den Staaten des Warschauer Vertrags, was sich auf die finanzielle Situation Christmanns negativ auswirkte. Überdies bestand Anfang der 1960er Jahre in Tunesien – wie Christmann in seinen Memoiren beklagte – ein erheblicher Mangel an Devisen, der die Einfuhren aus dem Ausland in engen Grenzen hielt.

Nach dem Ende seiner Tätigkeit für den BND blieb das Ehepaar Christmann zunächst noch einige Jahre in Nordafrika, wo Richard weiterhin als Vertreter für verschiedene westdeutsche Firmen tätig war. Zugleich arbeitete Christmann von einem neuen Büro in Algier aus als Regierungsberater auf dem sozialen Sektor, für den »Aufbau einer Infrastruktur für die sanitäre Betreuung der Bevölkerung«. Sein Reisepass verzeichnet für diese Zeit mehr als 100 Ein- und Ausreisevisa für Algerien.[9]

Schließlich ging Christmann 1965 nach Frankfurt zurück und wohnte zunächst in der Schloßstraße 80, später im Zentmarkweg 44. Mit der Rückkehr nach Deutschland begann zugleich eine Auseinandersetzung mit dem BND um eine angemessene Versorgung. Giskes hatte ihm am 20. Juli 1961 zugesagt, für die Frage der Entschädigung »eine beiderseits tragbare Lösung« zu finden. Seine Vorgesetzten entschieden anders. Christmann erhielt weder eine Abfindung noch irgendwelche Versorgungsbezüge. Als sein Arbeitsverhältnis sich dem Ende zuneigte, bat ihn »Josepha«, die Sekretärin von Giskes, im September 1961 knapp, »Osnabrück dahingehend zu unterrichten, dass von hier aus keine Geldsendungen mehr erfolgen«,[10] im Klartext: Die Zahlungen an Christmanns Schwester Hilde wurden eingestellt. Sein Honorar wurde jedoch bis Ende 1961 bezahlt.[11] Als er noch einmal nachhakte, hieß es im Oktober 1966 aus dem BND kalt: »So sehr wir Ihre offenbar bedrängte Lage bedauern, so sehen wir uns als Behörde jedoch leider nicht in der Lage, Sie aus öffentlichen Mitteln zu unterstützen. Wir möchten annehmen, dass das Sozialministerium des Landes Hessen über Hilfsmöglichkeiten für Sie verfügt, und Ihnen anheimgeben, sich dorthin zu wenden.«[12] Auch bei dem Versuch, Bonner Politiker für eine Entschädigung zu gewinnen, biss er in den folgenden Jahren auf Granit. Am 29. Oktober 1969 wandte er sich an den frischgebackenen parlamentarischen Staatssekretär beim Bundesminister für Innerdeutsche Beziehungen, Karl Herold, und informierte den Duz-Freund über seine »äußerst prekäre« finanzielle Lage. Er sei auf seine Angestelltenrente angewiesen, und seine Frau würde »durch Wiederannahme einer beruflichen Stellung den Lebensunterhalt bestreiten«.[13] Herold antwortete ihm eine Woche später und teilte dem »lieben Richard« mit, dass er sich über das Lebenszeichen freue und bedaure, dass es ihm wirtschaftlich nicht gerade gutgehe. Zugleich versprach er, sich beim Bundeskanzleramt zu erkundigen, warum Christmanns Brief vom 10. September 1969 unbeantwortet geblieben war.[14] Auch von Herold hörte er nichts mehr, so dass er sich am 15. September 1970 erneut an dessen Haus wandte, um wenigstens für den Totalschaden an seinem Pkw und für die Arztkosten im Jahre 1957 einen Ausgleich zu bekommen. Diesmal wurde er auf der Arbeitsebene abgefertigt. Ein Herr Weirauch aus dem Referat I 3 teilte ihm mit:»Nach meiner Ansicht sind die zwischen Ihnen und dem damaligen Bundesminister für Gesamtdeutsche Fragen bestehenden Rechtsbeziehungen seit langem erloschen. Sie haben die Einstellung meiner Honorarzahlungen seinerzeit widerspruchslos hingenommen.«[15] Auch für das Versprechen, ihm im Anschluss an den Einsatz an der Saar im Ministerium eine lukrative Anstellung zu verschaffen, habe er keine Anhaltspunkte gefunden. Christmann ließ nicht locker und schrieb am 16. Januar 1971 erneut an Weirauch. Diesmal legte er die Kopien einiger Briefe von Wilhelm Bodens bei. Doch der Beamte des Innerdeutschen Ministeriums blieb hart.»Die Briefe sind vielmehr ausschließlich an Herrn Bodens als ehemaligen Kameraden gerichtet, sie haben einen eindeutig privaten Charakter und beinhalten die Bitte um Hilfe in einer Notlage«,[16] konstatierte Weirauch am 11. Februar 1971 und verweigerte daraufhin jede Zahlung.

Ein einziges Mal noch traf Christmann seinen alten Führungsoffizier in München wieder. Das war kurz nach seiner Abschaltung. Bei dieser Gelegenheit bat Giskes ihn, falls er weiterhin wichtige Informationen aus Nordafrika bekäme, diese über Bodens an den BND zu leiten. Giskes selbst durfte offensichtlich keinen direkten Kontakt zu seinem langjährigen Weggefährten Christmann halten. Seine Sekretärin hatte Christmann sogar am 15. September 1961 mitgeteilt, er dürfe die private Anschrift seines Kriegskameraden auf der Ludwigshöhe in Starnberg nicht mehr benutzen.[17]

Mit seinen algerischen Freunden blieb er jedoch in Kontakt. So kam es, das sich die algerische Regierung, obwohl er nicht mehr in BND-Diensten stand, 1962 mit der Bitte an Christmann wandte, die Ausbildung von algerischen Polizeibeamten durch das Bundeskriminalamt einzufädeln. Christmann leitete das Ersuchen an Wilhelm Bodens weiter, der immer noch enge Kontakte zum BND hatte. Als diese Bitte um Ausbildungshilfe in Bonn auflief, gab es bereits eine Ausstattungshilfe.

Das SED-Zentralorgan *Neues Deutschland* hatte im November 1961 in Algier den angeblichen früheren SS-Offizier Hans Reichenberger als westdeutschen Geheimdienstmann ausgemacht. Der amerikanische Journalist Kevin Coogan dagegen ortete einen Hans Reichenberg in Algier als Akteur eines weltweit agierenden neofaschistischen Netzwerks. Der Nazi-Sympathisant und Schweizer Bankier François Genoud habe Ägypten als Basis zur Unterstützung der FLN genutzt und in Tanger mit diesem Ex-SS-Offizier zusammengearbeitet, um die Import-/Exportfirma Arabo-Afrika zu gründen, die die algerische Befreiungsbewegung mit Waffen versorge, so Coogan.[18]

Tatsächlich handelte es sich bei dem Frontmann Genouds um Hans Rechenberg, Jahrgang 1910, im Dritten Reich als Oberregierungsrat Referent in der Abteilung Deutsche Presse des Reichsministeriums für Volksaufklärung und Propaganda.[19] Der gelernte Journalist war ab August 1930 in der NSDAP, über eine Zugehörigkeit zur SA oder SS gibt es allerdings keine verlässlichen Angaben.[20] Im Zweiten Weltkrieg diente er als Fallschirmjägeroffizier und Kriegsberichterstatter in Nordafrika und war anschließend bis zum Herbst 1946 in amerikanischer Kriegsgefangenschaft, bevor er sich in Bad Tölz niederließ.[21]

Bereits in den frühen 1950er Jahren unterstützte der ehemalige Goebbels-Mitarbeiter als »Oberregierungsrat z. Wv.« Genoud als Rechtsberater bei den Auseinandersetzungen um die Autorenrechte am literarischen Nachlass von Joseph Goebbels. Rechenberg entwickelte sich zum vielseitigen Gehilfen Genouds und führte 1958 in dessen Auftrag Gespräche mit BKA-Chef Paul Dickopf über die Ausrüstung der demnächst unabhängigen Polizei Algeriens. Vom BND wurde der unverbesserliche Nationalsozialist ab August 1959 »als nicht eingewiesene und unbewusste Quelle geführt«, vier Monate später war er wegen seiner Kenntnisse der Verhältnisse in Algerien schon als »Aussen-Mitarbeiter« in Pullach angemeldet. Gesteuert wurde er von Kurt Weiß, dem stellvertretenden Leiter der strategischen Westaufklärung des BND.[22]

Am 12. Oktober 1960 gründete Rechenberg mit einem Stammkapital von 30 000 DM in Bad Tölz die »Arabo-Afrika Gesellschaft für Wirtschaftsforschung mbH«, die sich die »Durchführung wirtschaftlicher Forschungsund Beratungsaufgaben sowie die Auswertung der Ergebnisse zur Vorbereitung von Investitionen und Beteiligungen in den Ländern der Dritten Welt und Afrika« auf die Fahnen geschrieben hatte.[23]

Offiziell fungierte Rechenberg als von der Bundesrepublik bezahlter »Berater in Wirtschaftsfragen«.[24] Der CIA war er suspekt, und so überwachte sie 1962 monatelang das Telefon des Münchner Büros der »Arabo-Afrika«. Ihre Abhörprotokolle dokumentieren ein weitgespanntes Netzwerk, das von den FDP-Politikern Erich Mende und Walter Scheel über Hans Globke, Franz Josef Strauß und führende Journalisten wie Rudolf Augstein bis hin zu diversen Großbankern und Geschäftsleuten reichte. Häufig telefonierte Rechenberg in dieser Zeit mit Horst Kerner in der »politischen Dienststelle« des BND und mit Joachim Tzschaschel, der im April 1964 als BND-Resident nach Algier ging. Am 19. Februar 1962 gelang es ihm sogar, Ben Bella, der zu diesem Zeitpunkt noch in einem französischen Gefängnis saß, an den Hörer zu bekommen. Aufgrund einer Vereinbarung mit der französischen Regierung reiste der Führer der algerischen Unabhängigkeitsbewegung nach seiner Freilassung über die Schweiz und Ägypten nach Algerien. Als er Ende März 1962 in der ägyptischen Botschaft in Bern Station machte, traf er dort Genoud und Rechenberg.[25] Roger Faligot sah Rechenberg als Tzschaschels Vorgänger, als Leiter der Residentur des BND in Algier[26] und damit in der Position, die Christmann abgelehnt hatte. Mit dieser Annahme lag der französische Publizist fast, aber nicht ganz richtig. Neben seinen Residenten hatte der BND häufig alternativ technische Berater zu Partnerdiensten geschickt. Aus Briefwechseln Rechenbergs geht hervor, dass er genau diese Funktion erfüllte.

Am 18. Februar 1963 wandte sich Rechenberg auf dem Briefpapier der »Arabo-Afrika Gesellschaft« an den Mitarbeiter des niedersächsischen Verfassungsschutzes Fritz Tobias. Er bat ihn darin um die Beschaffung von elf Bänden der Schriftenreihe des Bundeskriminalamts zur Verbrechensbekämpfung, die wegen ihrer Einstufung als Verschlusssache offiziell nicht an Dritte weitergegeben werden durften. Zum Zweiten erkundigte er sich nach dem zuständigen Sachbearbeiter der Firma Telefunken für Funküberwachungsgeräte und kündigte an, mit Telefunken über die Ausrüstung von Polizeiwagen und Polizeifunkstellen in Algerien verhandeln zu wollen. Darüber hinaus erbat er die Zusendung des Produktionsprogramms der Firma Sennheiser im niedersächsischen Wennebostel für Lauschmikrofone und sonstige Abhörgeräte.[27]

Drei Jahre später, am 3. August 1966, wurde Rechenberg erneut bei Tobias vorstellig und machte dabei deutlich, dass er die Aufrüstung der algerischen Polizei nicht als Privatmann betreibe, sondern in offiziellem Auftrag. Er sei seit 1963 in Algier »als Berater der algerischen Regierung im Rahmen der Technischen Hilfe« abgestellt und eingebunden in die technische Zusammenarbeit zwischen dem Bundeskriminalamt und der Sûreté Nationale Algérienne (SNA), die den Abbruch der diplomatischen Beziehungen zwischen Algerien und der Bundesrepublik Mitte Mai 1965 noch um einige Wochen überlebt habe. Diesmal übermittelte Rechenberg ein Anliegen der Generaldirektion der algerischen Polizei, bei dem sich der Hannoveraner Verfassungsschützer befürwortend einschalten solle: Vier leitende Beamte der SNA hätten den Wunsch geäußert, die technischen Einrichtungen des Bundesgrenzschutzes zu studieren. Sie würden im Anschluss an einen Besuch der Internationalen Polizeiausstellung Anfang September gern in Hamburg die Hafen-, in Frankfurt die Luft- und in München die Landpolizei besuchen sowie eine Besichtigungsfahrt entlang der Zonengrenze unternehmen.[28] Die Aufnahme von Ausbildungsmaßnahmen im Jahre 1966 deckte sich mit Christmanns Kenntnisstand, dass der 1962 an ihn herangetragenen Bitte erst nach dem Sturz Ben Bellas entsprochen wurde.

Ein Vierteljahrhundert später hielt eine Vorlage an den Auswärtigen und den Haushaltsausschuss des Deutschen Bundestages im August 1991 fest: »Die Ausstattungshilfe hat sich in den drei Jahrzehnten von 1961 bis 1990 als außenpolitisches Instrument der Bundesrepublik bewährt. Sie ermöglicht es uns, in den Partnerländern die Kontakte zu einflussreichen Institutionen und Persönlichkeiten zu intensivieren.« In Bezug auf Algerien steht dort zu lesen: »Algerien ist ein Partner, an dessen politischer wie wirtschaftlicher Stabilität wir großes Interesse haben. […] Die Zusammenarbeit zwischen dem BMI [Bundesministerium des Innern; d. Verf.] und den algerischen Polizeibehörden ist vertrauensvoll und unbürokratisch.«[29]

Für Christmann dagegen, der ein Büro in Algier gemietet hatte, wurde es in Algerien ungemütlich. Als er zusammen mit seiner Frau Ende November 1965 mit gültigen Visa in die algerische Hauptstadt flog, wurden beide vom Militärgeheimdienst festgenommen und acht Tage festgehalten. Anschließend schob man das Ehepaar nach Paris ab. Aufgrund einer Eingabe beim Auswärtigen Amt erfuhr Christmann, dass die Schweizer Schutzmachtvertretung das AA hatte wissen lassen, er sei wegen Spionagetätigkeit für eine ausländische Macht des Landes verwiesen worden. Am 3. März 1966 machte das AA in Bonn jedoch einen Rückzieher und teilte – wie der BND – mit, dass es keinen Zusammenhang zwischen der nachrichtendienstlichen Tätigkeit für den BND und der Verhaftung gebe.[30] Erst 14 Jahre später, als ihm ein vertrauliches Schreiben des damaligen deutschen Botschafters in Tunis, Kurt von Tannstein, zugespielt wurde, erfuhr Christmann, dass seine Ausweisung doch auf einer Intrige des Auswärtigen Amts beruhte.

Dr. Kurt von Tannstein, Jahrgang 1907, war 1933 als Rechtsanwalt in die NSDAP eingetreten (Nr. 2948420). Von 1939 bis 1942 diente er sowohl im Auswärtigen Amt – unter anderem 1941 als Legationssekretär an der Botschaft im Vatikan – als auch in der Wehrmacht. Nach Kriegsende betätigte er sich wieder als Rechtsanwalt, bis er 1950 ins Bundespresseamt gelangte. Von 1952 bis 1956 arbeitete er in der Botschaft in Mexiko, von 1956 bis 1963 in Rom. Am 7. Januar 1963 wurde er zum Botschafter Bonns in Tunis bestellt.[31] Christmann hatte Tannstein nur flüchtig auf dem Neujahrsempfang der Deutschen Botschaft am 3. Januar 1964 kennengelernt sowie bei einem weiteren offiziellen Anlass. Dessen »Bericht voller Verleumdungen« führte er auf Äußerungen von Dr. Herbert Richter zurück. Richter saß im Dritten Reich als Generalkonsul im marokkanischen Tetuan und wurde nach seiner Verwendung in Tunis 1964 Botschafter der Bundesrepublik in Algerien.[32] Mit diesem Diplomaten war Christmann nicht ohne Grund verfeindet, weil er ihm pädophile Neigungen nachgesagt hatte. Da er mit beiden Diplomaten über Kreuz lag, war Christmann sich nicht sicher, ob Richter oder Tannstein ihn bei der algerischen Polizei denunziert hatte.

Seine Reise nach Algier im November 1965 hatte er im Vertrauen auf die engen Beziehungen zur alten FLN-Elite angetreten. Doch am 19. Juni 1965 war Ben Bella durch seinen Weggefährten Huoari Boumedienne – 1962 sein Verteidigungsminister und ab 1963 stellvertretender Ministerpräsident – gestürzt und unter Hausarrest gestellt worden. Die neuen Machthaber in Algier kannten Christmanns Ben-Bella-Orientierung und hegten offensichtlich den Verdacht, dass er kurz nach dem Machtwechsel wieder im BND-Auftrag unterwegs sei.

Zudem hatte Chabou, der in Algerien Chef des Generalstabs geworden war und maßgeblich zum Sturz Ben Bellas beigetragen hatte, mit Christmann noch eine Rechnung offen. Als einer von 50 aus der Bundesrepublik desertierten algerischstämmigen Offizieren hatte er seine deutsche Frau, Johanna Schramm, aus Tübingen nach Tunis kommen lassen, die dort eine Anstellung als Sekretärin im Deutschen Büro fand. Auch die Frau von Chabou intrigierte beim Militärchef der FLN, Krim Belgacem, gegen Christmann, der daraufhin eine Klärung des Falles durch den Botschafter der Exilregierung in Tunesien, den Rechtsanwalt Bouzida, veranlasste.

Im Ergebnis erwiesen sich die Anschuldigungen Johanna Schramms gegen Christmann als haltlos, und Chabou erhielt Anfang 1959 von der GPRA einen strengen Verweis.

Frisch aus Algerien zurück, kam Christmann noch einmal mit dem amerikanischen Geheimdienst in Berührung. Ein CIA-Offizier aus Bonn besuchte ihn und seine Frau am 15. und 17. Januar 1966 in Frankfurt. Bei dem ersten Treffen zog er Erkundigungen über Serge Michel und Louise Mimoun ein. Zwei Tage später richtete sich sein Interesse auf den ehemaligen SS-Sturmbannführer und jetzigen Waffenhändler Friedrich Wilhelm Beissner. Das Ehepaar Christmann gab bereitwillig Auskunft über seine letzten Kontakte zu ihm im Jahr 1965. Christmann wisse nur wenig über Beissner, resümierte die CIA, er misstraue ihm und bezweifele, dass er eine Anbindung an den BND habe.[33] Mit den Kenntnissen der CIA über Christmann war es allerdings nicht weit her: Er sei ein früherer Gestapomitarbeiter gewesen, hieß es in dem Bericht an den Leiter der Afrikaabteilung der CIA am 21. Januar 1966, stehe im Verdacht, ein Waffenhändler zu sein, und sei nach dem Zweiten Weltkrieg als Geheimdienstmitarbeiter – bis Herbst 1965 in Tunis – in Nordafrika aktiv gewesen.[34]

Roger Faligot hat berichtet, dass die CIA-Zentrale im Frankfurter IG-Farben-Haus Christmann 1966 sogar als Mitarbeiter gewinnen wollte. Sie habe ihm das Angebot unterbreitet, nach München umzuziehen und dort als Agent gegen den CSU-Vorsitzenden Franz Josef Strauß aktiv zu werden. Der Bundesfinanzminister im Kabinett von Kurt Georg Kiesinger war zu dieser Zeit in den nie bewiesenen Verdacht geraten, in ähnlicher Weise wie Prinz Bernhard der Niederlande von dem Europarepräsentanten des US-Rüstungskonzerns Lockheed, Ernest F. Hauser, Bestechungsgelder für die Ausrüstung der Luftwaffe mit dem Starfighter eingesteckt zu haben. Doch Christmann habe diesen Auftrag nach eigenem Bekunden abgelehnt, weil er nicht für eine fremde Macht spionieren wolle. Ein früherer französischer hoher Polizeifunktionär behauptete dagegen 1983, ein ehemaliger Oberst des Auslandnachrichtendienstes SDECE habe ihm bestätigt, dass Christmann doch für die CIA tätig geworden sei.[35] Mindestens mit Personenauskünften war er dem US-Dienst 1966 in den zitierten Gesprächen hilfreich und die CIA bedankte sich auch für wertvolle Hinweise, die der Sicherheit der US-Botschaft dienten.

Gesichert ist jedoch nur, dass der Ex-BND-Mann weiterhin Kontakt zu den alten Bekannten in Nordafrika hielt, in der Regel von Paris aus. Dort traf er Kuriere, zumeist Frauen, die ihm weiterhin Informationen vornehmlich über den algerischen Widerstand und die Entwicklungen im

Dreiländereck Algerien – Marokko – Mauretanien aus der Ben-Bella-Gruppe zukommen ließen. Aus der französischen Hauptstadt war es überdies möglich, vor allem nach Mitternacht, mit Algier zu telefonieren. Zu den brisantesten Informationen, die Christmann nach seiner Erinnerung Ende der 1960er Jahre über Paris erhielt, zählte die Einreise von zwei algerischen Polizeibeamten mit Diplomatenpass nach Europa. Die beiden vom BKA ausgebildeten Sabotageabwehrspezialisten seien auf dem Weg, um Verbindung mit der »résistance allemande« aufzunehmen, wobei nicht ersichtlich wird, welche Personengruppe damit gemeint war. Zuvor sollen sie im Grenzgebiet zu Mauretanien algerische Beduinen, die sich als Angehörige der sahaurischen Befreiungsorganisation Polisario ausgaben,[36] in Sabotage ausgebildet haben.

Zum BND hingegen hatte Christmann keinen Kontakt mehr, abgesehen von einem kurzen Briefwechsel mit Giskes im Sommer 1969, weil er von dem nun 74-jährigen BND-Pensionär eine Dienstzeitbescheinigung für die Jahre in der Abwehr benötigte.[37]

Die französischen Dienste hegten 1971 Zweifel, dass Christmann seine nachrichtendienstliche Arbeit wirklich eingestellt hatte. Der Inlandsnachrichtendienst DST besorgte sich beim Auslandsnachrichtendienst SDECE seine Akte und erhielt die Auskunft, Christmann sei ein Mehrfachagent, dem nicht zu trauen sei. Wenigstens in der Hinsicht, dass Christmann sich noch nicht endgültig ins Privatleben zurückgezogen hatte, sollten sie recht behalten. Ben Bella war in Algerien im Oktober 1980 aus dem Hausarrest entlassen worden und ging im Folgejahr nach Frankreich, wo er als Präsident des Islamischen Menschenrechtsausschusses für einen toleranten Islam und eine wirkliche Demokratie in Algerien eintrat. Im Frühjahr 1982 traf er mit Christmann zusammen und bat ihn, eine Gruppe junger Exilalgerier in Europa zu unterstützen, die in der »Front de libération algérien« mit Rückendeckung des Iran und Libyens die in Algier amtierende Regierung destabilisieren wollten. Christmann sträubte sich nicht gegen diesen Wunsch des politischen Weggefährten. Ein Vierteljahrhundert, nachdem er in Tunis mit der Unterstützung des Ben-Bella-Flügels der FLN begonnen hatte, stieg der mittlerweile 77-Jährige noch einmal für seine »Albatrosse« in den Ring.[38] Das war seine letzte bekannte politische Aktivität.

In seinem fast 85 Jahre währenden Leben war er in jeder Phase mindestens einmal vom Tode bedroht und starb dennoch am 6. November 1989 in Frankfurt am Main eines natürlichen Todes. Seine Frau Eva-Maria überlebte ihn noch um einige Jahre.[39]

Anhang

Anmerkungen

Einleitung: Der BND – weiße Weste oder weiße Flecken?

1 Vgl. Spiegel-online vom 28.10.2010: NS-Täter im Geheimdienst; Süddeutsche Zeitung vom 5.11.2010: Streng vertraulich; stern.de vom 17.2.2011: Das dunkle Erbe.

2 Frankfurter Allgemeine Zeitung (FAZ) vom 14.1.2011: Ein transparentes Geheimnis.

3 Vgl. FAZ vom 18.3.2010: Die Arbeit für Org. 85. Anschließend durfte er in der Internetausgabe seiner Zeitung 47 aus dem BND verstoßene Kriegsverbrecher nur mit dem Initial ihres Nachnamens vorstellen; vgl. faz.net vom 18.3.2010.

4 Heigl/Saupe: Operation EVA, S. 106.

5 Vgl. Conze u. a.: Das Amt, S. 373.

6 Vgl. Singer: Nachrichtendienste, S. 265.

7 Bundesnachrichtendienst: ND-BEGRIFFSBESTIMMUNGEN für den BUNDESNACHRICHTENDIENST, Pullach 1974, S. 11, Archiv Forschungsinstitut für Friedenspolitik e.V., Weilheim [im Folgenden: Archiv FF].

8 Vgl. Wessel, Gerhard: Notiz über Lage Bundesnachrichtendienst bei Übernahme am 1. Mai 1968 vom 22.4.1968, S. 10, Archiv FF.

9 Vgl. Hartwig (Blum): Vorschlag für die Neugliederung des Dienstes, Anlage zu 48 Nr. 308/88 geh. vom 24.7.1068, S. 6, Archiv FF.

10 Vgl. Schmidt-Eenboom: Schattenkrieger, S. 149 und Schmidt-Eenboom: Schnüffler ohne Nase, S. 57.

11 Vgl. Nowak: Rola BND, S. 89 ff.

12 Vgl. Zolling/Höhne: Pullach intern, S. 275.

13 Vgl. BND: Entwurf für den Vortrag des Präsidenten vor dem Vertrauensmännergremium über Grenzen und Möglichkeiten des BND, Pullach 21.6.1968, Anlage zu Ziffer 4, Archiv FF.

14 Vgl. CIA Chief, Munic Liaison Base an Chief, EE vom 27.4.1961: Operational/ LCHARVEST/UPHILL – Dr. Rudolf OEBSGER-ROEDER, in: National Archives and Records Administration (NARA) Record Group (RG) 263 (Records of the CIA) Oebsger-Roeder, Rudolf Box 95; Wildt: Generation des Unbedingten, S. 939 f.

15 Vgl. MEMORANDUM OF CONVERSATION 15.1.1964. UTILITY, Holm, [ ], Heyl as indicated, in: NARA RG 263 Gehlen, Reinhard, Volume 4, Box 39.

16 Vgl. CIA to CIA Chief, EE 3.6.1965 Subject NYXIS Meeting of [ ] with Fnu DESSAU (Alias), in: ebd.

17 Mitteilung von Max Otto Altmann an den Verfasser, Tutzing Dezember 2005.

18 Vgl. BArch R 58/1211 Kartei des SD zu Personen – 1226, Bd. 49, Chi–Cia, Feld 71–74; Dieser am 13. August 1905 in Wiesweiler geborene und in Karlsruhe ansässige Exlegionär war im Februar 1939 inzwischen zum SS-Mann konvertiert; vgl. BArch R 58/1226, Fiche 3, Feld 71.

19 Vgl. BArch, R 58/1424, Fiches 1–4, R 58/1525, Fiches 1–5, R 58/1526, Fiches 1–4. und R 58/1527, Fiches 1–5.

20 Vgl. Zolling/Höhne: Pullach intern, S. 297

21 Vgl. Cookridge: Versteckspiel.

22 Ebd., S. 221.

23 Vgl. Hinsley/Simkins: British Intelligence, S. 377.

24 Vgl. Faligot: Markus. Mit dem Vorwurf, seine Rolle durch nachrichtendienstliche Gewaltbereitschaft im Saarland 1955 dramatisiert zu haben, nahm Herbert Elzer Faligots Buch 2008 nur sehr kurz wieder auf. Vgl. Elzer: Schmeisser-Affäre, S. 238.

25 Vgl. Brief an Christmann von einem namentlich ungenannten »Doktor« vom 30.1.1954.

26 Présidence du Gouvernement provisoire de la République Française/Deuxième Bureau: Synthèse de l'organisation des services spéciaux Allemands et de leurs activités sur la France 1940 – 1944 [im Folgenden: Deuxième Bureau]; Archiv FF.

27 Vgl. Schramm: Geheimdienst und Geschichtswissenschaft, S. 15.

28 Vgl. Krieger: Bedeutung der Nachrichtendienste, S. 199.

29 Diesen Hinweis verdanken wir Prof. Dr. Gerald Steinacher.

30 Vgl. Ritzi: Christmann.

31 Die Darstellung des Lebens von Christmann folgt – soweit nicht in den Fußnoten anders ausgewiesen – seinem Typoskript vom Ende der 1960er Jahre und der schriftlichen Beantwortung der Zusatzfragen des Lektors zu dem ungedruckt gebliebenen Werk.

Die antifranzösische Prägung (1905–1936)

1 Vgl. Report Headquarters Western Base Section US. Forces, European Theater, Office of the ACofS, G2 to AC of S, G-2 War Department General Staff, Washington 25, D.C. vom 11.10.1946, SUBJECT: Interrogation of Richard Christmann. Detainee French Prison at FRESNES, SECRET – Declassified 27.6.1983 [im Folgenden: US-Interrogation 1946].

2 Ebd., S. 2.

3 Vgl. http://www.lalegion.de.

4 Vgl. Michels: Fremdenlegion, S. 85.

5 Vgl. Dridi: Tunesien, S. 277.

6 Vgl. Michels: Fremdenlegion, S. 92.

7 Zit. nach: ebd., S. 90.

8 Eckard Michels kam dagegen 1999 zu dem Schluss, dass Frankreich wegen des großen Andrangs deutscher Wirtschaftsflüchtlinge in die Legion nicht auf Zwangsrekrutierungen zurückgreifen musste und seine Söldner besser behandelte, als es von Medien und Politik in der Weimarer Republik behauptet wurde. So beurteilten von 122 zu-

rückgekehrten Legionären bei Befragungen durch die bayerische Polizei im Jahre 1933 35 Prozent ihre Behandlung als gut, 37 Prozent als schlecht, der Rest kam zu keinem eindeutigen Urteil. Vgl. ebd., S. 96.

9 Vgl. Fremdenlegionsdienstausweis Christmanns ausgestellt am 5.5.1952 in Mayence.

Erste nachrichtendienstliche Bewährung (1937–1940)

1 Vgl. Anschriftenverzeichnis der Staatspolizeileit- und Staatspolizeistellen (Stand 1.8.1938 und 1.9.1939).

2 Vgl. Dienstaltersliste der Schutzstaffel der NSDAP [im Folgenden: DAL] vom 1.10.1944, 1.12.1937 und 1.12.1938; Banach: Heydrichs Elite, S. 285.

3 Vgl. BArch, R 58/269, Fiche 1, Feld 15–21: Zentraler Erlass vom 24.3.1936 betr. Überwachung zurückgekehrter Fremdenlegionäre.

4 Vgl. BArch, R 58/269, Fiche 1, Feld 26–36: Zentraler Erlass vom 10.6.1936 zur Berichterstattung über Fremdenlegionäre.

5 Vgl. BArch, R 58/269, Fiche 1, Feld 44–46: Ergänzung vom 5.8.1936 zum Erlass zur Berichterstattung vom 10.6.1936.

6 Vgl. Michels: Fremdenlegion, S. 105.

7 Vgl. BArch, R 58/269, Fiche 1, Feld 47, 48: Ergänzung vom 15.10.1936 zum Erlass zur Überwachung vom 24.03.1936.

8 Vgl. BArch, R 58/269, Fiche 2, Feld 78: Ergänzung vom 2.12.1937 zum Erlass zur Überwachung. Am 18. Juli 1939 wies ein Rundschreiben des Geheimen Staatspolizeiamtes darauf hin, dass die Gestapostelle Trier einen Fall ermittelt hatte, bei dem ein Bewerber für die Legion nicht nur über die Landesverteidigung Deutschlands befragt, sondern über den Grenzübergang Forbach mit Erkundungsaufträgen zurückgeschickt worden war; vgl. BArch, R 58/269, Fiche 3, Feld 117: Schreiben Gestapo »Bemerkenswerte Arbeitsweise des französischen Nachrichtendienstes«, 18.7.1939.

9 Vgl. BArch, R 58/269, Fiche 3, Feld 134: RSHA B.Nr. IV – 30558 III A g., Erweiterung der Meldeweisungen zu Fremdenlegionären, 6.12.1939.

10 In seiner Vernehmung durch den US-Geheimdienst gab Christmann 1946 die Dauer seiner Internierung im Widerspruch zu seinen Memoiren mit vier Wochen an.

11 Vgl. Janssen, Johann: Bericht betr. Richard Christmann, Osnabrück 7.7.1969, Archiv Roger Faligot.

12 Vgl. Michels: Fremdenlegion, S. 106. Des Weiteren blieb ihnen eine Publikation ihrer Legionärserfahrungen, der Kontakt zu aktiven Kameraden, ein Wandergewerbe und das Verlassen des Reichsgebiets untersagt.

13 Dabei handelte es sich um Herbert Herbst, geb. am 27. November 1901, NSDAP-Mitgliedsnr. 2291722, SS-Nr. 263344, von Dezember 1938 bis Oktober 1944 im Geschäftsbereich SD-Hauptamt bzw. Reichssicherheitshauptamt registriert. Herbst war von 1935 bis 1939 als SS-Hauptsturmführer bei der Stapoleitstelle Münster. Während des Zweiten Weltkriegs stieg er im April 1941 zum SS-Sturmbannführer auf, diente ab Oktober 1943 beim Befehlshaber der Sicherheitspolizei in Italien (Verona) und fungierte dort laut Geschäftsverteilungsplan als Leiter des Außenkommandos Perugia; vgl. zu Herbst auch Banach: Heydrichs Elite, S. 307; DAL vom 1.12.1938 und 1.10.1944.

14 Vgl. US-Interrogation 1946, S. 1.
15 1. 1943 in Rheda im Schloß (Adolf-Hitler-Str. 12) Teile der Abteilung I.; 2. 1942 Büros der Abteilungen II und III im Kapuzinerkloster (Kapuzinerstr., Hindenburg-platz 71 sowie Ecke Bahnhof-/Urbanstr.); 3. 1942 in Olfen (35 km von Münster) im Posthaus eine Funk- und Schlüsselschule; 4. 1942/43 die Nebenstelle Köln mit dem Hauptgebiet Nordwestfrankreich (Hochhaus Hansaring oder Riehlerstr. 21); 5. 1941 am Kölner Friesenplatz 16 die Wirtschaftsaufklärung I/Wi; 6. 1941 im Kölner Hotel Bayerischer Hof eine Agentenunterkunft; 7. 1942 im Kölner Stollwerkhaus am Wall-raffplatz eine Funkschule der Nest; 8. 1942 in der Kölner Luetzowstr. 37 eine weitere Funkschule.
16 Vgl. Roewer/Schäfer/Uhl: Lexikon der Geheimdienste, S. 28 f.
17 Vgl. Müller: Canaris, S. 171, 404 ff.
18 Wehrkreis I Königsberg, Wehrkreis II Stettin, Wehrkreis III Berlin, Wehrkreis IV Dresden, Wehrkreis V Stuttgart, Wehrkreis VI Münster, Wehrkreis VII München, Wehrkreis VIII Breslau, Wehrkreis IX Kassel, Wehrkreis X Hamburg, Wehrkreis XI Hannover, Wehrkreis XII Wiesbaden, Wehrkreis XIII Nürnberg. Die Wehrkreise XIV, XV und XVI waren nicht existent.
19 Vgl. Müller u. a. (Hrsg.): Amt Ausland/Abwehr, S. 185 ff., 509 ff.
20 Vgl. Janssen, Johann: Bericht betr. Richard Christmann, Osnabrück 7.7.1969, Archiv Roger Faligot.
21 Abwehr I a: Notizen über Reise Leiter Abwehr zur Abwehrstelle Münster 15./16.5.1935, Berlin 20.5.1935, S. 1.
22 Aubin: French counterintelligence, S. 17 ff.
23 Vgl. ebd., S. 27.
24 Vgl. Singh: Geheime Botschaften, S. 47.
25 Vgl. Buchheit: Der deutsche Geheimdienst, S.111 und Deuxième Bureau S. CJX f. Darüber hinaus führten auch Abwehraußenstellen mit ganz anderer geographischer Zuständigkeit wie Breslau oder Leipzig einzelne Spione gegen Frankreich. Und selbst die KO Madrid der Abwehr trug von Süden her zur Frankreichaufklärung bei; vgl. Buchheit: Der deutsche Geheimdienst, S. 118.
26 Vgl. Aubin: French counterintelligence, S. 33.
27 Vgl. Hermann Josef Giskes: Bescheinigung betreffend Herrn Richard Christmann, Starnberg 25.6.1969.
28 Vgl. Navorsingscentrum Tweede Wereldoorlog, Brussel, Proces-verbaal Politieke Recherche Afdeling 's-Gravenhage, verhoor Hermann Josef Giskes, Krefeld, 28 sep-tember 1896.
29 Vgl. Ripley: Geschichte der Wehrmacht, S. 79.
30 Vgl. Aubin: French counterintelligence, S. 22.
31 Vgl. US-Interrogation 1946, S. 2.

Topspion der Abwehr (1940–1945)

1 Zur Geschichte des verdeckten Kampfes zwischen Berlin und Paris im Vorfeld des Zweiten Weltkriegs und der heißen Phase vor dem deutschen Westfeldzug liegen nur einige wenige deutschsprachige Veröffentlichungen vor. Zum Teil sind sie als

Memoiren verfasst, vgl. z. B. Reile: Treff Lutetia Paris. Zum anderen Teil sind sie von Wissenschaftlern in den 1960er und 1970er Jahren publiziert worden, denen der Ruf vorauseilt, dem deutschen Nachrichtendienst nahezustehen, vgl. z. B. Schramm: Der Geheimdienst, und Buchheit: Der deutsche Geheimdienst. Buchheit diente dem Bundesnachrichtendienst unter dem Decknamen »Gero« sogar 1970 als langjährige wertvolle Pressesonderverbindung; vgl. Schmidt-Eenboom: Undercover, S. 283 ff. An jüngeren Arbeiten gibt es im deutschen Sprachraum nur einen 2003 publizierten Aufsatz des Harvard-Historikers Ernest R. May (Nachrichtendienste). Gemeinsam ist diesen Veröffentlichungen, dass sie die wenigen im Bundesarchiv verfügbaren RSHA-Akten außer Acht gelassen haben. Der Literaturbestand im französischen und englischen Sprachraum ist ungleich größer, wie die Auswertung einer britischen Spezialbibliografie zur Geschichte der französischen Dienste zeigt; vgl. Cornick/Morris: French Secret Services.

2 Vgl. May: Nachrichtendienste, S. 176.

3 Vgl. Reile: Treff Lutetia Paris, S. 27 und 53.

4 Vgl. Paillole: Services spéciaux.

5 Dazu zählt in erster Linie das viel zitierte Buch von General Maurice Gauché: Le Deuxième Bureau au Travail (Paris 1953), in dem der Chef des französischen Militärnachrichtendienstes zwischen 1935 und 1940 die Erfolge seiner Behörde auflistet, aber auch die Werke seines Sektionschefs General Henry Navarre: Le Temps de Vérités (Paris 1979) und Le Service de Renseignements. 1871–1944 (Paris 1978).

6 Vgl. Porch: French intelligence, S. 28 ff.

7 Vgl. Alexander: Deuxième Bureau, S. 293 ff.

8 Vgl. Engeli: Frankreich 1940.

9 Vgl. Wildt: Generation des Unbedingten, S. 276 ff.

10 Vgl. BArch R 58/1045, Bl. 108–112.

11 May: Nachrichtendienste, S. 176.

12 Vgl. Hüttenhain, Erich: Einzeldarstellungen aus dem Gebiet der Kryptologie, 1979, Archiv FF. Hüttenhain war im Nachrichtendienst der Wehrmacht (OKW Chi), ab 1947 Leiter der Kryptografie (Studiengesellschaft für wissenschaftliche Arbeiten) in der Organisation Gehlen,1950 bis 1956 im wissenschaftlichen Beirat des Referats 114 im Auswärtigen Amt (Kryptologie) und ab 1956 Leiter der Zentralstelle für das Chiffrierwesen des BND in Mehlem bei Bad Godesberg.

13 Vgl. Sebag-Montefiore: Enigma. Schmidt vergiftete sich 1943 nach seiner Enttarnung und Festnahme. Nach dem Überfall auf Polen setzten sich auch polnische Geheimdienstoffiziere, die Durchbrüche bei der technischen Aufklärung der deutschen Enigma-Technik erzielt hatten, nach Paris ab und vertrauten dem französischen Geheimdienst ihr Wissen an; vgl. Kozaczuk: Im Banne der Enigma, S. 46 f.

14 Oberkommando des Heeres. Gen Stab des Heeres. Fremde Heeres West Gr. II: Die französische Landesbefestigung. Stand vom 15. März 1940. GEHEIM, 28 Seiten, Militärarchiv Heinz von Lichem.

15 Vgl. Befestigungen NO-Frankreich durch OKH, GenStdH Fremde Heere West vom 1.4.1940 – Sonderausgabe vom 10.3.1940 VS nfD. Eine ähnliche Karte 1 : 300000 vom 15. März 1940 zeigte die Befestigungen der französisch-italienischen Grenze, Militärarchiv Heinz von Lichem.

16 Oberkommando des Heeres. Gen Stab des Heeres. Fremde Heeres West Gr. II: Die

französische Landesbefestigung. Stand vom 15. März 1940. GEHEIM, 28 Seiten, Militärarchiv Heinz von Lichem, S. 9.

17 Thalmann: Gleichschaltung, S. 11.

18 Vgl. Wildt: Generation des Unbedingten, S. 514 f.

19 Vgl. Reile: Treff Lutetia Paris, S. 13 und 17

20 Hentges, geboren im Januar 1917 in Brüssel, arbeitete ab 1937 als V-Mann und Pilot für die Deutsche Abwehr (Nest in Köln), ab 1939 für die Ast in Brüssel. Ende November 1939 wurde er unter Spionageverdacht verhaftet, zunächst im Februar 1940 zum Tode, in zweiter Instanz zu 20 Jahren Zuchthaus verurteilt. Nach seiner Befreiung fungierte er als Sonderführer Z im OKW-Amt Ausland/Abwehr, war bis zum Ende der Besatzung in Frankreich – in den Abwehrstellen Metz, Thionville und Paris – und in Spanien gegen die Résistance eingesetzt; vgl. Interview Oskar Reile mit Thomas Walde am 1.10.1974; Reile: Treff Lutetia Paris, S. 25. Ein Teil solcher Geheimdienstkarrieren ist aus den Listen des Deuxième Bureau von 1944 ablesbar, die mit 3800 erkannten Mitarbeitern und Agenten von Abwehr und RSHA in Frankreich eine solide Bezugsgröße liefern. Vgl. Paillole: Services spéciaux, S. 320.

21 Buchheit nimmt sogar an, dass es in der Mehrzahl Ausländer waren, die für den Canaris-Apparat gegen Frankreich tätig waren,»meistens Angehörige fremder Nationen, darunter nur wenige Franzosen« (Buchheit: Der deutsche Geheimdienst, S. 118)

22 Vgl. Reile: Treff Lutetia Paris, S. 28 f.; 1944 flüchtete Besson nach Deutschland, kehrte unter falschem Namen jedoch nach Frankreich zurück, wo er enttarnt, verurteilt und 1952 hingerichtet wurde.

23 Vgl. Deuxième Bureau, S. 254.

24 Vgl. Reile: Treff Lutetia Paris, S. 88 f.

25 Vgl. Banach: Heydrichs Elite, S. 243, 256 und 289

26 Vgl. Wildt: Generation des Unbedingten, S. 518.

27 Vgl. Auswertung des Fernsprechverzeichnisses des RSHA vom Mai 1942.

28 Vgl. Fernsprechverzeichnisse RSHA Mai 1942 und Juni 1943 sowie DAL vom 1.10.1944 und 1.12.1938.

29 Vgl. Kasten: Pragmatismus, S. 364.

30 Vgl. Der Befehlshaber der Sicherheitspolizei und des SD im Bereich des Militärbefehlshabers in Frankreich – Organisationsplan 1.2.1943, BArch R 58/241.

31 Vgl. Befehl des OKW-Amt Ausl.Abw. betr. Überführung der im Befehlsbereich des Mil.Bef. Frankreich territorial eingesetzten Kräfte der Geheimen Feldpolizei in die Sicherheitspolizei und den SD vom 25.4.1942, in: Boberach: Reichssicherheitshauptamt, S. 9 und Thalmann: Gleichschaltung, S. 7 f.

32 Vgl. Kasten: Pragmatismus, S. 368 ff. und 380 f.

33 Vgl. Aziz: Tu trahiras sans vergogne; Laroche: Les Français de la Gestapo.

34 Vgl. Deuxième Bureau, S. 396 und 419.

35 Vgl. Boberach (Hrsg.): Regimekritik, S. XXI.

36 Vgl. Kasten: Pragmatismus, S. 378.

37 Vgl. Deuxième Bureau, S. 350.

38 Vgl. Kasten: Pragmatismus, S. 378.

39 Vgl. Wildt: Generation des Unbedingten, S. 520.

40 Browning: Entfesselung der »Endlösung«, S. 468.

41 Vgl. Boberach (Hrsg.): Regimekritik, S. XXIX

42 Vgl. Kasten: Pragmatismus, S. 375

43 Die in Frankreich von den deutschen Dienststellen eingerichteten Außenposten hießen Außenstellen (Ast), obwohl sie nach der Logik des OKW-Amtes eigentlich Nebenstellen (Nest) hätten heißen müssen.

44 Zur Dislozierung der Außenstellen vgl. Deuxième Bureau; Reile: Treff Lutetia Paris, S. 412; Menzel: Organisationsgeschichte, S. 127 ff.

45 Vgl. Reile: Treff Lutetia Paris, S. 86.

46 Nach dem Abzug aus Frankreich wurde er im Wehrmachtsführungsstab Verbindungsoffizier der Abwehr, zog sich nach dem Attentat auf Hitler vom 20. Juli 1944 nach Potsdam zurück und verstarb am 25. März 1966; vgl. Reile: Treff Lutetia Paris, S. 46; Müller u. a. (Hrsg.): Amt Ausland/Abwehr, S. 246, 324 und 506

47 Reile: Treff Lutetia Paris, S. 116.

48 Vgl. Brammer: Spionageabwehr, S. 152 ; Deuxième Bureau, S. 377.

49 Vgl. Deuxième Bureau, S. 376 und 143.

50 Vgl. Reile: Treff Lutetia Paris, S. 87.

51 Vgl. Laroche: Les Français de la Gestapo.

52 Müller u. a. (Hrsg.): Amt Ausland/Abwehr, S. 246.

53 Vgl. Reile: Treff Lutetia Paris, S. 215.

54 Vgl. Günther: Von Indien nach Annaburg.

55 Vgl. Sigro: Le jour.

56 Vgl. Reile: Treff Lutetia Paris, S. 79. Für andere Beispiele vgl. Deuxième Bureau, S. 429, 427, 891 und 475.

57 Vgl. Wildt: Generation des Unbedingten, S. 518; Michael Kedia wurde Anfang der 1950er Jahre von der Organisation Gehlen eingestellt und baute als V-Mann der Dienststelle 11 in West-Berlin (Kurfürstenstr. 11) unter dem Deckmantel einer religiösen Einrichtung ein Netzwerk von Funkern auf; vgl. NARA RG 263 Kedia, Michael Box 65.

58 Vgl. Deuxième Bureau, S. 9.

59 Vgl. Wimmer-Lamquet: Balkenkreuz, S. 124.

60 Vgl. Deuxième Bureau, S. 133 und 181.

61 Vgl. Piekalkiewicz: Rommel, S. 231.

62 Vgl. Reile: Treff Lutetia Paris, S. 83 und 118.

63 Vgl. Deuxième Bureau, S. 301 und 273.

64 Vgl. Wimmer-Lamquet: Balkenkreuz, S. 112, 119 f., 165, 157 und 173.

65 Vgl. Paillot, Paul: a. a. O., Bildteil S. 320 ff.

66 Vgl. Deuxième Bureau, S. 15, 413, 202, 415, 410, 412 und 138.

67 Vgl. Deuxième Bureau S. 207, Wimmer-Lamquet: Balkenkreuz, S. 177 und Müller u. a. (Hrsg.): Amt Ausland/Abwehr, S. 193 f.

68 Vgl. Navorsingscentrum Tweede Wereldoorlog, Proces-verbaal Politieke Recherche Afdeling, 's-Gravenhage Verhoor Hermann Josef Giskes, Krefeld, 28.9.1896.

69 Interview Roger Faligot mit Christmann am 3.4.1983 (Kassette 2).

70 Vgl. z. B. Copeland: Beyond Cloak and Dagger.

71 Vgl. Norden: Salon Kitty.

72 Wimmer-Lamquet: Balkenkreuz, S. 174 f.

73 Vgl. Heigl/Saupe: Operation EVA, S. 142.

74 Bitte des Amtes Ausland/Abwehr an das Auswärtige Amt, die Bemühungen um den

Einsatz arabischer Landeseinwohner gegen die in Französisch-Nordafrika gelandeten angloamerikanischen Truppen zu unterstützen, in: Müller u. a. (Hrsg.): Amt Aus-
land/Abwehr, S. 309.

75 Vgl. Stellungnahme des Auswärtigen Amtes zur Bitte des Amtes Ausland/Abwehr,
   die Bemühungen um den Einsatz arabischer Landeseinwohner gegen die in Französisch-Nordafrika gelandeten anglo-amerikanischen Truppen zu unterstützen, in:
   Müller u. a. (Hrsg.): Amt Ausland/Abwehr, S. 309 f.

76 Vgl. US-Interrogation 1946, S. 3.

77 Vgl. Buchbender/Schuh: Heil Beil!, S. 13.

78 Vgl. Deuxième Bureau, S. 10.

79 Vgl. Piekalkiewicz: Rommel, S. 35 und 38.

80 Vgl. Schramm: Verrat, S. 341.

81 Vgl. Schafranek: Unternehmen Nordpol, S. 278; vgl. auch Giskes: Spione, S. 239 f.

82 Vgl. Schreieder: Das Englandspiel.

83 Giskes: Spione.

84 Das Buch ist im englischen Sprachraum als: London Calling North Pole (London
   1953, New York 1953 und eine Wiederauflage 1982), in Frankreich als: Londres ap-
   pelle Pole-Nord (Paris 1958) und in den Niederlanden als: Abwehr III F. De Duitse
   contraspionnage in Nederland (Amsterdam 1949) erschienen.

85 Vgl. Schafranek: Unternehmen Nordpol.

86 Beispielsweise bei Cookridge: Versteckspiel; Reile: Treff Lutetia Paris; Soltikow:
   Empfang.

87 Giskes: Spione, S. 82 f.

88 Ebd., S. 85.

89 Vgl. ebd., S. 87 ff.

90 Vgl. Piekalkiewicz: Spione, S. 285 ff.

91 Marwede, geboren 1895 in Bremen, war 1938 Leiter des Referats 1 West in der Abwehr II in Berlin und diente 1940 als Verbindungsoffizier zum Großmufti Haj Al-
   Husseini in Beirut. Als Oberstleutnant im OKW-Amt Ausland/Abwehr mit dem
   Decknamen »Dr. Pfalzgraf« war er anschließend mit Operationen in Irland (Kontakte zur IRA) befaßt. Anfang der 1960er Jahre fand er sich als Ministerialrat im
   Ministerium für wirtschaftliche Zusammenarbeit unter FDP-Minister Walter Scheel
   wieder. Er verstarb 1969 in Bremen. Vgl. Wiesenthal: Großmufti, S. 16, Stephan: Geheimauftrag, S. 22, 31, 33 und 78.

92 Müller u. a. (Hrsg.): Amt Ausland/Abwehr, S. 368.

93 Giskes: Spione, S. 18 f. Mit »zweite Front« spielte Giskes auf das gespannte Verhältnis
   zur SS an.

94 Die Memoiren von Christmann bieten für den in den Niederlanden spielenden
   Hauptteil der Operation nur ergänzende Informationen, die Schreider und Giskes,
   um ihre führende Rolle deutlicher herauszustreichen, vernachlässigt hatten. Die
   Rückschleusungsoperationen britischer Fallschirmagenten niederländischer Her-
   kunft über Frankreich und die nachrichtendienstliche Nutzung der »Résistance« in
   Paris durch Christmann dabei sind noch weitgehend unbekannt.

95 Vgl. Blake: Keine andere Wahl, S. 89. Blake floh 1943 über Frankreich nach England
   und war ab 1944 für den Secret Intelligence Service in Europa unterwegs. Nachdem
   er 1950 nach Seoul gewechselt war, fiel er in nordkoreanische Hände und kehrte 1953

als vom KGB umgedrehter Agent nach London zurück. Nach seiner Enttarnung wurde er zu 42 Jahren Haft verurteilt, konnte jedoch 1966 nach fünf Jahren aus dem Gefängnis Wormwood Scrubs nach Moskau fliehen.

96 Vgl. Cookridge: Versteckspiel, S. 217.

97 Der holländische Nachrichtenoffizier Major Kees de Graaf, der ihn nach dem Krieg verhört hatte, gewann einen anderen Eindruck. Er bescheinigte ihm »eine erfreuliche Mischung von Kultur, Intelligenz und Sinn für Humor«, zit. nach: Cookridge: Versteckspiel, S. 193.

98 Vgl. Giskes: Spione, S. 348.

99 Vgl. Schafranek: Unternehmen Nordpol, S. 263 f.

100 Vgl. Giskes: Spione, S. 348 und 23.

101 Ebd., S. 23.

102 Ebd., S. 345 f.

103 Vgl. ebd., S. 38.

104 Vgl. Schreieder: Das Englandspiel.

105 Vgl. NARA RG 263 Schreieder, Joseph Box 115.

106 Vgl. Wolters: Dossier Nordpol.

107 Felix: Methodik, S. 141.

108 Vgl. Kluiters: The stay-behind network, S. 74.

109 Zu den folgenden Angaben vgl. Gliederung der Frontaufklärungstruppen I im Westen, Anlage zu Nr. 006942/44 g.K. IcI vom 1.7.1944.

110 Vgl. Wildt: Generation des Unbedingten, S. 704 f. und Müller u. a. (Hrsg.): Amt Ausland/Abwehr, S. 390.

111 Vgl. Müller u. a. (Hrsg.): Amt Ausland/Abwehr, S. 390 f.

112 Christmanns Lebenserinnerungen werden auch in diesem Punkt von den Erkenntnissen des Deuxième Bureau bestätigt. Der französische Nachrichtendienst verzeichnete 1944 einen SS-Unterscharführer Friedrich Wilhelm, geboren am 20. Juni 1911 in Lecse, von der Gestapo in Hannover kommend, 1943 beim Kommandeur der Sicherheitspolizei in Paris, ab September 1944 dann beim Befehlshaber der Sicherheitspolizei in Straßburg.

113 Der Darmstädter Kaiser war laut Deuxième Bureau 1942 zunächst Abwehroffizier für die Gegenspionage in der Nebenstelle Bourges, ab 1943 ebenfalls III F in der Abwehrleitstelle Paris. Laut Christmann wurde er in den 1950er Jahren Leiter des Landesamts für Verfassungsschutz in Wiesbaden.

114 Vgl. Reile: Treff Lutetia Paris, S. 383 f.

115 Vgl. Collins/Lapierre: »Brennt Paris?«, S. 482 und 494 ff.

116 Vgl. Noël de Gaulle: Carnaval; Dekkers: King Kong ; Graaff: Spion.

117 Vgl. Ripley: Geschichte der Wehrmacht, S. 310 f.

118 Vgl. US-Interrogation 1946, S. 6 f. In seinen Memoiren deutet Christmann im Gegensatz zu seinen Aussagen gegenüber den Amerikanern an, Lindemann hätte ihn mit Hilfe von vier Angehörigen der Widerstandsgruppe in dem Kraftwerk gefangen nehmen wollen.

119 Vgl. Headquarters US Forces European Theater Interrogation Center 23. Juli 1945: The German Sabotage Services, S. 16 f.; NARA NND 150/22 vom 21.7.2001.

120 Ein Frans Nehlis aus Amsterdam wurde schon bei seinem ersten Einsatz gefangen genommen. Sein Kamerad Damen aus Den Haag, alias »Kroese«, kehrte Ende Sep-

tember 1944 nicht von seinem Einsatz zurück, obwohl er nicht verhaftet worden war. Salomon – ein Stadtangestellter von Amsterdam – wurde festgenommen und der Verbleib des Agenten mit dem Decknamen »Besenbinder« blieb ungeklärt; vgl. US-Interrogation 1946, S. 7.

121 Loos, ein früherer Polizeikommissar aus Hilversum, wurde zwei Mal nach Antwerpen geschickt und kehrte jedes Mal erfolgreich zurück. Harry Rowendaal – alias »Bergmann« oder »van den Berg« – gelang ein weiterer Einsatz in diesem Hafen. Beide hatten nicht nur Erkundungsaufträge, sondern führten auch Sabotageaktionen an den Docks durch. Vgl. ebd., S. 7 f.

122 Vgl. Headquarters US Forces European Theater Interrogation Center vom 23.7.1945: The German Sabotage Services. Annex No 1: Organization of the SS Jagd Verbaende, S. 17; NARA NND 150/22 vom 21.7.2001

123 Vgl. Müller u. a. (Hrsg.): Amt Ausland/Abwehr, S. 378 f.

124 Vgl. US-Interrogation 1946, S. 46.

125 Vgl. Müller: Raketen.

126 Vgl. Kluiters: The stay-behind network, S. 72 ff.

127 Vgl. The German Sabotage Service, Juli 1945, S. 17.

128 Vgl. US-Interrogation 1946, S. 8.

Neubeginn (1945–1955)

1 Vgl. Ripley: Geschichte der Wehrmacht, S. 316 f.

2 Vgl. US-Interrogation 1946, S. 8. Das Deuxième Bureau hatte »Bulank« (in dieser falschen Schreibweise) 1944 als Leiter des Frontaufklärungstrupps 306 ausgemacht; vgl. Deuxième Bureau, S. 53.

3 Vgl. dazu ausführlich Hanke/Paschen/Jungwirth. Hamburg im Bombenkrieg.

4 Das Durchgangslager kannte er aus eigenem Aufenthalt, eine Ingenieurausbildung hatte er selbst und Cholet war einer seiner Decknamen, die er in Frankreich benutzte.

5 Vgl. Schreiben an das Landesamt für Verfassungsschutz vom 11.9.1953.

6 Die Neugründung der französischen Spionageabwehr DST war am 16. November 1944 mit Roger Wybot als ihrem ersten Leiter erfolgt. Vgl. dazu sowie zur Gesamtgeschichte des Dienstes: Faligot/Krop: DST, S. 100.

7 Dem Deuxième Bureau hätte eine solche Vertuschung von Kollaboration auffallen müssen. In seinen Agentenlisten von 1944 (S. 274) hatte es nämlich Edouard Michel – alias Hauptmann »Raymond Piaud« – als Agenten der Abwehrleitstelle Paris 1942/43 erfasst. Der französische Geheimdienst führte dessen gute finanzielle Situation allerdings auf Zahlungen des Canaris-Apparats und nicht auf Bestechungsgelder von Juden zurück.

8 Vgl. Collins/Lapierre: »Brennt Paris?«, S. 525 f.

9 Blunt war ab 1940 beim britischen Nachrichtendienst MI-5, nach Kriegsende Bewahrer der königlichen Gemäldesammlung und wurde 1979 als sowjetischer Agent enttarnt; vgl. Andrew: Her Majesty's Secret Service, S. 459 f. und 504.

10 Von dem 13-seitigen Vernehmungsprotokoll bezieht sich die Hälfte auf Christmanns geheimdienstlichen Werdegang. In der anderen Hälfte macht er Angaben zu Personen verschiedenster Nationalitäten.

11 Cavailhé, etwa Jahrgang 1904, war am 23. Juni 1940 in Gefangenschaft geraten und ließ sich vom deutschen Nachrichtendienst anwerben, für den er zunächst in den baltischen Staaten und in Griechenland tätig war. Das Deuxième Bureau lokalisierte ihn im März 1943 in der Außenstelle der Sicherheitspolizei und des SD in Toulouse, im Mai 1943 in Paris und im November 1944 als Agentenwerber in Straßburg (Deuxième Bureau, S. 59). Laut Christmann war sein Agentenführer ein Major Fuchs, der Kontakte zu Bormann unterhielt; vgl. US-Interrogation 1946, S. 13.

12 Vgl. Deuxième Bureau, S. 60.

13 Vgl. als jüngere Gesamtdarstellung: Moisel: Frankreich.

14 Zit. nach: Koop: Besetzt, S. 176

15 Ab 1946 verfolgten gleich vier französische Behörden Kriegsverbrechen: Die RG unter Marc Bergé, die DST unter Roger-Paul Wybot, die Direction générale der PJ unter Kommissar Louis Ducluox und die Pariser Polizeipräfektur unter Kommissar Michel; vgl. Faligot/Krop: DST, S. 111.

16 Vgl. CIA: Attachement to Blue Memo, No. 33757, NARA RG 263, Rechenberg, Hans.

17 Vgl. Schreiben an einen Kameraden vom 29.11.1952 und Schreiben an einen Kameraden vom 8.2.1953, Archiv Roger Faligot.

18 Vgl. Frankfurter Allgemeine Sonntagszeitung vom 30.9.2007, S. 6 ff. Als Pionierarbeit gilt Schenk: Auf dem rechten Auge blind.

19 Der Hessische Minister des Innern, Aktenzeichen Ib-10 d 04, vom 25.9.1953.

20 Schmidt, geboren am 18. Juli 1892 in Lehnin, kam im Mai 1933 vom Polizeipräsidium Berlin ins Gestapa und wurde im Juni 1935 Kriminalsekretär im Außendienst der Hauptabteilung II des Geheimen Staatspolizeiamts. 1942/43 war er im RSHA Berlin als Kriminalobersekretär beim Amt IV (Gegnerforschung und -bekämpfung/Gestapo) Gruppe A Referat 1 (Kommunismus, Marxismus, Kriegsdelikte, Feindpropaganda); vgl. Namentliches Verzeichnis der bei der Preußischen Geheimen Staatspolizei, stellv. Chef und Inspekteur und bei dem Geheimen Staatspolizeiamt in Berlin beschäftigten männlichen Personen nach dem Stande vom 25. Juni 1935; Fernsprechverzeichnis RSHA Mai 1942 und Juni 1943.

21 Vgl. NARA RG 263 Keil, Kurt Walter Box 65; Keil arbeitete bis 1960 im LfV und schied dort erst aus, nachdem ein Ermittlungsverfahren gegen ihn eingesetzt hatte.

22 Vgl. DAL 1.7.1935, 1.12.1936, 1.12.1937 und 1.12.1938; NARA RG 263 Schmuck, Otto Box 114.

23 Vgl. US-Interrogation 1946, S. 5.

24 Vgl. CIA: MEMORANDOM FOR THE RECORD. SUBJECT: CATIDE Cover Firms vom 2.11.1965, S. 39, in: NARA RG 263 Ihm, Karl.

25 Vgl. Müller/Mueller: Gegen Freund und Feind, S. 48 ff.; Critchfield: Auftrag Pullach, S. 96.

26 Vgl. Zolling/Höhne: Pullach intern, S. 167. Als Gesamtpersonalbestand der OG geistert die Zahl von 4000 durch die ersten amerikanischen Quellen; vgl. Ruffner (Hrsg): Forging, S. 39, 71 f. Davon waren jedoch höchstens ein Viertel hauptamtliche Mitarbeiter, drei Viertel dagegen abgeschaltete und aktive Agenten sowie die zahlreichen Sonderverbindungen, die der Gehlen-Apparat in Behörden, Wirtschaft und Gesellschaft pflegte. Als die OG 1956 als BND übernommen wurde, betrug ihr hauptamtliches Personal im ersten Haushaltsjahr 1245 festgestellte Mitarbeiter; vgl. Entwurf Bundeshaushaltsplan für das Rechnungsjahr 1957, Einzelplan 04, Kapitel 04 im BArch Koblenz, Bestand Bundeskanzleramt B 136/4885.

27 Vgl. Abschnitt IV. »Saarbecken« des Versailler Vertrages vom 28. Juni 1919, www.documentenarchiv.de/wr/vv03.html.

28 Vgl. Süddeutsche Zeitung vom 22./23.10.2005: Außerhalb des Reichs.

29 Vgl. Koop: Besetzt, S. 268 f.

30 Vgl. ebd., S. 69 ff., 285.

31 Vgl. ebd., S. 275.

32 Vgl. Hudemann/Heinen, Das Saarland, S. 85.

33 Vgl. FAZ vom 24.10.2005: Erster Schritt zur kleinen Wiedervereinigung.

34 Vgl. Süddeutsche Zeitung vom 29.12.2006: Ein Kleinstaat mit vielen Bindungen.

35 Vgl. Der Spiegel vom 2.7.1952: Agenten. Falsch wie die Taube.

36 Vgl. Hudemann/Heinen, Das Saarland, S. 107.

37 Vgl. Der Spiegel 8/1954: Die Millionen müssen weg; Der Artikel berichtet über Gold- und Devisenschmuggel des saarländischen Justizministers Heinz Braun und des saarländischen Regierungschefs Johannes Hoffmann in das Saarland und ist offensichtlich eine Retourkutsche wegen der Saarbrücker Klagen über die Schleusung von Propagandamaterial.

38 Wer sich hinter der Code-Nummer 228 verbarg, konnte nicht ermittelt werden.

39 MRS = Mouvement pour le Rattachement de la Sarre à la France. Die »Bewegung für einen Anschluss der Saar an Frankreich« war eine überparteiliche Bewegung, die nach dem Krieg die Angliederung des Saargebietes an Frankreich forderte.

40 Verfasst von 215 (Christmanns Kopfstelle im Ministerium), das Schreiben datiert vom 24.4.1954.

41 Schreiben Christmanns an Claudius vom 20. 6.1954.

42 Org 34.3: Top Secret Entwurf Betrifft: Grundsaetzliche Richtlinien vom 30.1.1949 und Grundlegendes Übereinkommen (undatiert), S. 4, Archiv FF.

43 Vgl. Reese: Organisation Gehlen, S. 198 ff.

44 Vgl. Organisation Gehlen 161/III vom 23.8.1955: Betr.: Fall NERO, Anlage 1, S. 24 und 30, in: BArch B 206/1977, S. 263 und 269.

45 Vgl. Bevers: Der Mann hinter Adenauer, S. 175.

46 Vgl. Winterhager, Günther Gerecke, S. 73.

Operationsfeld Maghreb (1956–1961)

1 Am 12. März 1952 veröffentlichte der bekannte Publizist Sefton Delmer im *Daily Express* unter der Überschrift »Hitlers General spioniert jetzt für Dollars« einen Artikel, der eine Flut von weiteren Veröffentlichungen auslöste, die dazu beitrugen, dass die Existenz des Dienstes bekannt wurde; vgl. Gehlen: Der Dienst, S. 148 ff.

2 Vgl. ebd., S. 149.

3 Vgl. Müller/Mueller: Gegen Freund und Feind, S. 218 mit Verweis auf Meinl: Im Mahlstrom, S. 257.

4 Vgl. Zolling/Höhne: Pullach intern, S. 191 bis 198.

5 Zu den Legalresidenturen ab 1956 vgl. Schmidt-Eenboom: Schattenkrieger, S. 285 ff.

6 Vgl. Graaf/Koedijk: Introduction, S. 9 f.

7 Zur beginnenden Globalisierung des BND vgl. Müller/Mueller: Gegen Freund und Feind, S. 292 ff.

8 Vgl. Zolling/Höhne: Pullach intern, S. S. 298 f., 311; Heigl/Saupe: Operation EVA, S. 83, 100 ff. und 133.

9 Reese: Organisation Gehlen, S. 136.

10 Vgl. Müller/Mueller: Gegen Freund und Feind, S. 294.

11 Vgl. Roewer/Schäfer/Uhl: Lexikon der Geheimdienste, S. 424.

12 Vgl. Müller/Mueller: Gegen Freund und Feind, S. 293 f.

13 Vgl. Hafner/Schapira: Die Akte Alois Brunner, S. 241 ff.

14 Vgl. Stellungnahme des Auswärtigen Amtes zur Bitte des Amtes Ausland/Abwehr, die Bemühungen um den Einsatz arabischer Landeseinwohner gegen die in Französisch-Nordafrika gelandeten angloamerikanischen Truppen zu unterstützen vom 8.12.1942, in: Müller u. a. (Hrsg.): Amt Ausland/Abwehr, S. 310 f.

15 Vgl. Baumann/Fochler-Hauke: Biographien, S. 99.

16 Vgl. »Betr: Stellungnahme zu beigefügter Ablichtung eines Beurlaubungsschreibens der Deutschen Botschaft in Tunis, gerichtet an das Auswärtige Amt vom 31. Januar 1966.

17 Vgl. Meldung Nr. 151 vom 12.3.1958; Christmanns Mitteilungen an den BND werden mit Meldung zitiert, die Antworten und Anweisungen seiner Führungsstelle mit BND-Meldung.

18 Vgl. Schreiben Giskes vom 4.10.1956.

19 Vgl. Meldung Nr. 442 vom 11.9.1960.

20 Vgl. Meldung Nr. 379 vom 10.1.1960.

21 Vgl. BND-Meldung Nr. 72 vom 31.12.1957.

22 Vgl. Meldung Nr. 136 vom 31.1.1958.

23 Vgl. Meldung Nr. 18 vom 12.11.1956.

24 Vgl. BND-Meldung Nr. 216 vom 9.1.1961.

25 Vgl. Christmann, Richard: Chronologischer Ablauf meiner Tätigkeit für den B.N.D., Frankfurt 27.12.1980.

26 Vgl. Meldung Nr. 12 vom 17.10.1956.

27 Vgl. BND-Meldung Nr. 166 vom 6.2.1960.

28 Vgl. Meldung Nr. 387 vom 12.2.1960.

29 Vgl. Meldung Nr. 398 vom 17.3.1960.

30 Vgl. Weber: DDR, S. 95 und 280 f.

31 Vgl. Kahlenberg/Hüllbusch (Hrsg.): Kabinettsprotokolle, S. 421.

32 Vgl. Auswärtiges Amt (Hrsg.): Auswärtige Politik, S. 931.

33 Vgl. Dridi: Tunesien, S. 278

34 Das Meldeaufkommen verteilte sich, wie folgt:

Jahr	BND	Christmann
1956	Nr. 1–22	1–80
1957	Nr. 23–72	Nr. 81*–125
1958	Nr. 73–115	Nr. 126–265
1959	Nr. 116–159**	Nr. 266–378
1960	Nr. 161–214	Nr. 379–468
1961	Nr. 215–232	Nr. 469–499

* erst ab Nr. 81 vorhanden, 1961 nur noch teilw. vorhanden; ** Nr. 160 nicht vorhanden

35 Vgl. BND Vortag 48 vor 106 (Leiter Zentralabteilung vor Präsidenten) vom 29.51968 zur Neugliederung des Dienstes, S. 2 ff., Archiv FF.

36 Vgl. BND 48 Nr. 308/86 geh. vom 24.7.1968: Vorschlag für die Neugliederung des Dienstes, Anlagen 9a und 9c, Archiv FF.

37 BND-Meldung Nr. 93 vom 21.7.1958.

38 Vgl. Presse- und Informationsamt der Bundesregierung (Hrsg.): Leistung, S. 3

39 Vgl. Schreiben BND 918 an 106 (Präsident) vom 20.11.1964.

40 BND-Meldung Nr. 91 vom 11.7.1958.

41 Vgl. BND-Meldung 101 vom 10.9.1958.

42 Vgl. BND-Meldung 103 vom 23.9.1958.

43 Vgl. Meldung Nr. 12 vom 17.10.1956.

44 Singh: Geheime Botschaften, S. 456.

45 Vgl. ebd., S. 35.

46 Vgl. z. B. Meldung Nr. 168 vom 19.5.1958.

47 Vgl. Meldung Nr. 37 vom 28.3.1957.

48 Vgl. BND-Meldung Nr. 2, Mitte Juli 1956, Meldung Nr. 128 vom 9.1.1958, Meldung Nr. 131 vom 16.1.1958, Meldung Nr. 103 vom 28.10.1957 und Meldung Nr. 304 vom 22.3.1959.

49 Entnommen aus: »Stellungnahme zu beigefügter Ablichtung eines Beurteilungsschreibens der Deutschen Botschaft in Tunis, gerichtet an das Auswärtige Amt, mit Datum vom 31. Januar 1966«.

50 Vgl. Meldung Nr. 363 vom 1.11.1959.

51 Vgl. Meldung Nr. 380 vom 17.1.1960.

52 Vgl. Meldung Nr. 388 vom 17.2.1960.

53 Vgl. BND-Meldung Nr. 55 vom 26.8.1957.

54 Vgl. Meldung Nr. 111 vom 19.11.1957.

55 Vgl. Meldung Nr. 113 vom 24.11.1957.

56 Vgl. Meldung Nr. 380 vom 17.1.1960.

57 Vgl. Meldung Nr. 444 vom 24.9.1960.

58 Vgl. Koch: Konrad Adenauer, S. 69 und 140.

59 Vgl. Zolling/Höhne: Pullach intern, S. 294 ff.; Thayer: War Business, S. 280 f.

60 Vgl. Meldung Nr. 45 vom 8.5.1957.

61 Vgl. Meldungen Nr. 150 vom 7.3.1958 und Nr. 152 vom 17.3.1958.

62 So ist die letzte Meldung vom 22. September 1961 nicht von »Joseph«, sondern von »Josefa« unterzeichnet. Hierin wird die Abrechnung bis 31.12.1961 geregelt.

63 Vgl. Meldung Nr. 391 vom 28.2.1960.

64 Diese und die nachfolgenden Angaben zu Christmanns nachrichtendienstlichen Verbindungen entstammen seiner Agenten- und Informantenliste, die sich im Nachlass Christmanns findet, undatiert, ca. 1960.

65 Vgl. Deuxième Bureau, S. 10.

66 Vgl. Bechri/Naccache: The Political Economy, S. 6 ff.

67 Vgl. Meldung Nr. 112 vom 21.11.1957 und Meldung Nr. 114 vom 27.11.1957.

68 BND-Meldung Nr. 51 vom 13.6.1957.

69 Vgl. Eilbrief Giskes an Christmann im »Gasthaus Mühlberger« vom 15.7.1957.

70 Vgl. Der Spiegel 44/1974: Genie auf ewig.

71 Vgl. Meldung Nr. 164 vom 6.5.1958.

72 Meldung Nr. 177 vom 1.6.1958.

73 Meldung Nr. 196 vom 21.7.1958.

74 Vgl. Meldung Nr. 446 vom 6.10.1960.

75 Meldung Nr. 452 vom 6.11.1960.

76 Meldung Nr. 113 vom 24.11.1957.

77 Vgl. Bechri/Naccache: The Political Economy, S. 8.

78 Vgl. DAL vom 9.11.1944.

79 Vgl. Zolling/Höhne: Pullach intern, S. 274.

80 BND-Meldung Nr. 107 vom 10.10.1958.

81 Vgl. Meldung Nr. 221 vom 4.10.1958.

82 BND-Meldung Nr. 139 vom 15.7.1959 und Meldung Nr. 342 vom 5.7.1959.

83 Vgl. Waske: Mehr Liaison, S. 113 f.

84 Vgl. BND-Meldung Nr. 71 vom 19.12.1957.

85 Vgl. Meldung Nr. 162 vom 5.1.1960.

86 Meldung Nr. 385 vom 7.2.1960.

87 Vgl. Schmidt-Eenboom: Schnüffler ohne Nase, S. 364, 397 und 402.

88 Vgl. Braunschweiger Zeitung vom 26.1.2009: Die vielen Leben eines Gauleiters; Braunschweiger Zeitung vom 16.2.2009: Wie sich der Gauleiter nach Ghana absetzte.

89 Vgl. CIA Munic to Director CIA Berlin 13.6.1963: SECRET 131148Z; NARA RG 263 230 86 24 3 Box 117, declassified 3.11.2008; das Dokument verdanken wir Stefanie Waske.

90 Vgl. Braunschweiger Zeitung vom 23.2.2009: Als »Mädchen für alles« beim Helden von Ghana.

91 Vgl. Brammer: Spionageabwehr, S. 31 f., 34, 37, 41, 47 ff., 74 f., 96 und 112 f.

92 Vgl. Meldung Nr. 275 ohne Datum (zwischen 12. und 17.1.1959).

93 Vgl. Deuxième Bureau, S. 40.

94 Vgl. Koch: Die feindlichen Brüder, S. 343.

95 Vgl. Meldung Nr. 258 vom 8.12.1958.

96 Meldung Nr. 104 vom 28.10.1957.

97 Vgl. Meldung Nr. 255 vom 28.11.1958.

98 Vgl. Meldung Nr. 269 vom 7.1.1959.

99 Vgl. Meldung Nr. 401 vom 29.3.1960, S. 2.

100 Vgl. Conze u.a.: Das Amt, S. 502 f.; Thörök (bei Conze Török) strengte deshalb selbst ein Disziplinarverfahren gegen sich an und wurde darin vom AA rehabilitiert.

101 Vgl. Meldung Nr. 414 vom 1.6.1960.

102 Vgl. Meldung Nr. 383 vom 1.2.1960. Zu Gregor selbst ist im fraglichen Jahr aber kein Artikel im Spiegel erschienen.

103 Vgl. Meldung Nr. 390 vom 28.2.1960.

104 Vgl. Meldung 383 vom 1.2.1960.

105 Vgl. BND-Meldung Nr. 165 vom 26.1.1960.

106 Meldung Nr. 414 vom 31.5.1960.

107 Vgl. Meldung Nr. 458 vom 20.11.1960.

108 Vgl. Zolling/Höhne: Pullach intern, S. 297.

109 Annelore Kunze war zuletzt Regierungsdirektorin im BND; sie schied mit der Amtsübergabe von Gehlen an Wessel im Mai 1968 aus dem BND aus; vgl. Zolling/Höhne: Pullach intern, S. 267, 289, 298 und 336; Waske: Mehr Liaison, S. 230.

110 Vgl. Meldung Nr. 385 vom 7.2.1960.

111 Vgl. Meldung Nr. 405 vom 18.4.1960 und Nr. 406 vom 21.4.1960.

112 Vgl. Meldung ohne Nr. vom 17.9.1960 und Nr. 444 vom 24.9.1960.

113 Vgl. Meldung Nr. 385 vom 7.2.1960.

114 Vgl. Meldung Nr. 382 vom 24.1.1960 und Meldung Nr. 384 vom 1.2.1960.

115 Meldung Nr. 433 vom 9.8.1960.

116 Vgl. Meldung Nr. 426 vom 14.7.1960.

117 Vgl. Meldung Nr. 436 vom 19.8.1960.

118 Vgl. Meldung Nr. 91 vom 10.9.1957.

119 Vgl. Meldung Nr. 257 vom 4.12.1958.

120 Vgl. Meldung Nr. 431 vom 3.8.1960.

121 Vgl. Meldung Nr. 413 vom 19.5.1960.

122 Vgl. Meldung Nr. 404 vom 15.4.1960.

123 Vgl. Meldung Nr. 405 vom 18.4.1960.

124 Vgl. Borowsky: Ende der »Ära Adenauer«.

125 Vgl. Schwarz u. a. (Hrsg.): Akten zur Auswärtigen Politik, Band 3: April bis 31. August 1965, S. 1810.

126 Vgl. Meldung ohne Nummer vom 7.11.1956.

127 Vgl. Meldung Nr. 16 vom 30.10.1956.

128 Höpp: Algerien, S. 8.

129 Vgl. ebd., S. 16.

130 Vgl. Baumann/Fochler-Hauke: Biographien, S. 80. Zwei Jahre später übermittelte Christmann aus Tunis die Einschätzung der algerischen Befreiungsbewegung, die Entführung von Ben Bella und seiner Kameraden sei mit Hilfe des marokkanischen Hofes durchgeführt worden; vgl. Meldung Nr. 197 vom 22.7.1958.

131 Vgl. Elsenhans: Frankreichs Algerienkrieg; soweit nicht anders ausgewiesen folgt die Darstellung der politischen Sachverhalte dem Standardwerk von Elsenhans.

132 Vgl. Ehrenberger/Erschbaumer: »Schlacht um Algier«, S. 14.

133 Vgl. Höpp: Algerien, S. 21.

134 Vgl. Ehrenberger/Erschbaumer: »Schlacht um Algier«, S. 15.

135 Im November 2000 setzte noch einmal eine Debatte über die unbewältigte Vergangenheit der Grande Nation ein, als General Massu in der Tageszeitung Le Monde zugab, Angehörige der FLN seien systematisch gefoltert und liquidiert worden. 3000 Gefangene, die als verschwunden galten, waren in Wirklichkeit kaltblütig umgebracht worden. Ohne jedes Anzeichen von Reue gab er sogar zu, 24 FLN-Angehörige eigenhändig ermordet zu haben, zumal ihm die sozialdemokratische Regierung unter Guy Mollet seinerzeit freie Hand für »verlängerte Verhöre«, »Zwangsmaßnahmen« und Sonderbehandlungen« gewährt habe. Während ehemalige Folteropfer mit ihren Leidensgeschichten an die Öffentlichkeit traten, wehrten sich Massus Mittäter wie der Algerienkommandant General Marcel Bigeard und eine ganze Reihe rechtskonservativer Politiker gegen die »Beleidigung der französischen Armee«. Der im September 1997 ins Amt gekommene Premierminister Lionel Jospin gewährte zwar ausgewählten Wissenschaftlern Zugang zu Archiven, zugleich sollen bestimmte Archivbestände jedoch bis zum Jahr 2060 gesperrt bleiben. Vgl. Arens/Thull: Folter im Algerienkrieg. Exgeneral Paul Aussaresses, der Stellvertreter von Massu in Algier, heizte die Diskussion im Mai 2001 mit einem Vorabdruck seiner Memoiren noch einmal an. Ohne Bedauern legte er ein »un-

verhohlenes und zynisches Plädoyer für die Anwendung von Folter und Mord im Interesse des Vaterlandes« vor, so Günter Lobmeyer in einer Rezension des Buches im *ai-journal* (10/2001, S. 22).

136 Schon in der Endphase des Algerienkrieges exportierte Frankreich seine Folterpraktiken in die Vereinigten Staaten. 1960 gingen die ersten französischen Instrukteure an die in Panama eingerichtete Ausbildungseinrichtung der US-Streitkräfte für Aufstandsbekämpfung, an der bis zum Ende des Kalten Kriegs 60000 lateinamerikanische Offiziere geschult wurden. Französische Foltertechniken fanden so Eingang in die brutalen Repressionen in der im August 1968 nach der Tet-Offensive der Vietcong begründeten CIA-Operation »Phoenix« im Vietnamkrieg, bei der Vietcong-Kämpfer zunächst gequält und dann umgebracht wurden, oder auch 1973 beim Pinochet-Regime in Chile. Für 1961 konnte eine Fernsehdokumentation des deutsch-französischen Senders »arte« auch französische Vernehmungsspezialisten an der US-amerikanischen Militärakademie in Fort Bragg lokalisieren. Vgl. arte-Dokumentation vom 8.9.2004: Wie Frankreich Folter und Terror exportierte.

137 Meldung Nr. 189 vom 3.7.1958.

138 Vgl. Meldung Nr. 292 vom 18.2.1959.

139 Vgl. BND-Meldung Nr. 51 vom 13.6.1957.

140 Vgl. Meldung Nr. 120 vom 12.12.1957 mit Anlage.

141 Vgl. Meldung Nr. 131 vom 16.1.1958.

142 Vgl. Reese: Organisation Gehlen, S. 203 ff.

143 Leide: NS-Verbrecher, S. 311.

144 Vgl. BND-Meldung Nr. 74 vom 23.1.1958.

145 Vgl. Leide: NS-Verbrecher, S. 312. Sommer arbeitete letztlich bis Juni 1965 für das MfS und wurde erst 1968 endgültig abgeschaltet. Zu den ehemaligen SD-Führern, die die FLN belieferten, zählte unter anderem Friedrich Wilhelm Beisssner, von dem unten noch die Rede sein wird.

146 Vgl. Baumann/Fochler-Hauke: Biographien, S. 99.

147 Vgl. Meldung Nr. 398 vom 17.3.1960.

148 Anhang zur Meldung Nr. 202 vom 17.8.1958: Araber und Kabylen, S. 3.

149 Vgl. Meldung Nr. 437 vom 21.8.1960.

150 Vgl. Brief Said an seinen ehemaligen Vorgesetzten in Nordafrika Wimmer-Lamquet vom 19.3.1989, in: Wimmer-Lamquet: Balkenkreuz, S. 186 f.

151 Vgl. Deuxième Bureau, S. 354.

152 In Tunis wurde Fanon nach der Ausweisung aus Algerien und kurzem Aufenthalt in Paris in die Pressearbeit der FLN eingebunden und war Redakteur der Zeitung El Moudjahid. Anfang Dezember 1961 erschien, kurz vor seinem Tod, sein Hauptwerk: Die Verdammten dieser Erde.

153 Bundesnachrichtendienst: ND-BEGRIFFSBESTIMMUNGEN für den BUNDESNACHRICHTENDIENST, Pullach 1974, S. 43, Archiv FF.

154 Vgl. Ehrenberger/Erschbaumer: »Schlacht um Algier«, S. 18.

155 Die FLN wurde im Schriftverkehr zwischen Giskes und Christmann auch als »Firma Albatros« getarnt.

156 Vgl. Meldung Nr. 247 vom 14.11.1958.

157 Meldung Nr. 274 vom 12.1.1959.

158 Vgl. Meldung Nr. 324 vom 19.5.1959.

159 »Ich befürchte, dass die eindeutigen Sympathien von Salah für die Albatrosse alle gegen ihn vereinigt hat. […] Es scheint die Frage heranzureifen, ob es bei dieser Lage nicht besser ist, sich rechtzeitig Gedanken darüber zu machen, ob Salah nicht einen Standortwechsel in Betracht ziehen will. […] Ich werde sehen, diesen vorzubereiten, ohne daß Salah dafür Kosten entstehen. So wie die Dinge jetzt liegen, kann das nicht weitergehen. Wenn Standortwechsel, dann müsste vorgesorgt werden, dass Salah seine guten Kontakte dort in jeder Hinsicht so festigt, dass er laufend darauf zurückgreifen kann«, lautete der Originaltext der BND-Meldung Nr. 133 vom 3.6.1959.

160 Meldung Nr. 259 vom 10.12.1958.

161 Meldung Nr. 332 vom 11.6.1959.

162 Vgl. Müller: Bundesrepublik Deutschland, S. 621.

163 Meldung Nr. 148 vom 23.2.1958.

164 Meldung Nr. 389 vom 17.2.1960.

165 Meldung Nr. 468 vom 31.12.1960.

166 Vgl. Meldung Nr. 467 vom 31.12.1960.

167 Vgl. Meldung Nr. 463 vom 12.12.1960.

168 Vgl. Meldung Nr. 386 vom 12.2.1960.

169 Vgl. Meldung Nr. 324 vom 19.5.1959 und Nr. 325 vom 20.5.1959.

170 Vgl. Meldung Nr. 408 vom 25.4.1960.

171 Vgl. Meldung Nr. 386 vom 12.2.1960 und Nr. 389 vom 17.2.1960.

172 BND-Meldung Nr. 220 vom 10.2.1961.

173 Vgl. Meldung Nr. 407 vom 25.4.1960.

174 Vgl. Arens/Thull: Folter im Algerienkrieg. Bereits Ende Januar 1958 bezweifelte Christmann, dass die offiziellen Angaben der Wahrheit entsprachen. Die Franzosen würden nur die Toten unter den »Metropolfranzosen« angeben, schrieb er nach Pullach, also nicht die Gefallenen der Kolonialtruppen, der Fremdenlegion und der aus Algerien stammenden französischen Staatsbürger.

175 Meldung Nr. 267 vom 4.1.1959.

176 Schreiben Christmanns an Kresse, Tunis 26.9.1957.

177 Meldung Nr. 288 vom 15.2.1959.

178 Vgl. Meldung Nr. 295 vom 1.3.1959.

179 BND-Meldung Nr. 144 vom 24.9.1959.

180 Vgl. Meldung Nr. 370 vom 29.11.1959.

181 Vgl. BND-Meldung Nr. 160 vom 5.1.1960.

182 Vgl. BND-Meldung Nr. 163 vom 7. 1.1960.

183 Vgl. Meldung Nr. 430 vom 25.7.1960.

184 Vgl. Meldung Nr. 418 vom 15.6.1960.

185 Vgl. Meldung Nr. 211 vom 6.9.1958.

186 Vgl. BND-Meldung Nr. 185 vom 27.6.1960.

187 Vgl. Meldung Nr. 341 vom 5.7.1959. Das sollte sich fünf Jahre später auszahlen. Mahsas war in der Regierung Ben Bella Landwirtschaftsminister geworden, konnte sich 1965 beim Sturz des Präsidenten rechtzeitig absetzen und ging mit seiner Frau ins schwedische Exil.

188 Vgl. Müller: Bundesrepublik Deutschland, S. 612.

189 Vgl. Meldung Nr. 377 vom 21.12.1959.

190 Vgl. Schwanitz: Flammendes Algerien, S. 350 und 358.
191 Vgl. Cahn/Müller: La République fédérale, zit. nach: FAZ vom 21.11.2003.
192 Meldung Nr. 440 vom 31.8.1960.
193 Vgl. z. B. http://www.chroniknet.de/daly_de.0.html?year=1959&month=12.
194 Vgl. Christmann, Richard: Programm der Sabotageaktionen der »A.L.N./F.L.N.« (1959/61), Frankfurt/M. o. J.
195 Vgl. Müller/Mueller: Gegen Freund und Feind, S. 289 f.
196 Müller: Bundesrepublik Deutschland, S. 622.
197 Vgl. »Auferstanden aus Ruinen«. Neugründung, Konsolidierung, Anpassung – Die Zeit von 1945 bis 1960, Abschnitt 4.4, in: 75 Jahre Kölner Jusos, Köln o. J.
198 Vgl. Müller: Bundesrepublik Deutschland, S. 638 f.
199 Vgl. Focus 5/1996: Geheimdienste: Genickschuß am Bahnhof.
200 Vgl. Winkler: Der Schattenmann, S. 153.
201 Vgl. Focus 5/1996: Genickschuß am Bahnhof.
202 Vgl. CIA Bonn vom 4.9.1967: CATUSK, in: NARA RG 263 Gehlen, Reinhard Volume 5 Box 40.
203 Vgl. Meldung Nr. 204 vom 20.8.1958.
204 Gegenüber der DDR gab der Premier der GPRA, Abbas Ferhat, 1958 die Anzahl der in der Bundesrepublik lebenden Algerier sogar mit 10 000 an; vgl. Schwanitz: Flammendes Algerien, S. 352.
205 Vgl. Faligot: Markus, S. 162; FAZ vom 21.11.2003: Hoffen und Bangen.
206 Vgl. Meldung Nr. 319 vom 24.4.1959.
207 Melnik: La mort.
208 http://www.chroniknet.de/daly_de.0.html?year=1959&month=12.
209 Vgl. Müller: Bundesrepublik Deutschland, S. 628.
210 Vgl. Meldung Nr. 378 vom 29.12.1959.
211 Vgl. Meldung Nr. 397 vom 17.3.1960.
212 Vgl. Schwanitz: Flammendes Algerien, S. 356.
213 Vgl. Neues Deutschland vom 18.11.1961: Gehlen liefert Algerier ans Messer.
214 Vgl. Berliner Zeitung vom 13.1.1962: Bonner Waffen für die OAS.
215 Am 22. Januar 1967 beging Repenning als Brigadegeneral der Luftwaffe Selbstmord.
216 Vgl. auch Focus 5/1996, Geheimdienste: Genickschuß am Bahnhof.
217 Vgl. Müller: Bundesrepublik Deutschland, S. 637 f.
218 Vgl. BND-Meldung Nr. 205 vom 2.11.1960.
219 Vgl. BND Gamma/Castrop an 829 vom 18.3.1966: Betr.: Wilhelm Beissner, in: NARA RG 263 Beissner, Wilhelm, Volume 2 Box 10.
220 Vgl. CIA Chief of Station, Germany, Bonn an Chief, Africa Division vom 21.1.1966: Subject (fnu) BEISSNER; Chief, Africa Division an CIA vom 14.2.1966: Subject: Dr. Friedrich Wilhelm BEISSNER, in: NARA RG 263 Beissner, Wilhelm, Volume 2 Box 10.
221 Vgl. Meldung Nr. 89 vom 8.9.1957.
222 Müller: Bundesrepublik Deutschland, S. 639.
223 Vgl. Harrison: Challenging de Gaulle.
224 Vgl. Klicker: Algerien.
225 Bidault starb am 27. Januar 1983 in Cambo-les-Bains; vgl. http://de.wikipedia.org/wiki/Georges_Bidault.

226 http://www.chroniknet.de/daly_de.0.html?year=1959&month=12.
227 Vgl. Berliner Zeitung vom 13.1.1962: Bonner Waffen für OAS.
228 Schwarz (Hrsg.): Akten zur Auswärtigen Politik, Band 1: 1. Januar bis 31. Mai, S. 92.
229 Vgl. Vermerk BND-Vizepräsident Dieter Blötz vom 26.8.1975, S. 5 f., Archiv FF.
230 Vgl. Der Spiegel 12/1963: Deckname Max.
231 Vgl. Schmidt-Eenboom: Undercover, S. 196 und 314.
232 Vgl. Der Spiegel 12/1963: Deckname Max.
233 Vgl. http://de.wikipedia.org/wiki/Jean-Jacques_Susini.
234 Vgl. Welt am Sonntag 15.10.1972: Spur nach Pullach.
235 Müller/Mueller: Gegen Freund und Feind, S. 307 f.
236 Vgl. Anlage 1 zu BND 01 – Nr. 28/63 str. geh vom 3.12.1963: Gegenwärtige und zukünftige Aufgaben des BND, S. 3, Archiv FF.
237 Vgl. Giefer: Mord im Kolonialstil, S. 143 ff.
238 Vgl. MEMOMARANDUM FOR: Director of Central Intelligence 27.4.1961: SUB-JECT: Visit of General Gehlen, in: NARA RG 263 Gehlen, Reinhard Volume 3, Box 39.
239 BND: Entwurf für den Vortrag des Präsidenten vor dem Vertrauensmännergre-mium über Grenzen und Möglichkeiten des BND, Pullach 21.6.1968, S. 2, Archiv FF.

Abgang und Nachspiel (1961–1989)

 1 Vgl. Meldung Nr. 498 vom 10.7.1961.
 2 Vgl. Meldung Nr. 431 vom 3.8.1960.
 3 Vgl. Meldung Nr. 464 Nr. 19.12.1960.
 4 Vgl. BND-Meldung Nr. 214 vom 28.12.1960 und BND-Meldung Nr. 229 vom 20.06.1961.
 5 Vgl. Kozak: Algerien, S. 688.
 6 Vgl. Neues Deutschland vom 11.11.1961: SS-Offiziere in Algerien. Im Januar 1962 ortete ein anderes Ost-Berliner Medium Wimmer-Lamquet dann als BND-Vertreter in Rabat; vgl. Neue Berliner Illustrierte 4/1962, S. 27.
 7 Dagegen residierte der spätere Leiter der BND-Auswertungsabteilung Joachim Tzschaschel, der als Militärberater in Syrien von 1950 bis 1953 und BND-Resident in Bagdad von 1961 bis 1963 über große Nahost-Erfahrung verfügte, von April 1964 bis Mai 1965 nachweislich getarnt als Militärattaché in Algerien. Der ehemalige Wehr-machtsoffizier war zudem von 1958 bis 1961 Gehilfe des Militärattachés in Paris; vgl. Tzschaschel: Zeitzeuge.
 8 Vgl. Der Spiegel 44/1974: Genie auf ewig.
 9 Vgl. Christmann, Richard: Stellungnahme zu beigefügter Ablichtung eines Beurtei-lungsschreibens der Deutschen Botschaft in Tunis, gerichtet an das Auswärtige Amt, mit Datum vom 31. Januar 1966« vom März 1980.
10 BND-Meldung ohne Nummer vom 22.9.1961.
11 Vgl. Mitteilung des BND (»Josefa«) vom 22.9.1961.
12 Bundesnachrichtendienst II Nr. 1124/66 vom 20.10.1966.
13 Schreiben Christmann an Herold vom 29.10.1969, in dessen Kopf nicht nur die

Frankfurter Adresse (Zentmarkweg 44) angegeben ist, sondern auch weiterhin eine Adresse in Tunis (7, avenue Jean Jaurès).

14 Vgl. Schreiben Herold vom 5.11.1969.

15 Der Bundesminister für Innerdeutsche Beziehungen, Az.: I 3 – I 5 – 2100 – 10.223/70 vom 11.11.1970

16 Vgl. Der Bundesminister für Innerdeutsche Beziehungen, Az. I 3 – 1031 vom 11.2.1971.

17 Vgl. Schreiben von »Josepha« vom 15.9.1961.

18 Vgl. Coogan: Dreamer, S. 585.

19 Vgl. Boelcke (Hrsg.): Kriegspropaganda, S. 207

20 Vgl. Die CIA erwähnt ihn als SS-Hauptsturmführer im Propagandaministerium, lässt aber die sonst üblichen Angaben zum Zeitpunkt des Eintritts und der SS-Mitgliedsnummer vermissen; vgl. NARA RG 263 Rechenberg, Hans Volume 1.

21 Vgl. Winkler: Der Schattenmann, S. 66 ff.

22 Vgl. ebd., S. 135 und 157 f.

23 Vgl. Amtsgericht München Handelsregister B 40603, Bl. 1. Die Gesellschaft wurde am 12. Mai 1978 von seiner Ehefrau Frieda Emilie Rechenberg aufgelöst.

24 Vgl. Winkler: Der Schattenmann, S. 161 und 167.

25 Vgl. NARA RG 263 Rechenberg, Hans Volume 2.

26 Vgl. Faligot: Markus, S. 14.

27 Vgl. Schreiben Hans Rechenberg an Fritz Tobias vom 18.2.1963, Archiv FF (Dossier Genoud).

28 Vgl. Schreiben Hans Rechenberg an Fritz Tobias vom 3.8.1966, Archiv FF (Dossier Genoud).

29 Vgl. Auswärtiges Amt 300 – 440.70 Allg., VS-Nur für den Dienstgebrauch, Bonn 22.8.1991, S. 2 und Anlage Algerien (Allgemeine Polizeihilfe) – Neuverpflichtung 1991 bis 1993 bis zu DM 2,0 Mio.

30 Vgl. auch Faligot: Markus, S. 189 ff. und 199.

31 Mit Schreiben des Bundeskanzleramtes vom 17. Januar 1963 war die Besetzung der Botschaft in Tunis mit dem Botschaftsrat Erster Klasse Dr. Kurt von Tannstein geregelt worden, der bis 1969 auf diesem Posten verblieb, bevor er nach Mexiko wechselte; vgl. Das Bundesarchiv – Kabinettsprotokolle online »2. Besetzung deutscher Auslandsvertretungen (2.5.8).

32 Vgl. Norden, Albert: Braunbuch, Berlin 1965: http://www.braunbuch.de/0-01.shtml.

33 Vgl. CIA CHIEF, BONN OPERATIONS BASE an CHIEF, EE vom 26.1.1966: REPORT OF THE SECOND MEETING WITH CHRISTMANN, in: NARA RG 263 Beissner, Friedrich Wilhelm Box 10.

34 Vgl. Notice to Chief, Africa Division: SUBJECT: (fnu) BEISSNER 21.1.1966, in: NARA RG 263 Beissner, Friedrich Wilhelm.

35 Vgl. Faligot: Markus, S. 195 f.

36 Auch nachdem marokkanische und mauretanische Truppen die Westsahara im Dezember 1975 besetzt hatten, unterstützte Algerien die Polisario, nahm nicht nur Flüchtlinge auf, sondern auch die im Februar 1976 gegründete Exilregierung der Demokratischen Arabischen Republik Sahara; Vgl. Schubert, Anja: Zum völkerrechtlichen Status der Westsahara, Wissenschaftlicher Dienst des Deutschen Bundestags WD 2-3010-129/11, Berlin 2011, S. 4 f.

37 Vgl. Hermann Josef Giskes: Bescheinigung betreffend Herrn Richard Christmann, Starnberg 25. Juni 1969.
38 Vgl. Faligot: Markus, S. 196 f.
39 Information von Roger Faligot.

Quellen- und Literaturverzeichnis

Quellen

Bundesarchiv Berlin/Koblenz
BArch R 58/ 1211 – 1126, Kartei des SD zu Personen, Band 49 Chi–Cia, Feld 71 bis 74.
BArch, R 58/269, Fiche 3, Feld 117: Schreiben Gestapo »Bemerkenswerte Arbeitsweise des französischen Nachrichtendienstes«, 18.7.1939.
BArch, R 58/269, Fiche 3, Feld 134: RSHA B.Nr. IV – 30558 III A g., Erweiterung der Meldeweisungen zu Fremdenlegionären, 6.12.1939.
BArch, R 58/1045, Bl. 108 –112, RSHA: Liste der z. Zt. des Waffenstillstands in Frankreich wegen angeblicher Spionage einsitzenden Personen.
BArch, R 58/1045, Bl. 113 –116, RSHA: Liste der in Frankreich wegen angeblicher Spionage zugunsten Frankreichs festgenommen gewesener Personen BArch, R 58/269, Fiche 1, Feld 44 – 46: Ergänzung vom 5.8.1936 zum Erlass zur Berichterstattung vom 10.6.1936.
BArch, R 58/269, Fiche 1, Feld 47, 48: Ergänzung vom 15.10.1936 zum Erlass zur Überwachung vom 24.3.1936.
BArch, R 58/269, Fiche 2, Feld 78: Ergänzung vom 2.12.1937 zum Erlass zur Überwachung.
BArch, R 58/269, Fiche 1, Feld 15 – 21: Zentraler Erlass vom 24.3.1936 betr. Die Überwachung zurückgekehrter Fremdenlegionäre.
BArch, R 58/1526, Fiches 1– 4, Territorialkartei des SD zu Georgsmarienhütte.
BArch R 58/1527, Fiches 1– 5, Territorialkartei des SD zu Osnabrück.
BArch, R 58/269, Fiche 1, Feld 26 – 36: Zentraler Erlass vom 10.6.1936 zur Berichterstattung über Fremdenlegionäre.
BArch R 58/241, Der Befehlshaber der Sicherheitspolizei und des SD im Bereich des Militärbefehlshabers in Frankreich – Organisationsplan 1.2.1943.
BArch B 206/1977, Organisation Gehlen 161/III vom 23.8.1955: Betr.: Fall NERO.

National Archives and Record Administration (NARA), Washington D.C.
Headquarters US Forces European Theater Interrogation Center vom 23.7.1945: The German Sabotage Services. Annex No 1: Organization of the SS Jagd Verbaende, S. 17; NARA NND 150/22 vom 21.7.2001.
Report Headquarters Western Base Section US. Forces, European Theater, Office of the ACofS, G2 to AC of S, G-2 War Department General Staff, Washington 25, D.C. vom 11.10.1946, Subject: Interrogation of Richard Christmann. Detainee French Prison at Fresnes, Secret – Declassified 27.6.1983.

CIA Munic to Director CIA Berlin 13.6.1963: SECRET 131148Z; NARA RG (Record Group) 263 (Records of the CIA 230 86 24 3 Box 117, declassified 3.11.2008.

Nara RG 263 Ruffner, Kevin (Hrsg): Forging an Intelligence Partnership: CIA and the Origins of the BND 1945–49, Washington D.C. 1999.

NARA RG 263 Beissner, Friedrich Wilhelm Box 10.

NARA RG 263 Gehlen, Reinhard Box 39, 40.

NARA RG 263 Ihm, Karl Box 61.

NARA RG 263 Kedia, Michael Box 65.

NARA RG 263 Keil, Kurt Walter Box 65.

NARA RG 263 Oebsger-Roeder, Rudolf Box 95.

NARA RG 263 Rechenberg, Hans Box 106.

NARA RG 263 Schmuck, Otto Box 114.

NARA RG 263 Schreieder, Joseph Box 115.

Navorsingscentrum Tweede Wereldoorlog, Brussel
Proces-verbaal Politieke Recherche Afdeling, 's-Gravenhage Verhoor Hermann Josef Giskes, Krefeld, 28.9.1896.

Archiv Forschungsinstitut für Friedenspolitik e. V., Weilheim
Abwehr I a: Notizen über Reise Leiter Abwehr zur Abwehrstelle Münster 15./16.5.1935, Berlin 20.5.1935.

Anschriftenverzeichnis der Staatspolizeileit- und Staatspolizeistellen (Stand 1.8.1938 und 1.9.1939).

Befestigungen NO-Frankreich durch OKH, GenStdH Fremde Heere West vom 1.4.1940 – Sonderausgabe vom 10.3.1940 VS nfD.

BND: Entwurf für den Vortrag des Präsidenten vor dem Vertrauensmännergremium über Grenzen und Möglichkeiten des BND, Pullach 21.6.1968.

Brief Albert Praun an Leo Hepp vom 7.9.1955.

Bundesnachrichtendienst II Nr. 1124/66 vom 20.10.1966.

Bundesnachrichtendienst: 48 Nr. 308/86 geh. vom 24.7.1968: Vorschlag für die Neugliederung des Dienstes.

Bundesnachrichtendienst: Erfahrungen aus der westlichen ND-Praxis, Vortrag mit Übersicht über den Dienst, seine Aufklärungsgebiete, Gliederung, Bedarfsträger, Methoden etc., o. J. (ca. 1962).

Bundesnachrichtendienst: Nachrichtendienstliche Begriffsbestimmungen, Pullach 1974.

Bundesnachrichtendienst: Schreiben 918 an 106 (Präsident) vom 20.11.1964.

Bundesnachrichtendienst: Vermerk BND-Vizepräsident Dieter Blötz vom 26.8.1975.

Bundesnachrichtendienst:Vortrag 48 vor 106 vom 29.5.1968 zur Neugliederung des Dienstes.

Dienstalterslisten der Schutzstaffel der NSDAP vom 1.10.1934, vom 1.7.1935, vom 1.12.1938, vom 20.4.1942 (SS-Oberst-Gruppenführer – SS-Standartenführer) und vom 9.11.1944 (SS-Oberst-Gruppenführer – SS-Standartenführer).

Fernsprechverzeichnisse des RSHA von Mai 1942 und Juni 1943.

Gliederung der Frontaufklärungstruppen I im Westen, Anlage zu Nr. 006942/44 g.K. IcI vom 1.7.1944.

Hüttenhain, Erich: Einzeldarstellungen auf dem Gebiet der Kryptologie, o.O.: 1971

Oberkommando des Heeres. Gen Stab des Heeres. Fremde Heeres West Gr. II: Die französische Landesbefestigung. Stand vom 15.3.1940. GEHEIM.

Namentliches Verzeichnis der bei der Preußischen Geheimen Staatspolizei, stellv. Chef und Inspekteur und bei dem Geheimen Staatspolizeiamt in Berlin beschäftigten männlichen Personen nach dem Stande vom 25.6.1935.

OKH Fremde Heere West. Uniformtafeln des französischen Heeres im Felde. Generalstab des Heeres 3. Abteilung – Juli 1938.

Organisation Gehlen 34.3: Top Secret Entwurf Betrifft: Grundsaetzliche Richtlinien vom 30.1.1949 und Grundlegendes Übereinkommen (undatiert).

Présidence du Gouvernement provisoire de la République Française/Deuxième Bureau: Synthèse de l'organisation des services spéciaux Allemands et de leurs activités sur la France 1940–1944.

Schreiben Hans Rechenberg an Fritz Tobias vom 18.2.1963 (Dossier Genoud).

Schreiben Hans Rechenberg an Fritz Tobias vom 3.8.1966 (Dossier Genoud).

Archiv Roger Faligot, Plougastel

Agentenliste »A.-Liste Abteilung »A« für Algerier, Abteilung »T« für Tunesier sowie der Abteilung »I« für Internationale, undatiert, ca. 1960.

Autobiografisches Typoskript von Richard Christmann (ca. 200 Seiten) undatiert nebst Einfügungen und Ergänzungen.

Berichte von Christmann an die Organisation Gehlen und an das Ministerium für Gesamtdeutsche Fragen über die Operationen im Saarland 1954/55.

Berichte von Christmann an seinen Vorgesetzten im BND 1956–1961.

Christmann, Richard: Chronologischer Ablauf meiner Tätigkeit für den B.N.D., Frankfurt 27.12.1980.

Christmann, Richard: Programm der Sabotageaktionen der »ALN/FLN« (1959/61), Frankfurt/M. o. J.

Instruktionen des BND für Christmann für seine Tätigkeit in Tunis 1956–1961.

Privatvideo von ca. 15 Minuten gedreht von Roger Faligot 1982.

Schriftverkehr Christmann mit Behörden und Politikern 1953 bis 1969.

Typoskript von Tonbandinterviews von Roger Faligot mit Christmann.

Literatur

Alexander, Martin S.: Did the Deuxième Bureau work? The role of intelligence in French defence policy and strategy, 1919–1939, in: Intelligence and National Security, Bd. 6, Nr. 2 April 1991.

Andrew, Christopher: Her Majesty's Secret Service, New York 1985.

Aubin, Chantal: French counterintelligence and British secret intelligence in the Netherlands, 1920–40, in: Graaf, Beatrice de, Ben de Jong und Wies Platje (Hrsg.): Battleground Western Europe. Intelligence Operations in Germany and the Netherlands in the Twentieth Century, Amsterdam 2007.

Austin, Roger: Surveillance and Intelligence under the Vichy Regime: The Service du Controle Technique, 1939–45, in: Intelligence and National Security Volume 1, Januar 1986.

Auswärtiges Amt (Hrsg.): Die Auswärtige Politik der Bundesrepublik Deutschland, Köln 1972.

Aziz, Phillipe: Tu trahiras sans vergogne. Histoire de deux »collabs«, Paris 1970.

Balke, Ulf: Der Luftkrieg in Europa. Die operativen Einsätze des Kampfgeschwaders 2 im Zweiten Weltkrieg, Teil 1, Koblenz 1980.

Banach, Jens, Heydrichs Elite. Das Führerkorps der Sicherheitspolizei und des SD 1936 – 1945, Paderborn 1998.

Barrios, Harald und Jan Suter: Dominikanische Republik, in: Nohlen, Dieter und Franz Nuschler (Hrsg.): Handbuch der Dritten Welt, Hamburg 1993.

Baumann, Wolf-Rüdiger und Gustav Fochler-Hauke: Biographien zur Zeitgeschichte, Frankfurt/M. 1985.

Bevers, Jürgen: Der Mann hinter Adenauer. Hans Globkes Aufstieg vom NS-Juristen zur Grauen Eminenz der Bonner Republik, Berlin 2009.

Blake, George: Keine andere Wahl, Berlin 1995.

Boberach, Heinz (Hrsg.): Regimekritik, Widerstand und Verfolgung in Deutschland und den besetzten Gebieten, München 2003.

Boberach, Heinz: Reichssicherheitshauptamt. Bestand R 58, Koblenz 2000.

Boelcke, Willi A. (Hrsg.): Kriegspropaganda 1939–1941, Stuttgart 1966.

Brammer, Uwe: Spionageabwehr und »Geheimer Meldedienst«. Die Abwehrstelle im Wehrkreis X Hamburg 1935–1945, Freiburg 1989.

Braunthal Julius: Geschichte der Internationale, Bd. 1: Die Internationale und der Krieg, Berlin 1963.

Browning, Christopher: Die Entfesselung der »Endlösung«, München 2003.

Buchbender, Ortwin und Horst Schuh: Heil Beil! Flugblattpropaganda im II. Weltkrieg, Stuttgart 1974.

Bucheit, Gert: Der deutsche Geheimdienst. Geschichte der militärischen Abwehr, München 1966.

Cahn, Jean-Paul und Klaus-Jürgen Müller: La République féderale d'Allemagne et la Guerre d'algerie 1954–1962, Paris 2003.

Collins, Larrie und Dominique Lapierre: »Brennt Paris?«, in: Das Beste (Hrsg.): Geheime Kommandosache. Hinter den Kulissen des Zweiten Weltkriegs, Bd. II,: Stuttgart/Zürich/Wien 1969.

Conze, Eckart u. a.: Das Amt und die Vergangenheit, München 2010.

Coogan, Kevin: Dreamer of the Day: Francis Parker Yockey and the Post War Fascist International, New York 1999.

Cookridge, H. E (d. i. Edward Spiro): Versteckspiel mit dem Tode, Oldenburg 1967.

Copeland, Miles: Beyond Cloak and Dagger: Inside the CIA, New York 1975.

Cornick, Martyn und Peter Morris: The French Secret Services, Oxford 1993.

Critchfield, James F.: Auftrag Pullach, Hamburg 2005.

Dekkers, Frans: King Kong. Leven dood en opstanding van een verrader, Amsterdam 1986.

Dridi, Mohamed: Tunesien, in: Nohlen, Dieter und Franz Nuscheler (Hrsg.): Handbuch der Dritten Welt, Bd. 6, Bonn 1993.

Ehrenberger, Cornelia und Michael Erschbaumer »Die Schlacht um Algier«, SE Politische Kommunikation im Nahen Osten der Universität Innsbruck (LV-Nr 402 108).

Elsenhans, Hartmut: Frankreichs Algerienkrieg, Hamburg 1982.

Elzer, Herbert: Die Schmeisser-Affäre. Herbert Blankenhorn, der »Spiegel« und die Umtriebe des französischen Geheimdienstes im Nachkriegsdeutschland 1946–1958, Stuttgart 2008.

Engeli, Jacques: Frankreich 1940. Wege in die Niederlage, Baden/Schweiz 2006.

Faligot, Roger: Markus. Espion Allemand, Paris 1984.

Faligot, Roger und Pascal Krop: DST. Police secrète, Paris 1999.

Felix, Christopher: Methodik des Geheimdienstes, Frauenfeld 1964 (London 1963).

Foley, Robert T.: Easy Target or Invincible Enemy? German Intelligence Assessments of France Before the Great War, in: The Journal of Intelligence History, Winter 2005.

Gehlen, Reinhard: Der Dienst, Mainz 1971.

Giefer, Thomas: Mord im Kolonialstil, in: Blondiau, Heribert (Hrsg.): Tod auf Bestellung, München 2000.

Giskes, Herman J.: Spione überspielen Spione, Hamburg 1951.

Graaf, Beatrice de und Paul Koedijk: Introduction, in: Graaf, Beatrice de, Ben de Jong und Wies Platje: Battleground Western Europe, Amsterdam 2007.

Graaff, Bob de: Spion in de tuin. King Kong voor en na zijn dood, Den Haag 1992.

Günther, Lothar: Von Indien nach Annaburg. Indische Legion und Kriegsgefangene in Deutschland, Berlin 2003.

Hachmeister, Lutz: Der Gegnerforscher. Die Karriere des SS-Führers Franz Alfred Six, München 1998.

Hafner, Georg M. und Esther Schapira: Die Akte Alois Brunner, Frankfurt/M. 2000.

Hanke, Christian, Joachim Paschen und Bernhard Jungwirth: Hamburg im Bombenkrieg 1940–1945. Das Schicksal einer Stadt, Hamburg 2003.

Harrison, Alexander: Challenging de Gaulle. The OAS and counter-revolution in Algeria 1954–1962, New York 1989.

Heigl, Frank P. und Jürgen Saupe: Operation EVA. Die Affäre Langemann, Hamburg 1982.

Hinsley, Frank Harry und C.A.G. Simkins: British Intelligence in the Second World War, Volume Four, Security and Counter-Intelligence, London 1990.

Hoets, Pieter Hans: Englandspiel ontmaskerd. Schijnstoot op Nederland en België 1942–1944, Rotterdam 1990.

Höpp, Gerhard: Algerien, Befreiungskrieg 1954–1962, Hrsg. Zentralinstitut für Geschichte der Akademie der Wissenschaften der DDR, Berlin 1984 (Illustrierte historische Hefte; 33).

Hudemann, Rainer und Armin Heinen, Das Saarland zwischen Frankreich, Deutschland und Europa 1945–1967, Bd. 3, Saarbrücken 2007.

Jardin, Pierre: Französischer Nachrichtendienst in Deutschland in den ersten Jahren des Kalten Krieges, in: Krieger, Wolfgang und Jürgen Weber (Hrsg.): Spionage für den Frieden? Nachrichtendienste in Deutschland während des Kalten Krieges, München und Landsberg 1997.

Kahlenberg, Friedrich P. und Ursula Hüllbusch (Hrsg.): Die Kabinettsprotokolle der Bundesregierung, Bd. 9 1956, München 1998.

Kasten, Bernd: Zwischen Pragmatismus und exzessiver Gewalt. Die Gestapo in Frankreich 1940–1944, in: Paul, Gerhard und Klaus-Michael Mallmann (Hrsg.): Die Gestapo im Zweiten Weltkrieg, Darmstadt 2000.

Kluiters, Frans: R-Netz: The stay-behind network of the Abwehr in the Low Countries, in: Graaf, Beatrice de, Ben de Jong und Wies Platje: Battleground Western Europe, Amsterdam 2007.

Koch, Peter: Konrad Adenauer. Die Biographie, Reinbek 1985.

Koch, Peter-Ferdinand: Die feindlichen Brüder, Bern/München/Wien 1994.

Kozaczuk, Wladyslaw: Im Banne der Enigma, Berlin (Ost) o. J. (Warschau 1973).

Kozak, Heinz: Algerien. Islamitischer Terror und Bürgerkrieg, in: ÖMZ 6/1995.

Krieger, Wolfgang: Die Bedeutung der Nachrichtendienste für die internationalen Beziehungen im Kalten Krieg: Probleme und Möglichkeiten der Forschung in den USA, in: Doerries, Reinhard R., Diplomaten und Agenten. Nachrichtendienste in der Geschichte der deutsch-amerikanischen Beziehungen, Heidelberg 2001.

Laroche, Fabrice: Les Français de la Gestapo, in: Dumont, Jean (Hrsg.): Histoire secrète de la Gestapo, Genf 1971.

Leide, Henry: NS-Verbrecher und Staatssicherheit, Göttingen 2005.

Linsmayer, Ludwig (Hrsg.): Die Geburt des Saarlandes. Historische Beiträge des Landesarchivs Saarbrücken, Saarbrücken 2007.

Lobmeyer, Günter: Foltern für das Vaterland, Rezension des Buchs von Aussaresses, Paul: Services Spéciaux, Paris 2001, in: ai-journal 10/2001.

May, Ernest R.: Die Nachrichtendienste und die Niederlage Frankreichs 1940, in: Krieger, Wolfgang (Hrsg.): Geheimdienste in der Weltgeschichte. Spionage und verdeckte Aktionen von der Antike bis zur Gegenwart, München 2003.

Meinl, Susanne: Im Mahlstrom des Kalten Krieges, in: Krieger Wolfgang und Jürgen Weber (Hrsg.): Spionage für den Frieden?, München 1997.

Melnik, Constantin: La mort était leur mission, Paris 1996.

Menzel, Thomas: Organisationsgeschichte des Amtes Ausland/Abwehr im Spiegel der Aktenüberlieferung im Bundesarchiv-Militärarchiv, Freiburg i. Br., in: Militärgeschichtliche Zeitschrift 1/2008.

Michels, Eckard: Deutsche in der Fremdenlegion 1870–1965, Paderborn 1999.

Moisel, Claude: Frankreich und die deutschen Kriegsverbrecher. Politik und Praxis der Strafverfolgung nach dem Zweiten Weltkrieg, Göttingen 2004.

Müller, Jürgen: Die Bundesrepublik Deutschland und der Algerienkonflikt, in: Vierteljahrshefte für Zeitgeschichte 4/1990.

Müller, Michael: Canaris. Hitlers Abwehrchef, Berlin 2006.

Müller, Norbert, Helma Kaden, Gerlind Grahn, Brün Meyer und Tilan Koops (Hrsg.): Das Amt Ausland/Abwehr im Oberkommando der Wehrmacht, Koblenz 2007.

Müller, Peter und Michael Mueller: Gegen Freund und Feind, Reinbek 2002.

Müller, Rolf-Dieter: Raketen auf Antwerpen, in: Die Zeit vom 30.7.1993.

Noël de Gaulle, A. J.: Carnaval der Desperados: Getrouw relaas ener militaire opdracht, zoals deze in vijandelijk gebied werd uitgevoerd door geallieerde agenten, bijgestaan door verzetscellen, Amsterdam 1948.

Norden, Peter: Salon Kitty. Report einer Geheimen Reichssache, München 1976.

Nowak, Edward K., Rola BND w polityce RFN, in: Wojsko Ludowe 8/1980.

Paillole, Paul: Services Spéciaux 1935–1945, Paris 1975.

Piekalkiewicz, Janusz: Rommel und die Geheimdienste in Nordafrika 1941–1943, München 1984.

Piekalkiewicz, Janusz: Spione, Agenten, Soldaten. Geheime Kommandos im Zweiten Weltkrieg, 4. Aufl., München 1988.

Pöhlmann, Markus: German Intelligence at War, 1914–1918, in: The Journal of Intelligence History, Winter 2005.

Porch, Douglas: French intelligence and the fall of France, 1930–1941, in: Intelligence and National Security, Bd. 4, Nr. 1 vom Januar 1989.

Presse- und Informationsamt der Bundesregierung (Hrsg.): Leistung und Erfolg. Deutsche Politik 1960, Bonn 1960.

Reese, Mary Ellen: Organisation Gehlen, Berlin 1992.

Reile, Oscar: Der deutsche Geheimdienst im Zweiten Weltkrieg. Westfront, Augsburg 1990.

Reile, Oskar: Treff Lutetia Paris. Der Kampf der Geheimdienste im westlichen Operationsgebiet, in England und Nordafrika 1939–1945, München/Wels 1973.

Renouvin, Pierre: »Die Kriegsziele der französischen Regierung 1914–1918« in: Schieder, Wolfgang: Erster Weltkrieg. Ursachen, Entstehung und Kriegsziele, Köln 1969.

Ripley, Tim: Die Geschichte der Wehrmacht 1939–1945, Wien 2003.

Ritzi, Matthias: Richard Christmann. Nachrichtendienstliche Auseinandersetzungen zwischen Deutschland und Frankreich in den Jahren von 1936 bis 1961, Dissertation Universität Innsbruck, Fakultät für Politikwissenschaft und Soziologie, 2010.

Roewer, Helmut, Stefan Schäfer und Matthias Uhl: Lexikon der Geheimdienste im 20. Jahrhundert., München 2003.

Schafranek, Hans: Unternehmen Nordpol, in: Schafranek, Hans und Johannes Tuchel (Hrsg.): Krieg im Äther. Widerstand und Spionage im Zweiten Weltkrieg, Wien 2004.

Schenk, Dieter: Auf dem rechten Auge blind. Die braunen Wurzeln des BKA, Köln 2001.

Schmidt-Eenboom, Erich: Der Schattenkrieger. Klaus Kinkel und der BND, Düsseldorf 1995.

Schmidt-Eenboom, Erich: Schnüffler ohne Nase, Düsseldorf 1993.

Schmidt-Eenboom, Erich: Undercover, Köln 1998.

Schramm, Wilhelm Ritter von: Der Geheimdienst in Europa 1937–1949, München 1974.

Schramm, Wilhelm Ritter von: Geheimdienst und Geschichtswissenschaft, in: Bucheit, Gert: Die anonyme Macht, Frankfurt/M. 1969.

Schramm, Wilhelm Ritter von: Verrat im Zweiten Weltkrieg, Düsseldorf 1967.

Schreieder, Joseph: Das war das Englandspiel, München 1950.

Schubert, Anja: Zum völkerrechtlichen Status der Westsahara, Wissenschaftlicher Dienst des Deutschen Bundestags WD 2-3010-129/11, Berlin 2011.

Schwanitz, Wolfgang: Flammendes Algerien: Deutsche und Araber im Lichte der »doppelten Alleinvertretung« in Nordafrika (1947–1961), in: Faath, Sigrid und Hanspeter Mates (Hrsg.): Wuquf. Beiträge zur Entwicklung von Staat und Gesellschaft in Nordafrika, Hamburg 1995.

Schwarz, Hans-Peter (Hrsg.): Akten zur Auswärtigen Politik der Bundesrepublik Deutschland 1963, Bd. 1: Januar bis 31. Mai, München 1994.

Schwarz, Hans-Peter, Rainer Achim Blasius, Mechthild Lindemann und Ilse Dorothee Pautsch (Hrsg.): Akten zur Auswärtigen Politik der Bundesrepublik Deutschland, Band 3: April bis 31. August 1965, München 1996.

Schwarz, Hans-Peter: Adenauer. Der Aufstieg 1876–1952, Stuttgart 1986.

Sebag-Montefiore, Hugh: Enigma. The Battle for the Code, London 2000.

Sigro, Gilles: Le jour où les Huns sont revenus !, Paris o. J.

Singer, Jens Peter: Nachrichtendienste zwischen innerer und äußerer Sicherheit, in: Jäger, Thomas und Anna Daun (Hrsg.): Geheimdienste in Europa, Wiesbaden 2009.

Singh, Simon: Geheime Botschaften, Die Kunst der Verschlüsselung von der Antike bis in die Zeiten des Internet, München 2000.

Soltikow, Michael Graf: Empfang um Mitternacht, Hamburg o. J.

SPD Köln: »Auferstanden aus Ruinen, Neugründung, Konsolidierung, Anpassung – Die Zeit von 1945 bis 1960, Abschnitt 4.4, in: 75 Jahre Kölner Jusos, Köln o. J.

Stephan, Enno: Geheimauftrag Irland, Oldenburg 1961.

Thalmann, Rita: Gleichschaltung in Frankreich 1940 – 1944, Hamburg 1999.

Thayer, George: War Business. Geschäfte mit Waffen und Krieg, Hamburg 1970.

Tzschaschel, Joachim: Zeitzeuge in Bagdad, Algier, Saigon, Frankfurt/M. 2000.

Waske, Stefanie: Mehr Liaison als Kontrolle. Die Kontrolle des BND durch Parlament und Regierung 1955 – 1978, Wiesbaden 2009.

Weber, Hermann: DDR. Grundriß der Geschichte 1945 – 1990, Hannover 1991.

Weiner, Tim: Legacy of Ashes. The History of the CIA, New York 2007.

Wiesenthal, Simon: Großmufti – Großagent der Achse, Salzburg/Wien 1947.

Wildt, Michael: Generation des Unbedingten. Das Führungskorps des Reichssicherheitshauptamtes, Hamburg 2002.

Wimmer-Lamquet, Franz: Balkenkreuz und Halbmond. Als Abwehroffizier in Afrika und im Vorderen Orient, Graz 2006.

Winkler, Willi: Der Schattenmann. Von Goebbels zu Carlos. Das mysteriöse Leben des François Genoud, Berlin 2011.

Winterhager, Friedrich: Günther Gereke. Ein Minister im Spannungsfeld des Kalten Krieges, Ludwigsfelde 2002.

Wistrich, Robert: Wer war wer im Dritten Reich, München 1983.

Wolters, Johannes Peter Maria Hubertus: Dossier Nordpol Net Englandspiel onder de loep, Rotterdam 2003.

Zolling, Hermann und Heinz Höhne: Pullach intern, Hamburg 1971.

Medien

Zeitungen und Zeitschriften
Berliner Zeitung
Braunschweiger Zeitung
Der Spiegel
die tageszeitung
Focus
Frankfurter Allgemeine Sonntagszeitung
Frankfurter Allgemeine Zeitung
Le Monde
Neue Berliner Illustrierte
Neues Deutschland
stern
Süddeutsche Zeitung
Welt am Sonntag

Rundfunk, Fernsehen, Internet

Arens, Marianne und Françoise Thull: Folter im Algerienkrieg, World Socialist Web Site 3/2001; www.wsws.org/de/2001/mar/mar2001/alge-m28.shtml.

Arte: Film-Dokumentation vom 8.9.2004: Wie Frankreich Folter und Terror exportierte.

Bechri, Mohamed Z. und Sonia Naccache: The Political Economy of Developement in Tunisia, The University of Tunesia, May 2003, http://gdnet.org/pdf2/gdn_library/global_research _projects/explaining_growth/Tunisia_politicaleconomy_final.pdf.

Borowsky, Peter: Das Ende der »Ära Adenauer«, http://www.bpb.de/themen/P832WI,4,0, Das_Ende_der_%C4ra_Adenauer.html.

Das Bundesarchiv – Kabinettsprotokolle online »2. Besetzung deutscher Auslandsvertretungen (2.5.8:).

Ferrer, Jean Pierre: Guerre d'Algerie: Chronologie des attentats F.L.N.; http://www.piednoir.net/bone/titre_rubrique/listes%20de%20victimes/chrono_54_62_attentats1.htlm.

http://de.wikipedia.org/ wiki/Georges_Bidault.

http://de.wikipedia.org/wiki/Antonius_Fromm.

http://de.wikipedia.org/wiki/Jean-Jacques_Susini.

http://www.auswaertiges-amt.de/diplo/de/Laenderinformationen/01-Laender/Mali.html.

http://www.auswaertiges-amt.de/diplo/de/Laenderinformationen/01-Laender/Cote DIvoire.html.

http://www.chroniknet.de/daly_de.0.html?year=1959&month=12.

http://www.dhm.de/lemo/html/weimar/gewalt/reichsbanner/index.html.

http://www.lalegion.de.

Klicker, Jochen R.: Algerien. Offener Widerstand gegen Frankreich, in: DeutschlandRadio Berlin vom 8.11.2004.

www.documentenarchiv.de/wr/vv03.html.

Abkürzungsverzeichnis

ALN	Armée de Libération Nationale (Armee der FLN)
AS	Armée Sécrète (französische Widerstandsorganisation)
Ast	Abwehr- bzw. Außenstelle des OKW-Amtes Ausland/Abwehr
BfV	Bundesamt für Verfassungsschutz
BKA	Bundeskriminalamt
BMI	Bundesministerium des Inneren
BND	Bundesnachrichtendienst
BST	Brigade de Surveillance du Territoire (französischer Inlandsnachrichtendienst)
CEE	Comité de Coordination et d´Exécution (Leitungsorgan der FLN)
CFLN	Comité français de la Libération nationale (Französisches Komitee für nationale Befreiung)
CIA	Central Intelligence Agency (US-amerikanischer Auslandsnachrichtendienst)

CIC	Counter Intelligence Corps (US Army)
CRUA	Comité Révolutionnaire d'Unité et d'Action (algerische Befreiungsgruppe)
DDP	Deutsche Demokratische Partei
DPS	Demokratische Partei Saar
DRCE	Direction Renseignements Contre Espionnage (französischer Gegen-spionagedienst)
DSP	Deutsche Sozialdemokratische Partei (Saar)
DST	Direction de la Surveillance du Territoire (französischer Inlandsnachrich-tendienst)
FAK	Frontaufklärungskommando (Abwehr)
FAT	Frontaufklärungstrupp (Abwehr)
FHO	Fremde Heere Ost
FLN	Front de Libération Nationale (algerische Befreiungsbewegung)
FWHD	Friedrich-Wilhelm-Heinz-Dienst (Amt Blank)
GFP	Geheime Feldpolizei
GPRA	Gouvernement provisoire de la République algérienne (Provisorische Regierung der Republik Algerien)
GV	Gegnerische Verbindung (der Abwehr)
HJ	Hitlerjugend
H.K.L.	Hauptkampflinie
KGB	Komitet Gosudarstwennoj Besopastnosti (sowjetischer Nachrichtendienst)
KO	Kriegsorganisation (Residentur des OKW-Amtes Ausland/Abwehr im neutralen oder befreundeten Ausland)
KZ	Konzentrationslager
LfV	Landesamt für Verfassungsschutz
LVF	Légion des Volontaires Français contre le Bolchevisme (französische Freiwilligenlegion gegen den Bolschewismus)
MA	Menées Antinationales (Nachrichtendienst des Vichy-Regimes)
MAD	Militärischer Abschirmdienst
MfGF	Ministerium für Gesamtdeutsche Fragen
MI-5	Military Intelligence 5 (britischer Inlandsnachrichtendienst)
MI-6	Military Intelligence 6 (britischer Auslandsnachrichtendienst)
MI-9	Military Intelligence 9 (britischer Militärnachrichtendienst)
MRP	Mouvement Républicain Populaire (französische Partei)
MRS	Mouvement pour le Rattachement de la Sarre à la France
ND	Nachrichtendienst
Nest	Nebenstelle einer AST
NKWD	Narodnyj Komissariat Wnutrennich Del (sowjetischer Nachrichtendienst)
NSDAP	Nationalsozialistische Deutsche Arbeiterpartei
OAS	Organisation Armée Secrète (Kampforganisation französischer Siedler in Algerien)
OG	Organisation Gehlen
OKW	Oberkommando der Wehrmacht
OS	Organisation Spéciale (algerische Befreiungsgruppe)
PJ	Police Judicaire (französische Justizpolizei)
PPF	Parti Populaire Français (rechtsgerichtete französische Partei)

RG	Renseignements Généraux (französischer Inlandsnachrichtendienst)
R-Netze	Rückzugsnetze (Abwehr)
RSHA	Reichssicherheitshauptamt
SA	Sturmabteilung der NSDAP
SCR	Section de Centralisation des Renseignements (französischer Gegen-spionagedienst)
SD	Sicherheitsdienst der SS
SDECE	Service de Documentation Extérieure et de Contre-Espionnage (französischer Auslandsnachrichtendienst)
Sipo	Sicherheitspolizei
SIS	Secret Intelligence Service (britischer Auslandsnachrichtendienst)
SNA	Sureté Nationale Algérienne (algerischer Nachrichtendienst)
SOE	Special Operation Executive (Spezialeinheit des britischen Nachrichten-dienstes)
SR	Service de Renseignements (französischer Inlandsnachrichtendienst)
SS	Schutzstaffel der NSDAP
UGTT	Union Générale Tunisienne du Travail (Tunesischer Gewerkschaftsbund)
UNAT	Union Nationale des Agriculture de Tunesie (Tunesische Landarbeiter-gewerkschaft)
UTAC	Union Tunisienne de l'Artisanat et du Commerce (Tunesische Gewerk-schaft für Handwerk und Handel)
VFF	Volksbund für Frieden und Freiheit e. V.
WEU	Westeuropäische Union

Personenregister

Richard Christmann selbst und seine zahlreichen Decknamen wurden nicht in das Personenregister aufgenommen.